Max Gallo est né ... docteur ès lettres ... d'entrer dans le journalisme – éditorialiste à *L'Express*, directeur de la rédaction du *Matin de Paris* – et d'occuper d'éminentes fonctions politiques : député de Nice, parlementaire européen, secrétaire d'État et porte-parole du gouvernement (1983-1984). Il a toujours mené de front une œuvre d'historien, d'essayiste et de romancier.

Ses œuvres de fiction s'attachent à restituer les grands moments de l'Histoire et l'esprit d'une époque. Elles lui ont valu d'être un romancier consacré. Parallèlement, il est l'auteur de biographies de grands personnages historiques, abondamment documentées (*Napoléon* en 1997, *De Gaulle* en 1998), écrites dans un style extrêmement vivant qui donne au lecteur la place d'un spectateur de premier rang.

Depuis plusieurs années Max Gallo se consacre à l'écriture.

VICTOR HUGO

DU MÊME AUTEUR
CHEZ POCKET

MAX GALLO

VICTOR HUGO

Tome II

... Je serai celui-là !

XO
EDITIONS

© XO Éditions, 2001
© 2002, Pocket, département d'Univers Poche,
ISBN 2-266-12609-1

Si l'on n'est plus que mille, eh bien, j'en suis! Si même
Ils ne sont plus que cent, je brave encore Sylla;
S'il en demeure dix, je serai le dixième;
Et s'il n'en reste qu'un, je serai celui-là!

VICTOR HUGO, *ULTIMA VERBA*

PREMIÈRE PARTIE

1844 - 1847

1844

Il me semblait que tout n'était qu'un affreux rêve,
Qu'elle ne pouvait pas m'avoir ainsi quitté...

Hugo voit le roi Louis-Philippe s'avancer vers lui dans ce salon du château de Saint-Cloud où le souverain le convie régulièrement à partager ses soirées en compagnie de ses familiers, de la reine, de Madame Adélaïde, sa sœur. Il aperçoit Guizot, le chef du gouvernement, en « noir, une chaîne de décorations et un ruban rouge à la boutonnière, la plaque de la Légion d'honneur à l'habit, pâle et grave ».

Le roi le prend par le bras, le conduit dans le grand salon d'attente où il s'assied, l'invitant à prendre place sur un canapé rouge qui est entre deux portes, vis-à-vis de la cheminée.

— Monsieur Hugo, je vous vois avec plaisir, commence-t-il. Que pensez-vous de tout cela ? Tout cela est grave et surtout paraît grave.

Il parle d'un incident qui a eu lieu à Tahiti, où le consul anglais a été arrêté par des officiers français.

— Mais en politique, je le sais, poursuit Louis-Philippe, il faut quelquefois tenir compte de ce qui paraît, autant que de ce qui est…

Il écoute le monarque. L'homme est amical, simple, direct, sincère.

— Monsieur Hugo, on me juge mal. On dit que je suis fin. Cela veut dire que je suis traître. Cela me blesse. Je suis un honnête homme. Tout bonnement. Je vais droit devant moi. Ceux qui me connaissent savent que j'ai de l'ouverture de cœur…

La soirée se prolonge, Hugo s'efforce de retenir chaque phrase. Rentré chez lui, il va noter dans ses carnets les propos du roi, ses portraits de Thiers, de Guizot, de Casimir-Perier, «une âme de banquier scellée à la terre comme un coffre-fort», ses soupirs : «Oh ! que c'est rare un vrai ministre ! Ils sont tous comme des écoliers. Les heures de conseil les gênent, les plus grandes affaires se traitent en courant. Ils ont hâte d'être à leurs ministères, à leurs commissions, à leurs bureaux, à leurs bavardages… »

Ces soirées, ces confidences le confortent dans l'idée qu'il sera bientôt nommé pair de France, peut-être ministre. Et il s'étourdit un peu, avec ses ambitions, le seul moyen d'enfouir pour quelques heures le souvenir de Léopoldine et de contenir la douleur.

Mais il suffit d'un instant de solitude pour que tout resurgisse…

Oh ! je fus comme fou dans le premier moment,
Hélas ! et je pleurai trois jours amèrement.

12

[...]
Je voulais me briser le front sur le pavé ;
Puis je me révoltais, et, par moments, terrible,
Je fixais mes regards sur cette chose horrible,
Et je n'y croyais pas, et je m'écriais : Non !
— Est-ce que Dieu permet de ces malheurs sans
[*nom*
Qui font que dans le cœur le désespoir se lève ? —
Il me semblait que tout n'était qu'un affreux rêve,
Qu'elle ne pouvait pas m'avoir ainsi quitté,
Que je l'entendais rire en la chambre à côté,
Que c'était impossible enfin qu'elle fût morte,
Et que j'allais la voir entrer par cette porte !

Il croit souvent qu'elle va réapparaître :

Tenez ! voici le bruit de sa main sur la clé !
Attendez ! elle vient ! laissez-moi, que j'écoute !
Car elle est quelque part dans la maison sans
[*doute*¹ !*

Il n'a plus, depuis ces jours de septembre 1843, le même regard sur le monde. Il existe, il l'a toujours supposé mais il en est sûr maintenant, une face cachée des choses, une vie après la vie, et Léopoldine le fait entrer en contact avec cette réalité-là, si mystérieuse. « Le malheur est une clarté, dit-il. Que de choses j'ai vues en moi et hors de moi depuis que je souffre. »

Il se sent vulnérable aussi. Il l'avoue à Adèle :

---

* Les notes bibliographiques ont été réunies en fin de volume. *(N.d.É.)*

13

— Tu sais que le coup qui vient de nous frapper m'a rendu faible et craintif.

Il est devenu plus attentif encore aux signes. Il est superstitieux :

— Je ne voudrais pas vous revoir un vendredi ! dit-il à ses enfants.

Que sait-on de l'envers des choses ?

Il lui semble que la mort est partout présente.

Elle frappe Charles Nodier, le vieil ami devenu adversaire. Mais comment en vouloir vraiment aux hommes quand tout est si précaire ?

Il reçoit Sainte-Beuve, qui a besoin de son vote pour son élection à l'Académie. Il l'observe, écoute cette voix doucereuse qui sollicite. Pourquoi refuser de voter pour lui ? Il y a un si long passé entre eux, qui fut aussi d'amitié. Hugo a le sentiment que la souffrance vive, depuis la mort de Léopoldine, le pousse, l'oblige à la générosité, à l'indulgence et au pardon.

Il s'entremet. Il organise une rencontre avec Vigny, lui aussi candidat. Il le convainc que Sainte-Beuve est en meilleure posture, et qu'il doit attendre.

Il ne s'est pas trompé : Sainte-Beuve est élu par vingt et une voix, le 14 mars, le même jour que Mérimée, qui occupera le siège de Charles Nodier.

Victoire de qui ? Des romantiques repentis ? Des ambitieux, des habiles ?

Il lit ces commentaires, mais il ne se sent plus concerné par les clans, les coteries, ni même les partis. Il ne se veut soumis qu'à sa seule conscience. Et s'il le faut, il est prêt à dire qu'il s'est trompé autrefois. Il n'était alors qu'un poète de quinze ans. Il condamnait « l'usurpateur » et ceux qui lui étaient restés fidèles, comme ce maréchal Brune, assassiné par des monarchistes.

Il se repent. Il écrit au président du Comité de la statue du maréchal Brune : « Depuis près de vingt ans, toute haine patriotique, tout préjugé de faction a disparu de mon esprit, écrit-il. Quand j'étais enfant, j'appartenais aux partis. Depuis que je suis homme, j'appartiens à la France. »

Il n'a jamais autant que cette année éprouvé le sentiment d'être au-delà des petits conflits qui opposent les hommes les uns aux autres dans des luttes sordides. La douleur, la perte cruelle le rendent exigeant avec lui-même. Mais il y a aussi l'amour qui élève celui qu'il touche. Et il aime.

Oh ! ce n'est plus Juliette qui l'enivre. Et même s'il le dissimule, elle a des éclairs douloureux de lucidité :

« Il y a des moments où je crois que tu ne m'aimes pas, et que c'est pour accomplir une atroce vengeance que tu m'imposes ce régime cellulaire dans toute sa rigueur… Je ne peux plus vivre comme cela : ou je deviendrai folle ou je mourrai d'un coup de sang. »

Elle lui reproche « d'être gai, spirituel et dégagé avec tous ceux qui t'approchent, tandis qu'avec moi tu es toujours occupé ou préoccupé ».

Comment ne pas la faire souffrir ?

Il loue pour elle un rez-de-chaussée, avec un jardinet, 14, rue Saint-Anastase. Il la couvre de compliments : « Il n'y a pas aujourd'hui sous le ciel une femme qui ait le droit de lever la tête plus haut que toi… Tu as fait honte à la destinée. »

Mais il sait bien que ce n'est pas cela qu'elle attend de lui. Et ce qu'elle veut, la passion, le désir, elle ne les suscite plus.

Une autre est là, Léonie d'Aunet, épouse Biard, qu'il lui suffit de regarder pour qu'il sente cette joie d'aimer l'envahir.

C'est cet élan vers elle qui lui permet de survivre, malgré sa blessure au flanc.

> *Vous avez, Madame, une grâce exquise,*
> *Une douceur noble, un bel enjouement,*
> *Un regard céleste, un bonnet charmant,*
> *L'air d'une déesse et d'une marquise* [2].

Il ne se lasse pas de cette « jeune belle au regard si doux », de ses yeux, de ses « attraits piquants, fiers, singuliers ».

Il l'attend dans une calèche. Ils se blottissent, ou bien il se promène avec elle, la nuit, dans les rues vides. La sentir contre lui le bouleverse.

> *C'était la première soirée*
> *Du mois d'avril.*
> *Je m'en souviens, mon adorée.*
> *T'en souvient-il ?*
>
> *Nous errions dans la ville immense…*
> *[…]*
> *Nous nous regardions pleins de flamme,*
> *Silencieux,*

Et l'âme répondait à l'âme,
Les yeux aux yeux !
[...]
Tu disais : « Je suis calme et fière,
Je t'aime ! oui ! »
[...]
« Va, dans mon cœur rien ne chancelle.
Sois mon époux.
La conscience universelle
Est avec nous [3] *! »*

A-t-il déjà employé ces mots-là, avec Adèle ou Juliette ? Il ne veut pas le savoir. Il renaît, identique et différent. Tout est simple, limpide, les rimes s'accordent à la chanson qui l'habite :

Garde à jamais dans ta mémoire,
Garde toujours
Le beau roman, la belle histoire
De nos amours [4] *!*

Léonie vient parfois place Royale. Elle se glisse par un escalier étroit et dérobé, qui permet d'accéder directement au cabinet de travail. Personne, ni domestique ni membre de la famille, n'a le droit d'y pénétrer.

Il l'enlace avec fougue. Il oublie le lieu où il se trouve…

Et souvent il sentait, ô la divine chose !
Dans ce doux abandon, des anges seul connu,
Se poser sur son pied ton pied charmant et nu [5]*.*

17

Il se redresse. Elle s'habille et s'en va. Il reste un instant immobile. Est-il coupable ?

La vie est amour. Et il faut le saisir, le retenir...
L'onde, la nuée et l'heure,
Tout passe, et nous pleurons tous !
Qu'une chose en nous demeure
Quand tout change autour de nous !
L'oiseau quitte à tire-d'aile
Son doux nid, sa vieille tour...
Oh ! laisse fuir l'hirondelle !
Ne laisse pas fuir l'amour [6].

Elle est à peine partie qu'elle lui manque déjà. Il sort, il la retrouve. Plus rien ne compte que cet élan, que ce désir. Il murmure : « Votre bouche si vermeille... » Il s'agenouille. Elle défait sa ceinture, son corset...

> *Puis, troublée à mes tendresses,*
> *Rougissante à mes transports,*
> *Dénouant ses blondes tresses,*
> *Elle me dit : Viens ! Alors...*

> *— Ô Dieu ! joie, extase, ivresse,*
> *Exquise beauté du corps !*
> *J'inondais de mes caresses*
> *Tous ces purs et doux trésors,*

> *D'où jaillissent tant de flammes* [7]...

Et c'est ce feu qui permet de vivre.

1845

Ceux qui flattent le roi, ceux qui flattent l'égout,
Tous hurlent à la fois et font un bruit sinistre.

Hugo s'emporte. Les domestiques ont failli surprendre Léonie en voulant lui remettre cette lettre, marquée du sceau royal. Ils ont frappé longuement à la porte du cabinet de travail. Léonie s'est enfuie, affolée.

« Je vais m'occuper de toi, de nous, toute la journée, écrit vite Hugo. Chercher un "antre", ne fût-ce qu'une tanière provisoire, cela me tarde comme à toi. Je te verrai moins rarement. Juge si je suis impatient. »

Il court Paris. Tout se mêle, la hâte de trouver ce lieu pour accueillir Léonie et la lettre du président du Conseil qui lui annonce que le roi vient de « vous élever à la dignité de pair de France ».

Enfin, enfin ! Il suffit donc de vouloir pour conquérir.

Il visite un appartement meublé, passage Saint-

Roch, non loin de la rue du Faubourg-Saint-Honoré. Il imagine. « Oh ! mon cœur bondit de joie, à cette pensée ! Je pourrai, mon ange, passer une nuit entière avec toi ! Comprends-tu cela ? Sens-tu tout ce que contient ce mot ? Une nuit, je te sentirai dormir dans mes bras… »

Il ne peut maîtriser sa joie, ce jaillissement des mots :

« Tu es un ange, je baise tes pieds, je baise tes larmes… La caresse la plus passionnée et la plus tendre est encore au-dessous de l'amour que j'ai pour toi et qui me déborde… »

> *On voit en vous, pur rayon,*
> *La grâce à la force unie,*
> *Votre nom, traduction*
> *De votre double génie,*
> *Commence comme Lion*
> *Et finit comme Harmonie* [8].

Il suffit qu'il pense à cette « femme aux cheveux dorés », qu'il touche les « plis adorés » de sa robe, pour qu'il frémisse de désir. Et qu'il oublie ce qui le préoccupe, ce plagiat de sa *Lucrèce Borgia*, devenue un opéra, *La Rinegata* de Donizetti ! Faut-il faire un nouveau procès puisqu'il ne s'agit là que d'une œuvre du même auteur — qu'il avait déjà attaqué en justice — à peine remaniée ?

Il écoute Théophile Gautier, qui prêche l'indulgence :

« Dans toutes les plumes et dans tous les pinceaux d'aujourd'hui, il y a un peu de votre encre et de votre couleur. Cela vous amoindrit-il en rien ? Parce qu'un pauvre diable s'agenouille au bord du fleuve et puise une gorgée d'eau pour sa soif, le fleuve est-il diminué d'une onde ?... »

Hugo hésite, puis il se rend à ces arguments. Il n'a pas de temps à consacrer à ces vaines querelles, ni aux petitesses du monde littéraire.

Il doit, à l'Académie française, répondre au discours de Sainte-Beuve, et il prépare avec soin et sans acrimonie cette réception.

Il dira : « Peu d'hommes ont donné plus de gages que vous aux lettres. Poète, vous avez su, dans le demi-jour, découvrir un sentier qui est le vôtre et créer une élégie qui est vous-même... »

Quand il reçoit les remerciements de Sainte-Beuve, il fait relier les deux discours et offre cette plaquette à Adèle. Il la voit surprise et flattée. Elle lit un peu gênée la dédicace qu'il vient d'écrire :

« À ma femme, double hommage, de tendresse parce qu'elle est charmante, de respect parce qu'elle est bonne. »

Pourquoi raviver ces plaies si superficielles de la jalousie et de la vanité blessée ? Pourquoi ne pas unir dans l'amour toutes les femmes qu'il a aimées et qui l'ont aimé ? D'un côté de sa vie, Léonie, la passion juvénile du cœur et du corps, de l'autre, Adèle, la mère, l'amie d'enfance, et puis Juliette, si sensible, si vouée à l'aimer !

Elle a quitté le 14 de la rue Saint-Anastase pour le 12 : « Je voudrais emporter tout, même la poussière du parquet qui a touché tes jolis petits pieds, même la cendre du foyer qui t'a réchauffée si souvent… » dit-il.

Il est attendri quand elle dit qu'elle est devenue « une affreuse vieille hideuse, toute GLABRE ». Il baisse la tête quand elle ajoute : « Pourquoi le bon Dieu vous a-t-il prodigué ce luxe de cheveux noirs et de jeunesse inutiles à des emplois surannés, tandis qu'il m'a comblée de cheveux gris ? »

Il a décidé de ne plus lui interdire de quitter sa chambre. Il n'y a plus de raison maintenant. Juliette doit d'ailleurs se rendre auprès de sa petite Claire, malade depuis que son père l'a rejetée, lui refusant le droit de porter le nom de Pradier.

Il veut protéger Juliette et sa fille, les aider, leur rendre la vie plus légère. Il faut donc lui répéter qu'il l'aime, et qu'il a tout de suite compris sa « généreuse et honnête nature ». « Et si j'ai aujourd'hui un bonheur, c'est mon amour pour toi… » Il peut bien lui offrir ces quelques mots, en échange de son dévouement.

Elle lui réclame des manuscrits, parce qu'elle veut les recopier, travailler pour lui. Il va lui donner le début de ce roman qu'il a commencé, l'histoire d'un bagnard, Jean Tréjean, qui sera le roman des pauvres gens et qu'il pense intituler *Les Misères*. Il y travaille dès qu'il le peut, griffonnant même durant les séances de la Chambre des pairs.

Il veut aussi être un pair assidu et attentif. Mais souvent, quand il observe ses collègues, ces hommes dignes et raides, il repense à Juliette, et à sa fille Claire. L'une sauvée mais ne connaissant que des éclats de bonheur, tant son amour est exigeant, insatiable, qui dit : « Il est impossible d'être plus triste que je le suis quand je marche seule dans les rues. Depuis douze ans cela ne m'était jamais arrivé. »

Et l'autre, sa fille, si malheureuse qu'elle a déjà rédigé son testament ! Quelques lignes déchirantes : « Quand je ne serai plus, je n'en serai pas moins près de ma mère bien-aimée. La vie n'est qu'un voyage. Nous nous reverrons tous un jour dans le port. »

Quand il lit ces lignes et qu'il regarde autour de lui les dorures de l'hémicycle où siègent les pairs, il est mal à l'aise.

« Poète, il ne suffit pas de s'élever, écrit-il, encore faut-il savoir ce que l'on fait là-haut. Les uns volent comme des ballons, les autres comme des aigles. »

Que va-t-il choisir d'être maintenant qu'il a déjà quarante-trois ans ?

Les journaux républicains l'ont pris pour cible.

Il voit les articles d'Armand Marrast, dans *Le National* : « Monsieur Pasquier a lu l'ordonnance qui élève à la dignité de pair de France Monsieur le vicomte Victor Hugo… Notre poitrine s'est dilatée… Nous ne le savions pas ! Il était vicomte ! Nous avions eu un frisson de poésie ; nous avons été saisis par l'enthousiasme du blason… Victor Hugo est mort, saluez M. le vicomte Hugo, pair lyrique de France ! La démocratie qu'il a insultée peut désormais en rire, la voilà bien vengée ! »

Et un chroniqueur ajoute : « Monsieur Victor Hugo est nommé pair de France, le roi s'amuse… »

Il veut ignorer ces sarcasmes. Ou bien encore cette traîtrise de Sainte-Beuve qui, à peine reçu à l'Académie, a publié à une centaine d'exemplaires un *Livre d'amour* où dans chaque poème on reconnaît Adèle.

Une infamie, comme l'écrit Alphonse Karr.

Mais protester serait donner plus d'écho encore à ce « livre de haine ». Alors se taire. Essayer d'oublier et retrouver la vie, dans l'appartement garni du passage Saint-Roch où l'attend Léonie.

La nuit sera courte.

— Je t'aime, vois-tu… chuchote-t-il. Je t'aime au-delà des paroles, au-delà des regards et des baisers…

Il l'enlace. Il la caresse. Il murmure :

L'arbre attend le printemps, le ciel attend l'aurore
Et moi, j'attends l'amour.

Ils rient. Victor évoque des amants de Léonie…

Le premier te vola, le second te vendit.
L'un fut un goujat vil, et l'autre un juif maudit.
Madame, le troisième, esprit noble, âme éprise,
Seul vous a méritée et seul vous a comprise [9].

Ont-ils dormi longtemps, ce 5 juillet ?

Soudain, des coups font trembler la porte et

24

résonnent dans l'aube déjà claire. Une voix rugueuse et autoritaire répète :

— Au nom du roi, ouvrez !

François Biard, le mari, a donc fait suivre Léonie, et la police est là pour constater l'adultère de l'épouse coupable au regard de la loi.

Hugo a l'impression que la terre s'ouvre sous ses pas.

Il veut s'approcher de Léonie. On le repousse. Elle doit être emprisonnée, ainsi le veut le code, puisque le mari a déposé plainte et requis la force publique.

Il proteste. On veut aussi se saisir de lui. Il est pair de France, il bénéficie de l'immunité ! On entraîne Léonie.

Il l'imagine emprisonnée à Saint-Lazare, jetée dans une cellule où elle côtoiera les prostituées, où elle sera plongée dans la tourbe sociale. Elle ! Il ne peut retenir ses larmes. Il sent la panique le saisir. Il devine l'écho que les journaux vont donner à l'incident. Le scandale va le ridiculiser ! Tous ceux qui le jalousent, qui le haïssent, qui condamnent maintenant autant le poète que le pair de France, ami du roi, vont le déchirer.

Il longe la rue Saint-Honoré. Il se rend chez Juliette, mais comment pourrait-il lui révéler ce qu'il vient de vivre et donc cette passion qu'elle ignore ?

Il la quitte sans même la réveiller.

Il arrive place Royale. Il doit parler. Il s'agenouille devant Adèle, il raconte à l'amie, à la sœur, à l'épouse compréhensive, si heureuse de jouer un rôle, de tenir le mari par la complaisance qu'elle a pour ses liaisons. Il ne peut s'empêcher de sangloter.

Elle lui caresse les cheveux. Elle ira voir cette femme à la prison Saint-Lazare…

Il lève la tête. Bien sûr qu'elle pardonne et qu'elle comprend ! dit-elle. Un instant, il pense qu'elle doit haïr Juliette si fort qu'elle va se servir de Léonie pour faire souffrir celle qui a été sa grande rivale, la compagne des longs voyages estivaux.

Il répète qu'il faut arracher Léonie à la prison et tenter d'étouffer le scandale, que l'on va exploiter pour frapper un pair de France.

Il court Paris, voit tous ceux qui peuvent peser sur les journaux. Mais déjà certains quotidiens écrivent qu'on « parle beaucoup à Paris d'un scandale déplorable. Un de nos écrivains les plus célèbres aurait été surpris, hier, en conversation criminelle par le mari qui se serait fait assister du commissaire de police. L'épouse infidèle aurait été incarcérée et l'amant si malheureusement heureux n'aurait dû le triste avantage de conserver sa liberté qu'au titre politique qui rend sa personne inviolable ».

On obtient finalement que Biard retire sa plainte et qu'ainsi, après plusieurs jours, Léonie soit libérée, contrainte seulement de séjourner dans un couvent des Augustines, rue Neuve-Berri, pour une durée de six mois.

Le roi aurait commandé des fresques à Biard, pour le rendre indulgent ! Et les journaux monarchistes se sont montrés discrets dans cette «triste affaire», n'évoquant pas le procès en séparation de corps des époux Biard.

Quelques échos seulement que Hugo découvre chez Juliette, toujours ignorante des faits ! Car il se cache chez elle, se prétendant malade. Et elle est trop heureuse de le dorloter, de le soigner, pour s'occuper de parcourir les journaux.

Elle ne lit donc pas : « D'après la promesse qu'il en avait faite à Louis-Philippe, à la sollicitation personnelle duquel M. X. a retiré sa plainte, M. Hugo a pris hier ses passeports et est parti pour effectuer un voyage de trois mois en Espagne. »

Il doit se terrer. Il dit qu'il ressent des douleurs dans le bas-ventre, et il ne sait plus s'il s'agit d'un prétexte pour tromper Juliette, ou si réellement il souffre...

Que répondre à Juliette quand elle lui demande ce qu'il en est de ces rumeurs que ses parents de Bretagne lisent dans la presse et dont ils s'inquiètent ? Elle rit. Elle a démenti. Il y a sûrement confusion, n'est-ce pas ? Il la rassure. Et il la quitte.

Il va s'éloigner de Paris et aller du côté de Montfermeil retrouver Léonie qui, entre sa sortie de prison et son entrée au couvent, dispose de quelques jours de liberté.

Elle est là, blessée, souillée, humiliée et grandie, sacrifiée. Il l'aime encore davantage.

Puis il s'enferme place Royale, où la boue des commentaires parfois monte jusqu'à lui. On murmure que Sainte-Beuve se réjouit partout, répand le fiel : « Vous aurez su l'affaire de Victor Hugo et l'éclat de cet adultère énorme. On le blâme, on le plaint, on en raille. Moi, je dis tout simplement ce que j'ai souvent dit à propos de ses dernières œuvres : c'est lourd et c'est lourdement fait. »

Et d'autres ajoutent avec mépris qu'il n'est que « le plus misérable des drôles », qu'il a « le cœur d'un chiffonnier » et qu'il est bon qu'il soit tombé « au plus bas, au plus sale du ruisseau ».

Il sait que Lamartine a esquissé un sourire, murmurant : « Ces choses-là s'oublient vite. La France est élastique, on se relève même du canapé. »

Il est temps d'ignorer les commérages et de continuer ce nouveau roman, *Les Misères*.

Il ne peut s'empêcher de penser à la fille de Juliette, dont la maladie s'est aggravée ; Claire semble souhaiter la mort. Et puis lui revient l'image de cette prostituée en faveur de laquelle, une nuit neigeuse rue Taitbout, il y a quelques années, il avait témoigné, prenant parti contre le bon bourgeois qui l'avait agressée et que les sergents de ville avaient ignoré, ne s'en prenant qu'à cette malheureuse. Il est hanté aussi par Léopoldine. Il écrit à Adèle, qui est allée se recueillir sur cette tombe qu'il ne connaît pas encore.

« Je viens de prier pour toi, pour moi, pour nos enfants, notre ange qui est là-haut. Tu sais comme j'ai la religion de la prière. Il me semble impossible que la prière se perde. Nous sommes dans le mystère. La différence entre les vivants et les âmes, c'est que les vivants sont aveugles, les âmes voient. La prière va droit à elles. »

Cependant, il se met au travail, rassemble des documents sur cet évêque de Digne, Mgr de Miollis, que l'on dit si généreux, si juste, si bon. Et, au fur et à mesure qu'il écrit, il se sent pénétré par la compassion.

Il se rend chez Juliette. Il lui apporte les feuillets du roman qu'elle va recopier. Puis il l'entraîne dans la vallée de la Bièvre, vers cette maison des Metz où ils furent heureux. C'est si facile de donner du bonheur. Celui de Juliette éclaire son visage.

Elle lui écrit dès le lendemain : « J'aurais voulu mettre mes pieds dans tous les sentiers que nous avons parcourus ensemble, il y a onze ans… Je te regardais, mon Victor adoré ; et je te trouvais aussi jeune, aussi beau, encore plus beau même qu'il y a onze ans. Je regardais dans mon cœur et je le trouvais plein d'extase et d'adoration, comme le premier jour où je t'ai aimé… »

Il pense à elle avec émotion. Elle a une si belle âme, Juliette ! Elle est si désintéressée. Elle a refusé la maison des Metz qu'il voulait lui acheter.

Il prend une feuille, écrit en haut de la page *Melancholia*, puis il se laisse pousser par les mots qui viennent en avalanche.

Écoutez. Une femme au profil décharné,
Maigre, blême, portant un enfant étonné,
Est là qui se lamente au milieu de la rue.
La foule, pour l'entendre, autour d'elle se rue.

[...]
Elle pleure, et s'en va. Quand ce spectre a passé,
Ô penseurs, au milieu de ce groupe amassé,
Qui vient de voir le fond d'un cœur qui se déchire,
Qu'entendez-vous toujours ? Un long éclat de rire.
[...]
Un homme de génie apparaît. Il est doux,
Il est fort, il est grand ; il est utile à tous...
[...] Il vient ! — Certes, on va le couronner ! —
                                    [On le hue !
Scribes, savants, rhéteurs, les salons, la cohue,
Ceux qui n'ignorent rien, ceux qui doutent de tout,
Ceux qui flattent le roi, ceux qui flattent l'égout,
Tous hurlent à la fois et font un bruit sinistre.
Si c'est un orateur ou si c'est un ministre,
On le siffle. Si c'est un poète, il entend
Ce chœur : « Absurde ! Faux ! Monstrueux !
                                    [Révoltant ! »
[...] Il marche, il lutte ! Hélas ! l'injure ardente et
                                    [triste,
À chaque pas qu'il fait, se transforme et persiste.
[...] Il va semant la gloire, il recueille l'affront [10].

Hugo pose la plume. Il est ému, comme après
une confession.

1846

Je veux les peuples grands, je veux les hommes
                                    [libres;
Je rêve pour la femme un avenir meilleur...

Hugo a l'impression que l'anxiété l'étouffe et qu'il ne parviendra pas à traverser la place Royale, déjà envahie par l'obscurité. Le souffle lui manque. Il s'arrête, regarde autour de lui.

Depuis ce matin, il a la certitude qu'il voit ce qui va survenir.

Il remontait la rue de Tournon. Il faisait beau et très froid. Il a aperçu tout à coup, malgré l'éclat du soleil, un homme blond, pâle, maigre, hagard, un pantalon de grosse toile, les pieds nus et écorchés dans des sabots avec des linges sanglants roulés autour de ses chevilles. Deux soldats l'encadraient. Il avait sous le bras un pain. Le peuple disait autour de lui qu'il l'avait volé, ce pain, et qu'à cause de cela les soldats l'emmenaient. L'homme est resté un moment gardé devant la caserne de la gendarmerie. Une berline armoriée était arrêtée à quelques pas de là. Une femme en chapeau rose, en robe de velours noir, fraîche, blanche, belle, éblouissante, riait et jouait à l'intérieur de la voiture avec un charmant petit enfant. « Cette femme ne voyait pas l'homme terrible qui la regardait. »

C'est à ce moment, se souvient Hugo, que cette idée, ces images plutôt l'ont envahi. « Cet homme, c'était le spectre de la misère, c'était l'apparition difforme, lugubre, en plein jour, en plein soleil, d'une révolution plongée dans les ténèbres mais qui vient… Du moment où cet homme s'aperçoit que cette femme existe, tandis que cette femme ne s'aperçoit pas que cet homme est là, la catastrophe est inévitable. »

Toute la journée, il a essayé de fuir cette intuition sinistre.

Il est monté à la tribune de la Chambre des pairs. Il a parlé. Il n'a déjà plus guère d'illusions sur la portée de ce qu'il dit. Il est intervenu pour évoquer le sort de la Pologne, de ce peuple qui, une fois de plus héroïque, se dresse contre les Russes. Mais Guizot, le chef du gouvernement, ne veut rien entendre. La prudence l'habite. Que ne voit-il pas ces signes d'un monde qui se craquelle ?

À Varsovie, les cosaques sabrent un peuple. Et ici, à Elbeuf, les drapiers brisent les machines qui dévorent leur travail. Au faubourg Saint-Antoine, on s'insurge contre la hausse du prix du pain. Et déjà deux hommes, en ces premiers mois de l'année, ont essayé de tuer le roi.

La Chambre des pairs les a jugés. Il voit encore le visage du premier de ces coupables, Pierre Lecomte, qui avait déchargé son fusil sur Louis-Philippe alors que le roi était entouré de sa femme et de sa famille.

Il a écouté Lecomte, il a voulu le sauver. « Je ne pense pas, a-t-il dit, que ce soit là une créature humaine ayant une perception nette de ses idées et une conscience claire de ses actions. » Il n'a pas voté la peine de mort. Et seulement deux autres pairs l'ont imité. La Chambre avait imaginé que Louis-Philippe allait gracier le condamné. Mais sa tête a été tranchée.

Hugo ressent encore le frisson qui l'a parcouru. Il a murmuré en se souvenant de la séance de jugement :

— Voici la nuance entre l'accusé et le procureur général : Lecomte a une figure féroce, Monsieur Hébert a une figure atroce.

Puis ce matin, cette scène, cet homme enchaîné avec son pain sous le bras, et sa « tête nue et hérissée ».

« Et il y a des enfants arrêtés parce qu'ils ont volé des pêches. »

Il se remet à marcher. Il est à quelques pas de sa maison.

Peut-être a-t-il eu tort de vouloir s'engager dans ce labyrinthe de la politique. Il est devenu pair de France, il dîne chez Guizot en compagnie de

Palmerston, le ministre anglais qui, lors d'une fête donnée en l'honneur du bey de Tunis, bavarde avec les hommes les plus importants du pays et donne son avis sur la marche du monde et le nouveau pape, Pie IX, ou bien la politique de colonisation en Algérie.

Et il a dit au maréchal Bugeaud qu'il appréciait son « énergique caractère et ses grands travaux », et il lui a recommandé son frère Abel, qui est l'un de ces hommes prêts à « épouser l'Algérie ».

Il est l'un des familiers du roi. Il sera, demain sans doute, ministre. Et que peut-il ?

Il doute. Il confie :

— Je me tourne en ce moment vers ce que les hommes appellent l'*Utile*, mais je ne reste pas moins le contemplateur religieux de l'Idéal et du Beau.

Son interlocuteur, le baron Gaston de Flosse, a souri avec condescendance.

— Vingt vers de Virgile, continue Hugo, tiennent plus de place dans le génie humain, et j'ajoute dans le progrès même de la civilisation, que tous les discours de tribune faits ou à faire.

Mais il sait qu'il ne peut plus revenir sur ses pas, quels que soient ses doutes. C'est le destin qui choisira. Il doit avancer. Il a néanmoins le sentiment que sa vie lui échappe. Qu'il se laisse emporter par des événements sur lesquels il n'a pas le moyen d'agir.

Que peut-il, en cette fin du mois de mai, sur le sort de Louis Napoléon Bonaparte qui vient de s'évader du fort de Ham où il était emprisonné ? Pourtant, il bavarde longuement à ce propos.

Et pendant ce temps-là, la fille de Juliette, les pommettes rouges, le corps couvert de sueur, est en train de mourir dans une chambre d'Auteuil, au 56 de la rue de la Fontaine, où elle a été transportée.

Sa mère s'est installée là-bas. Elle veille, le cœur déchiré, persuadée que la mort va gagner. Claire a murmuré :

— Adieu, Monsieur Toto, ayez toujours bien soin de ma chère maman, qui est si bonne et si charmante, et soyez sûr que votre Claire en sera bien reconnaissante.

Il devrait être chaque jour au chevet de Claire Pradier, tenir sa main brûlante, et embrasser Juliette, désespérée. Mais il doit assister aux séances de la Chambre des pairs, à celles de l'Académie.

Il doit, sur le seuil du palais Conti, interpeller Sainte-Beuve, lui dire son mépris. Ou bien écrire à Lamartine qui s'excuse d'avoir, à la tribune de l'Assemblée, évoqué la rénovation du théâtre en citant le nom de François Ponsard, auteur de cette dérisoire *Lucrèce Borgia*, oubliant ainsi *Hernani*.

— Je me couperais un morceau de la langue plutôt que de dire un mot qui désavouât ou qui froissât une amitié de vingt ans, ma glorieuse amitié, se repent Lamartine.

Et il faut lui répondre : « Vous êtes un grand et admirable cœur ! »

C'est ainsi que l'on dissipe sa vie.

— Je suis, moi, de mon côté, dit-il à Juliette,

dans un inexprimable tourbillon de choses et d'efforts, tout se précipite à la fois sur les mêmes heures, et j'en veux presque au bon Dieu de ces diversions qu'il m'envoie dans un moment où je ne voudrais pas détourner ma pensée de toi une seule minute.

Comme s'il le pouvait !

On le contraint à intervenir. Il est le grand poète. Où sont les autres ? Lamartine ? Voué à la politique, député, et qui n'a jamais conquis la large gloire que donne le théâtre. Vigny ? Il vient d'être élu à l'Académie, mais sa notoriété est limitée. Il est discuté jusque sous la Coupole. Quant à Chateaubriand, il n'est plus qu'un vieil homme paralysé et aveugle, que l'on porte chaque après-midi au chevet de Mme Récamier.

Donc, on se tourne vers Hugo. On attend qu'il parle. On le sollicite même quand il s'agit de s'adresser « aux fondateurs du jury des récompenses pour les ouvriers ».

Et il s'exécute. Il a le sentiment qu'il faut accomplir son devoir, sa tâche nouvelle, jusqu'à ce que le destin tranche.

Mais il ne faut pas qu'il se mente : il éprouve de l'orgueil à ces marques de considération… Quand Paul Meurice et Auguste Vacquerie, ses proches, lui clament : « Mais que voulez-vous ? Vous êtes notre Napoléon à nous autres ! », il est grisé quelques instants.

Hélas, la vie lui serre de nouveau la gorge. Claire meurt. Il faut la porter en terre et revivre, par elle, la mort de Léopoldine.

Quoi donc ! la vôtre aussi ! la vôtre suit la mienne !
Ô mère au cœur profond, mère, vous avez beau
Laisser la porte ouverte afin qu'elle revienne,
Cette pierre là-bas dans l'herbe est un tombeau !

La mienne disparut dans les flots qui se mêlent ;
Alors, ce fut ton tour, Claire, et tu t'envolas.
Est-ce donc que là-haut dans l'ombre elles
                              [s'appellent,
Qu'elles s'en vont ainsi l'une après l'autre, hélas ?
[...]
Quand viendrez-vous chercher notre humble cœur qui
                              [sombre ?
Quand nous reprendrez-vous à ce monde charnel,
Pour nous bercer ensemble aux profondeurs de
                              [l'ombre,
Sous l'éblouissement du regard éternel [11] *?*

Cette mort le tourmente, l'angoisse, et ses enfants l'inquiètent. Charles, qui vient d'être reçu bachelier, est malade. On diagnostique une typhoïde. Son frère François-Victor est d'une pâleur excessive. Est-ce simplement parce qu'il commence à se raser ? La petite Adèle est bien silencieuse, comme abattue.

Hugo ne peut s'empêcher de se sentir guetté, encerclé par les ténèbres.

Il se rend pour la première fois à Villequier, sur la tombe de Léopoldine. Juliette l'attend, discrète, à l'hôtel du Commerce à Caudebec.

Il reste longuement devant la tombe.

Oh dis ! pourquoi toujours regarder sous la terre,
Interroger la tombe et chercher dans la nuit ?
Et toujours écouter, penché sur une pierre,
Comme espérant un bruit [12] *?*

Il prie.

Lève les yeux ! Renonce à sonder la poussière.
Fais envoler ton âme en ce firmament bleu,
Regarde dans l'azur, cherche dans la lumière,
Et surtout crois en Dieu [13] *!*

Il veut écrire de Villequier à ses enfants. Il faut qu'ils comprennent que « toute force et tout bonheur sont dans l'amour qu'on a les uns pour les autres. D'ailleurs s'aimer c'est là, à peu près, tout ce qu'on a dans la vie ».

Il aime. Il est aimé, il le sait. Il retrouve Juliette à l'hôtel.

Elle murmure :

— Vois-tu, mon adoré, dès que tu n'es plus là auprès de moi, rien ne m'est plus, plus ne m'est rien. Je ne m'intéresse à rien et je ne vois rien hors le désir et le besoin de te voir…

Il faut qu'il la persuade qu'elle est une femme heureuse, puisqu'il ne la quittera pas.

— Je t'adore, lui dit-il. Songe à moi ! À toute heure, doux ange…

Mais lui, il ne peut se contenter d'elle, c'est ainsi. Il a besoin de retrouver Léonie.

Il la retrouve à Paris. Elle rit, en racontant comment, dans ce couvent des Augustines d'où elle est enfin sortie il y a quelques semaines, on choisissait comme texte de dictée des poèmes de Hugo !

Il l'écoute. Il la regarde, belle toujours.

Elle vient place Royale, accueillie avec amitié par Adèle. Il entend les deux femmes bavarder. Léonie dispense à Adèle des conseils sur la couleur des robes qu'elle doit commander ou sur les broderies du corsage. Puis c'est le silence, Léonie a quitté la maison.

Et il va la rejoindre chez elle, pour l'aimer avec fougue.

Et cependant, malgré l'amour qu'il lui porte, il découvre qu'il suffit qu'une autre femme le frôle pour qu'il soit séduit.

Elle passa. Je crois qu'elle m'avait souri...
[...]
Elle avait une robe en taffetas d'été,
De petits brodequins couleur de scarabée,
L'air d'une ombre qui passe avant la nuit tombée,
Je ne sais quoi de fier qui permettait l'espoir.
[...]
Pendant que je songeais, croyant encor la voir...
[...]
Une vieille, moitié chatte et moitié harpie,
Au menton hérissé d'une barbe en charpie,
[...] Me dit tout bas : — Monsieur veut-il de cette
*   [fille[14] ?*

Et cela l'indigne, le trouble, l'attire... Telles ces jeunes femmes anglaises qui s'exhibent, nues, dans des *Tableaux vivants* présentés au théâtre de la Porte-Saint-Martin et au Cirque.

« J'eus la curiosité d'y aller un soir et de les voir de près… L'une de ces femmes était plus que jolie, elle était belle et superbe. On ne pouvait rien voir de plus magnifique que son œil noir et triste, sa bouche dédaigneuse, son sourire à la fois enivrant et hautain. Elle s'appelait, je crois, Maria. »

Il sort des coulisses du théâtre sans pouvoir oublier ces sept ou huit femmes, qui « avaient ce paisible sourire de la parfaite innocence ou de la complète corruption ».

Et Léonie se plaint pour la première fois, comme si elle avait senti que déjà, sans cesser de l'aimer et de la désirer, il ne se contentait plus d'elle.

Quand il rentre place Royale, il se sent mal à l'aise. Qui est-il pour être ainsi insatiable, avoir besoin de « dévorer » ? Est-ce son seul moyen de fuir la peur, l'angoisse ?

Mon âme était en deuil ; c'était l'heure de l'ombre.
L'air mêlait les aspects sans forme aux voix sans
[nombre ;
Un chant de mort semblait sortir de tous ces
[bruits ;
L'ombre était comme un temple immense aux triples
[voiles ;
Et je voyais au fond scintiller les étoiles,
Cierges mystérieux sur le drap noir des nuits [15].

Il devine qu'autour de lui, les quelques amis sincères et dévoués qui l'observent s'inquiètent de le voir, le visage carré, le torse large, les cheveux frisés, devenu pair de France et notable, fréquentant les Tuileries, bavardant avec le roi ou Guizot, académicien et séducteur aux revenus importants, qu'accroissent encore les recettes d'*Hernani* — repris avec succès au Théâtre-Français.

Il est tout cela, il le reconnaît. Mais Auguste Vacquerie, Paul Meurice ou encore Louis Boulanger oublient-ils ce qu'il est vraiment sous l'habit de cérémonie, l'empâtement du corps et du visage ?

Non, je n'ai point changé, Louis ; ton cœur se
[trompe.
Je suis l'homme pensif que j'ai toujours été.
[...] J'ai, créé pour souffrir et vivre par l'amour,
Deux musiques en moi qui chantent tour à tour :
Dans la tête un orchestre et dans l'âme une lyre.
[...]
Je veux les peuples grands, je veux les hommes
[libres ;
Je rêve pour la femme un avenir meilleur ;
Incliné sur le pauvre et sur le travailleur,
Je leur suis fraternel du fond de ma pensée ;
Comment guider la foule orageuse et pressée,
Comment donner au droit plus de base et
[d'ampleur,
Comment faire ici-bas décroître la douleur,
La faim, le dur labeur, le mal et la misère ?
Toutes ces questions me tiennent dans leur serre ;
Et puis, quoique songeur, aisément réjoui,
Je me sens tout à coup le cœur épanoui
Si, dans mon cercle étroit, j'ai, par une parole,

Par quelque fantaisie inattendue et folle,
Fait naître autour de moi, le soir au coin du feu,
Ce rire des enfants qui fait sourire Dieu.

Ainsi tu m'as connu. Je suis toujours le même.
Aujourd'hui seulement, attristant ceux que j'aime,
Le deuil monte parfois à mon front douloureux,
Je reste moins longtemps au milieu des heureux[16]...

1847

Ce qui vit, qui se meurt, qui respire,
D'amour parle, ou murmure, ou soupire[17].

Tout à coup, Hugo se sent si las qu'il ferme les yeux, appuie son front sur ses paumes, comme si un poids énorme écrasait ses épaules.

Quarante-cinq ans dans quelques jours ! Pour Napoléon, cet âge-là, c'était 1814, l'année de la première abdication, après l'*expiation* qu'avait été la campagne de Russie.

Il se redresse, prend une feuille, écrit :

Il neigeait. On était vaincu par sa conquête.
Pour la première fois l'aigle baissait la tête.
Sombres jours ! l'empereur revenait lentement,
Laissant derrière lui brûler Moscou fumant.
Il neigeait. L'âpre hiver fondait en avalanche.
Après la plaine blanche une autre plaine blanche.
On ne connaissait plus les chefs ni le drapeau.
Hier la grande armée, et maintenant troupeau[18].

Il s'arrête. Il pousse loin de lui la feuille, il pour-suivra plus tard. Il faudrait maintenant continuer son roman, achever cette vie de *Jean Tréjean* — puisque c'est l'un des titres choisis, l'autre étant *Les Misères*.

Mais il pose sa plume. Il n'avance pas aussi vite qu'il voudrait. Et Juliette le harcèle…

— Maintenant que tu as repris ton *Jean Tréjean*, est-ce que tu ne m'en donneras pas quelques petits chapitres à copier tout de suite ?

Il soupire. Il finira le livre, mais souvent, comme cette nuit, le travail lui semble « si maussade et si accablant » qu'il a la tentation de le fuir. Il ne peut cependant se permettre trop de distractions. Il a renoncé à se rendre au théâtre voir *Hamlet*. Paul Meurice, qui l'avait invité, a-t-il compris quand il lui a dit :

— J'ai dans ce moment tout un échafaudage dans la pensée pour lequel je crains cette secousse… Je n'aurais pu revoir *Hamlet* sans en rêver longtemps, au préjudice du travail que je fais, ce grand et sombre poème.

Peut-être la difficulté vient-elle de là. Le monde qu'il décrit, les vies misérables qu'il suit, celles de ce forçat, de cette petite fille et de sa malheureuse mère, le ramènent à ce qu'il voit autour de lui. Quand il écrit, il entend avec plus de force gronder la violence et la cruauté des temps.

Il y a eu cette émeute paysanne à Buzançais. Le moulin détruit. Le riche massacré, puis la guillotine dressée sur la place du village, et trois émeutiers décapités. Presque chaque semaine éclate ici ou là une émeute, à Mulhouse, à Paris, rue Saint-Honoré. C'est le pain qui est trop cher, le travail qui manque, les enfants qui meurent de faim.

Il voit cela. Ce fossé qui se creuse, toujours plus profond et plus large, entre les riches et les pauvres.

Il se souvient de ces regards qui l'ont suivi, quand il s'est rendu à la fête que donnait, au bois de Vincennes, le duc de Montpensier. Il y avait « une triple haie de spectateurs… À chaque instant cette foule jetait à ces passants brodés et chamarrés dans leur carrosse des paroles hargneuses et sombres. C'était comme un nuage de haine autour de cet éblouissement d'un moment… Quand la foule regarde les riches avec ces yeux-là, ce ne sont pas des pensées qu'il y a dans tous les cerveaux, ce sont des événements ».

Il frissonne encore à ce souvenir.

Que faire ? Tuer les pauvres ?

Il a visité les prisons, rencontré un condamné à mort.

— Le peuple, dit-il, dans l'état social tel qu'il est, porte autant de fardeaux, porte aussi plus que toutes les autres classes le poids de la pénalité. Ce n'est pas sa faute. Parce que les lumières lui manquent d'un côté, parce que le travail lui manque de l'autre. D'un côté les besoins le poussent, de l'autre aucun flambeau ne l'éclaire. De là, les chutes.

Il voudrait aussi que l'on protège les enfants les plus misérables et les plus exploités, voués au travail dès l'âge de cinq ans ! Il s'indigne :

— Il y a de certains moyens de prépondérance et de prospérité que pour ma part je répudie, lance-t-il. Quand il s'agit des enfants, la loi ne doit plus être la loi ; elle doit être la mère !

Mais il a la conviction, quand il écrit ces discours sur les prisons et pour une loi réglementant le travail des enfants, qu'il ne sera pas entendu. Et on ne lui donne même pas l'occasion de les prononcer.

La Chambre des pairs est trop occupée à juger !

Hugo écoute avec une sorte d'effroi les accusations portées contre un pair de France, le général Cubières, contre un ancien ministre, Teste, contre leurs complices, accusés de corruption. Les pairs les condamnent.

Au même moment, un Choiseul-Praslin tue sa femme, puis s'empoisonne. C'est comme si la société pourrissait, donnait ainsi à ceux qui veulent la détruire des raisons d'agir.

Il a envie de crier qu'il faut prendre garde :

— L'autre mois, l'armée a reçu son coup dans le général Cubières, la magistrature dans le président Teste ; maintenant, l'ancienne noblesse reçoit le sien dans le duc de Praslin. Il faut pourtant que cela s'arrête !

Il observe Guizot, qui continue de gouverner, impavide, indifférent à ces opposants, lesquels organisent une « campagne des banquets » pour réclamer des réformes, l'abaissement du cens électoral de deux cents à cent francs. Banquet à Paris, dans les jardins du Château-Rouge, banquet à

Mâcon, où l'orateur est Lamartine, qui vient de publier une *Histoire des Girondins*.

Hugo la lit, puis lui écrit : « Vous étreignez ces événements énormes avec des idées qui sont à leur taille… » Mais il s'inquiète de la fascination que semble exercer la Révolution, c'est-à-dire la violence, sur un esprit pourtant mesuré comme Lamartine, et ce, au moment même où la rue bouge, où Louis Blanc, Michelet publient eux aussi leur *Histoire de la Révolution*.

Qu'espèrent-ils tous ? Ne voient-ils pas que « le jour où la misère de tous saisit la richesse de quelques-uns, la nuit se fait ? Il n'y a plus rien pour personne. Ceci est plein de périls ».

Il confie à Lamartine : « Dans l'intérêt de cette sainte et juste cause des peuples que nous aimons et que nous servons tous les deux, je voudrais que vous fussiez plus sévère. »

Mais peut-être est-il déjà trop tard pour empêcher les événements de s'accélérer ? À Châlons, Louis Blanc et Ledru-Rollin réclament, lors d'un banquet, le suffrage universel. Mais, pour eux, cette révolution politique n'est qu'un moyen, qui doit conduire au but : « la révolution socialiste ».

Il se sent étranger à ces déclamations. Il a l'impression qu'il est l'un des seuls à connaître toutes les facettes de la société. À ne pas voir qu'un seul aspect du monde.

Il regarde la misère sans détourner la tête. Il la décrit. Elle est l'âme du roman auquel il travaille.

Mais il côtoie les riches, le pouvoir, il a ses entrées aux Tuileries, au château de Saint-Cloud…

Il a organisé chez lui, place Royale, le tirage d'une loterie pour les crèches. Et tout le monde est venu, aussi bien la duchesse Decazes qu'Alexandre Dumas, Balzac, Lamartine et le comte de Montesquiou. La loterie a produit deux mille francs. De quoi fonder une vingtaine de berceaux !

Peu de chose ? Mais que préfère-t-on, les massacres de septembre 1792 et la guillotine de Robespierre ?

Il l'a dit, à la tribune de la Chambre des pairs, quand il est intervenu en faveur de la famille Bonaparte afin que le roi Jérôme Bonaparte et ses fils soient autorisés à rentrer en France :

— Je n'ai rien dans le cœur qui ne soit paisible et modéré !

Il a répété ce qu'il craint, ce qu'il pense des « consciences qui se dégradent, de l'argent qui règne, de la corruption qui s'étend ». Et il s'est exclamé :

— Tenez, parlons un peu de l'Empereur, cela nous fera du bien !

Il sait qu'on va faire de lui un « bonapartiste ». Mais quelle importance !

— Le danger, aujourd'hui, Messieurs, voulez-vous savoir où il est ? Tournez vos regards, non du côté des princes, mais du côté des masses… Où il y a tant de germes utiles et en même temps, je le dis avec douleur, tant de ferments redoutables… Il ne faut pas que le peuple souffre ! Il ne faut pas que le peuple ait faim ! Là est la question sérieuse, là est le danger… Les coups de fourche de Buzançais peuvent ouvrir brusquement un abîme.

Il ajoute :

— C'est au gouvernement que j'adresse cet avertissement !

Mais qui va l'entendre ? Guizot ?

Hugo secoue la tête :

— Guizot est personnellement incorruptible, et il gouverne par la corruption. Il me fait l'effet d'une femme honnête qui tiendrait un bordel !

Il voudrait échapper à cette inquiétude, mais c'est comme si la tristesse, l'angoisse lui collaient à la peau.

On décapite Marquis, un assassin avec qui il avait longuement parlé dans la cellule des condamnés à mort, et il se souvient du visage, des propos de cet homme d'une vingtaine d'années. L'âge de Charles ! Ce fils qui réclame son indépendance, qui veut de l'argent et pour lequel il faut trouver un remplaçant afin qu'il n'ait pas à faire son service militaire. L'homme qui endossera l'uniforme à la place de Monsieur Hugo Charles demande onze cents francs, qu'il faut lui payer !

Quant à François-Victor, il tombe malade : délire, visage rouge, corps tremblant. C'est la typhoïde. Et Adèle, l'épouse, qui paraît si forte, indestructible, est touchée à son tour.

La mort rôde donc à nouveau. Juliette essaie de le rassurer, néanmoins elle partage cette anxiété : « Tu sais qu'à part la jalousie d'amour, tout mon respect et toutes mes sympathies sont pour ta noble et excellente femme… J'aurai du courage pour t'attendre, cher adoré. »

Mais il ne peut échapper à ce sentiment d'impuissance devant la fatalité :

« Si l'ombre continue de se faire autour de moi, je sortirai de la vie moins triste que je ne l'aurais cru… Le jour où personne ne m'aimera plus, ô mon Dieu, j'espère bien que je mourrai… »

Et les deux mortes, Léopoldine et Claire, le hantent. Et chaque enfant qui meurt rouvre les plaies.

— Nous sommes les forçats de la destinée, dit-il à l'écrivain Arsène Houssaye, qui vient de perdre sa fille unique. On va, on vient, on travaille, on sourit même. Mais quoi qu'on fasse, il y a toujours une chose sombre et morne dans le cœur.

Alors il s'enfonce dans le travail. Il décide de ne plus dîner qu'à une heure du matin, pour pouvoir écrire jusque-là. Et puis il sort, la tête en feu, épuisé et excité tout à la fois.

Il passe chez Juliette. Elle dort le plus souvent, ou bien elle est pleine de reproches : « Je pense avec chagrin que tu ne veux pas venir chez moi avant minuit, heure de mon premier sommeil, auquel il est impossible de me soustraire dans la solitude où je vis. » Elle ne veut plus l'entendre parler de « son travail » !

« Je ne comprends pas que ton cerveau fonctionne avec cette régularité de pendule et que tu ne sois jamais libre tous les soirs qu'à minuit. Ceci a plutôt l'air de cacher une intrigue qu'un travail. »

Il ne répond pas.

Elle l'accuse de «quelque affreuse trahison».

«Il faut que tu te résignes de bonne volonté à cette adoration monotone perpétuelle… Vous avez des dédommagements à tous les coins de rue et à tous les étages, et je ne vous plains pas.»

Il faut se taire encore, la quitter, aller retrouver Léonie, l'aimer. Et puis ressortir, laisser le désir envahir tout le corps et chasser de la tête toutes les pensées, dire à n'importe quelle femme ce qu'il faut pour la conquérir :

— Madame, je ne suis qu'un chien, mais je vous aime…

Suivre une fille et la payer.

Ou bien tenter d'arracher, pour une nuit ou une heure, un rendez-vous à cette Esther Guimont qui passe d'un bras à l'autre, qui est la maîtresse d'Émile de Girardin. C'est un ami proche. Hugo vient de le défendre devant la Chambre des pairs, où on l'accusait d'avoir dans un article mis en cause le gouvernement pour corruption.

Mais le désir bouscule aussi l'amitié.

Il écrit un mot à Esther : «À quand le paradis ? Voulez-vous lundi ? Voulez-vous mardi ? Voulez-vous mercredi ? Craignez-vous vendredi ? Moi, je ne crains que le retard.»

Chaque fois qu'il possède une femme, que le désir est assouvi, il a l'impression d'être plus avide encore. Un corps ne le rassasie pas. Il voudrait tous les enlacer, les caresser, les pénétrer. Y tomber comme on tombe dans un abîme et que le cœur s'arrête.

Il reçoit un mot étrange d'Alice Ozy. Elle est comédienne et danseuse. Elle a vingt-cinq ans. On dit que son corps est le plus beau de Paris, élancé, les cheveux châtains bouclés, les seins fermes, les hanches larges.

Elle a couché dans bien des lits, celui d'un duc, fils du roi, et celui d'un banquier. Elle explique à Hugo qu'elle a acheté un meuble, un lit extraordinaire, et qu'elle souhaite rencontrer le poète et obtenir quelques vers de lui.

Sa tête et son corps s'enflamment. Elle dit : « Ce n'est pas à un homme que je dois écrire ainsi… mais à un demi-dieu. »

Il n'a plus qu'elle dans l'esprit. Il lui répond.

À cette heure où le couchant pâlit
Où le ciel se remplit d'une lumière blonde,
Platon souhaitait voir Vénus sortir de l'onde
Moi, j'aimerais mieux voir Alice entrer au lit.

Il va chez elle.

Ce doux lit caché dans l'ombre

Que des Cupidons sans nombre
Effleurent de leurs pieds nus
Ressemble à l'océan sombre
On en voit sortir Vénus.

Rien ne pourrait l'arrêter de prendre cette femme…

Si beau que soit ce lit qui n'est pas d'acajou
J'admire peu l'écrin en songeant au bijou.

Ce corps le grise : « Soyez catin et non Caton », dit-il.

Alice esquisse un pas de danse, et lui annonce dans un rire qu'elle connaît Charles... Charles Hugo, oui, son fils !

Belle, je vous peins ma flamme,
Mais mon fils réussit mieux.
Il mord dans mon pain, Madame,
Et le mange sous mes yeux.

Il découvre la lettre plaintive mais digne que Charles a écrite à Alice :

« Vous choisissez le père et la gloire. Je ne vous blâme pas. Toute femme fait comme vous... Adieu et merci, soyez heureuse avec Lui, quoiqu'en vous souvenant qu'il ne vous aimera jamais plus que je ne vous ai aimée et que je ne vous aime encore. Merci, merci, merci... »

Ainsi est le destin. Hugo ne regrette rien. Il sait qu'il ne peut vivre, survivre, qu'en laissant son désir s'épanouir. Mais il murmure à Juliette, qui lui parle de Charles tout en ignorant pourquoi il est malheureux :

— Beaucoup de choses m'attristent...

Généreuse comme toujours, Juliette s'inquiète, rassure :

— Ce pauvre Charlot, dit-elle, quinze jours

d'absence rompraient certainement cette liaison qui n'a pas eu le temps de jeter ses racines bien profondes dans la vie de ce pauvre garçon. Il reviendrait de là guéri et tranquille au moins pour quelque temps…

Il n'avoue rien. Pourquoi faire souffrir ? Il rentre lentement place Royale.

C'est le dernier jour de décembre. La sœur du roi, sa conseillère, Madame Adélaïde, est morte dans la nuit.

Hugo se souvient de la douleur du roi qu'il a vu ce matin, en se rendant aux Tuileries.

Il s'installe dans son cabinet de travail, c'est le milieu de la nuit. Il va écrire la lettre rituelle à Juliette. Les mots viennent spontanément : « Vivons en nous et de ces êtres chéris qui sont là-haut. Je t'aime ! Tu es ma joie ! Oh ! sois heureuse ! »

Puis il prend le carnet dans lequel il note ce qu'il apprend chaque jour. Il note :

« Madame Adélaïde était "l'esprit gardien du roi". Quel vide pour un vieillard !… Je souffrais de le voir pleurer… Les pairs sont sortis des Tuileries consternés de toute cette douleur et inquiets du choc qu'en recevra le roi.

« Ce soir, relâche à tous les théâtres.

« Ainsi a fini l'année 1847. »

DEUXIÈME PARTIE

1848 - 1851

1848

J'ai fait ce que j'ai pu ; j'ai servi, j'ai veillé,
Et j'ai vu bien souvent qu'on riait de ma peine.

Hugo s'arrête de lire. Il a la gorge sèche. Il prend le verre que Juliette lui tend. Il boit sans même lever les yeux des pages de son manuscrit. Il a hâte d'en poursuivre la lecture, d'entrer à la suite de « Monsieur Madeleine, maire de Montreuil-sur-Mer », dans la salle de la cour d'assises d'Arras.

Il a l'impression, bien qu'ayant rêvé, écrit ces lignes, qu'il ignore encore tout de ce qui va suivre, du choix que va faire Monsieur Madeleine, cet homme qui cache son passé de forçat et se dévoue pour soulager *Les Misères.*

Il entend à peine la voix de Juliette, qui demande doucement :

— Est-ce que cette lecture ne t'a pas fatigué ?

Il lit à voix haute depuis le début de la soirée… Il secoue la tête. Il reprend :

57

On avait commencé par l'infanticide, et maintenant on en était au forçat, au récidiviste, au «cheval de retour». Cet homme avait volé des pommes, mais cela ne paraissait pas bien prouvé ; ce qui était prouvé, c'est qu'il avait été déjà aux galères à Toulon. C'est ce qui faisait son affaire mauvaise…

Sa voix se noue. Il est fasciné par le destin de ce Monsieur Madeleine qui va entrer dans la salle de la cour d'audience, et s'écrier : «Monsieur l'avocat général… Vous étiez sur le point de commettre une grande erreur, lâchez cet homme… Je me suis caché sous un nom ; je suis devenu riche, je suis devenu maire ; j'ai voulu rentrer parmi les honnêtes gens. Il paraît que cela ne se peut pas… »

Il oublie qu'il est l'auteur du roman, le créateur de ce Jean Tréjean qui a pris le nom de Monsieur Madeleine, celui de Fantine, la malheureuse fille qu'un bourgeois a agressée en lui glissant une boule de neige sous la robe.

Il lève enfin la tête. Il se souvient de la scène de la rue Taitbout, il y a longtemps, du témoignage qu'il avait donné en faveur de la fille, lui qui venait d'être élu à l'Académie française.

Il a fait de ce qu'il a vécu la chair de son roman.

Il devine dans le regard de Juliette l'émotion, l'admiration. Peut-être est-ce pour cela qu'il a besoin d'elle, pour cette communion entre eux, qui demeure grâce à ce qu'il partage avec elle, qui n'est plus le désir mais la tendresse.

— Je ressens toutes les atroces tortures de ce

brave Jean Tréjean, dit-elle. Je pleure malgré moi sur le sort de ce pauvre martyr… Je ne sais comment je te dis cela, mais je sais que tout ce que j'ai d'intelligence, de cœur et d'âme est pris par ce sublime livre que tu appelles si justement *Les Misères*. Je suis sûre que tous ceux qui le liront éprouveront la même chose que moi, le mérite littéraire à part et dont je ne peux pas juger.

Mais comment pourrait-il terminer *Les Misères* alors que la politique, les événements, et le désir, l'arrachent à son cabinet de travail ?

Et il ne résiste pas. Au contraire ! Il est attiré par cette foule qui entoure l'Hôtel de Ville, qui descelle les pavés, qui proteste et s'insurge, parce que le gouvernement de Guizot a interdit un banquet et une manifestation qui devait se dérouler pour réclamer des réformes, le 22 février.

À la Chambre des pairs, il a écouté ses collègues qui sont venus à son banc lui demander d'interpeller le gouvernement. Il hésite. Il sait que Lamartine est intervenu à la Chambre des députés pour condamner la politique de Guizot, exiger les réformes, condamner l'interdiction du banquet. Et Émile de Girardin, un ami lui aussi, a fait de même.

Les rues sombres de février sont parcourues par de petits groupes qui crient : « À bas Guizot ! Vive la réforme ! »

Il aperçoit de loin des hommes armés de piques, de sabres, de fusils et de haches. Ils traversent le Pont-Neuf. Il marche vers le pont de la Concorde. Des régiments de dragons le barrent et de temps à autre ils chargent sur la place des hommes qui se dispersent en criant, réclamant la réforme. Et certaines voix lancent : « Vive la République ! »

Il se rend chez Alice Ozy, qui vit maintenant avec le peintre Chassériau.

Elle est là, qui sourit dans la lumière dorée des grands candélabres, tenant serré sur ses épaules un châle en cachemire rouge. Elle l'interroge.

Il raconte ce qu'il a vu, il ajoute à mi-voix : « La misère amène les peuples aux révolutions et les révolutions ramènent le peuple à la misère », puis « l'émeute sera vaincue mais la révolution triomphera ».

Mais ici, autour de cette table, il faut oublier. Alice entrouvre son châle, se penche, dévoile sa gorge, pose son talon sur la table, et relève sa robe, montrant sa jambe. Chassériau défaille.

Et tout à coup, on entend des fusillades, puis le tocsin.

Hugo rentre par des rues désertes et sombres. Les réverbères sont brisés. La place Royale est gardée comme une place d'armes. Des troupes sont embusquées sous les arcades. Rue Saint-Louis, un bataillon est adossé silencieusement le long des murailles.

Toute la nuit du 23 au 24 février, des coups de feu retentissent. Les lueurs enfumées des torches éclairent des tombereaux dans lesquels ont été jetés les corps des victimes après la fusillade du boulevard des Capucines, la troupe ayant tiré à bout portant sur les manifestants.

On ferme les maisons, on se penche aux croisées ;
La cohue en haillons, morne comme la nuit,
Marche, grossit, s'avance, et l'on entend le bruit
Que font les bataillons et les cavaleries.
Elle passe, sinistre, auprès des Tuileries.
[…] Guerre civile ! Émeute ! Ô deuil ! Combien ce
                                                    [soir
Auront pour dernier lit le pavé froid et noir [19] *!*

Le jeudi matin, il entend encore le tocsin. Il découvre ces barricades qui empêchent la troupe d'avancer dans les rues du Marais. Et une voix d'enfant, qui chante à tue-tête, s'élève, aiguë.

Mais on dit qu'en quatre-vingt-treize,
Il vota la mort de Louis Seize
Ah ! Ah ! Ah ! Oui vraiment,
Cadet Rousselle est bon enfant !

Le citoyen Égalité
Veut qu'on l'appelle Majesté.
Ma foi, cela me paraît drôle,
Lui qui dansait la Carmagnole…

Il a le sentiment que cette chanson joyeuse marque la fin de la monarchie.

À la mairie du VIIIᵉ arrondissement, il rencontre le maire. La foule est rassemblée devant le bâtiment. Les nouvelles se succèdent. La Garde nationale s'est ralliée à l'émeute, les soldats fraternisent. La caserne de Reuilly est prise, celle des Minimes s'est rendue ! Guizot a été renvoyé par le roi, la

Chambre est dissoute. Et à peine quelques heures plus tard, le roi a abdiqué.

C'est donc cela l'histoire.

Hugo se sent dans un étrange état. Il observe, comme s'il regardait cette révolution en spectateur, et en même temps il est inquiet. Que va devenir la liberté ? On chante *La Carmagnole*. Il voit des visages qui rappellent les temps de terreur et de guillotine. Il faut agir.

Le maire l'invite à parler du balcon de la mairie. Il domine cette foule bruyante, il annonce la dissolution de la Chambre et l'abdication de Louis-Philippe. Les acclamations couvrent sa voix. Il lance :

— La duchesse d'Orléans est régente !

On entend quelques bravos isolés, mêlés à de sourds murmures.

Il doit aller redire cela place de la Bastille, où le peuple est rassemblé. Il s'étonne lui-même de sa conviction, de cette force qui le pousse à avancer, à traverser les groupes d'hommes armés qui jettent sur lui des regards étonnés, souvent hostiles.

Il répète, monté sur le socle de la colonne : « Le roi a abdiqué ! »

Et une voix répond : « Non, pas d'abdication, la déchéance ! La déchéance ! »

Ces hommes ne l'aiment pas, il le sent. Il dit : « La Régence... », et les insultes fusent : « À bas les Bourbons ! Ni roi, ni reine, pas de maîtres ! » Un homme en blouse bleue lève un fusil, le vise. Il faut le fixer, le regarder droit dans les yeux pendant que l'émeutier crie :

— Silence au pair de France ! À bas le pair de France !

Hugo s'éloigne.

Il a le sentiment d'avoir accompli son devoir. La foule s'écarte. Et tout à coup, l'homme en blouse est là, levant à nouveau son fusil, mettant en joue, criant : « À mort le pair de France ! »

Il ne faut pas s'arrêter, continuer d'avancer. Il voit un jeune ouvrier poser sa main sur le canon du fusil, le baisser et dire :

— Non, respect au grand homme !

Il rentre calmement place Royale. Il aperçoit un écriteau sur l'une des façades, on a écrit « Place des Vosges ». Effacée, la place Royale, la révolution l'a emportée !

Au Palais-Bourbon, Lamartine a proclamé la République. Il fait partie du gouvernement provisoire. Il a réussi, au milieu des émeutiers qui voulaient imposer le drapeau rouge, à maintenir le tricolore, lançant :

— Citoyens, il a fait le tour du monde avec la République et l'Empire, avec vos libertés et vos gloires !

Il faut voir Lamartine.

Hugo se rend, ce 25 février, à l'Hôtel de Ville. La foule est si dense qu'il ne peut avancer. Puis un commandant de la Garde nationale s'approche, crie « Place à Victor Hugo ! » et la foule s'écarte.

Lamartine est là, debout, dans un salon envahi, dévorant des côtelettes qu'il tient par le manche, son écharpe tricolore barrant sa poitrine, ouvrant les bras :

— Ah ! vous venez à nous, Victor Hugo, c'est pour la République une fière recrue !

Hugo se laisse entraîner vers les fenêtres.

— Voyez, c'est la mer, murmure Lamartine.

Il l'entend lui proposer le poste de maire d'un arrondissement, et pourquoi pas un ministère ? L'Instruction publique ? Hugo secoue la tête. Il ne veut pas accepter, cette foule l'effraie. Est-ce bien cela le peuple ? Ou ne s'agit-il que de son écume trouble ? Et n'est-il pas trop tôt pour la République ?

Il se retire. Il aurait pu devenir le conseiller de la duchesse d'Orléans, mais la Régence a été emportée avec le roi.

Soudain on crie : À bas Polignac ou Guizot !
Le gamin des faubourgs donne en chantant
                                        [l'assaut
À huit siècles d'histoire incarnés dans un homme.
Le gamin prend Paris ainsi qu'il prendrait Rome,
En riant. Le sang coule. En vain on se défend,
Il l'emporte. Il est roi sans cesser d'être enfant.
Il court ; il tient le Louvre ; il entre aux Tuileries ;
À lui le trône, à lui les hautes galeries ;
Il se promène, avec Marrast pour courtisan,
Du pavillon de Flore au pavillon Marsan [20].

Pourtant il ne veut pas renoncer si vite, il pense à cette amitié que lui a témoignée le roi déchu. Il n'est pas encore temps. Il écrit à Lamartine qui vient de faire passer l'abolition de la peine de mort en matière politique…

« … un fait sublime. Je bats des mains et j'applaudis du fond du cœur. Vous avez le génie du poète, le génie de l'écrivain, le génie de l'orateur, la sagesse et le courage. Vous êtes un grand homme.

« Je vous admire et je vous aime. »

Lamartine a même décidé de prendre Charles Hugo dans son cabinet.

Il s'éloigne dans ce Paris qui est comme un volcan. Cette révolution, cette République naissent le mois de son quarante-sixième anniversaire. Trop tôt pour lui ? Trop tard ?

Il entend des cris, des chants : « *Mourir pour la patrie !…* » « *Dansons la Carmagnole…* » L'atmosphère est à l'orage. Il a la certitude que d'autres événements vont se produire, plus terribles encore. Alors sans doute il sera temps.

Pour l'heure, il a besoin du corps de Léonie. Et d'un pas vif, comme chaque soir, il se rend chez elle, au 12, rue Laferrière.

Elle est là, belle, passionnée et bavarde, jalouse aussi, se moquant de la « vieille » Juliette, lui reprochant de continuer à la voir. Il doit répondre qu'il n'est plus lié à Juliette que par la compassion et même par la pitié. Que deviendrait-elle s'il ne lui rendait plus visite ?

Il n'aime pas ce qu'il dit. Il tente de détourner la conversation, évoquant ces Ateliers nationaux que l'on ouvre dans Paris et qui doivent donner du travail aux pauvres, puis il parle de la révolution qui secoue tous les pays d'Europe, l'Autriche, l'Italie. Enfin, elle l'écoute, explique comment son amie, Mme Hamelin, espère le retour au pouvoir d'un Bonaparte, et pourquoi pas ce Louis Napoléon qui vit encore en exil, mais qu'il faudrait laisser rentrer en France pour que le peuple décide.

Il dit :

— Je suis de ceux qui, toutes restrictions faites et acceptées, admirent pleinement et définitivement Napoléon.

Elle vient vers lui et il aime ce corps qui s'offre.

Place des Vosges, il découvre, sur sa table de travail, une lettre de la Société du Peuple du IX\e arrondissement qui, imaginant qu'il a accepté un poste de maire, proteste. Il lit et relit. Pourquoi ceux-là aussi le haïssent-ils ?

« Nous n'avons aucune confiance dans votre dévouement aux institutions démocratiques de la République française, parce que nous connaissons depuis longtemps vos allures dédaigneuses, hautaines et aristocrates. Parce qu'enfin votre conduite passée ne nous donne aucune garantie recommandable et sur laquelle nous puissions franchement nous reposer. »

Mais il ne recherche rien ! Il accepte seulement de présider la cérémonie de plantation d'un arbre de la Liberté, place des Vosges !

Il ne dissimule pas sa pensée : « La première révolution a détruit, dit-il, la seconde doit organiser. Le premier arbre de la Liberté, c'est cette croix sur laquelle Jésus-Christ s'est offert en sacrifice pour la liberté, l'égalité et la fraternité du genre humain… Vive la Liberté universelle ! Vive la République universelle ! »

Toutefois, il ne veut pas se présenter aux élections à l'Assemblée constituante. Et pourtant on le presse. Mais il est trop tôt pour que le peuple le comprenne. Des regards hostiles le suivent. Juliette, à laquelle il se confie, lui prépare une ceinture dans laquelle il pourra cacher de l'or s'il doit fuir. On l'a bien menacé de mort place de la Bastille !

Néanmoins, des citoyens insistent pour qu'il soit malgré tout candidat. De nouveau, il est tenté. N'at-il pas rêvé à l'action politique ? Il hésite encore, puis il tranche.

— Je ne me présente pas, mais je ne suis pas refusant.

Qu'on vote pour lui, si on le veut.

« Tout homme qui a écrit une page en sa vie est naturellement présenté par cette page, s'il y a mis sa conscience et son cœur ! »

Il se tient à l'écart. Des cortèges parcourent encore les rues. On crie : « Vive la République sociale ! »

Il observe ces ouvriers des Ateliers nationaux qui paressent, boivent, jouent aux cartes, discutent tout au long des journées, et que l'on paie sans que leur soit confiée une tâche précise. Il entend les commentaires des braves gens qui passent, indignés. « La monarchie avait les oisifs, disent-ils, la République aura les fainéants. » Il a le sentiment qu'avec ces Ateliers nationaux, c'est une « énorme force qui a été dépensée en pure perte ».

Il est soucieux, parce qu'il sent que des menaces s'accumulent. Mais comment s'opposer à elles ?

Il attend les résultats des élections. Bien sûr, il n'était pas candidat, il espère cependant que spontanément on ait voté pour lui. Mais alors que Lamartine recueille 259 800 voix à Paris, et 1 600 000 dans toute la France, devenant ainsi le premier élu de la capitale, lui n'obtient que 59 444 voix, et il est battu. Les électeurs l'ont placé au quarante-huitième rang, avec seulement deux cents voix de plus que le général Changarnier.

J'ai fait ce que j'ai pu ; j'ai servi, j'ai veillé,
Et j'ai vu bien souvent qu'on riait de ma peine.
Je me suis étonné d'être un objet de haine,
Ayant beaucoup souffert et beaucoup travaillé.
Dans ce bagne terrestre où ne s'ouvre aucune aile,
Sans me plaindre, saignant, et tombant sur les
                                                    [mains,
Morne, épuisé, raillé par les forçats humains,
J'ai porté mon chaînon de la chaîne éternelle [21].

Cette défaite électorale, c'est comme une gifle qu'il vient de recevoir.

Je suis plein de stupeur et d'ennui, comme un
                                                    [homme
Qui se lève avant l'aube et qui n'a pas dormi [22].

Il ne fait pas partie de ceux qui, à l'Assemblée constituante, décident de l'avenir du pays !

Il ne peut sourire quand Juliette, pour le consoler, lui écrit : « Bonjour, mon bien-aimé, bonjour, l'Élu de mon cœur. Je vous proclame le premier citoyen de ma République et je vous mets à la tête de mon gouvernement définitif... Avec tout cela, je voudrais savoir le résultat des votes pour connaître quels sont les bienheureux représentants appelés à se faire casser la gueule et même la mâchoire par les amis de ce bon M. Blanqui. »

Elle lui reproche d'avoir « la manie d'aller se fourrer » dans les émeutes. Elle voudrait qu'on « torde le cou aux émeutiers... Pourvu qu'il n'y ait plus de révolution, ni d'évolution, ni de mystification, je donne mon adhésion à ce gouvernement. Avec tout cela, aidez-moi, vous, et tâchez d'assister régulièrement aux séances de ma chambre... Je veux que vous me baisiez à mort, voilà tout... ».

Mais c'est Léonie d'Aunet qu'il a besoin de baiser ! Et même elle ne peut lui faire oublier la constitution d'une Commission exécutive de cinq membres, parmi lesquels siège Lamartine.

Il a l'impression que le fleuve coule et qu'il reste sur la berge, inutile, ignoré.

Et les flots roulent de plus en plus vite. Le 15 mai, une manifestation des extrémistes, des enragés, avec à leur tête Blanqui, envahit l'Assemblée.

« Un émeutier qui n'était pas du peuple, raconte Hugo, homme à face sinistre, avec des yeux injec-

tés de sang et un nez qui ressemblait à un bec d'oiseau de proie, criait : "Demain, nous dresserons
dans Paris autant de guillotines que nous y avons
dressé d'arbres de Liberté !" »

Les députés résistent. On arrête Barbès et Ras-
pail. Blanqui se cache. Le général Cavaignac est
nommé ministre de la Guerre.

Cette fois-ci, il faut en être, pour empêcher que
ces hommes ne veuillent, comme en 1793, faire
couler le sang et rouler les têtes.

Hugo s'exclame, indigné :

— Quoi, toujours la même vieille guenille
rouge ! Toujours la même pique ! Ô copistes des
choses horribles ! Respectez ces choses car elles
ont été grandes… Le terrorisme et le communisme,
combinés et se prêtant un mutuel appui, ne sont
autre chose que l'antique attentat contre les personnes et contre les propriétés. Quand on plonge
au plus profond de ces théories, quand on creuse le
fond des choses, on descend même au-delà de
Marat et du Père Duchesne, et il se trouve que le
communisme s'appelle Cartouche et que le terrorisme s'appelle Mandrin.

C'est cela qu'il doit dire, et puisqu'il y a des
élections partielles — des députés ayant été élus
dans plusieurs départements —, il sera candidat !
Car le choix lui semble clair : ce qui menace, c'est
la république du drapeau rouge, celle qui « ajoutera
à l'auguste devise : *Liberté*, *Égalité*, *Fraternité*,
l'option sinistre : *ou la Mort* ». Et l'autre république, c'est celle du tricolore, de « la sainte com-

munion des Français… Celle-ci s'appelle civilisation, celle-là s'appelle la terreur ».

Il va l'écrire, faire de cette idée sa profession de foi. Et il va s'adresser à l'assemblée des Cinq Associations d'Art et d'Industrie, qui veulent le présenter aux électeurs.

— Il y a un mois, dit-il, j'avais cru devoir, par respect pour l'initiative électorale, m'abstenir de toute candidature personnelle… Le danger s'est montré, je me présente.

On l'applaudit. Il dialogue avec la salle.

— Avant la manifestation du 15 mai, qui est un attentat, qui est une catastrophe, s'offrir à la candidature, ce n'était qu'un droit… Aujourd'hui, c'est un devoir et l'on n'abdique pas le devoir. Abdiquer le devoir, c'est déserter. Vous le voyez, je ne déserte pas… Toute ma pensée, je pourrais la résumer en un seul mot : haine vigoureuse de l'anarchie, tendre et profond amour du peuple…

On le proclame à l'unanimité le candidat des Associations réunies et, le 4 juin, il est élu, au septième rang, avec 86 965 voix. Le huitième est ce Louis Napoléon Bonaparte dont parlent Mme Hamelin et Léonie d'Aunet, qui obtient 2 500 voix de moins.

Moment de joie, d'exaltation grave, lorsqu'il entre à l'Assemblée, qu'il monte à la tribune pour prononcer son premier discours. Il ne s'agit pas de ruser, avec le seul problème qui se pose au pays, à la capitale, celui de ces Ateliers nationaux.

— En quatre mois de fainéantise, on a fait du

brave ouvrier un flâneur hostile auquel la civilisation est suspecte… De ces hommes dont Napoléon faisait des héros, nos pamphlétaires font des sauvages ! Il me vient des sanglots du fond du cœur par moments…

« Noble et digne peuple qu'on pervertit et qu'on trompe ! Oisiveté, paresse, fainéantise organisée. Barrières, jeux sans fin, ennui, rixes. Aumône qui flétrit le cœur au lieu du salaire qui le satisfait. Libelles, pamphlets, affiches odieuses, etc. Hélas ! vous dégradez le peuple et vous l'égarez. Quand aurez-vous fini de l'enivrer de république rouge et de vin bleu ? »

Il est déchiré, sûr qu'il est trop tard pour empêcher l'affrontement entre ces ouvriers des Ateliers nationaux, endoctrinés, acculés à la révolte par la misère, et le reste de la nation.

Il voudrait que ceux qui s'appellent « penseurs démocrates, socialistes » comprennent ce qui va survenir et cessent « d'armer une misère contre une misère, d'ameuter un désespoir contre un désespoir ».

Les députés l'applaudissent alors qu'il serre à deux mains le rebord de la tribune de l'Assemblée, et qu'il devine la réprobation de ceux qui rêvent de refaire, en cette fin juin, la Terreur de 1793.

— Prenez garde ! lance-t-il. Deux fléaux sont à votre porte, deux monstres attendent et rugissent là, dans les ténèbres, derrière nous et derrière vous, la guerre civile et la guerre servile, c'est-à-dire le lion et le tigre ; ne les déchaînez pas ! Au nom du ciel, aidez-nous !

Trop tard. Il le sait. Il vote la dissolution des Ateliers nationaux, sachant que les ouvriers n'auront le choix qu'entre le licenciement, l'enrôlement dans l'armée ou le départ en province, pour être employés à de grands travaux comme l'assèchement de la Sologne. Ils n'accepteront pas. Déjà Hugo voit surgir autour de la place des Vosges, dans les ruelles, les premières barricades, déjà les cris retentissent : « Du pain, du travail ou la mort ! »

Il s'étonne et s'indigne de la passivité de l'armée. Le général Cavaignac l'a consignée dans les casernes alors que l'insurrection s'étend, contrôle bientôt tout l'Est de Paris. Les pavés, les meubles, les charrettes barrent le faubourg Saint-Antoine et la rue du Faubourg-du-Temple.

Il parcourt ces rues, il est aussi à l'Assemblée. C'est donc cela une révolution, une insurrection ! Il devine les manœuvres et les arrière-pensées de Cavaignac, qui accepte d'agir mais à son profit, afin d'obtenir les pleins pouvoirs puis de déposséder la Commission exécutive et de devenir ainsi le chef, l'unique maître du pouvoir exécutif. C'est à cette condition-là qu'il lancera ses troupes contre les insurgés.

Ceux-là, Hugo les observe. Il s'approche des barricades. Il est l'un des soixante commissaires choisis parmi les députés pour organiser le rétablissement de l'ordre.

Il est avec les soldats de la Ligne. Il aperçoit des enfants misérables qui courent entre les pavés pour ramasser les cartouches. Il voit une femme monter sur la crête de la barricade, «une femme jeune, belle, échevelée, terrible. Cette femme, qui était une fille publique, releva sa robe jusqu'à la ceinture et cria aux gardes nationaux, dans cette affreuse langue de lupanar qu'on est toujours forcé de traduire : "Lâches, tirez, si vous l'osez, sur le ventre d'une femme !"

«Un feu de peloton renversa la misérable. Elle tomba en poussant un grand cri. Il y eut un silence d'horreur dans la barricade et parmi les assaillants. Tout à coup, une seconde femme apparut. Celle-ci était plus jeune et plus belle encore ; c'était presque une enfant, dix-sept ans à peine ».

Il ferme les yeux. «Quelle profonde misère ! » Il a entendu sa voix : « Tirez, brigands ! » puis les détonations.

Il a noté. Ce sera dans son roman.

Il s'avance encore. Il veut se rendre place des Vosges, où sont restés Adèle et ses enfants. On tue partout.

«Tout ce sang qui coule des deux côtés est du sang brave et généreux », pense-t-il.

Il est dans la rue Saint-Louis que barrent trois barricades. Les gardes nationaux et les gardes mobiles tiraillent. Il est deux heures de l'après-midi, ce 24 juin.

Hugo regarde ces hommes qui échangent de loin des coups de feu meurtriers. Il faut que cela cesse au plus vite ! Il ne réfléchit pas. Il se sent poussé par une force, le besoin d'agir. Il dépasse les troupes, il est seul au milieu de la chaussée. Il crie :

— Il faut en finir, mes enfants, en avant, en avant !

On perd moins de monde en marchant au danger.

Les barricades tombent l'une après l'autre. Et il voit ces corps étendus, ces hommes qu'on arrête, ces feux de salve. Car on fusille…

A-t-il jamais vécu une situation plus tragique ?

«Rien n'est plus glaçant et plus sombre. C'est une chose hideuse que cet héroïsme de l'abjection où éclate tout ce que la faiblesse contient de force ; que cette civilisation attaquée par le cynisme et se défendant par la barbarie. D'un côté, le désespoir du peuple, de l'autre, le désespoir de la société.»

Il est exténué de fatigue. Il marche, il est debout dans la mêlée.

Il se rend à l'Assemblée. Un homme s'avance vers lui, lui apprend que les émeutiers ont envahi et incendié sa maison, mais que sa famille est sauve. Il se sent vide tout à coup.

Il interpelle Lamartine, mais celui-ci n'a déjà plus le pouvoir. Il est pâle et défait. Cavaignac est devenu le maître de la situation.

Hugo court jusqu'à la place des Vosges.

Les émeutiers ont en effet tenté d'incendier la maison, mais le feu, le bois étant trop vert, n'a pas pris, et ils se sont contentés d'envahir la demeure.

Il rentre dans son cabinet de travail, puis parcourt les autres pièces : «Je leur dois cette justice, et je la leur rends volontiers, qu'ils ont tout respecté chez moi. Ils en sont sortis comme ils y étaient entrés. »

Mais Adèle ne veut plus habiter cette maison située au centre du volcan. Il faut déménager, s'installer d'abord rue d'Isly, puis au 37, rue de la Tour-d'Auvergne, dans une grande demeure dont les fenêtres s'ouvrent sur Paris, calme, bleuté, comme un océan apaisé.

Il n'est pas loin de Léonie d'Aunet. C'est elle qui a conseillé de venir dans ce quartier, elle qui a pris en main le déménagement, Adèle étant incapable d'organiser, de décider. Elle à qui il faut cacher que Juliette vient s'installer à proximité, dans la cité Rodier. Elle qui ne cesse de vanter, comme Mme Hamelin, les mérites de ce Louis Napoléon Bonaparte, un homme intègre, qui a écrit un livre sur *L'Extinction du paupérisme*, qui n'est en rien mêlé à cette répression impitoyable qui s'abat maintenant sur les insurgés, conduite d'une main de fer par le général Cavaignac, qui s'en va répétant que « l'ordre a triomphé de l'anarchie ».

Maintenant, le danger, c'est Cavaignac.

Hugo voit ces colonnes de prisonniers qui partent, encadrées par les soldats, vers le bagne. Personne n'a jugé les vingt-cinq mille hommes qu'on a arrêtés, ni ceux qu'on a fusillés debout contre les pavés rougis de leurs barricades. Comme si la mort avait étendu son ombre sur Paris.

Et Chateaubriand s'éteint, le 4 juillet à huit heures du matin.

Hugo entre dans sa chambre, découvre son petit lit de fer à rideaux blancs, son visage « avec cette expression de noblesse qu'il avait dans la vie et à laquelle se mêlait la grave majesté de la mort. La bouche et le menton étaient cachés par un mouchoir de batiste. Il était coiffé d'un bonnet de coton blanc qui laissait voir les cheveux gris sur les tempes… ».

Comment ne pas avoir la certitude qu'une époque vient de finir, que ces journées sanglantes de juin, que cette révolution qui a secoué toute l'Europe marquent le début d'un autre temps !

Et c'est en France que se trouve la charnière entre ces deux faces de l'histoire. Il en est sûr. Et lui, il est là, dans ce lieu où l'on peut peser sur l'Assemblée, qui va discuter d'une constitution.

Mais pour l'instant, il faut se dresser contre la répression, contre Cavaignac, qui rêve d'être le futur président de cette République, lequel sera élu au suffrage universel.

Il faut défendre les « emprisonnés », les « transportés ».

— Hier, je vous combattais, aujourd'hui, je vous défends ! s'écrie Hugo.

Il faut aussi sauvegarder la liberté de la presse, demander l'abolition de l'état de siège. Et pour cela créer, avec ses fils, Paul Meurice et Auguste Vacquerie, *L'Événement*, un journal dont la devise sera : « Haine vigoureuse de l'anarchie, tendre et profond amour du peuple. »

Le voilà apaisé. Ses choix sont clairs, il ne se laissera pas influencer. Il est à lui seul une force.

À l'Assemblée, il vote comme il l'entend. Aux

côtés de la « gauche », même si on l'a classé avec les députés conservateurs du Comité de la rue de Poitiers. Mais il peut les rejoindre pour voter contre ceux qui souhaitent que le député Louis Napoléon Bonaparte ne puisse pas être candidat à la présidence de la République : « Il n'a rien fait depuis février que de se rallier à la République, où donc est le motif de son exclusion ? »

Il faut qu'on sache ceci à l'Assemblée et dans le pays :

— Ma conduite politique ne dépend pas d'un applaudissement ou d'un murmure. Quoi que vous fassiez, je resterai dans le camp de l'ordre, mais, sachez-le bien, jamais je ne commettrai ce que ma conscience appelle des crimes, pour éviter ce que votre politique appelle des fautes.

Peu à peu, il crée son « antre » dans sa nouvelle demeure de la rue de la Tour-d'Auvergne. Mais il ne trouve pas le calme. Il sait que le pays et Paris tremblent encore, comme si les secousses de février et de juin n'avaient pas cessé de produire leurs effets.

Il voit Juliette, inquiète elle aussi.

— Si la République, dit-elle, ne se hâte pas de venir au secours de toute cette effroyable misère, je crains qu'il n'y ait encore quelques hideuses journées comme celles de juin.

Il intervient à la tribune de l'Assemblée. Il voudrait que la peine de mort ne soit pas seulement abolie en matière politique, mais pour tous les délits. Il observe ce Louis Napoléon Bonaparte, homme discret, terne, qui prend place à son banc, modeste et presque insignifiant.

Il a le sentiment que ces députés qui proclament la « souveraineté du peuple » ne se soucient pas de la détresse qui l'étrangle. Car la situation du pays est dominée par cette « misère et cette souveraineté mêlées, situation difforme et terrible qui veut tout dévorer parce qu'elle se nomme la faim et qui peut tout dévorer parce qu'elle se nomme la force ».

Ses avertissements seront-ils entendus ? Il veut s'en tenir à la fonction de l'homme qui sonne l'alerte.

Tu ne dois pas chercher le pouvoir, tu dois faire
Ton œuvre ailleurs ; tu dois, esprit d'une autre
[sphère,
Devant l'occasion reculer chastement.
[...]
Ton rôle est d'avertir et de rester pensif[23].

Il le répète :

— Ne voyez pas en moi un ministre… Je veux de l'influence et non le pouvoir.

Mais il faut bien choisir qui l'on soutient dans l'élection à la présidence de la République. Cavaignac, Lamartine, Louis Napoléon Bonaparte sont candidats.

Il est déçu. À quoi a donc servi cette révolution de février ? Et ce régime qui en est issu, après les journées sanglantes de juin, quel est son visage ?

Non, tu n'es pas la grande et sainte République !
Ô fantôme à l'œil louche, à l'attitude oblique,
Tu n'as pas su donner l'honneur à nos drapeaux,
Au peuple le travail, au pays le repos ;
Tu n'as point reconnu le droit des misérables ;
Tu n'as point su toucher à leurs maux
                                   [vénérables[24] !

Et cependant, il faut opter entre Cavaignac, « fantôme de la République », et Louis Napoléon, « ombre de Napoléon ».

Il voit Paul Meurice, Auguste Vacquerie et ses fils qui hésitent à engager *L'Événement* dans une campagne de presse en faveur de l'un ou l'autre candidat.

Et puis voici qu'un homme se présente rue de la Tour-d'Auvergne. C'est Louis Napoléon, qui avance au milieu des malles et des coffres qui encombrent encore les pièces de la nouvelle demeure. Il est presque timide, le teint bistre. Il parle d'une voix sourde, à l'accent germanique. Il dit qu'il vient rendre hommage au poète qui a si souvent célébré la figure de Napoléon. Mais lui n'est qu'un citoyen, dont l'ambition est plutôt d'égaler Washington que l'Empereur. Et il se tiendra prêt toujours à écouter les conseils, les avis du poète…

Allons, il faut choisir ! D'ailleurs l'opinion, le peuple, les paysans et aussi les hommes d'ordre se tournent vers Louis Napoléon Bonaparte. Et comment soutenir Cavaignac ?

« Si le général Cavaignac était nommé président

de la République, il faudrait arracher du Panthéon Voltaire et Rousseau, pour y mettre Alibaud et Fieschi [les auteurs d'attentats contre Louis-Philippe] et changer l'inscription du fronton en celle-ci : Aux assassins la patrie reconnaissante ! » titre *L'Événement*.

Hugo n'a pas été averti.

Lorsqu'il arrive à l'Assemblée, on l'entoure, on le somme de condamner *L'Événement*. On lui murmure que des spadassins de Cavaignac sont prêts à l'enlever, à le tuer.

Les jeux sont faits. Léonie se jette à son cou. Il a choisi Louis Napoléon, l'homme de l'avenir ! dit-elle. Il demeure anxieux.

Il reste silencieux lors du dîner où Louis Napoléon l'a invité avec quelques-uns de ses soutiens, Odilon Barrot, Rémusat, Tocqueville.

Mais *L'Événement* parle pour lui :

« Le peuple croit à Louis Bonaparte. Louis Bonaparte croit au génie et au peuple, ces deux voix de Dieu, et nous ne choisissons pas un autre que leur élu. » Et sur toute une page on répète son nom, Louis Napoléon Bonaparte, et on titre : « Napoléon n'est pas mort ! »

Il faut croire. Il faut voter pour lui, se convaincre et répéter que ce Napoléon « sait regarder à la fois le passé et l'avenir ; dans sa marche en avant il ne laisse rien de précieux en arrière, et il promet d'entourer du même respect, et de garder avec la même vigilance, l'ordre et la liberté, la civilisation et le progrès, le fait et l'idée ».

Dans les rues, Hugo entend les gens du peuple chanter :

> Veux-tu un' canaille ?
> Vote pour Raspail !
> Veux-tu un coquin ?
> Prends Ledru-Rollin !
> Veux-tu du mic-mac ?
> Vot' pour Cavaignac !
> Mais veux-tu le bon ?
> Prends Napoléon !

Cependant, quand Hugo apprend les résultats du scrutin du 10 décembre, il n'éprouve aucune joie. La victoire de Louis Napoléon Bonaparte est trop écrasante : 5 434 226 voix, contre 1 448 107 à Cavaignac, et 17 940 à Lamartine !

Et quand, le 20 décembre à l'Assemblée, on accueille Louis Napoléon Bonaparte et qu'il entend le président de l'Assemblée annoncer que l'on va rendre au président de la République les honneurs dus à son rang, il réplique, sans même réfléchir : « À ses fonctions ! » Immédiatement, il a le sentiment que les regards de ses collègues le fuient. Il sort de l'Assemblée et tout le monde s'éloigne de lui, comme pour éviter un homme qui vient « de manquer ou de négliger l'occasion d'être ministre ».

Que lui importe !

— Je suis, dit-il, je veux être et rester l'homme de la vérité, l'homme du peuple, l'homme de ma conscience. Je ne brigue pas le pouvoir, je ne cherche pas les applaudissements. Je n'ai ni l'ambition d'être ministre, ni l'ambition d'être tribun.

Il voudrait oublier, revenir à son roman.

Il revoit son éditeur, Duriez.

— La présente année a été mauvaise pour le commerce et pour la librairie, n'est-ce pas ? dit-il. Donc — il hausse les épaules –, il me paraît juste de ne point vous la compter… Permettez-moi d'ajouter volontairement et de mon plein gré une année de plus à celles que vous m'avez achetées par notre traité du 2 septembre 1839.

Le soir même, 23 décembre, il dîne à l'Élysée. Le nouveau président de la République se lève pour l'accueillir alors qu'il arrive en retard.

— Vous êtes venu à moi comme je suis allé à vous, simplement, dit Louis Napoléon. Je vous remercie.

On évoque les arts, la presse.

Hugo essaie de le convaincre de les soutenir et de les laisser libres. Le président l'écoute, « plutôt comme un étranger embarrassé que comme le maître de maison ».

Les invités, lorsqu'ils s'adressent à lui, hésitent à le nommer : pour les uns, il est Monsieur ; pour certains, Prince, Altesse, Monseigneur ; et pour d'autres, Citoyen.

Quel mot s'imposera à la fin ?

C'est le dernier jour de l'année. Tant d'événements et de bouleversements en quelques mois !

Il se rend chez Lamartine qui, avec dignité, fait

ses adieux et ajoute : « Le suffrage universel m'a conspué. Je n'accepte, ni ne refuse le jugement. J'attends. »

Mais Hugo l'observe. Depuis février, Lamartine s'est courbé. Il a vieilli de dix ans en dix mois !

Maintenant, dans la solitude de la nuit, il va écrire la lettre rituelle à Juliette.

« Quand tu recevras cette lettre, l'année 1849 aura commencé, ce sera la seizième. Oh ! qu'elle soit aussi loin de la fin de notre amour que la première !

« Mon ange, je te bénis ! »

Il prend une autre feuille, écrit encore :

Ceux qui vivent, ce sont ceux qui luttent ; ce sont
Ceux dont un dessein ferme emplit l'âme et le front,
Ceux qui d'un haut destin gravissent l'âpre cime,
Ceux qui marchent pensifs, épris d'un but sublime,
[...] Ceux dont le cœur est bon, ceux dont les jours
                                    [sont pleins.
Ceux-là vivent, Seigneur ! les autres, je les plains.
Car de son vague ennui le néant les enivre,
Car le plus lourd fardeau, c'est d'exister sans
vivre [25].

1849

À quoi bon tant d'ardeur et tant d'emportement
Pour arriver si vite à tant d'abattement !

Hugo voudrait ne pouvoir penser qu'au corps de Léonie d'Aunet.

Il prend une feuille, il écrit, vite, comme s'il voulait ainsi élever entre lui et les préoccupations qui le harcèlent une barrière de mots, un rêve.

« Oh ! il me semble que je deviendrais fou de bonheur si tu entrais tout à coup en ce moment, dans ma chambre, et si tu me disais avec ton divin sourire : Je viens passer la nuit avec toi. Te figures-tu cela ? Cette seule idée, rien que l'idée, m'enivre et m'éblouit. Oh ! te posséder, c'est comme t'aimer, un bonheur du ciel. Quand je t'ai, quand je te tiens toute nue dans mes bras, vois-tu, je ne suis plus un homme, tu n'es plus une femme, nous sommes deux êtres souverains et empereurs du paradis. Je te caresse éperdument... Je te baise à te faire toute rose, de la tête aux pieds. »

Il ferme les yeux. Il voudrait se rendre aussitôt chez elle, qui habite à quelques pas. Et elle l'attend. Mais elle va lui reprocher encore de ne pas avoir rompu avec « la vieille » ! Comme s'il le pouvait. Léonie sait bien pourtant que c'est elle qu'il désire, et que ce qui le lie à Juliette appartient au passé, relève d'abord de la mémoire et de l'esprit.

Comment pourrait-elle douter de cela alors qu'il en a fait sa complice ? Il lui a dit, il y a quelques jours : « Ceci est une lettre de cette pauvre fille que tu sais, et je te l'envoie avec ma réponse… Fais-la mettre à la poste… Ce timbre la convaincra que je suis à la campagne. »

Mais au lieu de s'apaiser, Léonie s'est emportée.

— Eh bien, non ! a-t-elle dit, je ne puis supporter ce qui existe…

Elle a menacé d'avertir Juliette. Elle a parlé « d'abîme, d'humiliation », de « rôle odieux de courtisane ». Elle a dit, et elle était si belle dans ce mouvement de colère : « Je vous donnerai mon sang et ma vie, mais pas ma conscience… Je joue un rôle déshonorant. » Et puis la jalousie a pris le dessus. « Quel empire elle a sur vous, a-t-elle dit, et quelle passion vous lui gardez, puisque vous avez refusé si absolument de rendre nos positions tolérables ! Il n'eût fallu qu'un peu de franchise et d'amour pour moi. » Et de conclure : « J'ai réuni tout ce qui est à vous, ici. Vous pouvez l'envoyer prendre. »

Il soupire. Il a réussi à la convaincre de patienter, d'accepter encore. Mais Dieu qu'il n'est pas simple d'aimer, d'ajouter le désir pour l'une à la volonté de maintenir des liens avec l'autre quand ils ne sont plus irrigués par la passion.

Il se sent mal à l'aise. Il a trahi Juliette en dévoilant à Léonie ce qu'elle lui écrit. Mais pourquoi n'acceptent-elles pas, les unes et les autres, qu'il puisse aimer, avoir aimé, être aimé ?

Quand il marche au côté de Juliette dans les rues du quartier où ils habitent les uns près des autres, il craint à chaque pas d'être reconnu. Et il sait qu'il l'humilie ainsi, qu'elle en souffre. Elle s'indigne d'ailleurs :

« Je préfère t'aimer chez moi, tranquillement et à travers ma foi épaisse, comme on aime le bon Dieu, que de subir cette affreuse torture morale et physique d'une course éperdue avec un homme préoccupé et honteux de la crainte d'être rencontré… Je ne veux pas plus que tu me renies que je ne veux faire scandale. Je ne m'impose pas à toi, mais je ne veux pas qu'à certains moments inattendus tu me traites un peu moins bien qu'un chien… Je resterai chez moi dorénavant. De cette façon, je ne te gênerai pas et tu pourras sans remords prendre tes jambes à ton cou et saluer sans rougir les femmes que tu rencontres. »

Il la comprend.

Mais peut-elle imaginer ce qu'est sa vie ? Et pourquoi n'aurait-il pas le droit de désirer, d'aimer là où la passion le pousse ?

Et Juliette, comme Léonie, savent-elles qu'il doit aussi penser à gagner de l'argent ? Qu'il doit donc se soucier de ses revenus, de la reprise de *Marie Tudor* et des recettes de cette pièce ?

Car elles ont toutes besoin d'argent, Juliette sans ressources, Léonie qui réclame de l'aide, qui publie, grâce à lui, des articles dans *L'Événement* mais à qui il doit verser deux mille francs.

— C'est là tout ce qui m'est possible… Je voudrais tirer du sang de ma veine, mais le sang n'est pas de l'argent.

Juliette, il doit le reconnaître, est moins exigeante. Léonie, peut-être parce qu'elle est plus jeune, plus belle, qu'il la désire, se rebelle souvent, lui reproche de ne pas s'être vraiment rallié à Louis Napoléon Bonaparte.

Juliette, elle, baisse la tête, prête, il en est sûr, à donner sa vie s'il la lui demandait :

— Je suis et veux être toujours, dit-elle, ta pauvre Juju, très obéissante, qui t'aime et qui t'adore humblement.

Et puis il y a Adèle, avec qui il se rend aux réceptions du président, soirées dansantes à l'Élysée, dîners.

Elle accueille toujours Léonie, en voisine maintenant, et il les entend parfois bavarder, Adèle regrettant que le président de la République ne s'entoure pas de poètes, d'artistes, et Léonie prenant sa défense.

Qui est-il, ce président qui porte un nom illustre d'empereur, que veut-il ? Hugo est préoccupé, car l'homme est fuyant. Il y a des bruits de coup d'État. Le général Changarnier s'apprêterait à disperser les députés, à arrêter ceux qui se nomment montagnards ou démocrates socialistes.

— Nous ne respirons pas, nous ne vivons pas, nous sommes dans un tourbillon, dit Hugo.

Comment trouver le calme nécessaire pour poursuivre *Les Misères* ? « Le ciel politique est redevenu assez noir depuis quelques jours », note-t-il.

Il observe le président, et son jugement est chaque fois plus sévère : « Louis Napoléon Bonaparte appartient à cette classe d'ignorants qu'on appelle les princes et à cette catégorie d'étrangers qu'on appelle les émigrés. Au-dessous de rien, en dehors de tout… Il n'a rien des Bonaparte, ni le visage ni l'allure ; il n'en est probablement pas… »

Il écoute les confidences des uns et des autres. Chacun évoque les « habitudes aisées de la reine Hortense », la mère de Louis Napoléon, sa liaison avec l'amiral hollandais Verhuell.

Le président ? « C'est un souvenir de Hollande », murmure-t-on.

Mais ce n'est pas le plus grave ! D'abord, il faudrait lutter contre la pauvreté, qui ronge le peuple. Quand il marche dans les ruelles proches du faubourg Saint-Antoine, il doit réprimer un mouvement de répulsion et de dégoût.

« Il y a dans Paris, dans ces faubourgs de Paris, que le vent de l'émeute soulevait naguère si aisément, il y a des rues, des maisons, des cloaques où des familles, des familles entières, vivent pêle-mêle, hommes, femmes, jeunes filles, enfants n'ayant pour lits, n'ayant pour couvertures, j'ai presque dit pour vêtements, que des monceaux infects de chiffons en fermentation, ramassés dans la fange du coin des bornes, espèce de fumier des villes, où des créatures humaines s'enfouissent toutes vivantes pour échapper au froid de l'hiver. »

Il voit « une mère et ses quatre enfants qui cherchent leur nourriture dans les débris immondes et pestilentiels des charniers de Montfaucon ! ». Il apprend qu'un homme de lettres est mort de faim, il n'avait pas mangé depuis huit jours. Contre cette misère, que fait-on ? À quoi sert « l'affreuse politique » ? Pourquoi toute cette agitation, ces discours, ces révolutions, si rien ne change ? La vie n'est-elle que gesticulation et illusion ?

Ô misérable amas de vanités humaines,
Rêves ! au premier vent qui souffle dans les
[plaines,
Comme tout se disperse et tout s'évanouit !
Puissance, amour, douleur qui brûle dans la nuit,
Orgueils et voluptés, colères enflammées,
Comme cela se mêle à toutes les fumées !
À quoi bon tant d'ardeur et tant d'emportement
Pour arriver si vite à tant d'abattement [26] *!*

Il a le sentiment, comme ses fils l'écrivent dans *L'Événement* après en avoir discuté avec lui, qu'« un an a suffi pour user toutes les idées et tous les hommes en qui l'on avait foi le 24 février dernier ».

Et un an seulement a passé. Hugo a quarante-sept ans, et son aîné, Lamartine, qui a été « quinze

jours l'homme lumineux d'une révolution sombre »,
l'homme qui a foulé aux pieds le drapeau rouge,
aboli la peine de mort, n'est plus rien !

C'est cela être seul. Et la politique ne le permet
pas.

Hugo médite sur cet exemple de Lamartine. Il
est persuadé que s'il ne se rapproche pas des gens
du parti de l'Ordre, ces « Burgraves » qui ont
constitué un comité électoral, rue de Poitiers, il ne
sera pas réélu. Et il veut l'être.

Or la gauche démocrate socialiste le traite en
adversaire.

N'a-t-il pas réclamé la dissolution de l'Assemblée et de nouvelles élections pour une Assemblée
législative, alors que la gauche souhaitait prolonger le mandat des députés ?

La gauche ne lui pardonne pas d'avoir crié :
« Comment ? Républicains, vous n'auriez pas foi
dans la République ? » Le vote a eu lieu, l'Assemblée a été dissoute. Alors, il faut rejoindre la rue de
Poitiers.

— L'isolement n'est pas possible en temps
d'élection, pas plus que la solitude au milieu d'un
champ de bataille, dit-il. Dans le fond de ma pensée, je ne marche pas avec ces hommes-là. Je ne
suis pas de leur religion, je ne suis pas de leur couleur. Mais quand le navire sombre, tout passager
devient matelot ou court aux pompes !

Et il veut être réélu.

Il se rend devant les membres des Associations

réunies, dont il avait été le candidat. Il veut expliquer ce qu'il a fait durant son mandat de député :

— Toute ma conduite politique depuis une année peut se résumer en un seul mot : j'ai défendu énergiquement, résolument, de ma poitrine comme de ma parole, dans les douloureuses batailles de la rue, dans les luttes amères de la tribune, j'ai défendu l'ordre contre l'anarchie, et la liberté contre l'arbitraire.

Il laisse passer la vague d'acclamations, d'approbations, les « Oui, oui, c'est vrai », puis il reprend :

— J'ai fait de mon mieux, j'ai fait non tout ce que j'ai voulu, pas tout ce que j'ai pu, et je reviens au milieu de vous, avec la grave et austère sérénité du devoir accompli.

Le 13 mai, il est le dixième élu de Paris, avec 117 069 voix. Et c'est le parti de l'Ordre — légitimistes, orléanistes, catholiques et quelques bonapartistes — qui recueille 3 310 000 voix et quatre cent cinquante sièges ! À l'autre extrême, les démocrates socialistes rassemblent 1 955 000 voix et cent quatre-vingts sièges. Le centre, avec ses soixante-quinze sièges, est écrasé !

Que faire dans une telle assemblée ? Hugo a le sentiment que les « hommes lumineux », tel Lamartine, ont été rejetés.

— Ma réélection n'est rien, ce qui est une douleur pour la France, ce qui est une honte pour Mâcon, c'est la non-réélection de Lamartine !

Il se sent isolé parmi les députés du parti de

l'Ordre, qui le considèrent comme l'un des leurs, mais avec une ironie un peu injurieuse. Il est poète, n'est-ce pas ?

Il préside un congrès de la Paix, et sous les acclamations il lance : «Disons aux peuples : Vous êtes frères !» ou bien : «Que ce jour marque la fin de l'effusion du sang humain, qu'il marque la fin des massacres et des guerres, qu'il inaugure le commencement de la concorde et de la paix du monde, qu'on dise, le 24 août 1572 — la Saint-Barthélemy — s'efface et disparaît sous le 24 août 1849 !»

Il devine les ricanements de tous les «ventrus».

À l'Assemblée, ils n'admettent pas qu'il s'élève contre l'expédition militaire française à Rome du général Oudinot, qui rétablit le pape Pie IX dans ses droits et permet ainsi au souverain pontife d'arrêter, de juger, de punir les patriotes italiens qui avaient conquis la ville en vue d'en faire la capitale de leur patrie !

Et quand il parle, il lui suffit de voir les visages des députés de la majorité, d'entendre leurs cris de réprobation lorsqu'il critique le pape, pour deviner qu'il s'éloigne à grands pas du parti de l'Ordre.

Il ne reculera pas.

— Être de cette majorité ? Préférer la consigne à la conscience, s'écrie-t-il, non !

Il tend le doigt, il interpelle les députés de droite :

— Alors, vous laisseriez les gibets se dresser dans Rome, à l'ombre du drapeau tricolore ?

C'est la gauche qui l'applaudit.

Il n'a pas voulu s'associer à la manifestation

contre l'expédition militaire française à Rome, le 13 juin, mais quand il a su que la troupe avait saccagé les imprimeries des journaux d'opposition, il est intervenu pour protester.

— Monsieur de Montalembert a dit que ces applaudissements étaient mon châtiment ? Ce châtiment, je l'accepte et je m'en honore… Monsieur de Montalembert — qui hier défendait la Pologne — est passé du côté de ceux qui oppriment, et moi, je reste du côté de ceux qui sont opprimés.

La gauche de nouveau applaudit à tout rompre.

Il sent à chaque jour qui passe qu'il se rapproche d'une frontière et qu'une fois qu'il l'aura franchie, il lui sera impossible de rebrousser chemin.

Il se souvient de la longue route qu'il a parcourue, depuis ses premiers poèmes royalistes.

Il a été bénéficiaire de pensions versées par la caisse des rois Louis XVIII et Charles X. Il a été proche de Louis-Philippe et du duc d'Orléans. Il a été pair de France. Il a rêvé d'être ministre. Il a mené les troupes à l'assaut des barricades ouvrières en juin 1848.

Et maintenant, il parle de la misère et rapporte aux députés ce qu'il a vu dans les faubourgs.

— Messieurs, songez-y, c'est l'anarchie qui ouvre les abîmes, mais c'est la misère qui les creuse. Vous avez fait des lois contre l'anarchie, faites maintenant des lois contre la misère…

On l'interrompt. On l'accuse d'avoir dit qu'« on peut détruire la misère » et d'entretenir ainsi les illusions. Il reprend, il précise :

94

— Je ne suis pas, Messieurs, de ceux qui croient qu'on peut supprimer la souffrance en ce monde, la souffrance est une loi divine ; mais oui, je suis de ceux qui pensent et qui affirment qu'on peut détruire la misère !

Cela, on ne le lui pardonnera pas.

Un député lui crie :

— C'est une erreur profonde. On peut l'atténuer, mais non la détruire d'une manière absolue !

Il se redresse.

— La misère disparaîtra, lance-t-il, comme la lèpre a disparu !

La frontière est franchie. Louis Napoléon Bonaparte, un temps, a semblé approuver une politique libérale à Rome, mais comment pourrait-il résister à la pression du parti de l'Ordre, majoritaire et catholique ? Il donne donc finalement raison aux soldats du général Oudinot qui, l'arme au pied, regardent la police du pape arrêter les patriotes italiens, les juger, les proscrire.

Hugo est reçu par Louis Napoléon. Les rapports sont courtois mais tendus. L'homme lui paraît plus retors et plus habile qu'il ne l'avait imaginé jusque-là. Il ressort de l'entrevue inquiet. Ce président sans fortune, qui joue en Bourse pour s'assurer des revenus, acceptera-t-il de quitter le pouvoir au terme de ces quatre années d'un mandat non renouvelable ? Ou bien…

Tout est possible. Et l'entourage du président — les Morny, les Fould — est inquiétant.

Il le dit à ses fils, et François-Victor et Charles

écrivent dans *L'Événement* : «Est-ce que M. Louis Napoléon ne s'aperçoit pas que ses conseillers sont de mauvais conseillers, qui ont pris à tâche d'étouffer en lui tous les nobles élans ?… »

Hugo sait qu'après cette rupture avec le parti de l'Ordre et avec Louis Napoléon, il va être isolé et calomnié. Il n'est pas étonné quand on l'accuse de n'être hostile au président que parce que celui-ci lui a refusé un ministère.

Il le dément :

— Jamais, dans mes relations avec Monsieur Louis Bonaparte, il n'a été question entre lui et moi de quoi que ce soit pouvant avoir un rapport prochain ou lointain avec une ouverture de ce genre. Je défie qui que ce soit de donner l'ombre d'une preuve contraire…

Les calomniateurs ne se soucient guère des démentis, mais ces propos ne peuvent l'atteindre, il n'a de comptes à rendre qu'à sa conscience.

Juliette, elle, est indignée :

— Je suis blessée au cœur par la mauvaise foi et le crétinisme de ces gens violents, jaloux et haineux. Je suis honteuse au fond de l'âme des turpitudes auxquelles tu es en butte de la part de tous ces gens-là, alors que tu es dans la vérité, dans l'abnégation et dans le dévouement en tout et pour tous.

Il est touché de sa confiance. Comment pourrait-il rompre avec elle ? Il tente de la rassurer. «Il faut avoir confiance dans le peuple», murmure-t-il. Il ajoute :

— Ne pas croire au peuple, c'est être athée en politique.

1850

Avec vos ongles noirs grattez votre cervelle ;
Calomniez, hurlez, mordez, mentez, vivez !

Victor Hugo descend de l'omnibus, rue du Fau-
bourg-Poissonnière, au coin de la rue Bellefond. Il
est surpris par le surgissement d'un escadron de
cuirassiers. Les cavaliers tiennent leur sabre au
poing. Les lames luisent dans la nuit d'hiver que
l'éclairage des boutiques troue ici et là.

Il recule. Une berline à deux chevaux, entourée
d'autres cuirassiers, avec des officiers aux por-
tières, et « serrée de si près par cette cavalerie que
c'en est sinistre », arrive.

— Tiens, dit le conducteur de l'omnibus, ce doit
être le président !

Deux laquais, en tenue vert et or comme au
temps de l'empereur Napoléon, se tiennent derrière
la berline. Puis surviennent une seconde voiture et
deux de ces petits coupés bas qu'on appelle escar-
gots, et un cabriolet de place.

Il les regarde s'éloigner.

— Cela ressemble autant à quelqu'un qui va à Vincennes qu'à quelqu'un qui va à l'Élysée, marmonne-t-il.

Il poursuit sa promenade, suivant des yeux ce « bizarre cortège qui commence par le carrosse de l'empereur et finit par un fiacre ».

Il entend des gens en blouse qui crient « Vive la République ! » et un enfant dont la voix joyeuse se perd dans la nuit qui lance « Vive l'empereur ! ». Une vieille femme dit à l'enfant : « Attends donc qu'il ait fait quelque chose. »

Hugo rentre à pas lents. Il va passer chez Léonie, puis il se rendra chez Juliette.

Il songe aussi au rendez-vous avec cette jeune fille, Claire, qui lui écrit : « Vous me trouvez jolie, vous me l'avez dit, mais il y a tant de femmes aussi jolies, plus jolies que moi, mais voyez-vous, mon poète, il n'y en a pas qui sache vous admirer comme moi, cela j'en suis certaine… J'ai peur quelquefois de faire mal de vous voir ainsi à l'insu de ma famille… Si vous m'aimez un peu seulement, vous n'abuserez pas de l'entière confiance d'une enfant de dix-sept ans… »

À la seule pensée du corps frêle de Claire, de son regard naïf, il frissonne. Il la verra, il la rencontrera une nouvelle fois. Elle se glissera dans le fiacre, et ils rouleront, volets baissés.

Il imagine ses ennemis, qui le guettent sûrement, rêvant de le surprendre en compagnie d'une si jeune fille afin de faire éclater un scandale dont rien ne le protégerait. Mais c'est chaque jour qu'on pourrait lui tendre un piège quand il se rend chez l'une ou l'autre de ces jeunes femmes, vicomtesse ou sociétaire de la Comédie-Française, femme du peuple ou poétesse !

C'est ainsi. Il ne peut pas renoncer, quels que soient les risques. Au contraire. Il lui semble qu'il a de plus en plus besoin d'un corps de femme. L'amour, c'est d'abord caresser, embrasser, pénétrer une vie nouvelle, et peu importe, au fond, il se l'avoue, qui est la femme qu'on enlace. Elle est, quelles que soient sa condition, son intelligence, et même sa beauté, la vie. Elle fait jaillir en lui l'énergie. Est-ce parce qu'il a déjà eu, cette année, quarante-huit ans, qu'il lui faut chaque jour cette preuve renouvelée de sa virilité ?

Il ne veut même pas penser aux causes de son comportement. Il se soumet à ce désir irrépressible, et le satisfaire lui est aussi nécessaire que respirer, manger, écrire.

Il voit Juliette. Il a besoin d'elle aussi, pour la tendresse, le don qu'elle fait à chaque instant de sa vie, l'appui qu'elle lui apporte. Quand il entre chez elle, il a l'impression d'être protégé par son amour et sa dévotion.

Il vient de subir, à l'Assemblée, la tempête.

Il a parlé contre cette loi sur l'enseignement qui livre l'école aux prêtres, aux jésuites. Le ministre de l'Instruction publique, le comte de Falloux, veut la faire voter rapidement.

Et il a vu ces visages tordus par la haine, il a entendu les cris venus des rangs du parti de l'Ordre lorsqu'il a lancé : «Je veux l'Église chez elle et l'État chez lui… Votre loi est une loi qui a un masque… C'est une pensée d'asservissement… Vous êtes les parasites de l'Église, vous êtes la maladie de l'Église. Vous êtes non les croyants, mais les sectaires d'une religion que vous ne comprenez pas. Vous êtes les metteurs en scène de la sainteté. Ne mêlez pas l'Église à vos combinaisons, à vos stratégies, à vos doctrines, à vos ambitions. Ne l'appelez pas votre mère pour en faire votre servante ! »

Le parti de l'Ordre s'est alors déchaîné, et il leur a crié :

— À qui en voulez-vous donc ? Je vais vous le dire, vous en voulez à la raison humaine. Pourquoi ? Parce qu'elle fait le jour !

C'est la peur qui les guide. Toutes les lois qu'ils proposent sont des lois pour bâillonner, contraindre, limiter. Et il intervient chaque fois, porté par les acclamations de la gauche, ces démocrates socialistes qu'il n'aime pas, dont il se défie, mais qui le soutiennent.

Il note pour Juliette :

«Il y a cinq ans, j'ai été sur le point de devenir le favori du roi. Aujourd'hui, je suis sur le point de devenir le favori du peuple. Je ne serai pas plus ceci que je n'ai été cela, parce qu'il viendra un moment où mon indépendance fera saillie et où ma fidélité à ma conscience irritera l'un dans la rue, comme elle a choqué l'autre aux Tuileries… »

Mais il ne veut pas se soucier des uns ou des

100

autres. Il dit ce que sa pensée et sa conscience lui dictent.

Comment pourrait-il accepter une loi limitant la liberté de la presse, rétablissant la censure sur les théâtres, interdisant la vente publique de certains journaux — et *L'Événement* est l'un des premiers frappés —, organisant la déportation des inculpés des journées de Juin qu'on enverra mourir en Algérie ?

— Ah ! quittez ces précautions de parole, s'exclame-t-il, et sa voix s'enroue. Quittez la phraséologie hypocrite, soyez du moins sincères et dites avec nous : la peine de mort est rétablie !

En fait, il le sent bien quand il les regarde, quand il entend ces députés qui aboient contre lui plus qu'ils ne l'interpellent, c'est la crainte du peuple qui les pousse. À chaque élection partielle, des députés de la Nouvelle Montagne, des démocrates socialistes, sont élus, trois à Paris, dix dans toute la France, et, encore à Paris, Eugène Sue, romancier populaire, dandy d'extrême gauche, est choisi par les électeurs ! Alors le parti de l'Ordre tremble, et les députés et le gouvernement imaginent qu'il suffit de limiter le suffrage universel pour empêcher toute évolution.

Ils en sont là !

Il lit cette lettre que lui adresse Alexandre Dumas.

« Mon cher Victor,

« Demain, vous prendrez la parole, n'est-ce pas ? Vous êtes là-bas le représentant de l'intelligence universelle… Dites-leur qu'ils sont insensés, que la lutte qu'ils entreprennent est folle… Ces gens-là n'ont donc rien vu dans le passé, n'ont donc rien entrevu dans l'avenir ? Démocratie, ils n'ont donc pas vu d'où tu viens et où tu vas ?… Vous voyez donc bien, aveugles que vous êtes, que là où ont échoué Napoléon, Louis XVIII, Louis-Philippe, il y a un abîme, que là où se sont englouties trois monarchies, il n'y a plus de monarchies possibles… Voilà non seulement ce que je dis mais ce que j'écris depuis vingt ans… À vous le premier de nous tous cet honneur de parler au nom de nous tous… »

Hugo se souvient de cette lettre lorsqu'il fait face à la tribune de l'Assemblée aux interruptions, lorsqu'il dit de sa voix voilée par l'effort :

— Allez, faites ! Retranchez trois millions d'électeurs, retranchez-en quatre, retranchez-en huit millions sur neuf !… Ce que vous ne retrancherez pas ce sont vos fautes… c'est le temps qui marche, c'est l'heure qui sonne, c'est la terre qui tourne, c'est le mouvement ascendant des idées… c'est l'écartement de plus en plus profond entre le siècle et vous, entre les jeunes générations et vous, entre l'esprit de liberté et vous…

Après les cris de haine, il doit encore subir la perfidie des attaques personnelles, celle du chroniqueur du *Journal des débats*, qui écrit :

« Il y eut une période où Monsieur Hugo sembla prendre en patience les injustices de la société… Ce moment correspond à peu près exactement à celui où Monsieur Victor Hugo devint académicien et pair de France… »

Dans *L'Univers*, c'est Louis Veuillot, ce « journaliste de robe courte » — comme le sont les affiliés laïques de la Compagnie de Jésus — qui presque chaque jour l'attaque : « Dès 1848, dans le parti de l'Ordre, on lui disait : Taisez-vous ! Ne vous rendez pas ridicule ! »

Et puis il y a Montalembert, qui fut un proche, un ami, qui monte à la tribune de l'Assemblée au lendemain du débat sur le suffrage universel. Hugo est absent, épuisé, malade. Mais il lit avec fureur ce que Montalembert, cette « vipère », a déclaré : « S'il était ici, a dit le député du parti de l'Ordre, je lui rappellerai toutes les causes qu'il a flattées, toutes les causes qu'il a reniées… Il se dérobe au service des causes vaincues… »

Il va répondre, rappeler ses écrits, comment il est resté fidèle à Charles X, à la duchesse d'Orléans après la chute des monarchies, comment il est intervenu pour que les Bonaparte aient le droit de rentrer d'exil.

Mais il se sent meurtri. Montalembert a été habile.

— Vous trouverez dans le langage de Monsieur Hugo, a-t-il poursuivi, toujours les mêmes formules, mais toujours adressées à des objets différents… Il essaiera de faire respirer demain, à un despotisme futur, cet encens qu'il offre aujourd'hui au peuple et qu'il a fait déjà respirer à deux dynasties.

Les applaudissements répétés de la majorité de l'Assemblée sont comme autant de soufflets.

— Attaquez la démocratie, attaquez la liberté, et vous verrez, ces jours-là, si je suis absent ! a été sa réponse.

Il griffonne quelques vers pour stigmatiser Montalembert.

Oh ! je t'emporterai si haut dans les nuées,
Vipère, que la bourbe où la nuit t'engendra,
La plaine et le marais, les cris et les huées,
Les voix, les pas, les bruits, tout s'évanouira !
[…]
Si ceux qui t'admiraient — car, vipère, on
                                        [t'admire —
Te cherchent au cloaque où tu crois t'abriter,
Il sortira de l'ombre une voix pour leur dire :
Un aigle a passé par là qui vient de l'emporter[27].

Mais il y a plus urgent. On parle de coup d'État, d'assassinat.

Il hausse les épaules… «Censure, police, compression, gouvernement fourbe, lourd et bête, qui tient du sacristain et du caporal. La guérite vous guette, et le confessionnal vous espionne.»

Le député Charras, un ancien colonel, républicain, le prend par le bras.

— J'éprouve en ce moment un sentiment indéfinissable, lui confie Hugo, l'humiliation d'avoir en face de moi la bêtise toute-puissante.

Il parle du «parti jésuite, parti d'absolutisme, d'immobilité, d'imbécillité, de silence, de ténèbres, d'abrutissement monacal, qui rêve pour la France, non l'avenir de la France, mais le passé de l'Espagne ».

Charras l'écoute, murmure qu'il s'agit de bien autre chose :

— Prenez garde, en cas d'émeute — et la police la fera si elle lui manque —, les rôles sont distribués. Le colonel Charras, son affaire est faite, disait hier quelqu'un. On vous tuera d'un coup de pistolet quand vous traverserez les Champs-Élysées. Quant à Cavaignac, il ne passera pas le coin de la rue du Helder. Prenez garde à vous ! répète Charras.

Que craindre d'un Thiers ? De ces petits hommes qui ressemblent à des bouffons ?

— Si leur Fructidor, leur coup d'État monarchiste éclate, je me tiendrai les côtes. Savez-vous comment je répondrai à leur coup de tonnerre ? Par un éclat de rire !

Peu à peu cependant, il sent l'inquiétude le gagner.

C'est un temps où « le passé redevient féroce ». Il y a un parti des Jésuites, un parti de l'Inquisition, et l'égoïsme de cette « classe dite moyenne qui tient dans l'État la place que tient le ventre dans le corps humain : le milieu ». Ceux-là tirent l'échelle après eux, et ne veulent pas laisser monter le peuple là où ils sont parvenus.

Il pense à ce...

... parti
Misérable, insensé, chétif, petit, fatal[28]*...*

… en entrant dans la chambre où repose le corps d'un géant, Balzac, ce génie, qui se meurt.

Il regarde sa « face violette, presque noire, inclinée à droite, la barbe non faite, les cheveux gris et coupés court, l'œil ouvert et fixe. Je le voyais de profil, et il ressemblait ainsi à l'Empereur ».

« Il mourut dans la nuit. Il avait cinquante et un ans. »

Il doit prononcer le discours au cimetière.

Il marche à droite du cercueil, tenant l'un des glands d'argent du poêle, Alexandre Dumas de l'autre côté.

« Le convoi traversa Paris et alla par les boulevards au Père-Lachaise… C'était un de ces jours où il semble que le ciel verse quelques larmes… »

Il dit, au bord de la fosse, que « l'auteur de cette œuvre immense et étrange est de la forte race des écrivains révolutionnaires… ».

Et revenant à pied, ce 21 août, il a la certitude que la mort de Balzac, la fin de cette œuvre qui « arrache à tous quelque chose, aux uns l'illusion, aux autres l'espérance, à ceux-ci un cri, à ceux-là un masque », scelle la fin d'une période. L'œuvre de Balzac « saisit corps à corps la société moderne ».

Mais celle-ci, dans l'ordre politique, que peutelle faire naître ? République ou Inquisition ? Avenir ou passé ?

Le 10 octobre, Hugo apprend qu'au camp militaire de Satory, les troupes qui défilent devant Louis Napoléon Bonaparte, celui qu'on appelle de plus en plus « le prince-président », ont crié « Vive Napoléon ! Vive l'empereur ! ».

Cet homme blafard oserait-il ?

Il écoute Juliette.

— Je trouve révoltant, dit-elle, qu'un homme comme toi puisse être en butte à toutes les turpitudes des partis. Je trouve odieux, abominable et infâme que des misérables sans talent, sans esprit et sans cœur, osent lutter avec toi… J'admire ton courage, ton abnégation et ton dévouement…

Il faut sourire de ces jésuites, répond-il, mépriser les attaques d'un Louis Veuillot dans *L'Univers*.

Vous seriez des bourreaux si vous n'étiez des
                                  [cuistres.
Pour vous le glaive est saint et le supplice est beau.
Ô monstres ! Vous chantez dans vos hymnes
                                  [sinistres
Le bûcher, votre seul flambeau !
[…]
Allez, continuez, tournez la manivelle
De votre impur journal, vils grimauds dépravés ;
Avec vos ongles noirs grattez votre cervelle ;
Calomniez, hurlez, mordez, mentez, vivez[29] *!*

Juliette secoue la tête.

— Depuis que la politique a envahi toute ta vie, murmure-t-elle, le bonheur s'est retiré de moi. Y reviendra-t-il jamais ? J'en doute et c'est là ce qui me désespère.

Que lui répondre ?

1851

L'homme est mort bien avant qu'il descende au
                                              [tombeau ;
Toute corruption de son vivant le ronge...

Hugo veut parler. Il le doit. Mais sa gorge est toujours douloureuse et voilà des semaines qu'il peut à peine se faire entendre, la voix cassée par les efforts qu'il a déployés à la tribune. Pourtant, il faut qu'il intervienne dans ce débat qui, depuis des heures, divise les députés, membres de la douzième commission de l'Assemblée.

Il écoute.

L'atmosphère a changé depuis le début de l'année.

Louis Napoléon Bonaparte a révoqué, dès le 9 janvier, le général Changarnier de son double commandement des Gardes nationales et de la Région militaire de Paris.

Or Changarnier, cet officier poudré, parfumé, frisé, est le glaive du parti de l'Ordre. On le dit prêt à faire un coup d'État contre la République et contre Louis Napoléon. C'est une sorte de Pichegru, ce général de 1797 que Napoléon Bonaparte, le Grand, brisa.

Tout paraît donc recommencer, mais les acteurs sont des nains !

L'Assemblée, dominée par le parti de l'Ordre, a voté, après la destitution de Changarnier, une motion de défiance au gouvernement. Et Louis Napoléon a constitué un autre ministère puis, comme si de rien n'était, a sollicité de l'Assemblée une augmentation de près de deux millions de francs de sa dotation ! Il a déjà dévoré celle qui lui avait été votée. Les filles, les fêtes, les bals, les récréations, l'achat des consciences et des journaux coûtent cher.

Hugo hésite. Va-t-il se lever ? Il murmure à son voisin, le député républicain Michel de Bourges :

— Je suis peu troublé par l'Élysée, mais je suis inquiet du côté de la majorité. Je ne vois pas Napoléon, et je vois Pichegru.

De plus, il a la conviction que cette année sera calme. Tout se jouera l'année prochaine, quand au mois de mai la Constitution exigera le départ de Louis Napoléon, sans qu'il ait le droit d'être à nouveau candidat. À moins qu'il n'obtienne une révision de la Constitution, mais la majorité du parti de l'Ordre ne la votera pas. Et comme les républicains y sont hostiles, Louis Napoléon sera, mais l'année prochaine, tenté par le coup d'État.

Il se souvient de ce rêve que lui a raconté Juliette :

— J'ai rêvé cette nuit que je voyais un grand omnibus tout en flammes qui courait au grand galop. Les chevaux avaient pris le mors aux dents.

Il lui a répondu :

— Vous avez vu en rêve 1852 !

D'ici là, on se préparera à l'affrontement. Et comment, pour un républicain, choisir entre Louis Napoléon Bonaparte et le général Changarnier ?

Il n'est sûr que d'une seule chose : on le hait ! À l'Académie française, cette « vipère » de Montalembert a été élu par vingt-cinq voix, contre deux à Alfred de Musset ! C'est sans doute Lamartine qui a voté comme lui.

— Je suis aux yeux de la bourgeoisie un monstre, dit-il. Il y en a qui disent qu'il faut me tirer un coup de fusil comme à un chien. Pauvre bourgeoisie ! Uniquement parce qu'elle a peur pour sa pièce de cent sous !

On ne lui pardonne pas d'avoir défendu toutes les idées de liberté, d'avoir combattu l'hypocrisie, l'ignominie, l'intolérance, l'iniquité.

Lorsqu'il gagne son banc à l'Assemblée, il sent le poids des regards hostiles, il entend les ricanements.

C'est le prix à payer de sa liberté de conscience. Et il l'accepte.

Il demande la parole. Il se lève.

— Je ne désire pas être nommé commissaire [de cette commission], je suis trop souffrant encore pour pouvoir aborder la tribune, et mon intention n'était pas de parler, même ici.

Mais il doit dénoncer les manœuvres de Louis Napoléon, ses discours antirépublicains, ses voyages aux seules fins de se faire acclamer du nom d'empereur, le financement de cette société du Dix-Décembre qui a lancé une pétition pour obtenir la révision de la Constitution.

Il faut en finir.

— Moi qui vous parle, poursuit-il de sa voix à peine audible et qui lui brûle la gorge, j'ai voté pour Monsieur Bonaparte. J'ai dans la sphère de mon action favorisé son élection... Dans ce condamné politique, il y avait une intelligence, dans ce prince, il y avait un démocrate. Nous avons espéré en lui.

Il tousse, il veut parler plus fort.

— Nous avons été trompés dans nos espérances. Ce que nous attendions de l'homme, nous l'avons attendu en vain... C'est le prince seul qui a besoin de deux millions. Sans la dotation, vous n'auriez pas eu ces tentations prétoriennes qui tendaient à donner à la République l'Empire pour demain. Point d'argent, point d'Empire... Messieurs, finissons-en avec ces allures princières, ces dotations tristement demandées et fâcheusement dépensées... Acceptons la République.

Il sait qu'il n'a désarmé aucune des haines du parti de l'Ordre, mais suscité la rage des bonapartistes et de ces entourages troubles du prince-président, qui veulent rester au pouvoir à n'importe quel prix, parce qu'ils sont « sybarites, moitié crânes, moitié aigrefins », comme dit Charles de Rémusat.

Et il n'y a rien à attendre du gouvernement aux ordres, que le harcèlement et même la persécution.

— Ce gouvernement, dit-il encore, je le caractérise d'un mot : la police partout, la justice nulle part !

Il vient d'apprendre que le cours de Michelet, au Collège de France, a été suspendu. Aphone, il ne peut intervenir à la tribune de l'Assemblée, mais il veut pourtant lui apporter son soutien. Il lui écrit.

« Un mal plus fort que ma volonté me retenait cloué à mon banc… Mais je vous envoie ma protestation. »

Des étudiants qui manifestent sont venus le quérir pour aider Michelet. « La liberté de pensée a été bâillonnée dans votre personne… », conclut-il.

Il faut se battre et accepter aussi d'être frappé dans ce que l'on a de plus cher, ses fils. Charles est condamné pour avoir publié dans *L'Événement* un article dénonçant la peine de mort.

Il le défend devant le tribunal :

— Ah oui ! c'est vrai, nous sommes des hommes très dangereux, nous voulons supprimer la guillotine ! C'est monstrueux !

Il se tourne vers Charles, assis à son banc d'inculpé.

— Mon fils, tu reçois aujourd'hui un grand honneur, tu es jugé digne de combattre, de souffrir peut-être pour la sainte cause de la vérité. À dater d'aujourd'hui, tu entres dans la véritable vie virile de notre temps, c'est-à-dire dans la lutte pour le juste et le vrai. Sois fier…

Mais la condamnation tombe : six mois de prison ferme.

On veut le blesser, lui, le faire taire peut-être, en enfermant Charles à la Conciergerie. Quelques mois plus tard, c'est au tour de François-Victor, lui aussi pour un article dans *L'Événement*. Paul Meurice sera emprisonné avec eux, et le journal, interdit pour un mois, doit cesser de paraître. Mais il est remplacé par *L'Avènement du peuple*.

— J'avais songé à défendre François-Victor, comme j'avais défendu Charles, explique Hugo. Tout bien considéré, il est sage d'y renoncer. J'irriterais le jury et la cour qui me haïssent si profondément… Ces misérables qui gouvernent sont capables de tout.

Auguste Vacquerie est également arrêté, à cause, cette fois, de *L'Avènement du peuple*.

Une seule consolation : la lettre que lui adresse le vieux prince Jérôme Bonaparte, indigné par les condamnations qui frappent Charles et François-Victor.

« Être frappé par une réaction injuste et méchante, c'est une gloire pour vous, mais vous devez comprendre quel chagrin j'éprouve de l'oppression de notre pays et de l'abaissement de mon nom.

« J'en suis navré. Voir la persécution s'appesantir sur votre nom, une des gloires de la France, sur vous, un de nos rares amis pendant l'exil, c'est indigne ! »

Mais cela est !

Hugo a l'impression qu'il suffit de regarder autour de soi pour découvrir que l'injustice règne, inhumaine et cruelle.

Il s'est rendu à Lille en compagnie de l'économiste Adolphe Blanqui, le frère du révolutionnaire. Il voulait se rendre compte des conditions de vie des ouvriers.

Il a marché dans la boue des ruelles des quartiers populaires en se souvenant des millions réclamés par Louis Napoléon Bonaparte pour sa « dotation ». Quand il a découvert la misère de ces familles lilloises, il lui a semblé qu'il retrouvait l'accent de Ruy Blas dénonçant la corruption des ministres !

Millions ! Millions ! Châteaux, liste civile !
Un jour je descendis dans les caves de Lille ;
Je vis ce morne enfer.
Des fantômes sont là sous terre dans des chambres,
Blêmes, courbés, ployés ; le rachis tord leurs
[membres
Dans son poignet de fer.
[...]
Caves de Lille ! On meurt sous vos plafonds de
[pierre !
J'ai vu, vu de ces yeux pleurant sous ma paupière,
Râler l'aïeul flétri,
La fille aux yeux hagards de ses cheveux vêtue,
Et l'enfant spectre au sein de la mère statue !
Ô Dante Alighieri !

C'est de ces douleurs-là que sortent vos richesses,
Princes ! Ces dénuements nourrissent vos
[largesses,
Ô vainqueurs ! Conquérants !
Votre budget ruisselle et suinte à larges gouttes
Des murs de ces caveaux, des pierres de ces voûtes,
Du cœur de ces mourants [30].

Comment l'excuserait-on de dénoncer sans indulgence l'inégalité et l'injustice ? L'époque est aux « luttes ardentes », aux « tempêtes ». Ne l'approuvent que ceux qui ont choisi de brûler leur vie à la flamme de la vérité et de la justice.

Il reçoit une lettre de Giuseppe Mazzini. Il a de l'estime pour ce patriote italien, et il est ému quand il lit ce qu'il lui écrit : « Je vous ai aimé poète, dès mes premières années d'étudiant. Je vous admire, aujourd'hui, jetant votre brûlante parole sur la limite des deux pouvoirs, entre le peuple et ses maîtres. » C'est bien là qu'il se trouve…

Mais imagine-t-on la tension qu'il subit ? Il a la certitude que seuls des instants d'oubli, de rêverie et de passion lui permettent de faire face aux haines et aux menaces. Car on l'avertit de nouveau que des complots se trament pour l'assassiner. Il a attaqué le prince-président, il a rejoint la Montagne. Il se sert de sa notoriété comme d'une arme politique. Certains ne l'acceptent pas.

Il ne peut oublier ces dangers, cette tension, cette misère, dans les bras de Léonie d'Aunet, dans ceux d'Armance Duvallon, femme à gages qui « émettait trois filles fort jolies comme autant d'effets de commerce », dans ceux des catins qui aguichent, dans ceux des lectrices qui écrivent, se donnent, dans ceux des actrices ou de cette Claire, encore elle, qui avoue, timide : « Je rêve de vous toutes les nuits, j'en suis bien contente… »

Il est touché, ravi, de cette naïveté presque enfantine. « Je suis rentrée à temps, je pense déjà à recommencer… Vous me disiez, mon poète, lui écrit-elle, que quand vous étiez avec moi, vous perdiez la mémoire… » Heureux et apaisants moments !

Et il oublie, le temps d'une étreinte, non seulement la réalité politique mais aussi toutes les autres femmes. Chacune pourtant a sa place. Adèle, qu'il retrouve rue de la Tour-d'Auvergne, Léonie, qui est toujours admise et estimée par l'épouse, et Juliette, celle qu'il faut cacher et celle à qui il faut dissimuler toutes les autres.

Il la cherche, ce 28 juin. Elle n'est pas chez elle, mais il aperçoit tout à coup sur la table ce paquet, ces lettres, toutes celles qu'il a écrites à Léonie d'Aunet depuis sept ans, et que cette dernière vient d'envoyer à Juliette, pour qu'elle comprenne qu'elle doit s'effacer devant un amour aussi passionné, aussi enraciné dans le temps que celui qu'il lui porte. Qu'elle lise !

Juliette a dû lire.

Il sait bien qu'il a écrit les mêmes mots à l'une et à l'autre ! Il imagine ce qu'elle a dû ressentir, elle qui ignorait tout de cette passion, de la place reconnue, presque officielle, de Léonie, tant dans les salons que rue de la Tour-d'Auvergne !

Il craint le pire.

Il pense au scandale...

Et puis la voici, hagarde, échevelée. Elle a marché, seule, au hasard dans Paris. Elle dit :

— Ne fais pas de fausse générosité avec moi... J'aime mieux pleurer ton amour mort pour moi que de te voir commettre le hideux sacrilège de faire faire à son cadavre le simulacre de la vie... Maintenant, tout est détruit.

Il essaie d'affirmer qu'il est prêt à renoncer à Léonie, qu'elle seule... Elle l'arrête :

— Ton sacrifice est inutile, et je sens que dans peu de temps, il te deviendrait aussi odieux qu'il me l'est à moi-même dès à présent.

Il ne peut répondre.

— Je te remercie d'avoir voulu violenter ton cœur pour tenter de consoler le mien, reprend-elle.

Elle baisse la tête. Elle poursuit d'une voix sourde :

— Je remercie cette femme d'avoir été impitoyable dans les preuves de ta trahison. Il y a entre nous sept années que rien ne peut effacer de ta vie, ni de la mienne, sept années pendant lesquelles tu as bien adoré cette femme et pendant lesquelles j'ai bien souffert du pressentiment sourd et latent que je nourrissais.

Elle montre les lettres. Elle en lit quelques phrases : « *Tu es un ange et je baise tes pieds, je baise tes larmes... Tu es la lumière de mes yeux, tu es la vie même de mon cœur.* »

Pourquoi Léonie a-t-elle ainsi livré ces mots ? Est-ce la mort de Mme Hamelin, sa vieille amie qui la préservait de ces excès, de ce désir de vengeance, qui l'a libérée ?

— Elle m'a bien hardiment enfoncé jusqu'à la garde dans le cœur cette adoration que tu lui as donnée pendant sept ans, murmure Juliette. C'était cynique et féroce, mais c'était honnête. Cette femme était digne d'être mon bourreau. Tous les coups ont bien porté…

Il est désespéré. Il ne voulait pas faire souffrir Juliette la généreuse, qui l'a supplié de ne pas prendre la décision de rompre avec Léonie. Mais dont la jalousie, la douleur s'expriment à chaque instant.

Comment se défendre, puisque ce qu'elle dit est vrai, qu'elle est victime d'une fatalité injuste, dont il est l'instrument.

Il l'écoute.

— Je souffre tous les supplices de la jalousie la plus humiliante et la plus poignante qui soit. Je sais que tu as adoré pendant sept ans une femme que tu trouves belle, jeune, spirituelle, accomplie. Je sais que, sans la brusque révélation de cette femme, elle serait encore ta maîtresse préférée. Je sais que tu l'as introduite dans ta famille, qu'elle vit dans ton monde, que tu peux la rencontrer à chaque instant, que tu lui as promis de continuer ces relations intimes au moins extérieurement. Je sais tout cela et tu veux que je vive en sécurité ? Mais il faudrait que je fusse la plus sotte ou la plus insensée des

118

créatures pour cela. Hélas, je n'en suis que la plus clairvoyante et la plus malheureuse…

Il tente de la rassurer, lui promet de ne jamais s'éloigner d'elle. Et il a le sentiment qu'il la convainc, qu'elle redevient, comme elle dit, « raisonnable ».

La vie reprend son cours, il en est soulagé.

Car il doit préparer son discours pour la séance du 17 juillet de l'Assemblée nationale. Il faut débattre de la révision de la Constitution, que naturellement Louis Napoléon Bonaparte souhaite afin de se perpétuer dans sa fonction de président.

Hugo sait que la bataille sera rude. Contre le gouvernement, mais aussi contre le parti de l'Ordre, ambigu, divisé sur cette question, opposé à la révision par hostilité à Louis Napoléon, et encore plus peut-être ennemi de la République.

Il monte à la tribune. Il a retrouvé sa voix.

— La question Monarchie ou République est posée, lance-t-il. Personne n'a plus le pouvoir, personne n'a plus le droit de l'éluder.

On l'interrompt presque à chaque instant.

— Qu'est-ce que la prolongation ? s'écrie-t-il. C'est le Consulat à vie. Où mène le Consulat à vie ? À l'Empire ! Messieurs, il y a là une intrigue ! Une intrigue, vous dis-je ! J'ai le droit de la fouiller. Je la fouille. Allons ! Le grand jour sur tout cela. Il ne faut pas que la France soit prise par surprise et se trouve un beau matin avoir un empereur sans savoir pourquoi !

— Un empereur, reprend-il, discutons un peu la prétention !

Il se dresse. Il va fustiger ces nains. Il éprouve à parler une exaltation aussi forte que lorsqu'il écrit une tirade. Ici, cet hémicycle est une scène, et ce qui se joue dans ce grand théâtre, c'est le destin d'un peuple ! Et lui, Hugo, est auteur et acteur !

Il évoque le grand Napoléon, puis :

— Ce sceptre et ce glaive, vous voulez, vous, les ramasser après lui, et prendre dans vos petites mains ce sceptre des Titans, cette épée des géants ! s'exclame-t-il. Pourquoi faire ? Quoi ! après Auguste, Augustule ! Quoi ! parce que nous avons eu Napoléon-le-Grand, il faut que nous ayons Napoléon le Petit !

C'est le tumulte, les cris de haine couvrent les applaudissements.

Il sait qu'il est devenu, avec ces mots, la cible du pouvoir. On le tuera si on le peut, il en est sûr. Mais il est heureux d'être allé au bout de ce qu'il pense.

Il descend de la tribune, s'assied à son banc. Il regarde les députés qui l'injurient.

Il commence à écrire, pour s'assurer, après ces trois heures de discours et ces plus de cent interruptions, de la vigueur de son esprit.

Ces hommes qui mourront, foule abjecte et
[grossière,
Sont de la boue avant d'être de la poussière…
[…] Envieux, consumés de rages puériles,
D'autant plus furieux qu'ils se sentent stériles,

120

Ils mordent les talons de qui marche en avant.
Ils sont humiliés d'aboyer, ne pouvant
Jusqu'au rugissement hausser leur petitesse.
[...] Ils sont à qui les veut, du premier au dernier,
Aujourd'hui Bonaparte et demain Changarnier !
[...] Quand l'austère penseur qui, loin des
                                    [multitudes,
Rêvait hier encore au fond des solitudes,
Apparaissant soudain dans sa tranquillité,
Vient au milieu de vous dire la vérité,
Défendre les vaincus, rassurer la patrie,
Éclatez ! Répandez cris, injures, furie,
Ruez-vous sur son nom comme sur un butin !
Vous n'obtiendrez de lui qu'un sourire hautain,
Et pas même un regard ! — Car cette âme sereine
Méprisant votre estime, estime votre haine [31].

Il sort de l'Assemblée. Il aperçoit Juliette. Que vient-elle faire ? Elle semblait avoir accepté son sort. Il se dérobe, et naturellement elle se plaint :

« Je suis revenue toute troublée de ton empressement à rentrer à l'intérieur sans prendre le temps de me rien dire et de me rien expliquer, et cela de l'air le plus embarrassé et le plus confus du monde, et comme un homme surpris désagréablement de ma rencontre. » Elle parle d'« enivrement du suicide », ajoute « j'ai l'enfer dans le cœur », puis elle se reproche ces mots et jure qu'elle se prêtera « à toutes les exigences de ton travail et à tous les ménagements que nécessite ta position d'homme politique ».

Ensuite viennent à nouveau les reproches, même si elle s'en défend :

« Je ne me reconnais aucun droit sur toi, et les dix-neuf années que tu as prises au plus vif de ma vie ne pèsent pas un atome dans la balance de ton repos, de ta considération et de ton bonheur. »

Enfin, elle s'offre à l'aider. Et il sait qu'il peut compter sur elle, alors que la tension monte, que Louis Napoléon Bonaparte a nommé ministre de la Guerre ce général de Saint-Arnaud qui s'est distingué en Algérie, et dont chacun dit que c'est un homme brutal, sans scrupules. Et il est évident que cette désignation montre que Louis Napoléon Bonaparte, malgré tous ses échecs devant l'Assemblée — elle a rejeté la demande de dotation, la révision, le retour au suffrage universel demandé par le prince-président, soucieux de se présenter comme le défenseur des droits du peuple contre les députés du parti de l'Ordre —, ne renonce pas.

Comment Juliette ne comprend-elle pas que le moment n'est pas à de nouveaux déchirements entre eux ? Charles et François-Victor sont emprisonnés, comme Paul Meurice et Auguste Vacquerie, à la Conciergerie. Et la meute continue d'aboyer...

Oh ! que l'homme n'est rien et que vous êtes tout,
Seigneur ! Ô Dieu vivant, toi seul restes debout...
[...] L'homme est mort bien avant qu'il descende
                                                    [au tombeau ;
Toute corruption de son vivant le ronge,

L'avarice, l'orgueil, la haine, le mensonge,
L'amour vénal, l'erreur folle, l'instinct bâtard ;
De sorte qu'on ne sait ce qui pourrit plus tard[32].

Il est lui-même surpris en relisant ces vers par l'amertume qui les imprègne. Est-ce l'automne, cette grisaille, qui le rend si sombre ?

Les séances de l'Assemblée sont suspendues jusqu'au 4 novembre. Il veut consoler Juliette, la convaincre qu'elle n'a pas, comme elle le dit, à se « sacrifier ». Il veut conserver une relation intense, profonde, avec elle. Il sait qu'il peut compter sur elle. Et elle doit pouvoir s'appuyer sur lui.

— Tu peux laisser chez moi, et à ma discrétion, tous tes papiers, sans crainte que ma curiosité et même ma jalousie en entrouvrent un seul, murmure-t-elle.

Elle dit vrai, il en est persuadé. Il la sent reconnaissante, apaisée, presque heureuse quand il organise une promenade avec elle dans la forêt de Fontainebleau. Si facile de la contenter ! Il est attendri quand, en se serrant contre lui, elle dit qu'elle craint un coup d'État, non pour elle, mais pour lui.

— Le rêve de ma vie, ajoute-t-elle, serait de mourir en me dévouant pour toi. Mais à la pensée de te voir livré à tous les hasards, à tous les dangers d'une révolution terrible, mon Victor adoré, mon sublime bien-aimé, mon amant béni, je me sens tous les courages, excepté celui de te voir souffrir.

Cet amour, ce dévouement qu'elle lui donne le

renforcent. Ils sont comme la récompense de n'avoir jamais songé à rompre. Mais pourquoi se priverait-il de revoir et d'aimer Léonie ? Il a besoin d'elle, aussi.

Elle est pourtant devenue plus distante, irritable, bien qu'elle continue de se rendre rue de la Tour-d'Auvergne. Et l'atmosphère de la maison est pesante. Ses fils ainsi que Vacquerie et Meurice sont encore en prison, comment échapper à cette tristesse, à cette exaspération ?

En écrivant, en exaltant le sacrifice :

Mes fils, soyez contents ; l'honneur est où vous
  [êtes.
Et vous, mes deux amis, la gloire, ô fiers poètes,
Couronne votre nom, par l'affront désigné ;
Offrez aux juges vils, groupe abject et stupide,
Toi, ta douceur intrépide,
Toi, ton sourire indigné.
[...]
Les temps sont durs ; c'est bien. Le martyre
  [console.
J'admire, ô vérité, plus que toute auréole,
[...]
L'ombre que font sur ta face
Les barreaux d'une prison [33] *!*

Il serait temps de reprendre son manuscrit. D'ailleurs, Juliette insiste pour qu'il continue ce roman, où Jean Tréjean est devenu Valjean. Mais il est trop préoccupé...

... Tu me dis : Finis donc ton livre des Misères.
— Ami, pour achever ce vaste manuscrit,
Il me faut avant tout ma liberté d'esprit.
Quand un monde se meut dans le cerveau d'un
                                    [homme,
Il ne peut pas songer aux affaires de Rome,
À Monsieur Bonaparte, à Faucher, à Molé.
Rends-moi l'espace immense et le ciel étoilé !
Rends-moi la solitude et la forêt muette !
Hélas ! on ne peut être en même temps poète
Qui s'envole, et tribun coudoyant Changarnier,
Aigle dans l'idéal et vautour au charnier [34].

Il revoit Juliette, qui paraît plus calme.

— Mon Victor adoré, ne me cache rien, par pitié pour moi et pour toi, je t'en supplie.

Il promet.

Rentré rue de la Tour-d'Auvergne, il reçoit ce mot d'elle :

« Je viens à toi les mains jointes, le cœur grave et l'âme calme comme après la mort, et je te dis ceci : Mon Victor, je t'aime. »

Il a le sentiment que la tempête s'éloigne. L'amour raisonnable et généreux a terrassé la jalousie, la blessure peu à peu se cicatrise. Dans un mois, une nouvelle année. Il aura cinquante ans.

Il est en train de relire et de corriger *Les Misères*, dans le matin encore sombre du 2 décembre. Il est huit heures. Un visiteur, déjà.

Il connaît ce jeune député, Versigny, et en le

voyant, pâle, en entendant ses premiers mots, il comprend.

C'est le coup d'État.

Il se lève, s'habille en hâte tout en écoutant Versigny raconter ce qu'il sait : le Palais-Bourbon cerné par la troupe, des députés arrêtés, une proclamation de Louis Napoléon Bonaparte affichée sur les murs de Paris annonçant le rétablissement du suffrage universel, la dissolution de l'Assemblée, une consultation du peuple du 14 au 21 décembre, et enfin l'état de siège.

Louis Napoléon a donc choisi le crime contre la loi ! Il faut résister, les armes à la main. Les représentants décidés à s'opposer au coup d'État doivent se réunir au 70 de la rue Blanche, explique Versigny.

Hugo déjeune debout, scrutant le visage d'un ouvrier ébéniste qui loge dans la maison et qui explique que le peuple approuve Louis Napoléon tant il hait cette Assemblée qui a limité le droit de suffrage, et cette République qui a massacré les pauvres en juin 1848.

— On va se battre ! insiste Hugo.

Il pense à ses fils emprisonnés, à ce qu'ils risquent de subir d'une bande d'aventuriers qui voudront peut-être se venger sur eux de ce qu'il est décidé à entreprendre.

Il le dit dans la maison de la rue Blanche où se pressent les représentants du peuple, Michel de Bourges, Victor Baudin, Eugène Sue. Au fond, il aperçoit la baronne Coppens, qui accueille chez elle cette réunion. Il s'attarde un instant sur le visage de cette femme ; il pense à Juliette qui, elle aussi, a des cheveux gris, et qui doit déjà s'affoler à l'idée des risques qu'il va prendre.

— Il faut lancer un appel aux armes ! répète-t-il.

Mais on ne le suit pas. On souhaite laisser du temps au peuple pour se ressaisir, comprendre.

Il sort, pour savoir quelle est l'humeur de la rue. La foule est là, et aussi une colonne d'infanterie qui avance, précédée de tambours. Il devine qu'on le reconnaît. Des jeunes l'entourent, l'interpellent : « Que faut-il faire ? »

Il se tourne. Ces hommes autour de lui qui attendent, qui espèrent…

— Déchirez les affiches factieuses du coup d'État et criez : Vive la Constitution !

— Et si l'on tire sur nous ?

— Vous courez aux armes !

Il perçoit l'hésitation et le doute.

— Louis Bonaparte est un rebelle, reprend-il, il se couvre aujourd'hui de tous les crimes. Il est hors la loi par le seul fait de sa trahison. Citoyens, vous avez deux mains, dans l'une votre droit, dans l'autre votre fusil, courez sur Bonaparte !

Un boutiquier s'approche, le visage apeuré.

— Parlez moins haut, si l'on vous entendait parler comme ça, on vous fusillerait.

Hugo hausse encore la voix :

— Vous promèneriez mon cadavre et ce serait une bonne chose que ma mort si la justice de Dieu en sortait !

La foule crie : « Vive Victor Hugo ! »

Il répond : « Criez Vive la Constitution ! »

Ils reprennent ces mots, ajoutent : « Vive la République ! »

Il les regarde. Ils sont enthousiastes, indignés. Il hésite. Il peut lancer cette foule au combat, à cet instant, dans ces premières heures quand tout se décide.

Mais on le retient. Ces pauvres gens sont désarmés. L'infanterie est là et voici les canons qui arrivent… Il ne sait plus. Il se sent lié par ce conseil de résistance qui doit se constituer, avec les autres députés, à la maison de la rue Blanche.

Il y retourne, raconte ce qu'il vient de vivre, prêche de nouveau pour le recours aux armes. Et il regrette d'avoir temporisé, en constatant que ses collègues répugnent à agir aussitôt. Il s'approche de Baudin, l'un des députés. Il commence à lui dicter une proclamation au peuple.

Il scande, dévisageant à chaque phrase les députés qui l'entourent :

« Louis Napoléon est un traître.

« Il a violé la Constitution.

« Il s'est mis hors la loi…

« Le peuple est à jamais en possession du suffrage universel, n'a besoin d'aucun prince pour le lui rendre, et châtiera le rebelle.

« Que le peuple fasse son devoir.

« Les représentants républicains marcheront à sa tête.

« Vive la République !

« Aux armes ! »

Eugène Sue, Baudin, Schoelcher, Michel de Bourges, quelques autres signent. Mais il faut quitter les lieux que la troupe menace et se rassembler quai de Jemmapes, dans la maison d'un représentant.

Hugo court de l'un à l'autre. Il ne faut pas perdre un instant. Il va dicter une autre proclamation destinée à l'armée, qu'il signera de son nom seul, n'engageant donc que lui. Qu'il soit seul fusillé si le coup d'État l'emporte !

« Soldats, dicte-t-il, livrez à la loi ce criminel ! Un vrai Napoléon vous ferait recommencer Marengo ; lui, il vous fait recommencer Transnonain ! »

Voudront-ils tirer sur la foule, massacrer ?

« Soldats, l'armée française est l'avant-garde de l'humanité, cessez de prêter main-forte au crime ! »

Il n'a jamais éprouvé des sentiments aussi forts d'indignation, une détermination aussi grande. C'est, il le sent, le moment crucial de sa vie. Ce 2 décembre partage son destin. Et toute sa vie sera éclairée ou obscurcie par sa conduite aujourd'hui. Il doit être à la hauteur de sa destinée.

Il veut rentrer chez lui. Il monte dans l'omnibus. Il ne peut s'empêcher de crier aux soldats que la voiture croise : « À bas le dictateur ! À bas le traître ! », il obéit à un instinct. Et il est surpris par la passivité de la troupe et du peuple, qui gardent le silence.

Il saute de l'omnibus. Après quelques pas en direction de la rue de la Tour-d'Auvergne, un homme le rejoint, l'avertit :

— La police cerne la maison !

Hugo se jette dans l'ombre, court chez Juliette.

Elle le serre contre elle. Il ne peut pas dormir ici, mais elle veut veiller sur lui.

Ils se rendent chez un marchand de vin auquel, en juin 1848, il avait sauvé la vie, témoignant en sa faveur.

— Ma maison est à vous, dit l'homme, la nuit, le jour. Mais, ajoute-t-il en prenant les mains du poète, le faubourg Saint-Antoine, le peuple ne bougeront pas. Le quartier est calme, parcouru par des patrouilles de soldats.

Peut-être est-ce trop tôt ou, qui sait, déjà trop tard, pour soulever le peuple ? Il faut s'éloigner, dormir sur un canapé dans un appartement de la rue Caumartin, dont le locataire, un jeune homme, lui a offert l'hospitalité. Il vit avec sa mère, Mme de la Roëllerie.

Il salue avec gratitude cette belle femme, «aux cheveux blonds dénoués, que l'on a surprise en robe de chambre, et dont l'étonnement souligne la beauté et la grâce».

Voilà la vie.

Demain, on se battra.

Il ne dort pas. Il a hâte, au matin du 3 décembre, de rentrer chez lui, mais la police est venue dans la nuit pour l'arrêter. Il faut s'enfuir.

Il parcourt les rues. Ici et là quelques barricades. Il harangue cette foule d'ouvriers, goguenards souvent. Il interpelle des officiers, sur la place de la Bastille, les sommant de ne plus obéir aux ordres d'un «hors-la-loi». Quelqu'un le tire en arrière.

C'est Juliette.

— Vous allez vous faire fusiller ! dit-elle.

Elle le suit à distance. Il sait qu'elle est là qui veille, prête à se jeter devant les fusils pour le protéger. Il va lui confier, dès qu'il le pourra, la malle dans laquelle il a placé tous ses manuscrits, ce bien plus précieux que sa vie.

Il regarde autour de lui. Des troupes partout, une foule hésitante, mais plus curieuse qu'indignée, et le plus souvent, il doit l'admettre, indifférente. Les gens vont et viennent, passent entre les soldats, comme si rien ne s'était produit, comme si le coup d'État n'avait pas eu lieu.

Et puis, à quelques pas, dans une rue, une barricade. Le député Victor Baudin s'est fait tuer, là, debout sur des pavés amoncelés, répondant aux ouvriers qui le regardaient, sarcastiques, et l'accusaient de défendre son indemnité de vingt-cinq francs : «Vous allez voir comment on meurt pour vingt-cinq francs ! »

Son corps est veillé par Alexandre Rey, entouré de quelques autres représentants.

La barricade était livide dans l'aurore,
Et comme j'arrivais, elle fumait encore ;
Rey me serra la main et dit : Baudin est mort.

Il semblait calme et doux comme un enfant qui
*   [dort ;*
Ses yeux étaient fermés, ses bras pendaient, sa
*   [bouche*
Souriait d'un sourire héroïque et farouche ;
Ceux qui l'environnaient l'emportèrent [35]...

Il regarde ce corps, et sa résolution est plus forte encore : ce coup d'État est un crime ! Il apprend que la troupe fusille tous ceux qui résistent. Dumas s'est rendu rue de la Tour-d'Auvergne pour le mettre en garde, on aurait promis vingt-cinq mille francs à celui qui l'arrêterait ou le tuerait.

Il lance : «D'un côté, une armée et le crime, de l'autre, une poignée d'hommes et le droit. Voilà cette lutte !»

Il faut trouver un nouvel asile pour la nuit. Il se glisse dans un appartement ami, au 19 de la rue Richelieu.

Il ne désespère pas.

Demain, on se battra.

Ce 4 décembre au matin, il fait froid. Il a le sentiment que commence la journée décisive. Les barricades sont plus nombreuses. Les bruits et les voix sont comme étouffés.

Il va d'une réunion à l'autre, mais il sent la détermination des représentants faiblir. Le peuple ne les suit pas.

Tout à coup, on apprend que la troupe a ouvert le feu boulevard des Italiens et boulevard Montmartre sur les passants, une foule un peu gouailleuse qui déambulait sur les trottoirs. Il y aurait plusieurs centaines de morts.

Il faut y aller, se rendre rue Tiquetonne, s'incliner devant l'une des victimes…

L'enfant avait reçu deux balles dans la tête.
Le logis était propre, humble, paisible, honnête ;
On voyait un rameau bénit sur un portrait.
Une vieille grand'mère était là qui pleurait.
Nous le déshabillions en silence. Sa bouche,
Pâle, s'ouvrait ; la mort noyait son œil farouche.
[...]
La nuit était lugubre ; on entendait des coups
De fusil dans la rue où l'on en tuait d'autres.
— Il faut ensevelir l'enfant, dirent les nôtres.
Et l'on prit un drap blanc dans l'armoire en noyer.
L'aïeule cependant l'approchait du foyer...
[...]
— Que vais-je devenir à présent toute seule ?
[...] Pourquoi l'a-t-on tué ? je veux qu'on me
                                    [l'explique.
L'enfant n'a pas crié Vive la République...
[...]
Vous ne compreniez point, mère, la politique.
Monsieur Napoléon, c'est son nom authentique,
Est pauvre et même prince ; il aime les palais ;
Il lui convient d'avoir des chevaux, des valets,
De l'argent pour son jeu, sa table, son alcôve,
Ses chasses ; par la même occasion, il sauve
La famille, l'église et la société ;
Il veut avoir Saint-Cloud, plein de roses l'été,
Où viendront l'adorer les préfets et les maires ;
C'est pour cela qu'il faut que les vieilles grand'-
                                    [mères,
De leurs pauvres doigts gris que fait trembler le
                                    [temps,
Cousent dans le linceul des enfants de sept ans [36].

Cet enfant mort, ce sera le visage du crime. Et cela appellera des *Châtiments*. Il pense à Léopoldine, à Claire, la fille de Juliette, leurs deux enfants disparues.

Juliette est là, près de lui, durant tous ces jours et sa présence est comme celle d'un ange, qui le protège, qui le prend par le bras quand il veut s'avancer vers les soldats pour mourir, après avoir hurlé sa colère.

C'est elle aussi qui obtient de Jacques-Firmin Lanvin, l'un de ses amis, un typographe qui loge rue des Jeûneurs, au numéro 4, qu'il fasse une demande de passeport afin de le lui donner pour qu'il puisse, si besoin est, passer en Belgique.

C'est elle qui trouve un nouveau logement, au 2 de la rue Navarin, chez les Sarrazin de Montferrier. Là, il fait déposer sa malle pleine de manuscrits, là, il va dormir, après avoir erré toutes ces journées dans les rues, après avoir senti que la résistance est brisée, que les derniers députés s'égaillent, les uns fuyant à l'étranger, les autres essayant de s'enfoncer dans l'oubli.

Le 7 décembre, il apprend que le Théâtre-Français affiche *Marion de Lorme*, que la salle est comble, qu'elle applaudit à tout rompre. Et parmi les spectateurs, il y a, souriant, Morny, le nouveau ministre de l'Intérieur, qui aurait donné l'ordre de le faire assassiner et de maquiller le crime en accident.

Maintenant, il attend chez les Montferrier. Juliette apporte les repas, elle est calme, héroïque, sereine, elle a le visage transfiguré, comme si se dévouer ainsi, risquer sa vie, la rendait heureuse.

Elle dit qu'on a perquisitionné chez elle durant son absence, et qu'on voulait l'arrêter. Il faut qu'elle aussi se cache.

Mais ce domicile de la rue Navarin n'est plus sûr. Montferrier explique, ce mercredi 10 décembre, qu'au journal dont il est le gérant — et qui est favorable au prince-président —, on lui a demandé, le sachant un admirateur de Hugo, s'il ne cachait pas le poète.

Il faut donc quitter ce lieu, abandonner Paris que la fusillade du 4 décembre a dompté.

— Le 2 décembre était perdu, résume Hugo, le 4 décembre sauva le 2 décembre... Paris se rendit ; la nouveauté du forfait en fit l'efficacité ; Paris cessa presque d'être Paris ; le lendemain, on put entendre dans l'ombre le claquement de dents de ce titan terrifié.

C'est « la victoire des honnêtes gens », proclame Morny.

Il faut s'exiler, abandonner les fils emprisonnés, laisser sa femme et la petite Adèle dans cette ville aux mains des auteurs du crime.

Et pourtant Paris vit comme si des centaines de morts n'avaient pas été couchés sur le trottoir des boulevards, comme si cet enfant n'avait pas reçu deux balles dans la tête...

Il jouait ce matin, là, devant la fenêtre !
Dire qu'ils m'ont tué ce pauvre petit être !
Il passait dans la rue, ils ont tiré dessus [37].

135

Dans le train qui, à vingt heures ce 11 décembre, quitte Paris pour Bruxelles, Hugo pense à Juliette qui doit venir le rejoindre, dans deux jours, avec la malle de manuscrits.

« Si je n'ai pas été pris et par conséquent fusillé, si je suis vivant à cette heure, je le dois à Mme Juliette Drouet, qui, au péril de sa propre liberté et de sa propre vie, m'a préservé de tout piège, a veillé sur moi sans relâche, m'a trouvé des asiles sûrs et m'a sauvé… Elle était sur pied la nuit comme le jour, errait seule à travers les ténèbres, dans les rues de Paris, trompait les sentinelles, dépistait les espions, passait intrépidement les boulevards au milieu de la mitraille, devinait toujours où j'étais, et, quand il s'agissait de me sauver, me retrouvait toujours. Dieu le sait et l'en récompensera ! »

Il n'a fait qu'apercevoir Léonie durant ces jours terribles. Il a l'impression qu'elle appartient déjà à une autre partie de sa vie, qui s'est achevée le 2 décembre. Et pourtant, il pense à elle encore.

On a à peine examiné son passeport, au nom de Lanvin (Jacques-Firmin), « compositeur d'imprimerie à livres… », et il reconnaît sur le quai de la gare de Bruxelles, après avoir franchi sans difficulté le poste de douane, cette femme, Mme Luthereau, une amie de jeunesse de Juliette.

On l'installe à l'hôtel de la Porte Verte, au 31 de la rue Violette, et aussitôt il se met à écrire.

Il est sept heures du matin, ce 12 décembre, il

doit rassurer Adèle, lui dire que « l'avenir est aux bons », et se soucier de ses « papiers ».

« Tu trouveras les titres de rente dans un porte-feuille, sur le carton rouge qui est dans mon armoire de laque (celle de ton père). Aies-en grand soin. »

Car il faut penser aux moyens de vivre en exil.

Il écrira, mais comment diffuser les livres, avec qui signer des contrats, toucher l'argent qui sera — qui est — dû ?

Et puis l'indignation revient… Il se souvient de ces bagnards qu'il a vus à Toulon, de cette ville où Bonaparte, en 1793, jeune capitaine, sortit de l'anonymat, fut promu général.

Ville que l'infamie et la gloire ensemencent,
Où du forçat pensif le fer tond les cheveux,
Ô Toulon ! c'est par toi que les oncles
                                    [commencent,
Et que finissent les neveux !

Va, maudit ! Ce boulet que, dans des temps
                                    [stoïques,
Le grand soldat, sur qui ton opprobre s'assied,
Mettait dans les canons de ses mains héroïques,
Tu le traîneras à ton pied[38] *!*

Juliette arrive à Bruxelles dès le 13 décembre, avec la malle. Il a l'impression qu'il vient de retrouver une partie essentielle de sa vie, cette femme qui l'aime, ses manuscrits.

Il apprend par une lettre d'Adèle qu'on a perquisitionné rue Laferrière chez Léonie, qu'Adèle, pour donner le change, appelle « cette pauvre vieille ». Il entraîne ainsi ses proches dans la tourmente ! Mais il ne regrette pas de s'être engagé. « Pendant douze jours j'ai été entre la vie et la mort, mais je n'ai pas eu un moment de trouble, lui confie-t-il. J'ai été content de moi. Et puis je sais que j'ai fait mon devoir et que je l'ai fait tout entier. Cela rend content. Je n'ai trouvé autour de moi que dévouement absolu… »

Il ne peut pas parler de Juliette à Adèle. « Vis d'économie, ajoute-t-il. Fais durer longtemps l'argent que je t'ai laissé. J'ai assez devant moi pour aller ici quelques mois. »

Mais il faut effectivement se préoccuper de l'argent, vite.

« Si les fonds continuent à baisser, peut-être vendrai-je ma rente pour la replacer en lieu plus sûr. Qu'en penses-tu ? En ce cas-là, je t'enverrai une procuration. Informe-toi de la manière dont se font ces sortes d'affaires. Il faudrait une *voie bien sûre* pour me faire parvenir le capital hors de France, afin que j'en fasse le réemploi. »

Adèle va faire le voyage à Bruxelles et il vend les rentes françaises, achète des actions de la Banque nationale de Belgique, et, à Londres, du trois pour cent anglais. Ainsi, il sera indépendant. Car ces criminels pourraient avoir l'idée de saisir ses biens, ses titres de rente.

L'opération réalisée, il compte, il se rassure.

« Nos rentes sont diminuées d'environ trois

mille francs, c'est vrai, mais nous sauvons le capital, presque entier... »

Et il se sent bien.

La gendarmerie belge, aiguillonnée par Paris, il le devine, contrôle son passeport, le conteste, puisqu'il est faux, mais bientôt on s'excuse, on l'entoure de respect, d'attention. Son voisin de chambre, à l'hôtel de la Porte Verte, est ce jeune député, Versigny, qui s'était présenté rue de la Tour-d'Auvergne le 2 décembre. Hugo veut se mettre au travail, écrire cette *Histoire d'un crime* dont il pense être le seul à pouvoir rendre compte. Il a été témoin, acteur et victime. Ses fils, Vacquerie et Paul Meurice sont toujours emprisonnés.

« Dis à mon Charles qu'il faut qu'il devienne tout à fait un homme. Dans ces journées où ma vie était à chaque minute au bout d'un canon de fusil, je pensais à lui. Il pouvait à chaque instant devenir le chef de famille, votre soutien à tous, il faut qu'il songe à cela. »

Jamais il n'a été aussi proche des siens. Ce sont des « temps rudes » qui commencent, mais il a confiance en Adèle, en ses fils, et naturellement Juliette est à ses côtés, comme toujours.

Quant à Léonie, il lui écrit par l'intermédiaire d'Adèle :

« Mets sur la lettre blanche cette adresse : *Madame d'Aunet, poste restante, Bordeaux.* Et fais jeter à la poste. »

Il se sait compris par ceux qu'il estime, haï par les complices du crime.

«Le jour commence à se faire, écrit Adèle. Les républicains sont étonnés. Ils disaient : Hugo est un homme de progrès sans doute, un orateur éminent, un grand esprit, mais sera-t-il un homme d'action le moment venu ? Il y avait des côtés où ils doutaient de toi. Maintenant que, mis à l'épreuve, tu les as grandement satisfaits, ils sont au regret d'avoir douté de toi.

«En dehors de ton génie, de tes principes inébranlables, deux éléments t'ont aidé à conquérir ta position morale, si élevée à cette heure. Tu n'as pas de besoins matériels et tu sais attendre… »

Il est comblé. À Bruxelles, des ouvriers typographes, réunis au cours d'un banquet, portent un toast à «Mazzini, Kossuth, Hugo… aux trois hommes qui personnifient la résistance au despotisme ».

Bérenger, à Paris, a dit à Adèle : «Hugo est jeune en politique, il représente les idées du moment, c'est l'homme de la situation. Nous avons besoin de lui. Il ne faut pas qu'il se tienne à l'écart… » Il n'en a pas l'intention. Il l'a annoncé à Adèle lorsqu'elle est venue à Bruxelles, pour deux jours.

À la voir, il a été rassuré. Elle fait face avec une volonté qu'il ne lui connaissait pas. Elle voit régulièrement ses fils, elle veille sur leur fille, si fantasque souvent.

Il a l'impression que désormais toute sa vie est en ordre, comme si ce qu'il a accompli au cours de ces jours de décembre avait donné un sens à son destin.

« Je viens de combattre, et j'ai un peu montré ce que c'est qu'un poète… Ces bourgeois sauront enfin que les intelligences sont aussi vaillantes que les ventres sont lâches. »

Il écrit à Paul Meurice : « Une âme comme la vôtre à la Conciergerie, et cette brute à l'Élysée !

« Cher ami, j'espère que ceci sera court. Si c'est long, nous en sourirons plus longtemps. Quelle honte ! Heureusement, la gauche a vaillamment tenu le drapeau. Ces misérables ont accumulé crime sur crime, férocité sur trahison, lâcheté sur atrocité. Si je ne suis pas fusillé, ce n'est pas leur faute, ni la mienne. Je vais travailler ici… »

Il commence l'*Histoire d'un crime*. Il a la certitude que son devoir est là, qu'il n'a vécu, connu la gloire littéraire, que pour se dresser face au crime, comme le poète porteur de vérité :

« Chaque jour, les épaisseurs entre la mort et moi diminuent. Je vois la transparence de l'éternité. »

Le 31 décembre, il apprend que les résultats du plébiscite ont été proclamés : 7 439 216 *oui*, qui approuvent donc le coup d'État, le crime, contre seulement 646 000 *non*, 36 880 nuls et 1 500 000 abstentions.

Il hausse les épaules.

La vérité fera son chemin, grâce à lui.

1852 sera l'année de ses cinquante ans, mais il

se sent vigoureux. La route peut être longue. Elle est tracée. Il l'a dit déjà : «Ceux qui vivent, ce sont ceux qui luttent. »

Il va combattre. Écrire donc, plus que jamais.

«L'année finit aujourd'hui, sur une grande épreuve pour nous tous, écrit-il à Adèle. Nos deux fils sont en prison, moi en exil.

«Cela est dur, mais bon.

«Un peu de gelée améliore la moisson.

«Quant à moi, je remercie Dieu. »

TROISIÈME PARTIE

1852 - 1853

1852

Je t'aime exil ! douleur, je t'aime !
Tristesse sois mon diadème.

Hugo marche seul dans les ruelles qui entourent la Grand'Place de Bruxelles.

Il devine, dans la pénombre des venelles, à quelques pas des tavernes d'où s'échappent des rires, des éclats de voix et une odeur grasse, les filles aux poitrines lourdes sous des blouses de couleurs vives, et aux croupes larges sous les jupes plissées.

Il s'arrête.

Elles lèvent la jambe, provocantes, et laissent voir leurs chevilles et leurs mollets.

Il hésite. Il vient de quitter Juliette, inquiète pour lui, multipliant les recommandations, les supplications :

« Tâchez surtout de ne pas vous laisser prendre par les hideux coupe-jarrets de M. Bonaparte, lui écrit-elle. Fermez bien votre porte et tenez-vous sur vos gardes. Mon cher adoré, c'est très sérieusement que je te supplie d'avoir l'oreille au moindre bruit qui se fera autour de la porte de ta chambre. Quel désespoir si par une imprévoyante confiance, tu te laissais enlever ! D'y penser, tout mon sang s'arrête au cœur. »

Il a envie cependant de dire à l'une de ces filles : « Arrive ici, riante et blondasse et vermeille ! »

Il cède à son désir. L'une d'elles s'approche, il la suit pour l'une de ces brèves étreintes où l'on n'échange que des gestes.

Il éprouve, après, un sentiment de force et de plénitude. La fille, lui a-t-il semblé, a été surprise par son ardeur.

Il y a quelques jours, il a vu de l'étonnement dans les yeux de son fils qui, libéré de prison, a rejoint Bruxelles. Sans doute Charles l'avait-il imaginé abattu, amaigri, alors qu'au contraire — est-ce l'effet de la bière belge ? — il a grossi. Il est bien dans son corps, et dans sa tête. Il ne s'est même jamais senti aussi vigoureux, comme si enfin, après des années d'enfouissement, il avait brisé la gangue qui peu à peu l'enveloppait, l'étouffant lentement.

Le coup d'État du 2 décembre, et ces dix jours de lutte avec la mort qui pouvait surgir à tout instant, ont brisé en morceaux cette carapace.

Il a dit à Charles :

— Vie pauvre, exil, mais liberté ! Mal logé, mal couché, mal nourri. Qu'importe que le corps soit à l'étroit, pourvu que l'esprit soit au large…

146

D'ailleurs, dès qu'il ouvre la fenêtre de sa chambre, située au premier étage du 27 de la Grand' Place, au-dessus d'un marchand de tabac, il éprouve un sentiment de joie.

Il regarde le beffroi, les façades sculptées et dorées, les pavés qui brillent sous la pluie fine. Il ne se lasse pas de découvrir ces festons, ces maisons médiévales, cette architecture, aussi ouvragée que la dentelle flamande.

Il a la certitude que le destin l'a favorisé en lui permettant de loger là, après plusieurs semaines passées à l'hôtel de la Porte Verte, puis au numéro 16 de la même Grand'Place.

Il lui suffit de lever la tête quand il travaille, dans cette pièce plutôt petite mais au plafond très haut, pour que la vue du beffroi l'exalte. Il a envie alors de rêver à autre chose qu'à cette *Histoire d'un crime* qu'il écrit, rassemblant les témoignages, recueillant auprès des autres exilés les documents, les faits qui vont lui permettre de terminer ce livre, non seulement acte d'accusation, mais « pièce d'anatomie ».

— Je travaille à force au récit du 2 décembre. Tous les jours, les matériaux m'arrivent. J'ai des faits incroyables. Ce sera de l'histoire et on croira lire un roman. Le livre sera évidemment dévoré en Europe… Je vais faire un livre rude et curieux, qui commencera par les faits et qui se conclura par les idées. Jamais plus belle occasion, ni plus riche sujet.

Si « Napoléon le Petit » a cru se débarrasser de lui en le bannissant, le 9 janvier, il s'est trompé !

— Je suis hors de France pour le temps qu'il plaira à Dieu, répète Hugo, mais je me sens inaccessible dans la plénitude du droit et dans la sérénité de ma conscience. Le peuple se réveillera un jour, et ce jour-là, chacun se retrouvera à sa place, moi dans ma maison, M. Louis Bonaparte, au pilori.

Et il est certain qu'il sera la main et la voix du destin.

— Je traiterai le Bonaparte comme il convient. Je me charge de l'avenir historique de ce drôle. Je le conduirai à la postérité par l'oreille, martèle-t-il.

Alors, peu importe que sa chambre ne soit meublée que d'un divan de crin noir qui se transforme en lit, d'une table ronde où l'on doit travailler et prendre ses repas, d'un vieux miroir au-dessus d'une cheminée où s'enfonce le tuyau d'un petit poêle.

On écrit, on est en paix avec soi-même, on lève les yeux et on voit le beffroi. On est heureux en dépit de M. Bonaparte, en dépit de l'exil.

J'habitais au milieu des hauts pignons flamands ;
Tout le jour, dans l'azur, sur les vieux toits
[fumants,
Je regardais voler les grands nuages ivres ;
Tandis que je songeais, le coude sur mes livres,
De moments en moments, ce noir passant ailé,
Le temps, ce sourd tonnerre à nos rumeurs mêlé,
D'où les heures s'en vont en sombres étincelles,
Ébranlait sur mon front le beffroi de Bruxelles.
[...] Sous mes yeux, dans l'austère et gigantesque
[place,

J'avais les quatre points cardinaux de l'espace,
Qui font songer à l'aigle, à l'astre, au flot, au
[mont,
Et les quatre pavés de l'échafaud d'Egmont [39].

Il n'est pourtant pas encore temps de se laisser distraire par la beauté des pierres et l'histoire qui s'inscrit en elles, au rythme de l'horloge.

— Je suis jusqu'au cou dans le cloaque du 2 décembre, explique-t-il. Cette vidange faite, je laverai les ailes de mon esprit et je publierai des vers. Louis Bonaparte est mon essuie-plume.

Mais l'encre est épaisse ! Hugo s'impatiente.

— Il m'arrive tous les jours de nouveaux renseignements qui me forcent à refaire des parties déjà écrites. Cela m'est pénible. Je ne crains pas le travail, mais je hais le travail perdu.

Il veut accumuler des « détails familiers ». « Vous savez que c'est ainsi que j'aime l'histoire. »

Parfois, le soir, des « bannis » viennent s'installer dans la chambre et il se sent porté par leur approbation enthousiaste, comme si les mots qu'il leur lit étaient un élixir de courage.

— Oui, on se réveillera ! lance-t-il d'une voix forte.

« Oui, on sortira de cette torpeur qui, pour un tel peuple, est la honte, et quand la France sera réveillée, quand elle ouvrira les yeux, quand elle distinguera, quand elle verra ce qu'elle a devant elle, et à côté d'elle, elle reculera, cette France, avec un frémissement terrible, devant ce monstrueux forfait qui a osé l'épouser dans les ténèbres et dont elle a partagé le lit.

« Alors, l'heure suprême sonnera. »

Il s'arrête, savoure l'admiration et la fraternité dans les regards, et dit :

— Mon livre avance, j'en suis content. Encrier contre canon. L'encrier brisera les canons.

Il ne sait pas encore comment il intitulera ce livre. *Histoire d'un crime* ? Ou bien *Napoléon le Petit* ? Il découvre avec jubilation que les journaux belges qualifient souvent Louis Napoléon de cette manière. Il a « baptisé » le personnage pour toujours. Les mots ensemencent l'avenir.

Il s'étonne parfois lui-même de cette joie sourde qui l'habite, comme si l'exil le rendait heureux.

C'est plus que le sentiment du devoir accompli. Il éprouve une sensation de liberté, mieux, de libération. Peut-être est-ce aussi la présence de Juliette qui, arrivée de Paris il y a quelques jours, habite non loin de la Grand'Place, dans la galerie des Princes, 11 *bis*, passage Saint-Hubert. Ce voisinage atténue les rigueurs du bannissement. Juliette est rassurante. Avec elle, il a ses habitudes.

Quelquefois, rarement, il passe la nuit près d'elle. Bien sûr, le désir n'est plus là. Il le sait, et elle le sait, sans que cela brise un pacte qui entre eux est à jamais scellé. Elle n'ignore pas qu'il est attiré par ces femmes qu'on abandonne en leur laissant une pièce de monnaie.

Il fait mine de ne pas comprendre ses sautes d'humeur. Même quand elle dit tout :

« Le secret de mon impatience et de mon chagrin vient du souvenir. J'ai beau vouloir oublier, je me souviens du temps où tu n'aimais que moi et je me souviens aussi, mon Dieu, que le jour où tu as pris ta santé pour prétexte d'une séparation physique, tu en adorais une autre. »

Et quand elle ajoute : « Je n'ai pas d'autre volonté que la tienne et je te livre sans restriction la responsabilité de mon bonheur et de ma vie », il sent bien qu'elle demeure jalouse, insatisfaite.

Adèle, de son côté, accepte mal que Juliette soit à Bruxelles.

Hugo imagine son épouse, la bouche pincée, le visage grave, écrivant :

« Il y a des gens heureux dans ce parti, dont tu es le chef austère et peu indulgent pour certaines infractions, de te trouver en faute. La présence de la personne que je t'aurais voulue assez dévouée pour ne pas te suivre est sue là-bas… Excuse-moi d'avoir touché encore une fois à ce sujet si délicat, mais je te jure sur ce que j'aime le plus en ce monde, sur ma fille Dédé — Adèle — que c'est bien dans ton seul intérêt que j'aborde cette épineuse question. Il faut que mon devoir d'amie et de femme me le commande impérieusement pour que je la soulève. »

Cette attitude l'irrite. Que savent-ils du rôle de Juliette, ceux qui la remettent en cause ?

Depuis les jours de décembre, il ne peut plus accepter qu'on la critique. Elle est digne, humble, elle se tient à sa place.

« Elle m'a sauvé la vie, sans elle, j'étais pris et

perdu, au plus fort des journées, répète-t-il à Adèle. C'est un dévouement absolu, complet, de vingt ans, qui ne s'est jamais démenti. De plus, abnégation profonde et résignation à tout. Sans cette personne, je te le dis, comme je le dirais à Dieu, je serais mort ou déporté à l'heure qu'il est. Elle est ici dans une solitude complète. *Ne sortant jamais*. Sous un nom inconnu. Je ne la vois qu'à la nuit tombée. Tout le reste de ma vie est en public… Depuis que je suis ici, je ne suis sorti que deux fois avec des femmes en leur donnant le bras… Comment, dans ma situation, j'irais m'afficher dans les rues de Bruxelles, moi ! C'est absurde et stupide. »

Il est agacé. Et puisque Adèle est à ce point soucieuse de sa réputation, qu'elle aille voir Léonie d'Aunet, qui veut venir à Bruxelles et qu'il faut convaincre de rester à Paris.

« Elle est imprudente, mais c'est un noble et grand cœur ! Mais qu'elle ne fasse pas ce voyage. »

Et il n'est pas surpris qu'Adèle, si fière du rôle de gardienne, assure : « Sois bien tranquille, je vais me rendre tout à l'heure chez Mme d'Aunet. Je te réponds qu'elle ne partira pas. »

Adèle va solliciter Théophile Gautier, afin qu'elle puisse publier ici et là des articles, ou le récit de son voyage au Spitzberg.

« De ton côté, ajoute Adèle, je crois qu'il serait bon que tu lui écrivisses des lettres qui satisferaient, sinon son cœur, du moins sa fierté. Fais-en une sœur de ton esprit. Je sais que tu n'as que peu de loisirs, mais quelques mots de temps à autre peut-être suffiraient. Cher grand ami, je veille. Travaille en paix, et sois calme. »

Le voudrait-il d'ailleurs qu'il ne pourrait se permettre d'accueillir Léonie. Tout se sait ici, à Bruxelles.

Il se sent observé, épié même. Sans doute y a-t-il des espions de Bonaparte ou du gouvernement belge, qui veulent savoir comment il vit, ce qu'il prépare. Pourra-t-il publier ce livre auquel il travaille dans ce petit pays, soumis à la menace d'une intervention française ?

Il commence à en douter, comme il doute d'achever cette *Histoire d'un crime*, pensant à écrire plutôt un portrait de « Napoléon le Petit », qui pourrait avoir plus de succès.

Il voit un éditeur, Hetzel, prêt à faire imprimer cet ouvrage en Angleterre et à le répandre en France, à partir de la Belgique. Ce pourrait être d'un bon rapport.

Car il faut de l'argent. Hugo compte. Il doit subvenir à ses propres besoins, à ceux d'Adèle et de sa fille, de Charles et de François-Victor, qui vient lui aussi d'être libéré de prison, après une intervention du fils de Jérôme Napoléon, non sollicitée mais efficace. Ce malheureux François-Victor s'est aussitôt réfugié chez une actrice, Anaïs Liévenne, couverte de dettes, femme entretenue, phtisique, et dont il est amoureux fou. Il joue en Bourse. Et il n'est pas plus travailleur que Charles !

À ceux-là, il faut ajouter Juliette, et aussi Léonie d'Aunet, qui réclame assistance, sans oublier leurs domestiques. Cela fait plus d'une dizaine de personnes ! Et il faut, avec des mots, seulement des mots, faire surgir l'argent nécessaire !

Certes, le capital n'est pas entamé et les rentes sont assurées. Mais il veut dire à tous, aux fils, à Adèle, à Juliette — pour Léonie, il hésite, il devra payer, se montrer généreux — que la « rigidité en matière de dépenses est nécessaire ».

« La recette n'est pas encore assurée et nous ne vivons pas en couvrant nos frais, cela viendra mais n'est pas venu », explique-t-il.

Il compte donc, et recompte.

— Je puis vous manquer un beau matin, dit-il à Adèle, et il faut tâcher d'avoir après moi le capital.

Parfois, en effet, sa santé l'inquiète.

Il a l'impression qu'une main serre son cœur, l'écrase dans la poitrine qui devient douloureuse. Il a des nausées. Est-ce l'excès de travail, les préoccupations « sordides », les « cent détails mesquins » qui l'accablent ? Charles qui ne rentre qu'à trois heures du matin ! François-Victor qui se compromet avec cette Anaïs et dont on se moque à Paris, parce qu'il profite des bienfaits de cette fille, endettée et qui ne vit que de ce que d'autres amants lui offrent !

Et puis il y a l'avenir. La proscription sera plus longue qu'il ne pensait. Le régime qui se met en place paraît durable. Ses soutiens sont innombrables. La Bourse prospère. Les rivalités entre ministres, la démission des uns, le retour des autres, tout cela, dérisoire, semble accepté.

Alors il a parfois des bouffées d'amertume. Bien

sûr, il le répète : «J'aime la proscription, j'aime l'exil, j'aime mon galetas de la Grand'Place, j'aime la pauvreté, j'aime l'adversité… Hier, un chien qui m'aime, ici, était sauté sur mes genoux ; il y était mal à l'aise ; pourtant il voulait y rester. Je disais : le cœur est content, mais les pattes sont malheureuses. Telle est ma situation.»

Néanmoins il constate aussi que certains envisagent déjà de rentrer, que son ami Émile de Girardin est, de jour en jour, moins hostile à Louis Napoléon Bonaparte, qu'Alexandre Dumas Fils fait jouer ses pièces à Paris et les dédie au duc de Morny… Hugo craint cette lente érosion de la détermination, des volontés.

Peut-être aussi s'inquiète-t-il de l'absence de revenus ? Il redoute, quoi qu'il dise, la pauvreté, qui est perte de l'indépendance.

— Tomber, ce n'est rien, murmure-t-il, c'est la fournaise ; décroître, c'est le petit feu.

Alors il travaille, plus intensément encore. Et les difficultés, les incertitudes le rendent encore plus intransigeant. Il veut être impitoyable.

Ô cadavres, parlez ! quels sont vos assassins ?
Quelles mains ont plongé ces stylets dans vos
[seins ?
Toi d'abord, que je vois dans cette ombre
[apparaître,
Ton nom ? — Religion. — Ton meurtrier ? — Le
[prêtre.
— Vous, vos noms ? — Probité, Pudeur, Raison,
[Vertu.

— Et qui vous égorgea ? — L'Église. — Toi, qui
[es-tu ?
— Je suis la Foi publique. — Et qui t'a
[poignardée ?
— Le Serment. — Toi, qui dors de ton sang
[inondée ?
— Mon nom était Justice. — Et quel est ton
[bourreau ?
— Le juge. — Et toi, géant, sans glaive en ton
[fourreau
Et dont la boue éteint l'auréole enflammée ?
— Je m'appelle Austerlitz. — Qui t'a tué ?
— L'armée[40].

Il a le sentiment que son indignation ne pourra
jamais s'éteindre, qu'elle est un feu intérieur qui
fait jaillir de la lave contre « ce gouvernement
assis, carré, fort… soutenu à la Bourse par Fould
le juif, et à l'Église par Montalembert le catholique ; estimé des femmes qui veulent être filles et
des hommes qui veulent être préfets… ».

Il est révolté par cet abaissement des mœurs, ces
querelles entre gens que n'opposent que des inté-
rêts et qui se disputent parce qu'ils veulent partager des richesses volées.

Honte ! France, aujourd'hui, voici ta grande
[affaire :
Savoir si c'est Maupas ou Morny qu'on préfère,
Là-haut dans le Palais ;
Tous deux ont sauvé l'ordre et sauvé les familles ;
Lequel l'emportera ? L'un a pour lui les filles,
Et l'autre, les valets[41].

156

Mais ils vont, des années durant, être les maîtres.

Il sent que le gouvernement belge est de plus en plus attentif aux pressions qu'exerce Paris. Qu'en sera-t-il le jour où paraîtra ce manuscrit, qui sera sans doute *Napoléon le Petit*, plutôt qu'*Histoire d'un crime* ?

Il faut prendre les devants, préparer le départ de Bruxelles, accepter « l'exil dans l'exil », s'installer dans un royaume que « Napoléon le Petit » ne pourra pas menacer, cette Angleterre que même le Grand n'a pu vaincre !

Il pense à Jersey, cette île anglo-normande d'où l'on aperçoit les côtes de France, où l'on parle français et où de très nombreux proscrits se sont réfugiés, dès 1848 pour certains.

Il faudra qu'Adèle et les enfants se rendent à Saint-Hélier, la capitale de l'île, et l'idée de les retrouver là-bas, autour de lui, le rassure. Il pourra commencer réellement une nouvelle période de sa vie.

Mais alors il faut en finir avec le passé, savoir se dépouiller, mettre en vente tout ce mobilier, ces bibelots, ces tableaux, ces objets, ces livres, accumulés durant une trentaine d'années, et que l'on ne peut transporter.

En finir ! Pour échapper aux regrets. Rompre, pour ne pas s'enliser dans les souvenirs.

Il faut qu'Adèle se charge de tout cela, l'exposition du mobilier, sa vente aux enchères. Il la reçoit à Bruxelles durant deux jours. Il est ému par son courage, sa détermination.

« Je suis dans un gouffre d'affaires », écrit-elle dès son retour à Paris. Elle prépare la vente. Elle ne se séparera ni de l'argenterie ni du linge. Elle se soucie de ne pas laisser dans les meubles les lettres intimes.

« Il faut que je te gronde. Comment se fait-il que tu aies déposé dans le tiroir de la table de nuit, qui n'a pas de serrure, des lettres intimes, et en telle quantité que le tiroir a fait résistance. Donc les domestiques ont pu lire et dérober ces lettres suivant qu'ils ont voulu… »

Elle a fouillé les autres meubles, découvert « toutes sortes de papiers et de choses intimes ».

Il se sent trahi, d'autant plus qu'un inconnu, peut-être un libraire, lui écrit pour l'avertir de la mise en vente par un marchand de meubles de documents, de livres, qu'il dit avoir achetés à l'un des domestiques de la famille Hugo. Il y a un grand nombre de lettres confidentielles, et même l'acte de naissance de Hugo !

Hugo n'avait pas imaginé, lorsqu'il a pris la décision de vendre son mobilier, qu'il souffrirait de cette sorte de pillage, de cette dispersion aux quatre vents de ce qui avait fait la matière même de sa vie.

Il est donc touché quand il lit l'article que, dans *La Presse*, Théophile Gautier consacre à cette vente :

« Spectacle navrant, plein d'idées lugubres et de réflexions amères quand il s'agit d'une vente après décès… Mais ce qu'il y a encore de plus morne et de plus pénible à voir, c'est la vente du mobilier d'un homme vivant, surtout quand cet homme se nomme Victor Hugo, c'est-à-dire le plus grand poète de la France, maintenant en exil comme Dante... »

Et Jules Janin écrit dans *Le Journal des débats* : « Vous voilà traité comme prodigue, vous voilà traité comme un mort qui n'aurait pas d'enfants ! »

Cela le console. Il apprend qu'une foule immense est venue visiter l'exposition. On a entendu une femme du peuple dire : « Ce brave M. Hugo, il s'est ruiné pour défendre sa cause. On vend ses meubles parce qu'il n'a plus d'argent. On devrait faire une souscription pour lui. Je donnerais bien vingt sous, moi. »

Il n'est pas pauvre, tant s'en faut. Mais le sacrifice est cruel. Et c'est comme si la douleur qu'il éprouve était celle d'une naissance. Il se sent poussé en avant, il travaille comme jamais, malgré cette douleur dans la poitrine, pour achever le 12 juillet, à onze heures du soir, le manuscrit de *Napoléon le Petit*.

Il va fustiger ce Monsieur Bonaparte, qui ne pourra jamais effacer cette flétrissure.

« Il faut d'abord que vous sachiez un peu ce que c'est que la conscience humaine. Il y a deux choses dans ce monde, apprenez cette nouveauté, qu'on appelle le Bien et le Mal... On est le maître, M. Bonaparte. On a huit millions de voix pour ses crimes, et douze millions pour ses menus plaisirs... On est despote, on est tout-puissant ; quelqu'un qui est perdu dans l'obscurité, un passant, un inconnu se dresse devant vous et dit : "Tu ne feras pas cela !" »

Hugo veut être ce passant.

Le manuscrit est prêt.

Il faut se rendre à Jersey avant que le livre ne soit publié.

Il faut inviter Adèle et sa fille à le rejoindre. Exiger de François-Victor qu'il accompagne sa mère et sa sœur. Et quitter Bruxelles en compagnie de Charles.

Juliette sera du voyage, mais seule, comme une inconnue que rien ne lie à Victor Hugo. Mais pour croire cela, il faudra ne pas voir ses yeux.

Alors qu'elle se tienne au loin, parmi les voyageurs, ou qu'elle prenne un autre bateau !

Hugo l'écoute protester et se soumettre. Et au fur et à mesure qu'elle parle, il éprouve à la fois culpabilité et impuissance. C'est ainsi. Il lui donne ce qu'il peut.

— Je ferai tout ce que tu voudras, dit-elle. Peu m'importe quand et comment mon corps changera de place et se transportera de Bruxelles à Jersey...

« Il est tout simple que je me sacrifie aux préjugés... Mais il y a quelque chose de cruellement injuste et d'affreusement dérisoire pour moi à penser que ces sacrifices, ces respects qu'on impose à mon dévouement, à ma fidélité, à mon amour, on n'y songeait pas et on en faisait bon marché quand il s'agissait d'une autre femme dont la vertu consistait à n'en avoir aucune. »

La blessure qu'a ouverte Léonie d'Aunet est

donc toujours douloureuse. Qu'y peut-il ? Il baisse la tête.

— Pour celle-là, poursuit-elle, le foyer de la famille était hospitalier, la courtoisie protectrice et déférencieuse des fils était un devoir. Pour celle-là, la femme légitime lui faisait un manteau de sa considération et l'acceptait comme une amie, comme une sœur et plus encore. Pour celle-là, l'indulgence, la sympathie, l'affection.

« Pour moi, l'application rigoureuse et sans pitié de toutes les peines contenues dans le code des préjugés, de l'hypocrisie et de l'immoralité.

« Honneur aux vices éhontés des femmes du monde, infamie sur les pauvres créatures coupables des crimes d'honnêteté, de dévouement et d'amour. C'est tout simple : il faut bien sauvegarder la société dans ce qu'elle a de plus respectable et de plus cher.

« Je partirai pour Jersey quand et comme tu voudras. »

Il ne peut guère penser à elle. Il faut écrire aux proscrits qui restent à Bruxelles, aux Belges qui l'ont soutenu, en leur expliquant qu'il ne veut pas « causer d'embarras par ma présence en Belgique ; l'ambassadeur de M. Bonaparte menace et tempête à cause de moi, je vais en Angleterre, j'achèverai là et je compléterai l'histoire du grand guet-apens et du petit homme ».

Et puis, comment se préoccuper des sentiments de Juliette quand on est « accablé d'affaires, de diversions, d'embarras, de travaux mêlés à cela ; je fais mes malles et je corrige des épreuves. Je mets mes chaussettes sous cadenas et je donne la volée à mes idées ; je suis ahuri, bourré, pressé, poussé par le gouvernement belge qui veut que je m'en aille, tiraillé par les proscrits qui veulent que je reste… ».

En vérité, cet « exil dans l'exil » lui coûte. Il est ému quand, à Anvers, il embarque sur le navire qui le conduit en Angleterre et qu'il adresse un dernier discours aux proscrits réunis pour le saluer.

Quand il arrive à Londres, il est saisi par cette cité « colossale » et noire. Il voit d'autres exilés, Mazzini et Kossuth, Louis Blanc et Schoelcher. Mais il a hâte de quitter l'Angleterre, où il se sent oppressé.

Et lorsqu'il aperçoit, le 5 août en fin de matinée, les côtes de Jersey, cette ligne de gros rochers et l'ondulation des collines vertes, il a l'impression qu'enfin il respire librement.

Sur le quai du port de Saint-Hélier, il reconnaît ses deux Adèle, et Auguste Vacquerie, entourés par des proscrits. Il descend avec Charles. François-Victor a donc voulu rester à Paris. Il ne se soucie pas trop de Juliette. Elle le suivra, discrète et obéissante.

Il prononce quelques mots. Il dit que son livre *Napoléon le Petit* est publié aujourd'hui même à Bruxelles.

Il regarde ces hommes qui l'entourent. Certains se sont exilés depuis juin 1848.

— Nous sommes, dit-il, je le sais et j'y insiste, les ouvriers de la dernière heure ! Mais on peut s'en vanter quand cette dernière heure a été l'heure de la persécution, l'heure des larmes, l'heure du sang, l'heure du combat, l'heure de l'exil...

« Aimons-nous, pour la patrie absente ! Aimons-nous pour la République égorgée ! Aimons-nous contre l'ennemi commun !

« Citoyens, vive la République ! Proscrits, vive la France ! »

Il se promène à pas lents au milieu des prés, sur les sentiers qui dominent la mer. Il loge en famille à l'hôtel de la Pomme d'Or.

— S'il y avait de beaux exils, Jersey serait un exil charmant... De ma fenêtre, je vois la France. Le soleil se lève de ce côté-là.

Il aperçoit l'hôtel du Commerce, où Juliette est d'abord descendue, et le cottage Nelson Hall, où elle a loué un petit appartement.

Déjà, elle lui a fait parvenir des billets.

« Nous verrons si la vue de l'océan vous inspirera mieux que la Grand'Place de Bruxelles, et si mon cottage sera plus fêté que la chambre du passage Saint-Hubert. »

Et puis ces phrases douloureuses auxquelles il ne trouve rien à répondre :

« Je suis triste et honteuse de prolonger mon amour au-delà du tien... Ce n'est pas ta faute si je me suis attardée si longtemps à t'aimer pendant que tu brûlais les étapes qui mènent droit à l'indifférence. Je ne t'accuse pas d'avoir suivi l'allure ordinaire de presque tout le monde, mais je m'en veux d'avoir été si habile à te retenir dans les limites de la passion dont je ne sortirai jamais, dussé-je vivre l'éternité. »

Il veut lui rendre visite, mais Saint-Hélier est une petite ville où tout se sait. Il faut d'abord quitter l'hôtel de la Pomme d'Or, s'installer dans une villa, Marine Terrace, qui domine la mer. La maison possède un jardin, un potager, une terrasse d'où l'on embrasse tout l'horizon. Là, il écrira.

Il se sent, dès qu'il a pris possession des lieux dans la deuxième quinzaine d'août, habité par le besoin d'écrire des vers.

— Je suis en pleine poésie, au milieu des rochers, des prairies, des roses, des nuées et de la mer... Les vers sortent en quelque sorte d'eux-mêmes de toute cette splendide nature. Quand l'horizon n'est pas magnifique, il est charmant.

Il est heureux !

— L'océan est au pied... Il y a, à cinq ou six lieues en mer, un rocher énorme qu'on appelle Serk. C'est une espèce de château de fée, plein de merveilles...

> *J'aime cette île solitaire*
> *Jersey, que la libre Angleterre*
> *Couvre de son vieux pavillon,*
> *L'eau noire, par moments accrue,*
> *Le navire, errante charrue,*
> *Le flot, mystérieux sillon* [42].

Il pourrait se laisser aller à la contemplation, à la rêverie, à la poésie.

164

Et même à une sorte de plaisir morbide, de délectation complaisante et orgueilleuse.

> *Puisque toute âme est affaiblie,*
> *Puisqu'on rampe ; puisqu'on oublie*
> *Le vrai, le pur, le grand, le beau,*
> *Les yeux indignés de l'histoire,*
> *L'honneur, la loi, le droit, la gloire,*
> *Et ceux qui sont dans le tombeau ;*
>
> *Je t'aime exil ! douleur, je t'aime !*
> *Tristesse sois mon diadème.*
> *Je t'aime, altière pauvreté !*
> *J'aime ma porte aux vents battue.*
> *J'aime le deuil, grave statue*
> *Qui vient s'asseoir à mon côté*[43].

Il ne veut pas céder à cette tentation.

Il observe ses deux Adèle, la mère, la fille, Charles, et Auguste Vacquerie. Il a les siens autour de lui. François-Victor est seul absent, toujours englouti dans cette passion néfaste pour Anaïs Liévenne. Il faut qu'il vienne ici, à Jersey, parce qu'on ne peut le laisser se perdre, compromettre le nom de Hugo, se mettre à la merci des « argousins du régime ».

Et comment, avec cette menace qui pèse sur le fils, ces espions qui guettent dans l'île, oublier Bonaparte ?

D'ailleurs, chaque jour Hugo se sent blessé par les initiatives de ce personnage qui a obtenu du

Sénat, le 7 novembre, la proposition du rétablissement de la dignité impériale et l'organisation d'un plébiscite à ce sujet quinze jours plus tard.

Mais quelle dignité ! Quel empereur, quel Empire !

— Depuis que je suis ici, on me fait l'honneur de tripler les douaniers, les gendarmes et les mouchards à Saint-Malo ! s'exclame Hugo. Cet imbécile hérisse les baïonnettes contre le débarquement d'un livre !

Car *Napoléon le Petit* fait fureur. On le passe en fraude. On se l'arrache. On en réalise des copies.

Il lit ces lettres, que des proscrits lui envoient de Belgique, pour lui faire part du succès de son livre.

« On divise le petit livre en dix ou douze volumes pour satisfaire plus de personnes à la fois. On l'autographie par fragments. On a été jusqu'à en réimprimer des fragments en placards, à la brosse… On se réunit pour le lire la nuit, les portes closes, les domestiques couchés… »

Le livre est traduit. On le lit à Londres. Dumas dit qu'à Turin « il n'en reste pas un exemplaire. Quel succès et quel effet prodigieux ! ».

Hugo a l'impression que ses forces sont décuplées. Les mots viennent sous la plume, sans effort :

Ces coquins vils qui font de la France une Chine,
On entendra mon fouet claquer sur leur échine.
[…] Je les tiens dans mon vers comme dans un
[étau.

166

On verra choir surplis, épaulettes, bréviaires,
Et César, sous mes étrivières,
Se sauver, troussant son manteau[44] !

Il a le sentiment de mener contre Louis Napoléon Bonaparte une guerre personnelle, un duel à
mort.

… Cette altesse quelconque habile aux
                                    [catastrophes,
Ce loup sur qui je lâche une meute de strophes[45]…

… lui a volé le mythe de Napoléon, les souvenirs
de son père, l'anniversaire d'Austerlitz. Et il a tout
souillé. Il faut donc conduire cet affrontement avec
lui jusqu'à son terme.

Nous ne laisserons pas le peuple s'assoupir ;
Oui, nous appellerons, jusqu'au dernier soupir,
Au secours de la France aux fers et presque
                                    [éteinte,
Comme nos grands aïeux, l'insurrection sainte ;
Nous convierons Dieu même à foudroyer ceci ;
Et c'est notre pensée et nous sommes ainsi,
Aimant mieux, dût le sort nous broyer sous sa roue,
Voir couler notre sang que croupir votre boue[46].

Il sait, lorsqu'il rassemble ces poèmes, qu'il va
pouvoir publier un volume, peut-être intitulé *Les
Vengeresses*, ou *Le Chant du vengeur*, ou bien
Les Châtiments.
Il écrit à son éditeur Hetzel.

« Je fais en ce moment un volume de vers qui sera le pendant naturel et nécessaire de *Napoléon le Petit*… Ce volume contiendra de tout, des choses qu'on pourra dire et des choses qu'on pourra chanter… C'est un nouveau caustique que je crois nécessaire d'appliquer sur Louis Bonaparte. Il est cuit d'un côté, le moment me paraît venu de retourner l'empereur sur le gril. Je crois à un succès au moins égal à celui de *Nap le Petit*… »

Mais le 2 décembre, les résultats du plébiscite de novembre sont proclamés : 7 824 189 *oui* contre 253 145 *non* et un peu plus de 2 millions d'abstentions. Il a un bref moment de désespoir.

En même temps que les festivités pour l'entrée de l'empereur à Paris, on annonce que les exilés sont autorisés au retour. Et qu'il ne sera exercé contre eux aucune représaille.

Certains des proscrits hésitent, d'autres partent discrètement.

Hugo a un mouvement de colère et un sentiment d'amertume.

La conscience humaine est morte ; dans l'orgie,
Sur elle il s'accroupit ; ce cadavre lui plaît ;
Par moments, gai, vainqueur, la prunelle rougie,
Il se retourne et donne à la morte un soufflet [47].

Et il faudrait se rendre !

J'accepte l'âpre exil, n'eût-il ni fin, ni terme ;
Sans chercher à savoir et sans considérer
Si quelqu'un a plié qu'on aurait cru plus ferme,
Et si plusieurs s'en vont qui devraient demeurer.

Si l'on n'est plus que mille, eh bien, j'en suis ! Si
                                                    [même
Ils ne sont plus que cent, je brave encore Sylla ;
S'il en demeure dix, je serai le dixième ;
Et s'il n'en reste qu'un, je serai celui-là [48] *!*

Il se promène seul sur le sentier qui surplombe l'océan.

Il s'arrête devant un rocher que le soleil gris de décembre éclaire. Ici, il a posé plusieurs fois pour Auguste Vacquerie et Charles, qui ont pris de nombreux clichés au daguerréotype.

Là, à quelques pas, il a rencontré Juliette et ils ont marché côte à côte. Elle lui a dit :

— Mon bien-aimé, en voyant ce que t'inspire l'infâme guet-apens du 2 décembre… on dirait que cet immense crime a été commis pour ta plus grande gloire et pour le plus grand enseignement des peuples… Mon Victor sublime, je n'ai pas passé un jour sans remercier Dieu de t'avoir sauvé si miraculeusement, et je n'ai pas été une minute sans t'admirer et sans t'adorer… Je te vois encore, mon pauvre bien-aimé, interpellant les soldats… menaçant les généraux et les foudroyant de ton mépris… Dans ce moment-là, tu n'étais plus un homme, tu étais l'ange de la patrie en proie à la plus douloureuse indignation. D'y penser, j'en suis encore toute terrifiée et toute éblouie.

Il rentre à Marine Terrace. François-Victor est enfin arrivé, mais en compagnie de cette Anaïs

Liévenne, qu'il faut convaincre de repartir. Puis il faut consoler le fils, le retenir, pour qu'il ne la suive pas.

Ce sont là aussi les réalités de la vie. Les comptes qu'il faut faire, les contrats qu'il faut discuter et signer avec Hetzel. Et les insultes qu'il faut subir ; ainsi cet article de *L'Univers*, dans lequel Louis Veuillot le traite de « pauvre glorieux chiffon… Il avait reçu de Dieu le talent, des rois les honneurs, du peuple la popularité. Rien n'a profité dans ses mains… Il se rend odieux et ridicule jusque dans le malheur ».

Sont-ce les injures qui l'affectent, les soucis que lui cause François-Victor, ou l'épuisement du travail quotidien ?

Il se sent, ce 31 décembre, meurtri, las, avec une douleur intense dans la poitrine, au niveau du cœur.

Peut-être est-ce la mort qui s'avance.

À qui se confier, sinon à Juliette ?

> *L'herbe encore verte est battue.*
> *Je m'en vais serein et vaincu,*
> *Et je sens mon cœur qui me tue ;*
> *Je mourrai par où j'ai vécu.*

1853

L'histoire a pour égout des temps comme les
[nôtres ;
Et c'est là que la table est mise pour vous autres.

Hugo se jette dans la vague qui déferle sur la petite grève. Il aime à être fouetté par le froid de l'océan. Il nage jusqu'à un rocher qui ferme la crique où il a l'habitude de se baigner, presque chaque jour. Il a pris de l'assurance, si heureux de mesurer sa vigueur et l'énergie qui irradie son corps.

Il a cinquante et un ans, mais il se sent plus jeune que ses fils mêmes. Lorsqu'il chevauche avec Charles et François-Victor dans la prairie, il les devance. Lorsqu'il marche en leur compagnie sur la falaise, son pas est plus vif.

Et lorsqu'il regarde Adèle ou Juliette, il découvre deux vieilles femmes aux cheveux gris, au corps difforme. Il a de la tendresse et de la compassion pour elles. Il les aime. Mais c'est le corps de jeunes bonnes normandes qui l'attire.

Il aime leur affolement, leur abandon, leurs soupirs, leurs chairs moites sous les jupons et les blouses, leur peau blanche, leurs seins lourds et leurs cuisses fermes. Il caresse, il baise, il sent. Il enlace, il pénètre. C'est comme ce bain dans l'océan, cela lave et ragaillardit.

Il se sent libéré, le corps dénoué.

Il laisse une pièce à la jeune femme. Il est en paix jusqu'à demain.

Et où voudrait-on qu'il trouve, sinon chez lui, parmi ses domestiques, une femme qui veuille bien se donner sans rien demander ? Les « filles » de Saint-Hélier, tous les proscrits en usent. Elles se vanteraient. Et les espions de Bonaparte, comme ce vice-consul de France, Émile Laurent, qui n'est qu'un argousin, un agent du ministre de l'Intérieur, enverraient un rapport à Paris sur les frasques de M. Hugo.

Alors, il faut aimer chez soi. Et ces jeunes paysannes aux joues roses, aux larges pieds, savent que le « bon maître » vient la nuit les honorer. Et il imagine qu'elles en sont heureuses.

Souvent, quand il rejoint sa chambre, il ne peut se rendormir. Il écrit.

A-t-il eu jamais la tête autant remplie de vers ? Il a parfois l'impression qu'il est traversé par un flux, la marée monte, sa main court sur la page, et quand elle se retire, il relit ce qu'il a écrit avec presque de l'étonnement, comme s'il avait composé sous la dictée.

Lorsque avec ses enfants vêtus de peaux de bête,
Échevelé, livide au milieu des tempêtes,

172

Caïn se fut enfui de devant Jéhovah,
Comme le soir tombait, l'homme sombre arriva
Au bas d'une montagne en une grande plaine ;
[…] Il vit un œil, ouvert dans les ténèbres,
Et qui le regardait dans l'ombre fixement.
« Je suis trop près », dit-il, avec un tremblement.
[…]
On fit donc une fosse, et Caïn dit : « C'est bien ! »
Puis il descendit seul sous cette voûte sombre.
Quand il se fut assis sur sa chaise dans l'ombre
Et qu'on eut sur son front fermé le souterrain,
L'œil était dans la tombe et regardait Caïn[49].

Il écrit le titre, *La Conscience*.

Il voudrait que cette pièce figure dans ce volume de poèmes auquel il ajoute presque chaque jour une pièce et dont, en ce mois de janvier, il vient enfin de choisir le titre, *Châtiments*, grâce à son éditeur.

Ils se sont beaucoup écrit. Mais maintenant, il faut achever ce livre.

Louis Bonaparte vient de se marier avec Eugénie de Montijo, comtesse de Téba. Hugo se souvient d'avoir vu cette femme brune, un soir place des Vosges, et souvent dans les salons de Delphine de Girardin.

Il relit la lettre que Delphine lui a écrite :

« Vous vous rappelez cette belle Eugénie, que vous avez vue chez moi et avec laquelle vous parliez espagnol, si facilement ? La voilà l'épouse de Boustrapa… »

Il s'interrompt. Il rit. Il a hâte de revoir Delphine, un esprit libre et créateur. « Boustrapa », voilà un nom qu'il regrette de ne pas avoir inventé pour se moquer de « Napoléon le Petit ». Il va inviter Delphine à venir à Jersey.

« Eugénie est une femme charmante, poursuit Delphine, et qui mérite mieux. Une chose m'étonne : c'est que, quand elle a dit oui à Boustrapa, elle avait lu votre livre en cachette, avec mille précautions, mais enfin, elle l'avait lu. Moi, cette lecture m'aurait un peu refroidie… »

Il a le sentiment que la situation à Paris va rapidement pourrir. Il faut donc publier vite ce volume. Et fustiger sans précaution l'empereur.

L'histoire a pour égout des temps comme les [nôtres ;
Et c'est là que la table est mise pour vous autres.
[…] C'est là qu'on entend rire et chanter, entourés
De femmes couronnant leurs turpitudes,
Dans leur lascivité prenant mille attitudes,
Laissant peuples et chiens en bas ronger les os,
Tous les hommes requins, tous les hommes [pourceaux,
Les princes de hasard plus fangeux que les rues,
Les goinfres courtisans, les altesses ventrues [50] *…*

Il ne peut pas, il ne doit pas cesser de crier son indignation :

Sonnez, sonnez toujours, clairons de la pensée.
[…]
À la septième fois, les murailles tombèrent [51]*.*

Il faut que ce livre soit le coup de boutoir qui renverse cette statue qu'est Louis Bonaparte.

Il écrit à Hetzel :

« Je m'arrête à ce titre : *Châtiments*. Ce titre est menaçant et simple, c'est-à-dire beau. Je fais force de voiles pour finir vite. Il faut se presser, car le Bonaparte me fait l'effet de se faisander. Il n'en a pas pour longtemps. L'Empire l'a avancé, le mariage Montijo l'achève. »

Il feuillette le manuscrit. Il faut qu'il avertisse Hetzel de la violence de l'attaque, peut-être même devra-t-on envisager deux éditions, l'une complète, l'autre expurgée, pour éviter les procès. D'autant plus que le livre est attendu. Un proscrit lui a apporté un journal anglais qui écrit : « Victor Hugo va dépasser *Napoléon le Petit*. Il prépare un livre terrible, un livre à faire frémir les statues de marbre. »

Il faudra donc une édition clandestine et une autre, qui sera accessible à tous les lecteurs.

Et il faut aussi qu'elles aient l'une et l'autre du succès. Pourquoi le cacher ? « J'ai besoin d'argent comme un diable, n'oubliez pas ! », lance-t-il à Hetzel.

Il serait temps d'ailleurs de signer d'autres contrats, avec Gosselin par exemple. Essayer d'échanger les deux volumes de roman qu'il a promis — mais comment terminer *Les Misères* ? — contre deux tomes de poésies que l'on pourrait appeler *Les Contemplations* et que l'on composerait avec toutes ces pièces qui surgissent des nuits d'insomnie.

Et puis il y a les traites, les billets à ordre, qu'il doit faire honorer.

Il rêve un instant. Ces *Châtiments* feront peut-être un triomphe ?

Ce qui permettrait, dit-il à Hetzel, «de refaire votre fortune avec la mienne. D'ici à quatre ans — que je donne encore à M. Bonaparte — j'ai quinze volumes dans la cervelle qui remueront, je pense, les feuilles d'arbres quand ils sortiront. Vous m'aiderez à faire prendre la volée à tous ces oiseaux».

Et «en attendant, regardez mon portrait. Charles, en effet, est devenu un excellent photographe. Voici ses œuvres. Que diriez-vous de vendre cela ? On en ferait un tirage pouvant aller avec les quatre sous, et un autre petit format pouvant se relier avec *Nap le Petit* et le volume nouveau. Vous n'auriez aucun déboursé à faire… Charles vous les enverrait par cent, par deux cents, etc. Quand ce serait vendu, vous prélèveriez votre commission, et vous enverriez ici l'argent. Ce serait une corde de plus à l'arc de tout le monde… ».

Mais il faut que Hetzel sache que ce livre-ci, *Châtiments,* «sera violent. Ma poésie est honnête mais pas modérée.

«J'ajoute que ce n'est pas avec de petits coups qu'on agit sur les masses. J'effaroucherai le bourgeois peut-être, qu'est-ce que cela me fait si je réveille le peuple ? Enfin, n'oubliez pas ceci : je veux avoir un jour le droit d'arrêter les représailles, de me mettre en travers des vengeances, d'empêcher s'il se peut le sang de couler, et de sauver toutes les têtes, même celle de Louis Bonaparte. Or, ce serait un pauvre titre que des rimes modérées. Dès à présent, comme homme politique, je veux semer dans les cœurs, au milieu de mes paroles indignées, l'idée d'un châtiment autre que le carnage. Ayez mon but présent à l'esprit : *Clémence implacable* ».

Le 31 mai, à onze heures du matin, il pose sa plume. Il a fini *Les Châtiments*. Sans doute ne sera-t-il publié que dans quelques mois, et faudra-t-il « châtrer et rechâtrer » pour l'édition « officielle » et indiquer pour la complète qu'elle est publiée « à Genève et à New York », pour ne pas compromettre Londres ou Bruxelles. Et puis attendre que ces mots fassent leur chemin, public et souterrain.

Il se sent proche de Hetzel, qui se dépense sans compter pour trouver un imprimeur, qui s'indigne de la lâcheté de la plupart, et qui souffre parce qu'il vient de perdre sa fille.

« On n'a rien à dire à ces douleurs-là. Je le sais, moi qui les ai éprouvées il y a dix ans et qui, au bout de dix ans, sens au fond de mon cœur la plaie saignante comme le premier jour. Il y a des parties de moi-même qui sont ensevelies dans la tombe de ma fille ; elles ne sont pas mortes, mais elles vivent là. Depuis dix ans, je n'ai pas fermé les yeux, le soir, sans adresser à ma fille ma prière à Dieu… »

Il se lève, il a besoin de sortir, de marcher, de chevaucher, de se baigner, malgré le temps gris, la mer forte. Il s'élance. Il plonge, nage. Tout à coup, il sent que le courant le tire vers le large. C'est la marée descendante, il n'a pas pris garde. Il lutte de toutes ses forces. Il faut se tirer de là.

« J'ai encore tant de choses à faire. »

Enfin, il reprend pied, épuisé mais heureux.

— J'ai nagé comme un homme qui n'est pas bonapartiste, dit-il. Mourir ? C'eût été bête.

Mais c'est Dieu qui décide.

Et chaque jour, il a le sentiment que la mort est là, toute proche. Il accepte de dire quelques mots entre les tombes ouvertes des proscrits qui meurent.

« Citoyens,
Trois cercueils en quatre mois.
La mort se hâte et Dieu nous délivre, un à un… »

Il les avait croisés, ces exilés, souvent en guerre les uns contre les autres, ceux-là brandissant le drapeau rouge, rêvant de révolution et de terreur, ceux-ci de « république universelle » ; ceux-là regroupés dans la société *La Fraternelle* et les autres dans celle de *La Fraternité*.

Il veut se tenir à l'écart de ces partis pris. Son ambition est autre.

— Je déteste le pouvoir, dit-il, je ne l'accepterai que si l'on m'y force.

Et ces luttes fratricides l'accablent.

Il pleut.

« L'été est triste, cette année ; maussade comme une tragédie, pluvieux comme une élégie. » Il a parfois le sentiment que tout lui échappe.

« Je ne gouverne rien, pas même ma destinée, qui va à vau-l'eau selon que le vent souffle, et je n'ai plus guère d'autre bien au monde que la paix avec ma conscience. »

178

Ce sont des vagues de désespoir, comme de brusques lames de fond, qui le submergent quelques heures ou plusieurs jours. Il doute.

— J'ai fait des vers tout cet hiver ; de la poésie pure, de la poésie mêlée aux événements, dit-il. Je vais publier les derniers, s'il y a encore un moyen de publier quelque chose en Europe.

Il se rend chez Juliette. Il a besoin de son dévouement, de sa tendresse, de sa compréhension.

— Donc, mon pauvre adoré, je t'aime, murmure-t-elle. Repose-toi, je te souris à travers tes rêves.

Certes, elle récrimine aussi :

« Au lieu de poser indéfiniment pour le daguerréotype, vous auriez pu me faire sortir si vous l'aviez voulu… Mon cher petit homme, amusez-vous donc, faites du daguerréotype, et jouissez à votre manière du beau soleil. Moi, de mon côté, j'abuserai de l'isolement… »

Mais il sait bien qu'elle est prête à tout accepter, avec générosité et abnégation.

Il n'ignore pas, quand il sort avec « ses » Adèle et ses fils, qu'elle les suit du regard.

— Loin d'être jalouse de la souveraine beauté de ta femme, et de ses saintes qualités, dit-elle, je la voudrais plus belle et plus sainte encore, si c'était possible, pour l'honneur de ton nom et pour ton bonheur… Ici-bas, je ne suis qu'une pauvre femme, bien ordinaire et bien indigne de toi. Là-haut, je serai l'ange radieux que tu préféreras à tous les autres. Je me rends justice et j'accepte mon sort dans cette vie et dans l'autre…

Il est touché par ce don qu'elle lui a fait d'elle pour toujours. Sa présence lui est indispensable. Elle est une part de lui. Il essaie de la voir presque chaque jour, parce qu'elle le rassure. Elle est comme la preuve que des êtres peuvent être bons et vivre sans masque. Alors que, chaque jour, il découvre la dualité des hommes.

Ainsi ce proscrit, Hubert, qui lui a rendu visite à Bruxelles, puis ici à Jersey, un homme démuni, un républicain intransigeant, que tous les exilés ont aidé, aimé même, et dont on vient de découvrir qu'il est un espion de Maupas, le ministre de la Police. Hubert a livré des opposants à l'Empire, a été payé pour cela.

Les proscrits se rassemblent, demandent à Hugo d'assister au procès qu'ils intentent à Hubert. Ils veulent le condamner à mort, l'exécuter.

Il doit l'empêcher. Il se lève.

— Il y a deux êtres dans Hubert, affirme-t-il, un mouchard et un homme. Le mouchard est infâme, l'homme est sacré... Je le déclare, personne ne touchera à Hubert, personne ne le maltraitera.

On murmure. Des voix s'élèvent :

— Ah oui, c'est ça, toujours la douceur !... Voilà ce que c'est, le mouchard est sauvé. Cela nous apprendra à bavarder. Est-ce que, quand on veut exécuter un traître, on s'en va le crier sur les toits ?

Il faut convaincre les proscrits de se contenter de publier les faits, de parler à l'opinion, de flétrir Hubert et Bonaparte.

180

— J'y insiste, la main de Monsieur Bonaparte, elle est dans ce sac, plein de ténèbres.

Il a le sentiment qu'il a gagné la partie.

— Poignarder Monsieur Bonaparte, ajoute-t-il, ce serait dégrader le poignard ; souffleter Monsieur Hubert, ce serait salir le soufflet.

On livrera Hubert à la justice anglaise, en le faisant emprisonner pour dettes. Mais même s'il a sauvé la vie de ce mouchard, il est triste. Cet homme s'est vendu parce qu'il a eu faim.

Quels peuvent être le dessein et le jugement de Dieu ?

Il est surpris quand Delphine de Girardin, qui séjourne à Jersey pour quelques jours, lui répond qu'on peut connaître les secrets de l'Ombre, les intentions de Dieu et le destin des âmes. Elle évoque les « tables parlantes », les « tables mouvantes », cette « fluidomanie » dont certains sceptiques se moquent à Paris, et que d'autres contestent, parce qu'elle distrait de bons citoyens de l'action politique contre « Napoléon le Petit ».

Mais Delphine peut attester qu'elle est entrée en communication avec des esprits… Ils lui ont parlé !

Il faut disposer un guéridon à trois pieds sur une plus grande table, poser les mains sur le trépied et attendre que l'au-delà se manifeste en soulevant l'un des pieds, en frappant la grande table, un coup pour le *oui*, deux coups pour le *non*, et chaque lettre de l'alphabet est située par son rang dans l'alphabet, le « C » est « écrit par trois coups ».

Delphine est convaincante. Hugo surprend le

regard fasciné d'Adèle et de sa fille, les réserves d'Auguste Vacquerie, l'intérêt de Charles et de François-Victor.

Il hésite à demeurer dans la pièce cependant qu'on dispose les tables. Il a l'impression d'être au bord d'un gouffre, d'une « bouche d'ombre », où il risque d'être englouti. Il se retire quand Delphine commence à interroger l'au-delà.

Mais le dimanche 11 septembre, il accepte de s'asseoir autour d'une grande table carrée sur laquelle Charles a placé une petite table ronde à trépied, achetée dans cette intention à Saint-Hélier par Delphine de Girardin. Il y a là deux proscrits, le général Le Flô et M. de Treveneuc, ses deux fils, les deux Adèle et Auguste Vacquerie.

Il entend Mme de Girardin demander d'une voix sourde :

— Qui est là ?

Il voit l'un des pieds de la table qui se soulève et ne s'abaisse pas.

— Y a-t-il quelque chose qui te gêne ? reprend Mme de Girardin. Si c'est oui, frappe un coup, si c'est non, deux coups.

Il entend un coup.

— Quoi ?

— Losange.

Ils sont assis en losange autour de la grande table. Ils changent de table et de place. Hugo se sent envahi par l'émotion. Est-ce possible ? Les coups se succèdent.

— Qui es-tu ? demande Mme de Girardin.

— Fille.

— À qui est-ce que je pense ? interroge Auguste Vacquerie.

— Morte.

Hugo sent que sa gorge se serre.

Il avait écrit, autrefois, après la mort de Léopoldine :

Est-ce qu'il est vraiment impossible, doux ange,
De lever cette pierre et de parler un peu ?

— Qui es-tu ?

— *Ame soror.*

Il ose poser une question qui l'étreint :

— Es-tu heureuse ?

— Oui.

— Où es-tu ?

— Lumière.

— Que faut-il faire pour aller à toi ?

— Aimer.

Il sent la table vibrer sous ses mains. L'émotion l'étouffe.

— Qui t'envoie ?

— Bon Dieu.

— Parle de toi-même. As-tu quelque chose à nous dire ?

— Oui.

— Quoi ?

— Souffrez pour l'autre monde.

Il est si bouleversé qu'il ne peut parler. Il se retire. Peut-être ne s'agit-il que du magnétisme de Delphine ou de Charles ? Mais cette explication ne le satisfait pas. Il y a un au-delà. Il l'a toujours pensé, senti. Les âmes des défunts sont venues souvent le hanter la nuit, dans des rêves étranges. Et quand il dessine, peint à grands coups de plume noire, qui guide sa main ? Et quand déferlent ces vagues de mots, quel vent inconnu les pousse ? Dieu habite ce monde de lumière et de ténèbres, en compagnie des esprits.

Hugo veut continuer. Et, chaque jour, c'est une surprise, une émotion, des âmes qui parlent, les tables tournantes donnent la parole à des âmes, à des idées.

Il demande que l'on note leurs propos.

Voici Louis Bonaparte qui dit : « J'ai peur. »

— Me crains-tu ?

— Oui.

— Est-ce moi que tu crains le plus au monde ?

— Oui.

Il est tout entier habité par ces dialogues. Il s'étonne lui-même du peu d'intérêt qu'il accorde à la parution des *Châtiments*, le 21 novembre, tant il est pris par ces rencontres, avec l'Ombre, avec Chateaubriand, avec Voltaire, Rousseau, Jeanne d'Arc, la Comédie, la Prière, le Drame, la Poésie, Machiavel, Mahomet ou l'Ombre du sépulcre, et puis Napoléon le Grand ou l'Ânesse de Balaam qui dit : « L'homme est la prison de l'âme, l'animal en est le bagne. »

Il tente d'expliquer à Juliette ce qu'il ressent, cette exaltation, ce mystère, cet échange si inattendu et si proche.

Il sent qu'il ne la convainc pas.

— Quel que soit mon peu de sympathie et d'affinité avec les esprits, répond-elle, pour peu que ton commerce avec l'autre monde continue, je serai forcée de me joindre à eux pour avoir la chance de te voir quelquefois !

Il n'aime pas son ironie. Il a l'impression d'être à l'écoute de « *ce que dit la bouche d'ombre* ».

Ô gouffre ! l'âme plonge et rapporte le doute.
Nous entendons sur nous les heures, goutte à
[goutte,
Tomber comme l'eau sur les plombs ;
L'homme est brumeux, le monde est noir, le ciel est
[sombre ;
Les formes de la nuit vont et viennent dans
[l'ombre ;
Et nous, pâles, nous contemplons.

Nous contemplons l'obscur, l'inconnu, l'invisible.
Nous sondons le réel, l'idéal, le possible,
L'être, spectre toujours présent.
Nous regardons trembler l'ombre indéterminée.
Nous sommes accoudés sur notre destinée,
L'œil fixe et l'esprit frémissant.

Nous épions des bruits dans ces vides funèbres ;
Nous écoutons le souffle, errant dans les ténèbres,
Dont frissonne l'obscurité ;
Et, par moments, perdus dans les nuits insondables,
Nous voyons s'éclairer de lueurs formidables
La vitre de l'éternité [52].

Mais Juliette, peut-être parce qu'elle est exclue de ce cercle de famille et d'amis qui chaque jour se réunit autour des «tables tournantes», demeure hostile :

— Quant à vos diableries, j'y vois pour l'avenir plus d'inconvénient que de plaisir, quelles que soient d'ailleurs vos convictions personnelles et collectives. Je m'explique mal, mais je sens que ce passe-temps a quelque chose de dangereux pour la raison, s'il est sérieux, comme je ne doute pas de ta part, et d'impie pour peu qu'il s'y mêle la moindre supercherie.

Comment lui faire partager l'émotion qu'il ressent quand Napoléon le Grand ou Robespierre viennent lui parler ?

— Que ferais-tu si tu étais moi ? demande Hugo à Napoléon.

— Tes vers.

— Que penses-tu de mon livre *Napoléon le Petit* ?

— Une immense vérité, un baptême pour le traître…

Et c'est Napoléon qui, répondant à une question, définit Dieu comme «un regard infini dans un œil éternel».

Comment ne serait-il pas exalté par ce que lui dit André Chénier, coup après coup, sur la table ?

«Victor Hugo, tu es l'aile de l'imprévu, l'oiseau de tous les cieux, la chanson de la nuit, la fauvette de l'aurore et le goéland de la tempête. Tu es l'aigle indigné des solitudes. Tu gravis lentement la montagne inaccessible de la vérité et, une fois au haut, ton œuvre ouvre des ailes inattendues et plane. Tu as fait une révolution dans l'art et tu prépares une révolution dans le monde. C'est bien, va, fais ton œuvre double. Crée et tue. Renverse et construis… Poète, tu es le Phidias de Bonaparte, Phidias avait le marbre de Paros, toi, tu as le granit de l'exil. Prends tous ces rochers et sculpte-les avec tes colères. Tu le peux, poète océan ! »

Qui pourrait inventer cela, sinon une voix venue de l'au-delà ? Qui d'autre que l'esprit de Chénier oserait composer ces phrases ?

Hugo est fasciné quand Chénier ajoute : « Toute tête coupée est une veuve sombre autour de laquelle les âmes font silence. Hélas, mon éternité est veuve de ma jeunesse. »

Mais Juliette refuse de partager son émotion : « Vous pêchez les poissons morts que les Esprits de l'autre monde attachent à vos lignes, procédés connus déjà dans la Méditerranée, longtemps avant les tables cancanières. Sur ce, je vous cogne mes plus tendres sentiments. » Hugo ne répond pas.

Après chaque séance de « table parlante », il se sent épuisé.

Il relit le compte rendu qu'Auguste Vacquerie a dressé.

Il lui semble, depuis ce dimanche 11 septembre, première présence venue de l'au-delà, celle de Léopoldine, *ame soror*, que son esprit s'est ouvert à cet autre monde où il n'avait fait que pénétrer sans le savoir, par le rêve, l'écriture, les visions.

Il se souvient de la nuit qui avait précédé ce jour de septembre 1843 où il avait appris la mort de

Léopoldine. C'était à Oléron, il avait lutté toute la nuit contre des visions lugubres.

Est-ce un hasard si Léopoldine est revenue, dix ans presque jour pour jour, un mois de septembre 1853 ?

Pourtant, il l'écrit à Delphine de Girardin, rentrée à Paris :

« En ce moment, nous laissons un peu reposer ce que j'appelle *la science nouvelle*... Moi, je n'ai nul fluide, vous savez. Et je n'aboutis qu'à ABAX (table) et à ABACADARA (abracadabra). Je mets cette magie blanche à vos pieds, blanche magicienne. »

Et puis il mesure à quel point cette passion pour les « tables parlantes » dévore le temps.

Or il doit écrire, donner naissance à ces livres qu'il porte en lui.

Et d'ailleurs, Adèle a elle aussi sa tâche, puisqu'elle rédige un *Victor Hugo raconté par un témoin de sa vie*. Et leur fille, Adèle, tient son journal. Charles et François-Victor, Auguste Vacquerie écrivent ou photographient.

« Nos plumes crient à qui mieux mieux sur le papier, nous sommes en classe », confie-t-il à Mme de Girardin.

Et le 29 décembre, il ajoute :

« Savez-vous, Madame, que je remercie tous les jours Dieu de cette épreuve où il me trempe. Je souffre, je pleure en dedans, j'ai dans l'âme des cris profonds vers la patrie, mais, tout pesé, j'accepte et je rends grâce. Je suis heureux d'avoir été choisi pour faire le stage de l'avenir. »

QUATRIÈME PARTIE

1854 - 1855

1854

Esprit mystérieux qui, le doigt sur ta bouche,
Passes... ne t'en va pas! Parle à l'homme
[farouche...

Ce 1er janvier, Hugo écrit dans le coin de l'enveloppe où il vient d'inscrire l'adresse de son neveu Léopold : «Lettre de famille. Inutile d'ouvrir. Victor Hugo.»

Puis il pose sa plume dans un geste de colère. La censure impériale évidemment ne tiendra aucun compte de cette précision. Elle souillera de ses doigts et de son regard cette lettre. Elle apprendra ainsi que l'oncle Louis est mort et sans doute retiendra-t-elle la missive. Car comment pourrait-elle accepter qu'il écrive à son neveu : «Ne pleurons pas ton père. Envions-le. Il a quitté la terre des lâches, pour monter au ciel des vaillants. C'était mieux sa place. Sois digne de son nom» ?

La lettre n'arrivera jamais, comme tant d'autres qu'il a écrites. Et depuis la parution des *Châti-*

ments, les interceptions de correspondance se font plus fréquentes.

Il a essayé de faire parvenir un exemplaire du livre à Léonie d'Aunet. En vain. Les contrebandiers gardent l'exemplaire pour eux, après avoir exigé cinquante francs. Si Léonie désire vraiment le livre, explique-t-il à Paul Meurice, « elle n'a qu'à donner huit adresses auxquelles le volume sera envoyé sous enveloppe par la poste, en huit morceaux. Après quoi, rien de plus aisé que de recoudre… ».

Tout cela est irritant, révoltant. Et coûteux. Et il a besoin d'argent. La vente de ses écrits peut seule augmenter son capital, et donc ses revenus.

« On vient de jouer *Hernani* aux Italiens. Ravitaillement. Quarante mille exemplaires des *Châtiments* sont vendus et circulent ; mais l'exemplaire qu'on vend soixante francs en France ne me rapporte que cinq sous. Et les faillites de libraires ! Londres surtout est le pays de la banqueroute ! »

Il faut donc surveiller les ventes, les contrats, demander à Meurice, qui le représente à Paris, de rencontrer l'éditeur Gosselin, afin de négocier avec lui.

« Je consentirai neuf mille francs payés comme il est dit au traité. »

Peut-être pourrait-on obtenir d'échanger la publication des romans prévus contre des volumes de poésies, ces recueils qu'il prépare sous le titre des *Contemplations* ? Puisque Gosselin est réticent, il faut s'adresser à Hetzel, qui a montré son dévouement, son courage et sa compétence en publiant *Les Châtiments*.

« Une librairie intelligente, lui écrit-il, pourrait entamer en ce moment une grosse affaire avec moi ; d'ici à trois ou quatre ans, je puis aisément mettre en ligne quinze ou vingt volumes de tout genre, poésie, prose, roman, drame, comédie, histoire, etc. ; choses de l'exil et choses commencées depuis quinze ans. Je suis, à moi tout seul, un avenir pour un libraire. Pour commencer, j'aurais, je suppose, deux volumes de poésie contenant chacun la matière des *Feuilles d'automne* : ce sont *Les Contemplations…* »

Il est inquiet. Il voit autour de lui les proscrits s'enfoncer dans la misère et donc subir les humiliations. Il faut lancer une souscription pour les aider.

— On nous met sur les bras plus de détresses que nous n'en pouvons porter !

Et puis il y a les fardeaux de la famille, les fils et la fille à charge, l'épouse et Juliette. Les pièces que l'on donne aux bonnes complaisantes qu'il retrouve presque chaque nuit.

— Il faut donc redoubler de travail et il faut que le travail produise. Or les offres de messieurs les éditeurs deviennent de plus en plus étroites. Il y a évidemment exploitation de la situation…

Il ne se sent rassuré que lorsque Hetzel — « mon cher coproscrit » — accepte de publier les deux volumes des *Contemplations*, au prix de vingt mille francs, la moitié comptant à la remise du manuscrit, le solde à six mois de la publication.

Il ne reste plus qu'à écrire des centaines, des milliers de vers.

Il est à sa table de travail alors que le jour se lève à peine. Il aime regarder l'océan, qui peu à peu surgit de la nuit.

Jersey dort dans les flots, ces éternels grondeurs,
Et dans sa petitesse elle a les deux grandeurs,
Île, elle a l'océan ; roche, elle est la montagne.
Par le sud Normandie et par le nord Bretagne,
Elle est pour nous la France, et, dans son lit de
                                        [fleurs,
Elle en a le sourire et quelquefois les pleurs.

Pour la troisième fois, j'y vois les pommes mûres,
Terre d'exil, que mord la vague aux sourds
                                [murmures[53]…

Les heures passent. Les vers jaillissent. Il écrit des pièces qui prendront place dans *Les Contemplations*, et d'autres, souvent, qui évoquent Lucifer, et qui, il l'imagine, deviendront une grande œuvre consacrée à Satan.

Il descend retrouver les siens, un peu ivre d'avoir tant écrit. On s'installe autour des tables. On pose les mains sur le trépied de la plus petite.

— Qui est là ? demande-t-il.
— La Mort.
Elle frappe, elle parle.
— Tout grand esprit fait dans sa vie deux

œuvres : son œuvre de vivant et son œuvre de fantôme. Dans l'œuvre de vivant, il jette l'autre monde terrestre ; dans l'œuvre de fantôme, il verse l'autre monde céleste…

Il écoute ces coups réguliers qui viennent des « âmes captives ».

— L'impossible d'aujourd'hui est le nécessaire de demain, continue la Mort. Échelonne dans ton testament les œuvres posthumes de dix ans en dix ans, de cinq ans en cinq ans ; vois-tu d'ici la grandeur d'un tombeau qui, de temps en temps, à des heures de crise humaine, quand il passe de l'ombre sur le progrès, quand il passe des nuages sur l'idée, ouvre tout à coup ses deux lèvres de pierre, et parle. On cherche et ta tombe trouve. On doute, ta tombe affirme. On nie, ta tombe prouve.

Il est comme hypnotisé.

Tant d'autres viennent frapper à la porte des vivants, Molière, Josué, Shakespeare, l'Océan, le Masque de fer, Galilée, le lion d'Androclès ! Les « âmes captives », ces fantômes que les habitants de l'île assurent avoir aperçus, rôdant autour de Marine Terrace entre les rochers, murmurent elles aussi :

— Est-ce que tu es la Dame blanche que le barbier dit qu'on a vue près de la maison ? interroge Auguste Vacquerie.

— Oui.

— Si nous allions dans la rue, te verrions-nous ?

— Oui.

— Cette nuit ?

— Oui.

— À quelle heure ?

— Trois heures.

Hugo s'éloigne. Il se sent troublé, inquiet.

Il est onze heures et demie du soir, ce 24 mars. Il essaie de dormir. Mais ses nuits sont souvent pleines d'appréhensions et de cauchemars. Est-ce ces vers qu'il écrit — ce *Satan* qu'il compose — qui le hantent, ou bien ces dialogues avec les « âmes captives » ? Et brusquement, dans l'étrange sommeil où il se trouve et qui lui laisse une perception exacte des objets environnants, il entend un coup de sonnette. Il se réveille. Il se soulève sur l'oreiller.

« Personne de la maison n'est dehors. Ce n'est pas quelqu'un de la maison qui a sonné. S'il était trois heures, par hasard ? »

Il prend des allumettes. La flamme ne jaillit qu'à la quatrième tentative. Il allume sa bougie. Il est trois heures cinq minutes. Le coup de sonnette a donc retenti à trois heures précises. Il regarde dehors. Nuit blafarde. Des traînes lumineuses comme une silhouette de fantôme. Est-ce la Dame blanche venue du monde des ombres ?

... À l'endroit où le cap se prolonge en presqu'île.
Le spectre m'attendait ; l'être sombre et tranquille
Me prit par les cheveux dans sa main qui grandit,
M'emporta sur le haut du rocher, et me dit :

Sache que tout connaît sa loi, son but, sa route ;
Que de l'astre au ciron, l'immensité s'écoute [54] *...*

196

C'est le matin. Il marche dans la campagne puis se baigne, galope le long de la mer, mais le souvenir des nuits est obsédant.

« Il me reste deux choses à faire, pense-t-il, finir et mourir. »

Finir ce qu'il doit créer.

Il se remet à sa table. La tristesse l'étreint. D'où viennent ces voix ? Elles parlent comme lui et pourtant, il ne dicte rien à Auguste Vacquerie ou à Charles, qui prennent en note leurs propos.

Esprit mystérieux qui, le doigt sur ta bouche,
Passes... ne t'en va pas ! Parle à l'homme farouche
Ivre d'ombre et d'immensité,
[...]
Est-ce toi que chez moi minuit parfois apporte ?
Est-ce toi qui heurtais l'autre nuit à ma porte,
Pendant que je ne dormais pas ?
C'est donc vers moi que vient lentement ta lumière ?
La pierre de mon seuil peut-être est la première
Des sombres marches du trépas.
[...]
Oh ! que le gouffre est noir et que l'œil est débile !
Nous avons devant nous le silence immobile.
Qui sommes-nous ? Où sommes-nous ?
Faut-il jouir ? faut-il pleurer ? Ceux qu'on rencontre
Passent. Quelle est la loi ? La prière nous montre
L'écorchure de ses genoux.
[...]
Toujours la nuit ! jamais l'azur ! jamais l'aurore !
Nous marchons. Nous n'avons point fait un pas
[encore[55] !

Comment ne pas croire ?

Les morts se dressent froids au fond du caveau
[sombre,
Et de leur doigt de spectre écrivent — Dieu — dans
[l'ombre
Sous la pierre de leur tombeau[56].

Il a l'impression que la mort est partout autour de lui, qu'elle ne gouverne pas un royaume séparé, qu'elle est partout dans la nature. Et des phrases étranges que la Mort a dictées, faisant tressauter le trépied de la table, l'obsèdent :

— Sois l'Œdipe de ta vie et le Sphinx de ta tombe, a-t-elle dit.

Il a la certitude que chaque jour qui passe lui donne une intimité plus forte avec l'univers. Peut-être doit-il cela à la solitude de l'exil…

« Depuis trois ans, je me sens sur le vrai sommet de la vie, et je vois les linéaments réels de tout ce que les hommes appellent faits, histoire, événements, succès, catastrophes, machinisme énorme de la Providence.

« Ne fût-ce qu'à ce point de vue, j'aurais à remercier M. Bonaparte qui m'a proscrit, et Dieu qui m'a élu. Je mourrai peut-être dans l'exil, mais je mourrai accru.

« Tout est bien. »

Mais cette lucidité aiguë vaut souffrance. Il est indigné par la guerre que la France de Napoléon III et l'Angleterre viennent de déclencher contre la

198

Russie. Morts en Crimée, morts à l'Alma, navires chargés à ras bord de blessés, d'agonisants.

— Ôtez le 2 décembre, ôtez Monsieur Bonaparte ; vous n'avez pas la guerre d'Orient ! s'écrie-t-il.

Il est révulsé par la condamnation à mort d'un assassin, Tapner, qui doit être pendu pour le meurtre de sa maîtresse.

— On veut dresser le gibet à Guernesey, j'entreprends de renverser le gibet !

Il s'adresse aux habitants de l'île :

— C'est un proscrit qui vient vous parler pour un condamné. L'homme qui est dans l'exil tend la main à l'homme qui est dans le sépulcre… Écoutez-moi.

Il écrit à Lord Palmerston, secrétaire d'État à l'Intérieur, qui a finalement, après avoir accordé un sursis, donné l'ordre de pendre le criminel. Et l'exécution a été horrible, durant plus de dix minutes, sous les yeux de toute la ville.

« Que la volonté des hommes d'État soit faite ! », écrit-il.

« Pourquoi Tapner au lieu de tuer une femme n'en a-t-il pas tué trois cents, en ajoutant au tas quelques centaines de vieillards et d'enfants ? Pourquoi au lieu de forcer une porte n'a-t-il pas crocheté un serment ?… Pourquoi au lieu de brûler la maison de sa victime n'a-t-il pas mitraillé Paris ? Il aurait un ambassadeur à Londres ! »

Il se souvient qu'au temps où il était pair de France, familier de la Cour, il avait rencontré Lord Palmerston à Paris, lors d'un dîner chez Guizot.

« Ce qui me frappa en vous, c'était la façon rare dont votre cravate était mise. On me dit que vous étiez célèbre par l'art de faire votre nœud. Je vois que vous savez aussi faire le nœud d'autrui. »

Il sait que cette diatribe va susciter la colère des Anglais, qui sont au mieux avec Napoléon III, qui font la guerre à la Russie à ses côtés.

— Il y aura dans l'histoire deux Napoléon, dit-il, le Napoléon à la colonne et le Napoléon au poteau.

« L'Angleterre aura eu cette fortune d'être le bourreau du premier et l'amie intime du dernier. »

Il se demande même s'il ne doit pas accepter l'invitation du gouvernement espagnol qui souhaite l'accueillir.

— Je suis bien tenté de ce beau soleil, moi qui suis citoyen du ciel bleu.

Mais bientôt Madrid se rétracte, « Napoléon le Petit » a fait pression sur les Espagnols… Il faut donc rester en Angleterre, à la condition qu'on continue de le tolérer.

Il lit le discours qu'a prononcé à la chambre des Communes sir Robert Peel. Il n'est pas surpris par la violence de l'attaque.

« Cet individu, Victor Hugo, a dit ce dernier, a une sorte de querelle personnelle avec le distingué personnage que le peuple français s'est choisi pour son souverain, et il a dit au peuple de Jersey que notre alliance avec l'empereur des Français était une dégradation morale pour l'Angleterre. En quoi tout cela regarde-t-il Monsieur Victor Hugo ? Si de misérables niaiseries de ce genre doivent encore être dites au peuple anglais par des étrangers qui ont trouvé asile dans ce pays, je croirai devoir demander au secrétaire d'État à l'Intérieur s'il n'y aurait pas de moyen possible d'y mettre un terme. »

Il est emporté par l'indignation. La presse est libre en Angleterre ! Il va écrire aux journaux, rappeler qui est ce M. Bonaparte, « qui m'a chassé de France pour avoir pris les armes contre son crime, comme c'était mon droit de citoyen et mon devoir de représentant du peuple ; il m'a chassé de Belgique pour *Napoléon le Petit* ; il me chassera peut-être d'Angleterre… Un triple exil n'est rien… J'avertis seulement M. Bonaparte qu'il n'aura pas plus raison de moi qui suis l'atome, qu'il n'aura raison de la Vérité et de la Justice qui sont Dieu même. Je déclare au deux décembre en sa personne que l'expiation viendra et que de France, de Belgique, d'Angleterre, d'Amérique, du fond de la tombe, si les âmes vivent, comme je le crois et l'affirme, j'en hâterai l'heure. M. Bonaparte a raison, il y a en effet entre moi et lui une "querelle personnelle", la vieille querelle personnelle du juge sur son siège et de l'accusé sur son banc ».

D'avoir écrit l'a apaisé. Il lit cette lettre à Juliette. Elle est si heureuse quand elle le voit, l'écoute, qu'il en est sincèrement ému :

« Tu me dis que tu vieillis… Ma J. J., quand le premier J, qui signifie Jeunesse, aura disparu, il restera le second J, qui signifie Joie. »

Mais le moment de bonheur passé, elle se plaint.

— Justement, dit-elle, voici ta femme en grande

toilette avec Vacquerie… Je compare cette splendeur *d'uniforme* avec ma livrée de souillon et l'avantage n'est pas pour moi, hélas !

« Il est vrai que pendant que je fais un peu la besogne de tout le monde, je néglige de faire la mienne, ce dont la vertu ne me tient pas grand-chose, si j'en juge d'après mon bonheur.

« Allons bon, voici les larmes qui m'étouffent, ce qui ne va pas beaucoup m'embellir. »

Il la rassure, lui parle des *Contemplations* dont elle a recopié le manuscrit. « C'est un livre serein, pourtant, dit-il. Il pourrait être divisé en quatre parties qui auraient pour titres : ma jeunesse morte, mon cœur mort, ma fille morte, ma patrie morte. »

Il ajoute : « Ce que nous écrivons est notre propre chair. »

C'est le 31 décembre.

Il veut dire à Juliette qui, comme à chaque dernier jour de l'année, est seule :

« Des amours comme le mien, comme le nôtre, ma bien-aimée, ne se désaltèrent bien qu'en Dieu.

« Pour vivre pleinement, il leur faut la mort. »

1855

Homme ! nous n'approchons que les paupières
[closes
De ces immensités d'en bas.
Viens si tu l'oses[57] *!*

Hugo se lève, abandonne le dessin qu'il vient de commencer, ces perspectives noires, rochers, tours, vagues de l'océan. Il sort sur la terrasse. Il ne fait pas froid en ce mois de janvier. Il entend un bruit. C'est le chien Ponto qui a dû l'entendre et qui se secoue dans le jardin, au pied de la maison. Cet après-midi, Hugo l'a conduit dans la forêt.

Je dis à mon chien noir : « Viens, Ponto, viens-nous-
[en ! »
Et je vais dans les bois, mis comme un paysan ;
Je vais dans les grands bois, lisant dans les vieux
[livres.
[...] Ô triste humanité, je fuis dans la nature !
Et, pendant que je dis : « Tout est leurre, imposture,
Mensonge, iniquité, mal de splendeur vêtu ! »

Mon chien Ponto me suit. Le chien, c'est la vertu
Qui, ne pouvant se faire homme, s'est faite bête.
Et Ponto me regarde avec son œil honnête [58].

Hugo reste immobile. Ses nuits sont de plus en plus troublées. Il entend des craquements, il a l'impression que son lit se balance. Le désir souvent le prend, violent. Il se lève. Il va dans la petite chambre où se tient l'une des domestiques.

> *Qui donc êtes-vous, la belle ?*
> *Comment vous appelez-vous ?*
> *[...]*
> *Je suis la fille, dit-elle,*
> *Cueillez la branche de houx* [59].

Ce corps juvénile le désaltère et le calme. Il retourne à sa table de travail.

Satan, Dieu… d'autres poèmes qui prendront place dans *Les Contemplations*. D'autres encore, des centaines et des centaines de vers qui s'accumulent, qu'un regard vers l'horizon suffit à susciter.

> *L'espace est noir, l'onde est sombre ;*
> *Là-bas, sur le gouffre obscur,*
> *Brillent le phare dans l'ombre*
> *Et l'étoile dans l'azur.*
> *[...]*
> *Deux flambeaux ! Double mystère,*
> *Triste ou providentiel !*
> *L'un avertit de la terre*
> *Et l'autre avertit du ciel* [60].

Il reprend ces poèmes, qui vont constituer les deux volumes des *Contemplations*. Il faut que ce livre soit un coup de tonnerre. Un livre à part, qui doit connaître le succès.

— Si jamais il y aura eu le miroir d'une âme, ce sera ce livre-là.

« *Les Contemplations* pourraient être intitulées *Mémoires*. C'est toute ma vie, vingt-cinq ans racontés et exprimés par le côté intime et avec l'espèce de réalité qu'admet le vers. Cela commence bleu et finit noir ; mais c'est surtout dans la nuit qu'on voit les soleils ; c'est surtout dans la tombe qu'on voit Dieu. »

Il veut convaincre ses futurs critiques, ses amis, et aussi Hetzel.

« Il faut frapper un grand coup et je prends mon parti. Comme Napoléon Ier, je fais donner ma réserve… Ce que je gardais à part moi, je le donne pour que *Les Contemplations* soient mon œuvre de poésie la plus complète… Je n'ai encore bâti sur mon sable que des Giseh ; il est temps de construire Chéops ; *Les Contemplations* seront ma grande pyramide… »

Il faut que ce livre soit acheté, rapporte bien au-delà des vingt mille francs que Hetzel a consentis. L'argent permet de se protéger, de faire face à une expulsion éventuelle, d'éviter les humiliations. On peut aider aussi tous ces proscrits que la misère serre à la gorge. Certains sont tentés de faire soumission, de rentrer en France, tête basse, en promettant de rester muet ou même d'approuver le régime impérial.

Il relit plusieurs des pièces qui prennent place dans ces volumes. Jamais, pense-t-il, il n'a réalisé une architecture aussi rigoureuse, avec ces deux parties, *Autrefois*, *Aujourd'hui*. Il veut séduire aussi, attirer le lecteur.

« Ceux qui s'y pencheront retrouveront leur propre image dans cette eau profonde et triste, qui s'est lentement amassée, là, au fond d'une âme… C'est ce qu'on pourrait appeler *Les Mémoires d'une âme*… Le premier vers n'a son sens complet qu'après qu'on a lu le dernier. Ce poème est une pyramide au-dehors, une voûte au-dedans. Or, dans les édifices de ce genre, voûte et pyramide, toutes les pierres se tiennent. »

Mais il faut encore attendre avant la publication, ajouter ici et là, dans cette construction poétique, une nouvelle « salle », creuser une tombe plus profonde. Ne pas être pressé, savoir aussi qu'on est à la merci des événements, qui sont comme l'expression du destin et de la fatalité.

Quand donc ce Bonaparte s'effondrera-t-il ? Tombera-t-il victime d'un attentat ? Ils se succèdent. La police impériale laisse même entendre que le frère de l'un des criminels — Pianori — se trouverait à Jersey. Façon d'exercer une pression sur les autorités anglaises, pour qu'elles surveillent les proscrits et même les expulsent !

Il faut attendre.

— Je ne suis donc pas pressé, dit Hugo, je suis

triste ; je souffre d'attendre, mais j'attends et je trouve que l'attente est bonne. Ce qui me préoccupe, c'est l'énorme continuation révolutionnaire que Dieu met en scène en ce moment derrière le paravent Bonaparte…

Il imagine que la guerre en Russie conduite par Napoléon III se terminera par un « 1812 ». « La petite N. tombera comme la grande dans la Russie, dit-il. Seulement la restauration se nommera Révolution. »

Il voudrait connaître cet avenir, et pour cela il est obsédé par les réponses que lui donnent les « tables ».

Il interroge.

— Qui est là ?

— Jésus-Christ.

Les tables disent des choses surprenantes. Jésus-Christ explique que « le christianisme est, comme toute chose humaine, un progrès et un mal. C'est une porte de lumière avec une serrure de nuit. Le ciel est devant la porte, le passant ouvre et se croit chez Dieu, mais le passant se trompe. Dieu est l'absent de la maison. Dieu est l'éternel envolé ».

Hugo s'étonne. Les « tables » confirment avec des « élargissements magnifiques » ce qu'il a pensé depuis vingt ans. Mais elles commandent « le silence et le secret ». Il les écoute, surpris que Molière récite des vers tragiques, ou que Tapner, le criminel exécuté, martèle cette dictée étrange : « Fureur, lit de mer ruisselante ; fureur fleuve-miroir ; rivière flamboyante, miroirs de lames ; lit de rivières fournaises ! Horreur du visage livide de Palmerston. »

Et puis, voici de nouveau la Dame blanche.

Je vis un ange blanc qui passait sur ma tête ;
Son vol éblouissant apaisait la tempête,
Et faisait taire au loin la mer pleine de bruit.
— Qu'est-ce que tu viens faire, ange, dans cette
[nuit ?
[...]
Et je voyais, dans l'ombre où brillaient ses prunelles,
Les astres à travers les plumes de ses ailes [61].

Il est troublé. Il regarde les visages de « ses » Adèle — mère et fille —, d'Auguste Vacquerie, de Paul Meurice, de Jules Allix, un proscrit qui tremble d'émotion. Tous paraissent bouleversés par le battement du trépied.

Il ne répond pas à Juliette, qui devine qu'il poursuit son dialogue avec cet « au-delà » : « Il paraît que vous continuez vos conversations criminelles avec la belle dame de l'autre monde ? »

Il sent qu'il est sur le bord d'un abîme où les âmes faibles peuvent disparaître. D'ailleurs, il apprend que Jules Allix a été, après l'une de ces séances de « tables parlantes », saisi d'une crise de folie furieuse et qu'il a fallu se saisir de lui, le maîtriser, l'enfermer.

Il faut donc renoncer à ces soirées, à ces échanges avec les morts ; mais Hugo a l'impression qu'il a noué avec l'autre face du monde une relation intense qui ne se brisera pas.

Quand il apprend le décès de son frère aîné, Abel, il lui semble que jamais il n'a été aussi proche de lui.

— La mort m'a visité, dit-il, tous les deuils m'entourent. C'est bien. Dieu sait ce qu'il fait.

Ainsi, les morts sont dans « la vérité et la lumière », si proches, si mêlés aux vivants.

> J'ai perdu mon père et ma mère,
> Mon premier-né, bien jeune, hélas !
> Et pour moi, la nature entière
> Sonne le glas.
>
> Je dormais entre mes deux frères ;
> Enfants, nous étions trois oiseaux ;
> Hélas ! le sort change en deux bières
> Leurs deux berceaux.
> [...]
> J'ai des pleurs à mon œil qui pense,
> Des trous à ma robe en lambeau ;
> Je n'ai rien à la conscience ;
> Ouvre, tombeau [62].

Il lui semble que la mort le frôle, frappe autour de lui, comme pour mieux lui faire mesurer la réalité du monde. Delphine de Girardin meurt à son tour.

> Elle s'est donc en allée,
> Et se tait.
> Ô noire voûte étoilée,
> Rends-nous la grande âme ailée

Qui chantait !
[…]
Tous mes nœuds dans le mystère
Sont dissous.
L'ombre est ma patrie austère.
J'ai moins d'amis sur la terre
Que dessous [63].

À chaque deuil nouveau, toutes les disparitions passées et les souffrances qui les accompagnaient reviennent. Michelet, George Sand perdent chacun leur enfant. Et c'est comme si Léopold, le premier fils, puis Léopoldine mouraient à nouveau.

Mère, voilà douze ans que votre fille est morte ;
Et depuis, moi le père et vous la femme forte,
Nous n'avons pas été, Dieu le sait, un seul jour
Sans parfumer son nom de prière et d'amour.
[…] Ni perdu la bonté vis-à-vis l'un de l'autre,
Ni demandé la fin de mon deuil et du vôtre
À cette lâcheté qu'on appelle l'oubli [64].

Il ne peut cesser de s'interroger sur cette « sérénité formidable des morts ». Elle l'attire. Est-il morbide lorsqu'il écrit :

Ô mort ! heure splendide ! ô rayons mortuaires !
Avez-vous quelquefois soulevé les suaires [65] ?

Puisque cette mort est là, si présente, faut-il se mêler des affaires du monde ? À quoi sert de crier ?

Alourdis-toi, tais-toi, vieillis, blanchis, en somme
Le moment est venu de n'être qu'un bonhomme [66]...

Lorsqu'il marche le long de la côte, passant d'une crique à une falaise, cette tentation parfois le saisit. Il regarde Ponto courir vers les vagues, bondir. Il pense à cette femme qu'il a aimée cette nuit.

À ses fils, à sa fille Adèle, dont il lui semble qu'elle regarde avec les yeux brillants cet Anglais, le lieutenant Pinson, qui est venu parfois s'asseoir autour des « tables parlantes ». Pourquoi se soucier de Bonaparte ? De cette rumeur toujours recommencée des événements ?

« Je travaille presque nuit et jour, je vogue en pleine poésie, je suis abruti par l'azur, j'ai épousé la mer, l'ouragan, une immense grève de sable, la tristesse et toutes les étoiles de la nuit. »

Alors pourquoi cela ne lui suffit-il pas ? Pourquoi ressent-il comme une injure personnelle la visite de Napoléon III à Londres, où il est accueilli avec faste par la reine Victoria ? Et il sent que les phrases jaillissent, presque malgré lui. Il interpelle l'empereur :

« Qu'est-ce que vous venez faire ici ? À qui en voulez-vous ? Qui venez-vous insulter ? L'Angleterre dans son peuple, ou la France dans ses proscrits ?... Je vous dis de ne pas venir. Vous ne seriez pas à votre place ici. Regardez. Vous voyez bien que ce peuple est libre... Avez-vous quelque idée de la responsabilité des âmes ? Quel est votre lendemain ? Votre lendemain sur terre ? Votre lendemain dans le tombeau ?... Et je vous plains, Monsieur, en présence du silence formidable de l'infini. »

Il marche vers le Rocher des proscrits, où souvent les Français de Jersey se retrouvent, sur ce bloc qui domine la mer. Il ne peut pas, il ne pourra jamais suivre les conseils de cette voix qui lui murmure :

Tiens-toi tranquille ami
Retire-toi de tout. Sors des luttes. Verrouille[67].

Ses deux Adèle pensent sans doute cela.
Mais il ne déviera pas de sa route : « Pas de lâcheté. Pas de repos. L'humanité souffre. La grande brèche du progrès est ouverte. La mêlée des méchants écrasant les bons est plus furieuse et plus noire que jamais. Je mourrai combattant. »
Tout à coup, une douleur violente envahit son crâne, le sang couvre ses yeux. Il chancelle.
Une pierre l'a frappé à la tête. Il plonge son visage et son crâne dans l'eau de mer, puis il marche lentement.
Sont-ce des enfants qui en jouant l'ont blessé par mégarde ? Sans doute. Mais les proscrits penseront qu'il s'agit d'un guet-apens.

C'est que le ciel de Jersey est devenu brusquement orageux. La reine Victoria s'est rendue en visite officielle à Paris. Elle s'est même recueillie aux Invalides, sur le tombeau de l'Empereur. Et en

Crimée, après des semaines d'attaques vaines, Malakoff et Sébastopol sont tombés aux mains des Français et des Anglais.

Cette alliance victorieuse, comment tolérerait-elle sans réagir les sarcasmes, les anathèmes que lancent les proscrits ?

Hugo lit avec inquiétude la lettre ouverte qu'un proscrit, Félix Pyat, a adressée à la reine d'Angleterre, après son voyage à Paris. Les Anglais n'accepteront pas ce propos, pense-t-il. Pyat écrit :

« Qu'êtes-vous allée faire chez cet homme…

« Oui, vous avez tout sacrifié : dignité de reine, scrupule de femme, orgueil d'aristocrate, sentiment d'Anglaise, le rang, la race, le sexe, tout, jusqu'à la pudeur pour l'amour de cet allié. »

Le journal de Jersey, *L'Homme*, reproduit la lettre, et aussitôt des affiches dénonçant l'insulte faite à la reine couvrent les murs de Saint-Hélier. « Outrage, lit Hugo. À bas les rouges ! »

Des réunions sont organisées par le connétable de Jersey. Trois proscrits, jugés responsables de la publication du journal, sont expulsés, et l'imprimerie de *L'Homme* est saccagée.

Il faut réagir, écrire que « le coup d'État vient de faire son entrée dans les libertés anglaises, l'Angleterre en est arrivée à ce point : proscrire des proscrits. Encore un pas, et l'Angleterre sera une annexe de l'Empire français, et Jersey sera un canton de l'arrondissement de Coutances ».

On ne le fera pas taire.

Il recueille les signatures d'autres proscrits, qui approuvent sa déclaration. Il est sûr que, derrière les décisions anglaises, se cachent les manœuvres de Napoléon III, les pressions diplomatiques.

« Le peuple français a pour bourreau et le gouvernement anglais a pour allié le crime-empereur », a-t-il écrit.

Il n'est pas surpris quand, le 27 octobre, le connétable vient lui notifier un ordre d'expulsion.

« Nous faisons en ce moment une page d'histoire ! »

Il n'a d'inquiétude que pour sa malle pleine de manuscrits. Pour le reste, Dieu décide.

On se rendra à Guernesey, l'île voisine. François-Victor partira avec son père. Et Juliette et sa domestique Suzanne seront, en se tenant à distance, du voyage. Puis viendra Charles, et plus tard Adèle et leur fille, ainsi qu'Auguste Vacquerie. Ce sont eux qui organiseront le déménagement.

L'expulsion doit prendre effet le 2 novembre.

— Je ne veux pas attendre la fin du délai, dit Hugo, je pars demain.

Il est sept heures quinze quand il quitte Jersey, le 31 octobre.

Le propre du proscrit est d'être toujours jeune
Je me suis peu troublé de cette « expioucheune »
Et j'ai ri de ce coup de tonnerre en anglais[68].

Il est dix heures quand il arrive à Guernesey.

« Mer grosse, pluie, rafales. »

Jersey s'est déjà estompé et Hugo est préoccupé par l'abordage difficile. « Vagues énormes. Petites barques chargées d'hommes et de bagages. Foule sur le quai. »

Il imagine que cet homme en cravate blanche est le consul de France.

— Toutes les têtes se sont découvertes, quand j'ai traversé la foule…

Il est aussitôt saisi par la beauté de l'île, mais il faut s'installer rapidement.

Juliette élira domicile dans une pension de famille, et pour la famille Hugo, on louera une maison meublée à Saint-Pierre, « Hauteville Street, numéro 20, dans une sorte de nid de goélands… ».

Il va, le 9 novembre, accueillir les Adèle et Vacquerie, et il voit avec angoisse sa grosse malle, pleine d'années de travail, se balancer au bout des chaînes au-dessus des flots. Enfin, un marin la saisit et la place dans la barque pour la conduire au quai.

Il faut se mettre au travail, terminer *Les Contemplations*, espérer que les livres se vendront. Car il est inquiet. Il risque d'être l'objet d'une nouvelle expulsion. Napoléon III, renforcé par sa victoire militaire célébrée en grande pompe — *Te Deum* et défilé —, peut vouloir profiter de l'expulsion de Jersey pour exiger plus de Londres, et interdire *Les Contemplations*.

— Ils sont capables de tout !

Et comment vivre alors ?

« En ce moment, je suis encore à flot, mais de nouveaux incidents pourraient me faire toucher le fond. Tout cela n'est rien. Mon élan est courageux

215

et le devoir est fait. Nous sommes tombés du pain blanc au pain bis, nous tomberons du pain bis au pain noir. Ce n'est que cela… »

Mais il doit avertir Adèle :

« Ce sera une économie sordide, car l'argent — depuis l'expulsion — me coule des mains comme un ruisseau et, si nous sommes réexpulsés par l'*Alien bill* dans deux mois, je ne sais pas comment nous ferons… »

Il apprend avec joie que, dans plusieurs villes d'Angleterre et d'Écosse, des meetings et des banquets se tiennent pour protester contre la politique du gouvernement à son égard. Il est rassuré. Il remercie surtout ses « chers compatriotes de la grande patrie européenne », voilà « l'alliance vraie » entre le peuple libre d'Angleterre et le peuple libre de France. L'alliance actuelle des deux gouvernements est vaine et fausse, pleine de cendres.

Il marche, ce 31 décembre, sur ces sentiers dont il ne connaît encore qu'une faible partie. Il se plaira dans cette île, peut-être moins « anglaisée que Jersey ».

Quant à l'avenir…

« Je crois que le Bon Dieu va nous dérouler tout simplement une pièce de la même étoffe que 1852, 1853, 1854, 1855 et je m'y résigne.

« *Fiat Voluntas*. »

CINQUIÈME PARTIE

1856 - 1861

1856

Et Dieu — s'il est un Dieu — fit à sa ressemblance
L'universelle nuit et l'éternel silence.

Hugo est impressionné. Il relit la lettre que vient de lui faire porter Juliette.

« Tout est confiance, espérance et certitude dans notre apothéose d'éternité, écrit-elle. Je sens que je t'aime, et que j'ai dû t'aimer et que je t'aimerai autant qu'a vécu et que vivra Dieu, principe de toute chose. »

Juliette a le don des mots, parce qu'elle ne masque rien, ni son enthousiasme, ni sa jalousie, ni sa joie, ni son désespoir.

Hugo est chaque fois surpris par la justesse de son expression, et par ses changements d'humeur. Elle n'est jamais dans la médiocre prudence, mais toujours au sommet ou dans le gouffre.

Or, ce mardi 1er janvier, elle est heureuse.

Hugo n'imaginait pas, en glissant hier soir, dans la lettre rituelle qu'il lui adresse le 31 décembre, un de ces nombreux dessins qu'il trace chaque jour, apaisé par ce rêve qui surgit au bout de ses doigts et d'où naissent des têtes de mort ailées, des tours, des fleuves, des océans, ou des visages de femmes voilées, que Juliette allait être bouleversée par cet envoi.

— J'en suis éblouie, ravie, heureuse et comblée, dit-elle. Je n'espérais que ma chère petite lettre, c'est-à-dire la joie de mon âme, et tu y as joint un charmant petit dessin doré et riant comme un rayon d'amour…

Mais elle peut aussi se couvrir des cendres de la jalousie, parce qu'une admiratrice — Mme Berthaut —, qui est venue à Jersey, s'apprête à débarquer à Guernesey. Et comment croire à l'apparente acceptation tranquille de Juliette qui parle de « sacrifice », de « courage », afin de « t'épargner l'ombre d'un remords et les douleurs du déchirement définitif » ?

Et puis il y a ces amours de la nuit, ces corps des jeunes domestiques qui s'abandonnent ou se soumettent, et Juliette, sans que Hugo ait avoué quoi que ce soit, sait bien quels sont ses besoins, et comment il les a toujours satisfaits, avec n'importe quelle femme, parce que le désir est la vie !

Plaute était fou
De sa servante alors qu'il vivait à Corfou [69].

Mais il n'a même pas osé lui dire clairement ce qu'il note dans son carnet : « La liberté d'aimer n'est pas moins sacrée que la liberté de penser. Ce

220

qu'on appelle aujourd'hui l'adultère est identique à ce qu'on appelait autrefois l'hérésie. »

Et il est un esprit libre !

Même s'il y a la souffrance de Juliette qui le bouleverse, fait naître en lui un sentiment de culpabilité.

« Je sens l'ennui et le découragement qui me débordent, confie-t-elle, dans ses moments de désespoir qui sont aussi des instants de lucidité. Tu as beau t'imposer l'obligation et l'assujettissement fastidieux de me donner quelques minutes par jour, dérobées à ton travail, à ta famille, à tes amis, à ta gloire, cela ne me suffit pas pour me faire illusion sur le véritable état de ton cœur pour moi. Nous faisons tous les deux des efforts surhumains pour nous cacher l'un à l'autre la mort de notre bonheur sans parvenir à nous donner le change. Une sorte de pitié et de faux respect humain t'empêche d'en convenir… Je pousserai même la franchise jusqu'à te supplier de me laisser aller achever ma vie dans un coin, bien loin d'ici… »

Il ne peut accepter ça et, au fond, doute-t-elle vraiment de son attitude ? Il se demande même si, consciemment ou non, elle n'exerce pas sur lui un chantage permanent.

Car il a besoin d'elle, de cette promenade quotidienne sur les sentiers de l'île, plus escarpés que ceux de Jersey. Ne sait-elle pas que la solitude de l'exil, déjà si oppressante, serait encore plus grande si elle partait ?

Car lui aussi, il le constate, passe des cimes à l'abîme.

Il regarde la mer, la lumière qui irise la houle, frappant les rochers.

« Rendez-vous compte de l'état de mon esprit dans la solitude splendide où je vis, comme perché à la pointe d'une roche, ayant toutes les grandes écumes des vagues et toutes les grandes nuées du ciel sous ma fenêtre. J'habite dans cet immense rêve de l'océan, je deviens peu à peu un somnambule de la mer et, devant tous ces prodigieux spectacles et toute cette énorme pensée vivante où je m'abîme, je finis par ne plus être qu'une espèce de témoin de Dieu. »

Et il commence à écrire un long poème qu'il veut intituler *Dieu*.

Quand ? pourquoi ? comment ? où ?
Tout se tait, tout est clos, tout est sourd, tout recule,
Tout vit dans l'insondable et fatal crépuscule.
L'être mortel médite et songe avec effroi
En attendant qu'un jour quelqu'un dise : C'est moi.
La taciturnité de l'ombre est formidable.
Il semble qu'au-delà du nimbe inabordable
Une sorte de front vaste et mystérieux
Se meuve vaguement au plus obscur des cieux ;
Et Dieu — s'il est un Dieu — fit à sa ressemblance
L'universelle nuit et l'éternel silence.

Moi, j'attends. Qui va naître ? Est-ce l'aube, ou le
[soir ?

Un de mes yeux est foi ; mais l'autre est désespoir[70].

Il se laisse ainsi porter pendant des heures par le rythme des vers et de la pensée.

Mais c'est au doute affreux que toujours je retombe ;
[…]
Tant ce qu'on aperçoit trouble ce qu'on suppose !
Tant l'effet noir voit peu directement la cause[71].

Alors comment échapper aux moments d'abattement ?

— L'exil, dit-il, ne m'a pas seulement détaché de la France, il m'a presque détaché de la terre et il y a des instants où je me sens comme mort.

Il insiste.

— Un proscrit est une espèce de mort ; il peut donner presque des conseils d'outre-tombe. Soyez fidèle à toutes ces grandes idées de liberté et de progrès qui sont le souffle même de l'avenir dans toutes les voiles humaines, dans la voile du peuple comme dans la voile du génie.

Il pense cela. Il le répète. Il a le sentiment d'avoir toujours été du côté de ce qu'il croyait « vrai, grand, juste, beau ».

Et aujourd'hui encore, il s'engage. Mazzini lui a demandé d'apporter son soutien aux patriotes italiens, il le fait sans hésiter :

« Le règne des monstres et des despotes, grands et petits, écrit-il, n'a plus que quelques instants, nous sommes à la fin… N'ayez qu'une pensée, vivre chez vous de votre vie à vous. Être l'Italie. Et répétez-vous sans cesse au fond de l'âme cette chose terrible : tant que l'Italie ne sera pas un peuple, l'Italien ne sera pas un homme. »

Parfois, alors qu'il marche, silencieux, au côté de Juliette, ou bien qu'il nage, se heurtant aux courants, puis s'agrippant aux rochers, se rhabillant vite dans le vent toujours vif, mais le sang et l'esprit fouettés par l'effort, il se demande si n'ont pas raison ceux qui, autour de lui, parmi les proscrits même, doutent de la fin prochaine des despotes, et d'abord de Napoléon III.

Celui-là, tout « Napoléon le Petit » qu'il soit, paraît même de plus en plus assuré, volant de succès en succès.

Les Russes ont été vaincus, et le congrès de Paris marque le retour de la paix, souligne le rôle international de Napoléon III, qui fait abolir les traités de 1815 et désigne comme ministre des Affaires étrangères le comte Walewski, le fils illégitime de Napoléon Ier.

Hugo veut se dresser contre l'idée qui se répand de la réussite et de la pérennité de Louis Napoléon Bonaparte.

— Cet homme, dit-il, étant de ces pouvoirs hideux qui se corrompent d'eux-mêmes, peu importe le vent qui souffle ; tout lui est miasme ; il est peste ; et, paix ou guerre, tout hâte sa putréfaction. Il tombera un de ces quatre matins par sa gangrène naturelle. Il se détachera. On trouvera l'empire-escarre dans le pansement. Patience donc.

Mais il faut aussi utiliser la conjoncture, la confiance en sa force que l'Empire a retirée de la victoire sur la Russie, du congrès de Paris. Les contraintes autoritaires se desserrent quelque peu. Que peut craindre un empereur victorieux ?

Pourquoi alors ne pas tenter de publier, en France même, ces volumes de poésie, *Les Contemplations*, au lieu de se contenter d'une édition belge ? Ce serait le moyen de multiplier la diffusion, donc les revenus, et aussi d'élargir encore son audience en touchant des lecteurs par la poésie et non plus par les livres de combat, *Napoléon le Petit* ou *Les Châtiments*. Et le succès du livre aura une résonance politique.

Hugo donne donc son accord à Paul Meurice, qui rencontre le directeur de la Sûreté générale, Pierre-Hector Collet-Meygret. L'homme a été rédacteur à *L'Événement*, avant de se rallier à Louis Napoléon Bonaparte. Il admire Hugo, répète-t-il.

— Que puis-je pour vous ? demande-t-il à Paul Meurice.

C'est lui qui dirige la censure, lui qui peut donc interdire ou autoriser la publication des *Contemplations* en France.

Meurice plaide. Hugo, le plus grand écrivain français, n'a rien publié en France depuis dix ans. Mais il n'acceptera pas de censure préalable.

Collet-Meygret interroge. Paul Meurice peut-il donner sa parole qu'il n'y a dans *Les Contemplations* pas un seul vers contre le régime actuel ? Paul Meurice en fait le serment.

— Alors, imprimez *Les Contemplations*, dit le directeur de la Sûreté.

Hugo sent qu'il ne va plus pouvoir penser qu'à l'édition en France de ces deux volumes qu'il a composés en puisant dans les milliers de vers qu'il a écrits. Ce sont vingt-cinq années de sa vie qui se déroulent, pense-t-il de nouveau en répondant aux questions que lui pose Paul Meurice, qui se charge de la correction des épreuves, ainsi que du lancement du livre. Il faut jouer avec deux éditeurs, Hetzel, à Bruxelles, et Pagnerre et Michel Lévy, à Paris.

Il est impatient. Il devine que la publication de ce livre peut être un tournant dans sa vie.

« Le bruit qui précède le livre, lui écrit Paul Meurice, est maintenant énorme. Dix journaux l'ont annoncé… »

Il faut agir vite. Il lui semble que Hetzel se traîne !

« Cher éditeur, il faut absolument paraître. Et tout de suite, exige-t-il. Je n'entends que ce cri sous toutes les formes : *Publiez ! Publiez ! Publiez ! Ne laissez pas passer le moment qui est admirable et semble offrir le succès tout fait.* Paraissez donc ! Un retard est maintenant impossible. Que Messieurs les éditeurs de Paris se décident. Qu'ils disent oui ou non. Si oui, imprimez le livre pour eux ; si non, imprimons-le pour nous. Mais que, du 1er au 5 mars, nous soyons *sous presse*, autrement, je devrai me considérer comme délié pour la

France de tout engagement et je vous préviens que j'aviserai… »

Néanmoins Hetzel, malgré cette menace, tarde. On est déjà début avril. Il n'est plus possible d'attendre et peu importent les événements ! Que l'Empire fasse la paix, soit ! C'est un décor qui change, reste le livre.

Il faut donner des conseils à Paul Meurice : « Choisir pour la mise en vente un jour coïncidant, s'il est possible, avec le jour d'apparition des revues amies, *Revue de Paris*, etc. Ce jour-là, paraître à la fois chez tous les libraires et, par citations et extraits, dans tous les journaux (les amis, ceux qui voudraient bien entendu). Envoyer la veille leur exemplaire à… »

Hugo essaie de n'oublier aucun nom, de Léonie d'Aunet à Lamartine, de Michelet à Dumas.

Il signe les premières pages, qu'il va réexpédier à Meurice, qui les glissera à l'intérieur des exemplaires.

Une dizaine de jours avant la parution, prévue pour le 23 avril, il s'inquiète encore :

« Qui fera l'article dans *La Presse* et dans *Le Siècle* ? Il faudrait des esprits ouverts au souffle nouveau. »

Et puis, il faut attendre.

Voici la première lettre de Meurice, écrite le 24 avril, le lendemain même de la parution.

« Voilà un succès foudroyant, j'espère ! Hier matin, Pagnerre recevait les mille exemplaires qui lui revenaient. Hier, à cinq heures, il n'en avait plus un seul. »

Partout les livres manquent. Pagnerre et Lévy proposent une nouvelle édition à trois mille exemplaires, qu'ils achèteraient aussitôt…

Meurice, lui, souhaite une édition à un franc le volume, par tirage de dix mille : « Je vous garantis soixante mille exemplaires d'ici à un an. Et ce sera chose populaire et démocratique. Les étudiants et les ouvriers vous achèteront comme du pain… Beaucoup d'entre eux achetaient même, hier, l'édition à douze francs… Enfin, cher Maître, l'effet est immense et unanime. »

Hugo est enfin rassuré. Une nouvelle édition est prévue pour le 20 mai. Mais il faut vite encaisser le profit de cette vente. Il écrit à Hetzel.

« Vous voudrez bien payer à M. Courmont, mon agent de change, les trois mille francs du lendemain de la mise en vente. »

Il s'agit aussi d'assurer le succès de la deuxième édition.

« Un nouveau coup de publicité est nécessaire, vu le temps d'arrêt. Il faut des affiches, des annonces à la quatrième page, etc. Veillez bien à tout cela. Je vous prie… C'est important ! M. Hachette m'a écrit… Il faut chauffer la remise en vente ! »

Il hésite mais il a confiance en Hetzel. Il reprend :

« Et je dis à vous, sachant bien à quelle sympathie je parle, qu'il y a dans cette affaire des *Contemplations* un côté politique et qu'il ne faut pas laisser, par notre faute, se rendormir ceux que nous avons réveillés. »

Il attend chaque jour l'arrivée du paquebot qui apporte le courrier, l'avis de Hetzel qui lui annonce un virement de vingt mille francs, et les lettres enthousiastes d'Alexandre Dumas et de Michelet.

Mais les articles sont rares, la critique est plus hostile que favorable. Il cherche en vain une appréciation publique de Lamartine ou une chronique de Sainte-Beuve.

Une pirouette de Lamartine : « Nous avons lu comme tout le monde les deux volumes de poésie intitulés *Contemplations*, que M. Victor Hugo vient de publier. Il ne sied pas à un poète de juger l'œuvre d'un poète son contemporain et son ancien ami. La critique serait suspecte de rivalité, l'éloge paraîtrait une adulation aux deux plus grandes puissances que nous reconnaissons sur la terre, le génie et le malheur. »

Quant à Sainte-Beuve, il se répand en disant qu'il ne peut approuver un « poète de grand talent… mais qui a fait en sorte que son nom fût désormais un nom de guerre ».

Hugo s'indigne. Ces « Messieurs » sont envieux ou ne lui pardonnent pas ses opinions politiques !

Il lit avec d'autant plus d'émotion l'article favorable de George Sand, qui conclut : « Le temps est venu pour vous de terrasser l'esprit sombre contre lequel vous avez si vaillamment lutté, arrachez-vous à ces tombeaux. »

Comment le pourrait-il quand il découvre la

haine d'un Barbey d'Aurevilly, d'un Gustave Planche, d'un Louis Veuillot, et de tous les journalistes de la presse bonapartiste ? On se moque de lui. On le pastiche. On fouaille sa vie privée.

Barbey d'Aurevilly écrit deux longs articles dans *Le Pays* : « Il faut se hâter de parler des *Contemplations*, car c'est un de ces livres qui doivent descendre vite dans l'oubli des hommes. Il va s'y enfoncer sous le poids de ses douze mille vers. C'est là en effet un livre accablant pour la mémoire de M. Victor Hugo et c'est à dessein que nous écrivons la mémoire. À dater des *Contemplations*, M. Hugo n'existe plus. »

Hugo est emporté par la colère contre ces « formidables imbéciles ». Il en veut à ce Gustave Planche, qu'il a connu jadis et qui, dans *La Revue des Deux Mondes*, le poursuit depuis des années de sa vindicte.

Je me disais : — Cet homme est-il un saltimbanque ?
Ne faut-il pas le plaindre ? Est-ce un sens qui lui
[manque ?
Il ne comprend donc pas ? Est-ce un aveugle-né ?
Un bègue ? un sourd ? D'où vient que ce triste
[obstiné
Méconnaît tout génie et toute gloire, et rampe,
Tâchant d'éteindre l'astre et de souffler la lampe,
Et déchire, dénigre, insulte, blesse, nuit,
Et sur toute clarté va bavant de la nuit ? —
Maintenant, je t'ai vu de près, ô misérable ;
J'ai vu ton œil, ton dos, ton échine, ton râble,
Ton crâne plat, ton ventre odieux…

[...] J'ai vu ton cœur sans Dieu, ta chambre sans
[cuvette ;
Je t'ai vu t'irriter au chant de la fauvette,
Toujours plisser le front, toujours crisper le poing ;
Et j'ai compris pourquoi tu ne comprenais point[72].

Il marche, il plonge du haut d'un rocher dans les vagues. L'effort physique, la lutte contre le courant et le froid effacent sa colère.

Jamais il ne s'est senti aussi vigoureux, aussi combatif. L'argent est là, qui assure l'avenir, permet l'indépendance.

Pourquoi ne pas acheter cette blanche et grande maison vide, de trois étages, au numéro 38 de Hauteville Street, la première maison qui sera sienne ! Et il aura fallu qu'il attende cinquante-quatre ans pour parvenir à cela !

Il la visite. Elle domine la mer. Elle a appartenu à un corsaire anglais qui s'est retiré là.

À quelques centaines de mètres, dans une autre villa — La Fallue —, Juliette pourra s'installer. Et l'on fera venir de Paris les quelques objets d'art qui n'ont pas été vendus aux enchères et les meubles de Juliette.

Le 16 mai, il signe avec enthousiasme l'acte de vente : ce sera Hauteville House. Il s'installera au dernier étage. Auguste Vacquerie, qui vit avec eux depuis des années, couchera dans une chambre du rez-de-chaussée. Les deux Adèle, la mère et la fille, au premier étage, les fils au second.

Les bonnes dormiront dans une petite chambre voisine de la sienne, au troisième. Et il travaillera dans le *look-out*, cette sorte de serre qu'il va faire aménager. De là, il verra le port de Saint-Pierre et l'océan.

— Je suis *landlord*, répète-t-il.

Il ne pourra plus être expulsé. Il devra chaque année offrir à la reine deux poules… Vieil impôt qui l'enchante !

Il se sent protégé, installé dans une forteresse, celle de son œuvre ; et Hauteville House est aussi une part de son œuvre, elle naît d'elle.

— Cette maison, dit-il, est le produit des deux premières éditions des *Contemplations*. Je la regarde comme un don de la France à l'exil. La patrie me donne la maison et le petit chez-moi à défaut du grand.

Maintenant, il faut s'approprier cette demeure. Il dirige les travaux, il fait construire des meubles. Il faut que les fauteuils, les divans, les tables, mais aussi les statues soient comme des poèmes matériels, comme le sont aussi les faïences, les cheminées. Tout doit parler au regard, comme un paysage ou un livre familier. De ce lieu, personne ne pourra plus le chasser !

Juliette s'en va acheter de vieux coffres, des objets qui peupleront cette maison où il ne pourra s'installer que dans quelques mois, le 17 octobre, et y dormir pour la première fois le 5 novembre.

Maison hantée ? Durant les nuits, il entend des pas, plus légers que ceux des hommes, et plus lourds cependant que ceux d'un animal. Parfois un chant aigu, étranger, s'élève, ou bien il perçoit une respiration proche.

Est-ce cette vie étrange et nocturne, ou le travail excessif qu'il n'a pas interrompu, qui provoque ces maux de tête, cette raideur de la nuque, qu'il combat en s'aspergeant chaque matin d'eau froide et en se frictionnant le corps avec un gant de crin ? Puis il salue Juliette qui, de sa maison de La Fallue, le regarde.

« Me voici donc enfin votre voisine, écrit-elle. Il me semble que ce rapprochement de nos deux maisons rapproche aussi nos deux âmes et que nous nous aimerons de plus près à présent qu'il n'y a presque plus d'intervalle entre nos deux personnes.

« Je crois déjà sentir que j'entre plus avant dans ta vie… En attendant que nos deux existences s'enlacent l'une à l'autre encore plus étroitement, je suis heureuse, oh oui ! Bien heureuse de vivre à côté de toi… »

Est-il heureux ?

Il lit un article de Jules Janin qui, dans *Le Journal des débats*, fait une critique favorable des *Contemplations*. Ce n'est pas cela pourtant qui le touche d'abord.

« Mais aujourd'hui, écrit-il à Janin, la situation est telle que dire mon nom, c'est protester ; dire mon nom, c'est nier le despotisme ; dire mon nom, c'est affirmer la liberté et ce nom militant, ce nom déchiré, ce nom proscrit, vous le dites avec tant d'intrépidité… Vous le chantez comme avec un clairon et vous jetez tout ce qu'il contient de guerre à la face de l'Empire et de l'empereur. Je ne vous en remercie pas, je vous en félicite. »

Et puis, il y a Hauteville House.

C'est sa fierté.

« La maison de Guernesey avec ses trois étages, son toit, son jardin, son perron, sa crypte, sa basse cour, son *look-out* et sa plate-forme, sort tout entière des *Contemplations*. Depuis la première poutre jusqu'à la dernière tuile, *Les Contemplations* paieront tout. Ce livre m'a donné un toit… »

Heureux ?

Il y a sa « chère enfant », Adèle, à laquelle peut-être il n'a pas accordé assez d'attention et que la maladie vient de terrasser. Elle est restée des jours prostrée, ne mangeant plus, son regard mort, comme si tout désir de vivre l'avait quittée.

Est-il responsable ?

Le destin veut-il le ployer de nouveau ? Et frappera-t-il la jeune Adèle, comme il a noyé Léopoldine ?

Comment l'angoisse dès lors pourrait-elle le quitter ?

Il trouve sur l'une des tablettes placées dans le *look-out*, là où il écrit debout, face à l'océan, une lettre de son épouse, qui préfère évoquer par écrit les choses graves plutôt que de lui en parler face à face.

« Je vois ma fille qui redevient triste, écrit-elle, c'est que la vie ici est toujours la même. Pas une diversion, pas un accident, pas un visage nouveau.

« L'existence que cette enfant mène peut aller

quelque temps ; mais si l'exil dure longtemps, cette existence est impossible. J'appelle ton attention là-dessus. Je veille sur ma fille et je vois que son état de marasme recommence, et je suis déterminée à faire ce que mon devoir me dictera pour la préserver dans l'avenir.

« Puis je me dis : vous avez tous les trois — toi et nos fils — votre vie occupée, ma fille seule perd sa vie, elle est désormais impuissante, je me dois à elle. Un petit jardin à cultiver, de la tapisserie à faire ne sont pas une suffisante pâture pour une fille de vingt-six ans. »

C'est le dernier jour de l'année.
Que faire ?
Il ne veut pas quitter Guernesey. Il ne reniera jamais ce qu'il a écrit :

Et s'il n'en reste qu'un, je serai celui-là.

1857

Tout enfant, tu dormais près de moi, rose et fraîche
Comme un petit Jésus assoupi dans sa crèche…

Hugo ne peut plus chasser l'angoisse qui l'étreint.

Elle le saisit chaque fois que, descendant vers midi du *look-out*, après avoir depuis l'aube écrit quelques centaines de vers, il découvre sa fille Adèle assise, le visage fermé, les yeux vides, qui attend, silencieuse, immobile, dans la salle à manger.

Tout le monde parle autour d'elle. Charles achève un livre, François-Victor corrige les épreuves de sa traduction des *Sonnets* de Shakespeare, qui vont être publiés à Paris, par l'éditeur Michel Lévy. Auguste Vacquerie récite les poèmes qu'il vient de composer, jetant à Adèle — la mère — des regards emplis d'admiration et de mélancolie. Peut-être voue-t-il depuis des années un amour platonique à Mme Hugo, après avoir aimé Léopoldine, que son frère a épousée. Et depuis la noyade des jeunes mariés, il n'a plus quitté Adèle, homme de tous les dévouements.

Il habite là, paie sa pension, deux cent quarante francs par mois !

Après le déjeuner, Hugo a parfois la tentation d'inviter sa fille à l'accompagner pour une courte promenade. Mais elle a déjà regagné sa chambre, et puis il y a Juliette, qui attend et dont ces quelques pas sont la joie quotidienne.

Hugo s'éloigne donc, mais l'inquiétude le taraude.

Il lui semble qu'Adèle est atteinte d'une maladie de l'âme. Parfois il s'emporte contre elle, l'accuse d'être renfermée. Et aussitôt la mère défend la fille.

— Tu as dit ce matin, en déjeunant, que ta fille n'aimait qu'elle… Adèle t'a donné sa jeunesse sans se plaindre, sans demander de reconnaissance et tu la trouves égoïste… Maintenant, qu'Adèle soit froide, ait une espèce de sécheresse apparente, c'est possible… Mais qui sait ce qu'elle a souffert et ce qu'elle souffre, quand elle voit son avenir lui échapper… L'exil ne se discute pas. Le choix du lieu où il s'écoule aurait pu être peut-être plus réfléchi.

Hugo connaît les arguments de son épouse. Elle s'en va répétant « mon mari aime l'île ».

Il la sent hostile à tous les efforts qu'il déploie pour faire de Hauteville House l'égal d'une œuvre. Elle n'aime pas les meubles qu'il dessine, cette cheminée de la salle à manger ornée de plats en faïence, dont il a dressé les plans, surveillé la construction, ou cette galerie de chêne, ces lustres noirs qui décorent la chambre dite *Garibaldi*. Et puis elle trouve sans doute ridicule ce « fauteuil des ancêtres » où il a fait graver *EGO HUGO* et, sur les accoudoirs, *Georges, 1534*, le premier Hugo, et *Léopold, 1828*, en souvenir du père.

Il tient aussi à la devise gravée au-dessus de la porte de la salle à manger : *Exilium vita est*.

— Nous dépensons beaucoup d'argent… dit-elle. Cette maison est achetée, ornée à grands frais, trop même.

Elle, l'épouse, est prête à accepter cette vie, ici, à Guernesey, c'est son devoir, admet-elle. Les fils sont devenus des hommes accomplis. Ils travaillent à leurs œuvres.

— Mais, pour Adèle, tout est préjudice.

Et elle lance sa dernière flèche, quelques mots accusateurs, lourds de sous-entendus :

— Un homme qui aurait eu une maîtresse qui lui aurait donné ses plus belles années, si l'homme est honnête, il indemnisera sa maîtresse. Comment ne ferait-on pas pour une fille ce qu'on fait pour une maîtresse ?

Elle le défie.

Elle sait bien sûr ce qui advient chaque nuit, au troisième étage, dans la chambre des bonnes. Elle sait qu'il leur donne une pièce après qu'elles ont soulevé leurs jupes, laissé caresser leurs seins et leurs pieds, et enfin écarté leurs cuisses.

Rentré dans sa chambre, il éprouve le besoin de

noter dans son agenda ce qu'il a fait. Car ce qui ne laisse pas de trace écrite n'existe pas. Les mots sont la vie et elle n'existe que par eux ! Au début était le Verbe.

Aussi écrit-il le prénom de chacune, que le couvert et le toit déjà contentent, tant la misère est grande. Alors, s'il faut accepter les caresses du Maître, si doux, si bon, et qui donne une pièce, pourquoi pas ?

Enfin, il veut l'imaginer ainsi !

Il note : « Constance, Marianne, Sophie. » Il écrit la date du jour où il les a « *tomato* » — car il utilise l'espagnol pour garder ses secrets. « *Visto y tomato* Julia », « *Visto y toccado* Lotharingia ». « Calina a nettoyé le plafond rouge : *vista*. »

Ainsi le veut la vie ! Les femmes sont le commencement du monde, la source d'énergie.

Il entend l'épouse dire de lui d'une petite voix aigre, en le regardant :

— Il prend des bains de mer à profusion… Il est rajeuni et superbe !

Mais elle parle à nouveau de sa fille. Il faudrait qu'Adèle quitte Guernesey, deux mois dit-elle, et naturellement sa mère l'accompagnerait :

— Tu vois dans mon désir de faire voyager Adèle une espèce de conspiration, une entente pour te laisser… Je ne veux que faire à Adèle une diversion, la sortir impérieusement de sa chambre. Elle aurait quelques distractions.

Il le reconnaît, mais il a du mal à l'admettre. Qu'ont-elles toutes deux ? Car il ne s'agit pas seulement de la fille, mais aussi de la mère ! Besoin de « distractions » ?

Cela le révolte. Pourquoi n'irait-elle pas à Paris pour se distraire ? Là-bas, la « fête impériale » bat son plein !

— Il me semble qu'on est bien heureux en France en ce moment, dit-il. Bonheur de cloaque, mais bonheur. Je ne l'envie pas, ce bonheur, j'aime l'exil. Il est âpre mais libre. En France, on danse. Le troupeau danse, le berger danse, le boucher danse. Tout est sarabande et cotillon ; ce ne sont que violons, tambourins, fanfares, gens enguirlandés, gens s'époumonant dans des cuivres, archets en l'air, galops, tourbillons, sueurs de plaisirs, entrechats, pas de bourrée, ronds de jambes et jetés battus et sissones.

Peut-être ne pourra-t-il plus rentrer en France ?

Ce pays où l'on condamne *Madame Bovary* et *Les Fleurs du mal*… Il a écrit à Flaubert et à Baudelaire, qui lui ont envoyé leurs livres, combien il avait été touché par leurs textes.

Ce pays où un certain Auguste Maquet fait un procès à Dumas pour revendiquer la paternité des livres qu'il aurait écrits et Dumas seulement signés !

Et en même temps, on laisse représenter *Rigoletto*, plagié du *Roi s'amuse* !

Comment ne pas sentir l'amertume remplir parfois son âme ?

Lamartine, l'ami, écrit dans ses *Entretiens littéraires* qu'il a éprouvé une « répulsion involontaire

240

pour ces œuvres de colère, qui stigmatisent en vers terribles des noms vivants ».

Et naturellement, tous ses lecteurs ont pensé aux *Châtiments* !

Déception, colère ! Où est l'amitié ?

« Mon cher Lamartine,

« Pas d'équivoque entre nous. Tous les proscrits qui m'entourent ici pensent unanimement que c'est moi que vous avez voulu désigner… et je suspends, jusqu'à ce que vous ayez répondu, mon sentiment personnel. Répondez-moi oui ou non. Les amitiés de trente-sept ans doivent durer ou finir par la franchise.

« Votre ancien ami,
« V. H. »

Naturellement, Lamartine se justifiera, mal à l'aise, niant l'évidence !

Triste moment. Et Louis Bonaparte, entouré par les danseurs dans cette atmosphère de fête, prépare des élections à sa gloire. Faut-il voter, car il y a des candidats républicains ? Les proscrits interrogent Hugo.

« Devant M. Bonaparte, répond Hugo, il n'y a que deux attitudes possibles : l'abstention ou l'insurrection. On ne peut quitter l'une que pour prendre l'autre. »

Mais qui peut s'insurger ?

En apparence, l'empereur ne connaît que des succès ! On ouvre des routes, on perce le tunnel du mont Cenis. Et les boulevards de Paris sont éclairés au gaz ! Alors, dansons au grand bal de la fête impériale, même si derrière le décor « tous les sphinx qui dévorent, ignorance, prostitution, misère, proposent leurs énigmes. Jamais l'heure ne fut plus grave. La pastourelle ! crie le Sénat ; un avant-deux ! Balancez vos dames ! Et le corps législatif reprend : dos à dos ! Le cavalier seul ! ».

Dans cette atmosphère, comment imaginer faire lire *Dieu* et *La Fin de Satan*, qui sont terminés, prêts à être publiés ?

Hetzel conseille d'en retarder la publication. D'ailleurs, explique-t-il, « après tout grand succès, il y a réaction de l'envie contre ce succès… *Dieu* et *Satan* trouveraient embusqués tous les ennemis que *Les Contemplations* avaient mis en déroute… ».

Alors, puisque vivre, c'est écrire, et qu'il faut aussi écrire pour vivre, il faut s'engager sur une autre route, créer quelque chose d'imprévu, comme le dit Hetzel, « afin de provoquer une déroute nouvelle » de tous les ennemis.

Hugo s'installe à l'une des tablettes dans son *look-out*. Il est debout, la plume à la main, le corps à l'aise dans les amples vêtements rouges qu'il porte durant la nuit et à l'aube, quand il travaille.

Il va reprendre ces vers dans lesquels il donnait la parole à l'*Âne*, cet animal universellement considéré comme l'incarnation de la bêtise, et qui va adresser, lui, une remontrance à ceux qui prétendent

242

être des esprits forts et contestent l'existence de Dieu.

Un âne descendait au galop la science
 — Quel est ton nom ? dit Kant. — Mon nom est
 [*Patience,*
Dit l'âne. Oui, c'est mon nom, et je l'ai mérité,
Car je viens de ce faîte où l'homme est seul monté
Et qu'il nomme savoir, calcul, raison, doctrine[73]*...*

Ou bien il faut écrire ces *Petites Épopées*, et envisager de raconter *La Légende des Siècles*, et faire naître un vieux Pisan, Elciis, qui va dénoncer, lui qui n'est qu'un passant, un inconnu, les rois et le clergé.

Ah ! ce siècle est d'un flot d'opprobre submergé !

Autre plaie ; et fâcheuse à montrer, — le clergé.
[...]
Qui suis-je maintenant, moi qui parle ? Je suis
Un vieux homme qui va sur la route...
[...] Je suis la grande voix du dehors...
[...]
Les yeux sous les sourcils, l'empereur très clément
Et très noble écouta l'homme patiemment,
Et consulta des yeux les rois ; puis il fit signe
Au bourreau, qui saisit la hache.
— J'en suis digne,
Dit le vieillard, c'est bien, et cette fin me plaît. —
Et calme il rabattit de ses mains son collet,
Se tourna vers la hache, et dit : — Je te salue.

Maîtres, je ne suis point de la taille voulue,
Et vous avez raison. Vous, princes, et vous, roi,
J'ai la tête de plus que vous, ôtez-la-moi[74].

Il se sent plus calme, comme après chacune de ses longues séances quotidiennes d'écriture. Il descend du *look-out*, inspecte les travaux qui se poursuivent dans Hauteville House.

— Ma maison continue à se bâtir à raison d'un clou par jour, explique-t-il à Alexandre Dumas qui est venu lui rendre visite à Guernesey, et séjourne durant deux jours dans une maison voisine. On dit sage lenteur, mais quand on parle de l'ouvrier guernesiais, il faut dire lenteur folle.

Mais peu à peu, chaque pièce devient une œuvre singulière, et Dumas se montre enthousiaste.

Hugo veut lui faire rencontrer Juliette, qui d'abord refuse.

— J'aime mieux que tu ne m'amènes pas Dumas, car je me sens presque honteuse de me montrer sous le triste travestissement que m'ont fait les années.

« J'ai beau sentir sous cette mascarade morale de la vieillesse l'éternelle jeunesse de mon amour, l'impossibilité de soulever pour un moment le *loup* qui cache mon âme fait que je préfère ne pas me montrer du tout. »

Il est touché par cette douleur, cette dignité et cet orgueil aussi. Il insiste. Elle cède, mais il sait bien que sa souffrance ne cède pas :

— Épargne-moi l'humiliation, dit-elle, de te faire assister jusqu'au bout à la transformation de

244

la vieillesse du corps, à la jeunesse éternelle de l'âme. Laisse-moi s'il le faut achever d'user loin de toi ce reste de haillon de ma vie et ne me force pas à devenir pour toi un objet de dégoût et d'ennui...

Il la serre contre lui. Il retrouve son émotion, son désir.

Il la sent bouleversée, pâmée.

« Quelle bonne journée et quelle belle journée, lui écrit-elle, le lendemain, et quel doux épilogue à cette idylle improvisée !

« J'étais loin de m'attendre à cette bonne fortune de la Saint-Martin, cet été de l'automne... »

Il rentre à Hauteville House. Il voit sa fille, morose, si triste, si glacée. Il se souvient de la petite Adèle d'autrefois, devenue cette jeune femme mécontente.

Tout enfant, tu dormais près de moi, rose et fraîche
Comme un petit Jésus assoupi dans sa crèche ;
[...]
Et mes yeux se mouillaient de pleurs, songeant aux
*   [choses*
Qui nous attendent dans la nuit[75].

1858

Haïssons, poursuivons sans trêve, sans relâche,
Les ténèbres, mais non, frères, les ténébreux.

Hugo a l'impression que les mots roulent dans sa tête, comme des galets s'entrechoquant sous la poussée des vagues.

Il écrit, ce 1er janvier 1858, dans le cône de lumière qui éclaire la tablette derrière laquelle il se tient debout. Et le vent souffle, et la houle se jette avec une rumeur sourde contre la jetée du port de Saint-Pierre. Il a intitulé ce poème *La Pitié suprême*.

Les profondeurs étaient nocturnes et funèbres ;
Un bruit farouche, obscur, fait avec des ténèbres,
Roulait dans l'infini qui sait le noir secret ;
Ce bruit était pareil au cri que jetterait
Quelque âme immense et sombre à travers
       [l'étendue,
Luttant contre l'abîme et volant éperdue...
[...]

C'était le grand sanglot tragique de l'histoire,
C'était l'éternel peuple, indigné, solennel,
Terrible, maudissant le tyran éternel [76].
Il s'interrompt.

Il veut dresser le tableau de cette tragédie impitoyable qu'est l'histoire, et en même temps appeler au pardon :

Haïssons, poursuivons sans trêve, sans relâche,
Les ténèbres, mais non, frères, les ténébreux [77].

Mais qui l'entend ?

Il apprend que, le 14 janvier, un exilé italien, Orsini, a fait exploser trois bombes sur le passage de Napoléon III. L'empereur est sauf, mais on relève huit morts et cent quarante-deux blessés. Orsini et ses complices sont condamnés à mort. Et une loi de Sûreté générale serrera à la gorge toute manifestation d'opposition à l'Empire, fera de tout républicain un criminel. Ainsi, la porte sera grande ouverte à la répression et aux provocations.

Hugo apprend qu'un procureur général de Lyon prétend que la police a saisi, à la frontière franco-suisse, un appel signé Victor Hugo, daté du 10 janvier et appelant aux armes, au meurtre de l'empereur :

« Citoyens, réveillez-vous, courez aux armes, aurait-il écrit, quatre jours donc avant l'attentat d'Orsini... Aujourd'hui, tout citoyen de cœur n'a qu'un cri, celui de venger et d'*assassiner* le monstre... L'heure de la vengeance est sonnée... »

Il ressent un immense dégoût. Lui, appeler à l'assassinat ! Alors qu'il prêche « la clémence implacable » et « la pitié suprême » !

Mais il est inquiet. Orsini a préparé son attentat en Angleterre. Et le gouvernement de Palmerston est renversé pour cela. Ne tentera-t-on pas de s'en prendre aux proscrits ?

Et puis, en ces jours troublés, voici qu'Adèle, sa fille et Auguste Vacquerie veulent quitter pour deux mois Guernesey et se rendre à Paris, par Southampton et Le Havre.

Est-ce prudent ?

Mais Adèle est obstinée.

« Tu as choisi Jersey comme résidence, j'y suis allée, dit-elle. Jersey devenue impossible, tu es venu à Guernesey sans me dire : te convient-il d'y demeurer ? Je n'ai rien dit, je t'ai suivi. Tu t'es fixé définitivement dans Guernesey en achetant ta maison. Tu ne m'as pas consultée, moi, pour cet achat. Je t'ai suivi dans cette maison, je te suis soumise, mais je ne puis être absolument esclave… Dans ce moment-ci, j'ai absolument besoin d'aller à Paris pour une chose sacrée, ma sœur. J'y vais, puis je reviens vite. J'ajoute, puisque ça se trouve, que je ne suis pas fâchée de faire changer d'air à Adèle, dans le mois le plus triste de l'année… »

Il les regarde embarquer, le 16 janvier, à neuf heures vingt. Tristesse.

D'autant plus qu'il sent bien que Charles et François-Victor sont eux aussi tentés de quitter l'île. Il est blessé par leur désir, les récriminations, les accusations. Il serait un « tyran », disent-ils. Et cette demeure, qu'il avait voulue comme l'expression de la force Hugo — *EGO HUGO* —, est enveloppée désormais de tristesse.

Il surprend une confidence de François-Victor.

— Je crains, dit son fils, que le petit groupe si étroitement lié ne se détraque tout de bon, cette fois. En tout cas, nous sommes dans la période sombre de l'exil et je ne vois pas la fin du tunnel…

François-Victor, qui a donc entrepris de traduire Shakespeare, s'évade de temps à autre pour Londres. Charles, qui écrit un conte fantastique, peste contre la solitude. Il ne rencontre pas à Guernesey les femmes dont il rêve, et dont il a besoin, lui qui a le tempérament sanguin d'un jouisseur.

Quant à François-Victor, il soupire dès qu'il rentre à Guernesey, où il a, dit-il, l'impression de « s'encroûter » en compagnie de «Lord Spleen et de Lady Nostalgy ». « Voici l'hiver, les brumes, soupire-t-il. Nous allons avoir à faire six mois de prison dans un seau d'eau… »

Que veulent-ils ? Rentrer en France, se soumettre ?

Il interpelle ses fils, et lorsqu'il entend François-Victor dire : « Ta maison est à toi. On t'y laissera seul », il est accablé.

Parfois, il a le sentiment que même Juliette rêve d'ailleurs.

Il profite de l'absence d'Adèle pour lui faire visiter Hauteville House, lui faire rencontrer ses fils. On décide même que chaque semaine, le mercredi, les trois Hugo dîneront chez elle. Mais combien cela durera-t-il, puisqu'ils ne songent qu'à quitter l'île ?

— Il est bon et il est juste que ta famille respire de temps en temps un peu d'air extérieur, dit Juliette, ne fût-ce que pour lui faire apprécier par comparaison le bonheur intérieur nimbé et rayonnant que leur fait ton exil.

Peut-être ne peuvent-ils partager ce qu'il éprouve.

Il se sent plus proche d'un Michelet que de Charles ou de François-Victor. Ce qui compte, c'est la communion des âmes dans le combat et une même espérance.

Il trouve dans les livres de Michelet des pages, des phrases qu'il aurait pu écrire, qu'il a écrites.

« Nous trempons donc parfois notre plume au même encrier. Permettez-moi de m'en vanter. Cet encrier qui nous est commun, c'est l'infini, c'est l'absolu. Ce n'est pas dans l'exil, c'est dans la contemplation que vit ma pensée ; face à face avec l'insondable, je songe dans cette solitude-là ; et j'y sens votre voisinage. »

Mais pour un Michelet, que de déceptions !

Il est heurté, déçu, par certains proscrits, comme Pierre Leroux. Il n'a pas renoué avec Lamartine. À qui peut-il confier ses amertumes, sinon à Juliette, qui s'enflamme aussitôt, condamne « Lamartine, ce doux précurseur de Judas Leroux » ? « C'est étonnant, poursuit-elle, comme ces deux trahisons se ressemblent… C'est le même point de départ. Jalousie littéraire, jalousie politique, jalousie de l'égoïsme contre le sacrifice et l'abnégation, jalousie du mal contre le bien, du lampion contre l'étoile, toutes ces basses jalousies, mêlées et fondues dans le creuset des méchants cœurs et des envieux, produisent les choses hideuses que nous voyons et qui révoltent toutes les âmes simples et honnêtes comme la mienne... »

Il veut échapper à ces marécages. Et il ne peut y réussir qu'en s'enfonçant plus profondément encore dans le travail, en faisant surgir, jour après jour, cette *Légende des siècles* qu'il a d'abord songé à intituler *La Légende humaine* ou *La Légende de l'humanité*.

Je ne me sentais plus vivant ; je me retrouve,
Je marche, je revois le but sacré. J'éprouve
Le vertige divin, joyeux, épouvanté,
Des doutes convergeant tous vers la vérité ;
Pourtant je hais le dogme, un dogme c'est un
                                              [cloître.
Je sens le sombre amour des précipices croître.
Dans mon sauvage cœur, saignant, blessé, banni,
Calme, et de plus en plus épars dans l'infini [78].

Mais quand publiera-t-il ces vers ? Après viendra la prose, peut-être ce roman, toujours inachevé, *Les Misères*, *Les Misérables*, ce destin de Jean Valjean.

Pour l'heure, il veut reprendre *La Pitié suprême*, et ce 19 juin il en lit à haute voix certains passages, heureux de voir « ses » Adèle, rentrées de Paris, après plus de quatre mois d'absence, et ses fils, assis autour d'Auguste Vacquerie, l'écouter avec attention.

Hélas ! Je me suis pris la tête dans les mains ;
J'ai contemplé la brume, éclairé les chemins,
J'ai songé ; j'ai suivi de l'œil de la pensée
La grande caravane humaine dispersée...
[...]
J'ai scruté les jours faux, les justices boiteuses,
L'impur flambeau des mœurs sur qui le vent
*   [soufflait,*
Sur le front des tyrans j'en ai vu le reflet ;
Je les ai confrontés et pris l'un après l'autre,
J'ai vu, j'ai comparé leur nature et la nôtre ;
J'ai pesé les forfaits, j'ai dédoré les noms,
Et, frémissant, j'arrive à ceci : Pardonnons[79] *!*

Il s'interrompt, la gorge tout à coup serrée par une douleur fulgurante qui lui semble se répandre dans la nuque, sous les oreilles, et rayonner dans la poitrine et le dos. Il s'appuie à la table. Il demande à boire, mais il sent qu'il ne pourra pas avaler. Qu'a-t-il ?

Il suffit de quelques jours pour qu'il ait l'impression d'être attaqué de tous côtés par la maladie. Sa peau gonfle ici et là, et ces furoncles forment des abcès. Les jambes sont lourdes, le pied enflé. La souffrance est intense. La fièvre est telle que toute sa tête semble résonner au rythme du pouls. Le « clou » qu'il a dans le dos donne naissance à deux abcès. Il ne peut rester assis et difficilement couché.

«Il a fallu lui donner un coup de bistouri qui a dégagé l'induration. La plaie est si énorme et si mal placée dans le beau milieu du dos, qu'elle a rendu, et rend encore — après deux mois — tout mouvement impossible.» L'anthrax est une «plaie immense».

Les semaines passent. Il ne peut plus travailler. Il écoute, comme si les voix étaient lointaines, ses fils se relayer autour de son lit pour lui faire la lecture. Il pense à Juliette qui est affolée, dont il a lu les premiers messages.

«Mon bien-aimé, mon bien-aimé, qu'est-ce que nous avons fait à Dieu pour qu'il nous frappe si cruellement dans ta santé et dans mon amour?»

Il veut la rassurer et, le 29 juillet, il se montre sur la terrasse quelques instants.

Il devine ses hantises. Il mesure une nouvelle fois ce qu'il représente pour elle. Elle lui fait porter des œufs frais, les rares fraises qui poussent dans son jardin. Elle lui écrit chaque jour. Elle voudrait, il le sait, prendre en main Hauteville House.

«Je vois la bruine tomber sur tes couvertures, tombées elles-mêmes de la rampe de ton balcon par terre, et je n'ose pas envoyer Suzanne avertir les domestiques… Oh, pourquoi ta sainte femme ne peut-elle pas voir dans le fond de ma conscience et de mon cœur!»

Elle s'émeut après l'avoir entrevu de loin.

«Comme on voit comme tu as souffert. Ta belle et noble figure m'a paru amaigrie et si pâle que je craignais que tu ne te trouves mal sur ton balcon.»

Il semble à Hugo que le temps ne passe pas.

Il écoute Juliette : « Encore un peu de courage et de patience, mon pauvre doux martyr, et ta délivrance sera complète. Le docteur vient de me l'affirmer. »

Il peut enfin aller un soir dîner chez elle, mais il se sent affaibli. Ce trou dans le dos est si douloureux qu'il a l'impression que ses épaules elles-mêmes sont percées. Et ce n'est que le 11 novembre, après plus de quatre mois, que « la charpie qui était sur ma cicatrice » tombe enfin !

Mais il a du mal à travailler, à rester debout devant ses tablettes dans le *look-out*.

Il le dit à Hetzel : « Ne croyez pas qu'on répare en quatre semaines une interruption causée par un entracte — ou un anthrax — de quatre mois ! »

Et puis, peu à peu, il a l'impression de renaître. Il retrouve ses forces. Il arpente de nouveau les sentiers, sous la pluie fine et froide de l'hiver revenu.

Cependant, l'atmosphère à Hauteville House est pesante. Sa fille est encore plus sombre. Adèle l'épouse évoque encore son départ. Elle reçoit des lettres de Sainte-Beuve, qu'elle a dû revoir lors de son séjour à Paris…

Charles, lui, maugrée :

— Que faire à Guernesey, sinon de la copie ? On y mourrait d'ennui sans cela.

François-Victor ne cache même plus son impatience, ses insatisfactions. Et Auguste Vacquerie décide de quitter l'île et de regagner la France.

Tristesse. Écrire. Rêver. Imaginer.

Un satyre habitait l'Olympe, retiré
Dans le grand bois sauvage au pied du mont
sacré ;
Il vivait là, chassant, rêvant, parmi les branches ;
Nuit et jour, poursuivant les vagues formes
                                    [blanches [80]*…*

Et il sent monter en lui le désir. Quand la nuit est là, il se lève, se glisse dans la chambre d'une jeune domestique.

La vie. L'énergie.

Et puis il écrit à Juliette sa lettre du dernier jour de l'année.

« Tu auras ta lettre, mon ange bien-aimé… Et elle te dira que je ne t'ai jamais plus aimée, que tu es le besoin de ma vie, que tu es pour moi l'être toujours jeune, toujours charmant, toujours adoré, ma femme et mon ange ; que la vie sur terre avec toi, c'est le fond de mon cœur ; que la vie au ciel avec toi, c'est le fond de mon âme… Oh, sois heureuse par moi, et moi par toi… Ton sourire est ma lumière. Je t'aime. À demain. À toujours. »

1859

J'eus un rêve : le mur des siècles m'apparut.
C'était de la chair vive avec du granit brut...

Hugo lève la main. Il écrit trop vite, et il écrase les plumes qui tracent ainsi de larges traits noirs, si bien que parfois son écriture ressemble aux dessins qu'il imagine dès qu'il cesse d'écrire.

Mais là, ce n'est pas tant la force du flux intérieur qui le pousse qu'un mouvement de mauvaise humeur, presque de colère.

Il vient de recevoir une nouvelle lettre de Hetzel, qui manifeste son impatience. L'éditeur craint la guerre. Napoléon III a pris ouvertement parti pour les patriotes italiens qui, conduits par le Piémont, son roi Victor-Emmanuel II, son ministre Cavour et Garibaldi, major général des armées, veulent réunifier l'Italie, en en chassant les Autrichiens. Et Napoléon III laisse dire et écrire qu'il entend le « cri de douleur qui monte de toute l'Italie », et veut permettre « l'affranchissement des Italiens ».

Victor Hugo est indigné. Voilà le criminel qui se présente en libérateur ! Cet homme qui étrangle le droit dans son pays prétend le défendre chez les autres ! Habile homme en quête de lauriers, et qui veut redorer son nom avec les gloires de « l'oncle » et d'une belle campagne d'Italie !

Alors naturellement, Hetzel s'inquiète pour la parution de *La Légende des siècles* : « En juin, on se battra, le moment est bon, et l'avenir est douteux. Donc saisissons le moment. »

Qu'imagine cet homme, qu'on termine un livre à sa guise ? « Je travaille à force, que vous dire de plus ? Le livre est-il fini ? Oui et non. Il y a encore l'essentiel à faire. Le livre grandit et gagne, je crois. La guerre me fait moins peur qu'à vous… Je me suis toujours peu préoccupé du quart d'heure où je publiais un de mes livres. Le succès à la minute ne m'importe pas ; quand les ouvrages d'un homme sont consciencieux, la vente de tous finit toujours par s'équilibrer. Il y aura la guerre, soit !… »

Mais Hetzel est têtu, soucieux bien sûr de ses revenus. D'ailleurs, il n'a pas tort lorsqu'il insiste :

« Vous ajournez votre œuvre pour la grossir… Vos lignes engendrent des volumes, vos phrases incidentes deviennent des bibliothèques. Allons, cher Maître, coupez un morceau dans votre drap d'or, de quoi recouvrir vos deux volumes et envoyez-les-moi.

« Ceci est une adjuration.

« Ce serait bientôt une imprécation. »

Hugo sent bien qu'il va se rendre à ces raisons, et en même temps il ne supporte pas ces injonctions, ces pressions.

Et c'est lui qu'on appelle « tyran » !

Mais il cède.

— Hetzel m'a tellement tiré par le pan de mon vieux paletot que, pour qu'il ne le déchire pas, je me décide à lui donner *La Légende des siècles*, confie-t-il à Paul Meurice.

C'est lui qu'il va charger, comme pour *Les Contemplations*, de veiller sur les épreuves, les envois aux journaux et aux personnalités amies, aux femmes. Mais qu'on ne l'ennuie pas avec des corrections inutiles, des règles qu'il ne veut pas respecter !

« J'ai en effet un peu mon orthographe, et ma ponctuation. Tout écrivain a la sienne, à commencer par Voltaire. L'intelligence de l'imprimeur est de respecter cette orthographe qui fait partie du style de l'écrivain. Ainsi, j'écris *lys* et non *lis*... Les correcteurs ont deux maladies, les majuscules et les virgules, deux détails qui défigurent ou coupent le vers. Je les épouille le plus que je peux... »

Il faut donc, puisque la décision est prise de publier (mais ce ne sera pas avant septembre, compte tenu des délais d'impression), donner une préface au livre et choisir une dédicace.

Hugo hésite, puis il écrit :

> « À LA FRANCE.
> Livre, qu'un vent t'emporte
> En France, où je suis né !
> L'arbre déraciné
> Donne sa feuille morte. »

258

Puis il faut expliquer le sens de ces milliers de vers.

Il veut « exprimer l'humanité dans une espèce d'œuvre cyclique… faire apparaître dans une sorte de miroir sombre et clair… cette grande figure une et multiple, lugubre et rayonnante, fatale et sacrée, l'Homme… ». L'auteur « rattache *La Légende des siècles* à deux autres poèmes, presque terminés à cette heure, et qui en sont, l'un le dénouement, l'autre le couronnement : *La Fin de Satan*, et *Dieu* ».

L'ensemble sera « une espèce d'hymne religieux à mille strophes, ayant dans ses entrailles une foi profonde et sur son sommet une haute prière… ».

Hugo relit, ne se satisfait pas de cette préface, il voudrait dire *la vision d'où est sorti ce livre.* Parce qu'il « voit » d'abord, avant de « penser ».

J'eus un rêve : le mur des siècles m'apparut.

C'était de la chair vive avec du granit brut,
[…]
Parfois l'éclair faisait sur la paroi livide
Luire des millions de faces tout à coup.
Je voyais là ce Rien que nous appelons Tout ;
Les rois, les dieux, la gloire et la loi, les passages
Des générations à vau-l'eau dans les âges ;
Et devant mon regard se prolongeaient sans fin
Les fléaux, les douleurs, l'ignorance, la faim,
La superstition, la science, l'histoire,
Comme à perte de vue une façade noire.

Et ce mur composé de tout ce qui croula,
Se dressait, escarpé, triste, uniforme. Où cela ?
Je ne sais. Dans un lieu quelconque des
[ténèbres [81]...

Il regarde les pages de son manuscrit, ces feuilles d'épreuves. Une pierre de plus pour bâtir cette cathédrale qu'est une œuvre. Il pense à cette lettre « H » que dessinent les deux tours de Notre-Dame, à ce « H » qu'il a voulu voir surgir des meubles, des cheminées qu'il a fait construire pour Hauteville House.

Mais il sait qu'il n'a pas achevé sa tâche, ni cette maison ni son œuvre.

— Que de choses j'ai encore à faire ! s'exclame-t-il. Dépêchons-nous ! Je ne serai jamais prêt. Il faut que je meure cependant.

Il doit donc continuer, chaque jour. Écrire, penser à sculpter de nouvelles pierres.

— Je suis debout sur un quadrige, composé des *Chansons des rues et des bois*, de *La Légende des siècles* que j'imprime, du drame *Torquemada* que je rêve et de Mauger — l'un des maîtres d'œuvre des travaux de Hauteville House — que j'éperonne. Je mène ces quatre monstres à grandes guides, dit-il à François-Victor.

Mais son fils l'écoute-t-il ? Il le sent distrait, préoccupé, absorbé par sa traduction de Shakespeare, las lui aussi de l'exil.

Et Hugo se sent seul.

— L'an passé, la maladie, murmure-t-il, cette année, l'absence.

Il a dû accepter le départ des deux Adèle et de Charles pour Londres. Ils doivent y séjourner un mois. Ils iront au théâtre, au bal. Et sans doute Adèle, avec la bénédiction de sa mère, cherchera-t-elle un époux, à moins qu'elle ne revoie ce lieutenant Pinson, auquel elle semble parfois penser.

François-Victor lui-même, après être resté quelques jours à Hauteville House — et le soir, c'était avec lui de longues parties de billard —, quitte Guernesey.

Et tout cela coûte cher ! Se rendent-ils compte des sommes qu'ils dépensent, ces voyageurs !

Or il n'y a pas encore de nouveau livre en vente et donc le « moment actuel est étroit ».

« Chère amie, enferme-toi bien en effet dans ton petit budget, tel que nous l'avons fixé », écrit Hugo à son épouse. Et si elle veut demeurer quelques jours de plus à Londres, eh bien qu'Adèle économise sur les sommes prévues pour un mois ! Il ne touchera pas à son capital !

Il se souvient de l'angoisse qu'il a éprouvée, il y a deux ans, au moment de la révolte des Cipayes aux Indes.

« Moi qui ai tout ce que je possède en rentes sur divers fonds publics, je puis être ruiné demain… ruine et banqueroute de l'Angleterre entraînant la banqueroute de l'Europe, et la mienne. »

Il ne doit jamais oublier cela, la précarité de son sort, alors qu'autour de lui, dans sa famille, on s'imagine qu'il est avare !

Même Juliette le traite parfois d'Harpagon, lui

reprochant de lui refuser l'achat d'un chapeau neuf pour le dimanche de Pâques !

Mais c'est à lui seul de juger.

Lorsqu'il décide de se rendre dans l'île voisine de Serk, pour un séjour d'une quinzaine de jours, en compagnie de Juliette et de Charles, revenu de Londres, il établit minutieusement le budget de ce voyage.

Il est heureux de ce séjour, des bonnes relations qui se tissent entre son fils et Juliette, de cette île qui ressemble à une « bête quelconque, une immense hydre de Théramène, couchée sur le ventre, le mufle dans l'eau au milieu de la mer ».

Il suffit d'un peu plus d'une heure de traversée. Il regarde l'île avancer. Il imagine des scènes qu'un jour peut-être il situera sur ces rochers. Il compose tout en marchant sur le pont.

La voile mollement s'enfle et la vague est douce,
On vogue, avant une heure on est sûr d'arriver ;
Rien à faire, beau temps ; le vent laisse rêver
Les matelots couchés sur des rouleaux de corde[82].

Pourtant il retrouve Hauteville House avec une sorte d'impatience. Cette maison est son œuvre. Et c'est là aussi, seulement là, qu'il peut serrer des corps de femmes entre ses bras.

Il sent bien que Juliette, malgré la joie qu'elle éprouve à partager son intimité dans l'île de Serk, accepte difficilement cette situation.

« Il y a si longtemps que tu ne m'appartiens plus

que je me sens presque étrangère maintenant dans ta vie », répète-t-elle. C'est faux. Elle n'occupe seulement plus la même place.

Mais comment pourrait-il lui avouer la joie juvénile qu'il éprouve à caresser une jeune femme, et peu importe qu'il soit contraint de la payer après, ou qu'elle soit une rude et bornée campagnarde, aux grosses cuisses, aux pieds rugueux !

> *Et sais-tu ce qui m'occupe,*
> *Jeanne ? c'est que j'aime mieux*
> *La moindre fleur de ta jupe*
> *Que tous les astres des cieux[83]...*
>
> *Viens, aime, oublions le monde,*
> *Mêlons l'âme à l'âme, et vois*
> *Monter la lune profonde*
> *Entre les branches des bois[84] !*

Il sort de la chambre. Il se sent vigoureux, prêt à créer, comme si la femme était dispensatrice d'énergie.

C'est l'été, le cœur du mois d'août. Il se baigne dans l'eau fraîche des anses rocheuses. Puis il rentre à pas lents.

Une petite foule silencieuse est rassemblée, en ce dimanche, dans la rue de Saint-Pierre-Port. Il regarde cette femme qui passe, petite, « une bonne face de bourgeoise rougeaude », c'est la reine Victoria, en visite à Guernesey.

« L'accueil a été froid, vu le dimanche qu'elle violait. Elle a salué la foule du côté où j'étais.

Comme je rends toujours le salut à une femme, j'ai soulevé le bord de mon chapeau. J'ai été le seul. »

Et pourtant, cette femme s'est alliée à « Napoléon le Petit », l'a accueilli à Londres, lui a rendu visite !

Il est vrai que ce Bonaparte est un « réussisseur » en apparence.

Il est entré, comme il l'avait laissé entendre, dans la guerre contre l'Autriche. « Le but de cette guerre est de rendre l'Italie à elle-même », a-t-il dit.

Et les batailles sanglantes se sont succédé, Palestro, Magenta, Solferino, sans oublier l'entrée triomphale dans Milan, au côté de Victor-Emmanuel II.

Puis, parce que la nature ressort, Napoléon III a abandonné les Italiens, renié ses promesses, signé l'armistice de Villafranca avec les Autrichiens, et réclamé un « pourboire » au Piémont : Nice et la Savoie.

Nice, patrie de Garibaldi, le patriote italien !

Mais que de *Te Deum* pour célébrer l'empereur victorieux !

Et maintenant, « sa dernière insolence », la proclamation, le 16 août, d'une « amnistie pour les proscrits » !

« L'assassin offre leur grâce aux assassinés, le criminel absout les innocents. »

Hugo observe les proscrits, qui se sont réunis à Guernesey. Il n'est pas amer. Mais il sent bien que « rien de collectif n'est possible ici ». Les deux tiers des proscrits décident de rentrer !

Il ne les condamne pas, au contraire. Ils travailleront à la Révolution, en France. Mais lui, il doit rester. Il écrit une « déclaration », qu'il va faire parvenir aux journaux anglais :

« Personne n'attendra de moi que j'accorde, en ce qui me concerne, un moment d'attention à la chose appelée amnistie.

« Dans la situation où est la France, protestation absolue, inflexible, éternelle, voilà pour moi le devoir.

« Fidèle à l'engagement que j'ai pris, vis-à-vis de ma conscience, je partagerai jusqu'au bout l'exil de la liberté.

« Quand la liberté rentrera, je rentrerai.

« Victor Hugo.
« Hauteville House, 18 août 1859. »

Il éprouve à relire ces lignes un sentiment de fierté, presque d'exaltation. Il est fidèle à son destin, quel qu'en soit le prix, et il en est ainsi depuis 1851.

Je vis la Mort, je vis la Honte ; toutes deux
Marchaient au crépuscule au fond du bois hideux.
[...]
Et la Honte me dit : — Je m'appelle la Joie.
Je vais au bonheur. Viens. L'or, la pourpre, la soie,
Les festins, les palais, les prêtres, les bouffons,
Le rire triomphal sous les vastes plafonds,
Les richesses en hâte ouvrant leurs sacs de
[piastres,
[...] Tout cela t'appartient ; viens, tu n'as qu'à me
[suivre.

Et je lui répondis : — Ton cheval sent mauvais.

La Mort me dit : — Mon nom est Devoir ; et je vais
Au sépulcre, à travers l'angoisse et le prodige.

— As-tu derrière toi de la place ? lui dis-je.

Et depuis lors, tournés vers l'ombre où Dieu
[paraît,
Nous faisons route ensemble au fond de la forêt [85].

Mais quel chemin difficile, même s'il n'en est pas d'autre que l'on puisse suivre ! Hugo est une fois de plus surpris et affecté par les réactions qui suivent la publication de *La Légende des siècles* en librairie, depuis les derniers jours de septembre. Certes, c'est un succès.

« Le livre s'enlève, s'enlève, s'enlève et s'enlèvera longtemps encore. De quoi nous plaignons-nous s'il vous plaît ? », demande Hetzel.

Ce n'est qu'un éditeur... Il se contente de compter le nombre d'exemplaires vendus !

Mais il y a la méchanceté de Sainte-Beuve qui s'en va disant, à propos du livre : « Quel abus de puissance ! Quel parti pris d'exagération et d'outrance sur tous les points ! Quelle force de Cyclope et de Polyphème... mais de délicatesse morale, de sensibilité vraie, et de tact, et de goût, il n'y en a plus trace... »

Et tous ces écrivains d'Empire, décorés, distingués, tel Mérimée, pincent les lèvres devant l'œuvre. Et jusqu'à Lamartine qui grimace.

« Morsure de cygne ! », murmure Hugo.

Il se redresse. Il faut faire face. Flaubert, Baudelaire et ce jeune Verlaine l'applaudissent. Et Hetzel lui rapporte qu'il a reçu une lettre de George Sand, qui vante sa « puissance » et ajoute : « Ses défauts sont l'excès de ses qualités et je ne crois pas qu'il faille lui dire : vous courez sur la crête des toits. On le ferait peut-être tomber et on aurait tué un grand homme de plus. Le beau plaisir ! »

Peut-être, en effet, comme le dit George, est-il trop tard pour qu'il change. Et il ne le veut pas.

Il est cette œuvre déjà écrite et qui l'oblige à lui être fidèle, comme un fleuve qui, en allant vers la mer, ne peut plus que s'élargir, sous la poussée des flots qui viennent de sa source. Au fond, il faut seulement qu'il avance, qu'il coule vers cette mort qui vient !

« Tenez, dit-il à Hetzel, je n'attache, vous le savez, je le crois, qu'un prix médiocre à l'effet du moment. Un livre finit toujours par avoir, en gloire ou en oubli, ce qu'il mérite. Le succès du moment regarde surtout l'éditeur et dépend aussi un peu de lui. Quant aux attaques, c'est ma vie ; quant aux diatribes, c'est mon pain ! »

C'est le sort, il en est persuadé, de celui qui essaie d'agir pour la justice et la vérité. Et comment pourrait-il cesser de le faire, alors qu'à chaque instant des hommes martyrisent d'autres hommes ?

Il apprend, à la fin du mois de novembre, qu'un Américain blanc, John Brown, a été condamné à mort pour avoir tenté de soulever les esclaves noirs. Est-ce possible ? Dans le pays de Washington !

Il doit intervenir avant l'exécution, dire « que si l'insurrection est un devoir sacré, c'est contre l'esclavage. John Brown a voulu commencer l'œuvre de salut par la délivrance des esclaves de Virginie ».

Il prédit que « le meurtre de Brown serait une faute irréparable. Il ferait à l'Union une fissure latente qui finirait par la disloquer... Il y a quelque chose de plus effrayant que Caïn tuant Abel, c'est Washington tuant Spartacus ».

Et puis la nouvelle parvient à Guernesey : ils ont pendu John Brown, le 2 décembre.

Hugo dessine à grands traits noirs ce gibet, ce corps pendu. Il se souvient du supplice de Tapner à Jersey. Il écrit, en appuyant si fort que la plume se plie :

« *Pro Christo sicut Christus.* »

Il a « l'âme accablée ».

Il écrit à George Sand : « Leur sursis annoncé était une infâme ruse pour endormir l'indignation. Et c'est une république qui a fait cela ! Quelle sinistre folie que d'être propriétaire d'hommes, et voyez où cela mène ! Voilà une nation libre tuant un libérateur ! Hélas, Madame, j'ai vraiment le cœur serré. Les crimes de rois, passe, crime de roi est fait normal ; mais ce qui est insupportable au penseur, ce sont les crimes de peuple. »

Il a parfois l'impression désespérante, si

contraire à sa foi, que la Mort gagne contre l'Esprit, et qu'elle va l'entraîner, vite.

Ce 28 décembre, il veut prendre ses dispositions dans cette éventualité.

« Si je venais à mourir, comme c'est probable, avant d'avoir achevé ce que j'ai dans l'esprit, écrit-il, mes fils réuniraient tous les fragments sans titre déterminé que je laisserais, depuis les plus étendus jusqu'aux fragments d'une ligne ou d'un vers, les classeraient de leur mieux, et les publieraient sous le titre *Océan*. »

Il se sent soulagé.

Il passe la main sur la table à pieds torses de son *look-out*, sur laquelle il a écrit *La Légende des siècles*. Il veut la donner à Juliette.

Mais le 31 décembre, dans la lettre qu'il lui adresse, il ajoute aussi :

« Demain, je te porterai l'encrier avec lequel j'ai écrit *La Légende des siècles*.

« Te le rappelles-tu ? Nous l'avons acheté ensemble, en arrivant à Guernesey, c'est un pauvre encrier de terre… Tout ce que j'ai écrit depuis quatre ans, y compris cette lettre-ci, est sorti de cet encrier. Je veux le finir par toi. C'est le consacrer. Désormais, je ne m'en servirai plus. Tu le garderas parmi nos reliques et nos souvenirs.

« Cet encrier, dont je te donne la dernière goutte, ressemble à ma vie, dont le dernier souffle sera pour toi. »

1860

Ôtez-moi de la vie, ô Dieu, reprenez-moi,
N'attendez pas un jour ! N'attendez pas une
                                    [heure !

Hugo pose l'encrier sur la petite table qui occupe un angle de la chambre de Juliette. Il la regarde. Son visage et son corps ont été labourés par le temps. Elle tousse. Voilà plusieurs jours qu'elle est malade déjà et ce mois de janvier qui commence, gris, venteux, humide, va rendre sa guérison difficile.

Est-il possible qu'un jour elle ne soit plus près de lui ?

Quoi donc ! La perdre !...
Oh ! comment traverser sans elle des années
Si jamais je la perds...
Ôtez-moi de la vie, ô Dieu, reprenez-moi,
N'attendez pas un jour ! N'attendez pas une heure !
Que vais-je devenir jusqu'à ce que je meure [86] *!*

270

Il prend la plume. Il a besoin, maintenant, ce 1er janvier, de lui laisser une preuve de gratitude.

« L'ordre de me fusiller si j'étais pris avait été donné dans les journées de décembre 1851, écrit-il. Si je suis vivant à cette heure, je le dois à Mme Juliette Drouet qui, au péril de sa propre liberté et de sa propre vie, m'a préservé de tout piège, a veillé sur moi sans relâche, m'a trouvé des asiles sûrs… Un mandat d'amener a été lancé contre elle et elle paie aujourd'hui de l'exil son dévouement.

« Elle ne veut pas qu'on parle de ces choses, mais il faut pourtant que cela soit connu.

« Je la supplie de me permettre de lui rendre ici respectueusement témoignage, du fond de mon cœur et de mon âme…

« Victor Hugo… Hauteville House, 1er janvier 1860, au commencement de la neuvième année d'exil. »

Il lui devait cela. Et il se sent d'autant plus proche d'elle qu'Adèle, l'épouse, s'éloigne. Elle ne joue plus à la mère soucieuse de la santé de sa fille. Elle avoue qu'elle supporte de plus en plus mal l'exil. Elle veut aller à Paris, chez sa jeune sœur Julie Chenay, et, le 4 février, elle part seule pour la France, laissant sa fille à Hauteville House.

Hugo ouvre son carnet, note.

« Ma femme va aller à Paris. Il est entendu que son voyage est payé par elle sur l'argent que je lui alloue pour son mois ordinaire et ne donnera lieu à aucune allocation spéciale. »

L'a-t-elle jamais aimé ?

Au fond, voilà des années qu'il ne s'interroge plus. Elle part pour plus d'un mois. Elle verra sa sœur, et Sainte-Beuve sans doute.

Il lui reste Juliette, et les jeunes et vigoureuses paysannes aux pieds et aux bras nus, à la peau marbrée et rose.

Et puis quelques femmes qui vivent à Guernesey. Ainsi cette veuve russe et riche, Mme Engelson, « escroquée par Pierre Leroux », et qui est attirante comme un parfum d'ailleurs. Et il pense aussi que, peut-être, Adèle reviendra de Paris accompagnée par Julie Chenay, jeune, jeune belle-sœur...

Il l'avoue, la vie à Hauteville House lui convient. Voltaire avait Ferney, il a Guernesey. Paris ne lui manque même plus. Et quand il se regarde dans un miroir, il lui semble que tout dans son apparence, les vêtements, cette barbe qu'il commence à laisser pousser, en espérant qu'elle le protégera des maux de gorge, montre qu'il n'est plus cet écrivain parisien, ce pair de France, ce député qui voulait être au centre des choses.

Il a l'accoutrement d'un vieil artisan, et même d'un ouvrier, un typographe pourquoi pas ?

Peut-être l'action lui manque-t-elle ?

Il pense à Alexandre Dumas qui vient d'affréter, à Gênes, une goélette, l'*Emma*, pour rejoindre Garibaldi. Le « condottiere » italien vient de débarquer en Sicile, afin de bousculer les troupes napolitaines et de rattacher ce royaume de Naples au royaume d'Italie. Voilà une aventure héroïque et généreuse.

Mais à part cela, que peut-il désirer ?

« Je suis une tête fière mais bonne, faite pour le rocher, de là mon exil, et pour l'amour, de là le reste de ma vie », écrit-il à George Sand.

Et même si les critiques, les calomnies, les mesquineries dont on l'abreuve l'irritent encore, le blessent, il se sent capable de les affronter.

« On m'a fort déchiré depuis que j'existe, sans éveiller autre chose en moi qu'un certain dédain », ajoute-t-il.

Il n'en veut même pas à ses rivaux, à ceux qui se disaient ses amis, qui se sont parfois embourbés dans les petitesses. Il ne ressent aucune rancune. Il souscrit à l'édition des œuvres complètes de Lamartine, dont on murmure qu'il est dans le besoin.

Et il a de la compassion pour Lamartine, quand il reçoit la lettre de remerciements que le poète lui adresse. C'est comme si Dieu avait décidé de punir celui qui s'était montré jaloux et qui avoue maintenant : « La France, à l'exception d'une petite élite imperceptible, est féroce envers moi. Je dissimule mal mon soulèvement intérieur contre les outrages positifs ou négatifs dont elle se plaît à me flétrir. »

Et il a le cœur serré quand il découvre la dernière phrase de Lamartine :

« L'entreprise de mes œuvres complètes réussit un peu, mais mollement, et je vous écris entre deux huissiers qui attendent le salaire du jour !

« Quelle vie ! Adieu. »

Hugo frémit. Comme il a raison de préserver son capital pour ne pas en être réduit à cette situation humiliante et angoissante.

Il faut travailler.

Il doit écrire une œuvre majeure, non seulement pour assurer définitivement sa situation matérielle, et celle des siens après lui, mais pour affirmer, maintenant qu'il a déjà cinquante-huit ans, sa maîtrise de toutes les formes littéraires.

Dans la poésie, *Les Contemplations* l'ont placé au plus haut. Il faut choisir la prose. « Le roman est presque une conquête de l'art moderne ; le roman est une puissance du progrès et une des forces du génie humain en ce grand dix-neuvième siècle. »

Il va renoncer à terminer *La Fin de Satan*. Et achever le roman commencé. Il s'approche de la malle, placée dans le *look-out*. Il l'ouvre. Il voit ces entassements de chemises.

Il les sort.

« J'ai tiré aujourd'hui *Les Misérables* de la malle aux manuscrits. J'ai commencé la lecture préalable. »

Il a interrompu cette œuvre il y a plus de douze ans, le 21 février 1848. Mais Juliette se souvient de chaque personnage, de Cosette d'abord :

« J'y pense toujours avec des tressaillements de tendresse et de joie, comme dans l'attente d'une petite fille réelle dont nous aurions été séparés malgré nous depuis douze ans. J'ai hâte de revoir cette pauvre petite fille et de connaître le sort de sa belle poupée. Je suis impatiente de savoir si ce monstre de Javert a perdu la trace de ce pauvre sublime scélérat Monsieur le Maire et de savoir si le pauvre logis du boulevard Montparnasse s'est éclairé d'un rayon de bien-être et de bonheur, depuis que je l'ai quitté. »

À lui aussi, Cosette, Jean Valjean, Marius et Javert manquent. Et il se sent encouragé par les propos de Juliette.

Il relit minutieusement le roman.

« Je suis en plein dans *Les Misérables*, mais l'œuvre est à perte de vue et me mènera plus loin que je ne croyais. Je ne pense pas avoir fini avant décembre. »

D'autant plus qu'il veut écrire une préface, intitulée *Philosophie, commencement d'un livre*, pour dégager le sens du livre.

Car il est scandalisé par tous ces penseurs, ces écrivains qui rejettent Dieu, au nom du progrès, de la science et même de la République. *Les Misérables* veulent incarner une autre philosophie.

« Je crois en Dieu. Je crois à l'âme. Je crois à la responsabilité des actions. Je me recommande au père universel. Comme les religions en ce moment sont au-dessous de leur devoir envers l'humanité et envers Dieu, aucun prêtre n'assistera à mon enterrement et je laisse mon cœur aux doux êtres que j'aime. »

C'est cette pensée-là qu'il exprime dans *Les Misérables*.

« Le livre qu'on va lire est un livre religieux, écrit-il dans la préface. Religieux à quel point de vue ? À un certain point de vue idéal, mais absolu ; indéfini, mais inébranlable… L'auteur de ce livre est étranger à toutes les religions actuellement régnantes ; et en même temps, tout en combattant leurs abus, tout en redoutant leur côté humain qui est comme l'envers de leur côté divin, il les admet toutes et les respecte toutes… L'auteur, et il le déclare hautement au seuil de ce livre douloureux, est de ceux qui croient et qui prient. »

Il veut que Jean Valjean soit à cette image. Et il faudrait maintenant donner à Jean Valjean, à Cosette, à Marius, à tant d'autres, tout son temps. Mais l'histoire est là, qui frappe, et il est contraint de lui ouvrir la porte.

Garibaldi se bat en Italie. Il conquiert Naples. Il fait d'Alexandre Dumas le conservateur des musées de la ville. Et tout ce que le monde compte d'hommes épris de justice vibre aux exploits de Garibaldi.

Comment refuser de se rendre à Jersey, cette île dont il fut expulsé, quand une pétition signée par des centaines de noms demande que Hugo vienne parler de Garibaldi ?

Il débarque dans l'île, étonné par ces grandes affiches qui couvrent les murs : *« Victor Hugo has arrived ! »*

On l'acclame quand il lance :

« Garibaldi, qu'est-ce que c'est que Garibaldi ? C'est un homme, rien de plus. Mais un homme dans toute l'acception sublime du mot. Un homme de la liberté ; un homme de l'humanité. *Vir*, dirait son compatriote Virgile. » Et cet homme est sublime, « parce qu'il n'y a que les principes. La force n'existe pas. Il n'y a que la justice et la vérité ; il n'y a que les peuples ; il n'y a que les âmes, ces forces de l'idéal ; il n'y a que la conscience ici-bas et la Providence là-haut ».

Il ressent l'accueil qu'on lui fait comme une réparation, que Dieu lui ménage, pour l'expulsion de Jersey, il y a cinq ans déjà.

Il rentre heureux à Guernesey, mais ces quelques jours passés loin des *Misérables* l'ont distrait.

Et il est aussi empêché de se remettre au travail comme il le voudrait par ces inquiétudes quotidiennes et banales que suscite la vie.

Sa fille Adèle refuse avec dédain une demande en mariage d'un jeune homme — André Busquet — venu avec ses parents de Rouen. Que veut-elle, alors qu'elle a trente ans déjà ? Songe-t-elle encore à ce lieutenant Pinson ? Un Anglais !

Et puis il y a cette sourde douleur dans la gorge et dans le dos. Serait-ce le larynx qui est de nouveau atteint, à moins que ce ne soit le cœur ? Il se sent fiévreux, constate que son corps est couvert de sueur. Et l'angoisse s'installe.

Il consulte un médecin qui le tranquillise.

Peut-être ces malaises viennent-ils de ce que précisément il n'a pas encore recommencé à conduire au long de leur vie Fantine, Jean Valjean, Cosette, Marius, Javert, les Thénardier. Il faut qu'il se décide, ce 30 décembre.

« Aujourd'hui, je me suis remis à écrire

Les Misérables, note-t-il dans son carnet. J'ai passé sept mois à pénétrer de méditation et de lumière l'œuvre entière, présente à mon esprit, afin qu'il y ait unité absolue entre ce que j'ai écrit il y a douze ans et ce que je vais écrire aujourd'hui… Je reprends (pour ne plus la quitter j'espère) l'œuvre interrompue le 21 février 1848. »

Il reçoit de Hetzel une proposition de contrat.

« Je ne veux rien conclure avant d'avoir fini et quant aux cent cinquante mille francs de Hachette — dont Hetzel est l'intermédiaire — cette offre, admissible pour quatre ou cinq ans d'exploitation, n'est pas sérieuse pour dix ans. »

Mais il ne veut pas rompre avec Hetzel. Il faut que l'éditeur sache qu'il continue son œuvre.

« Je suis toujours un peu souffrant, lui écrit-il, le 31 décembre. Mais toute ma vie, j'ai lutté contre la souffrance et la maladie quand elles sont venues, et j'ai travaillé malgré cela. L'esprit n'est pas fait pour obéir aux misères de la chair. »

1861

La chimère nocturne est passée et m'a pris
Dans ses griffes, avec des baisers et des cris [87].

Hugo se souvient. Il avait écrit sous le dessin représentant John Brown pendu : « *Pro Christo sicut Christus.* »

Et voici maintenant, comme il l'avait prévu, Lincoln ayant été élu, que l'Union américaine se disloque, le Sud voulant se séparer du Nord.

Il éprouve un sentiment d'effroi, mêlé d'une amère satisfaction intellectuelle. « Je ne pensais pas que l'événement dût suivre de si près mes paroles », murmure-t-il.

Il va donner son accord à Paul Chenay — le mari de sa jeune belle-sœur Julie — pour la publication de gravures tirées de ce dessin.

« Remettons donc sous les yeux de tous, comme enseignement, le gibet de Charleston, point de départ de ces graves événements. »

Mais il se reprend.

« La publication de cet album n'aura lieu qu'après la publication totale des *Misérables*, je dis *totale*… » Et il veut recevoir trois mille francs, quatre jours avant la publication des gravures, et un tiers des bénéfices éventuels.

Il faut qu'il veille sur ses droits, sur son nom. Autour de lui, avec les meilleures intentions, chacun veut utiliser sa notoriété pour son propre but, sinon pour son profit. Paul Meurice et Auguste Vacquerie désirent ainsi, parce qu'il semble que l'Empire autoritaire commence à desserrer son garrot, laissant place à un Empire libéral, relancer le journal *L'Événement*. Mais que pourraient-ils publier ? Se contenter d'un *Événement littéraire* ? Hugo refuse.

« *L'Événement* doit être *L'Événement* », c'est-à-dire parler librement, comme avant 1850 ! « Il ne faut ni lui couper un ongle ni lui arracher une dent. Vous étiez quatre dans cette fosse aux lions — avec les deux fils Hugo — et, le jour où vous pourrez élever la voix, il faut que le poète vous crie encore : bien rugi ! »

Il se sent harcelé. Mais il avance dans *Les Misérables*, et il est content de ce qu'il écrit. C'est un signe positif que Juliette ait hâte de connaître la suite de ce qu'elle copie, tant le destin des personnages la tourmente et l'obsède.

— Je te remercie de m'avoir donné de la bonne « copie », dit-elle. Je vais m'y mettre avec joie aujourd'hui même pour t'obliger à m'en donner d'autres, le plus possible. Je suis jalouse de tous mes petits monopoles… Donc, je voudrais finir seule, comme je les ai commencés, *Les Misérables*.

Elle aussi exerce une pression sur lui, faite d'amour, mais toutes ces exigences et cette nécessité de conclure le roman épuisent Hugo.

Il se sent malade. Il a l'impression qu'une douleur tenace se répand à partir de la trachée artère, et envahit le larynx. Il consulte. Il ne croit pas à ce que disent les médecins. Et s'ils voulaient lui dissimuler que le dénouement de cette laryngite chronique sera une phtisie ?

Il ne peut chasser cette idée :

« Il faut porter avec sérénité le poids d'une idée sombre » et tenter de « n'inquiéter personne autour de soi ». Mais il ne peut donner le change à Juliette. Elle l'appelle « mon pauvre souffrant ».

Alors il cède. Il dit :

— J'aurais voulu terminer ce que j'ai commencé. Je prie Dieu d'ordonner à mon corps de patienter et d'attendre que mon esprit ait fini… Si j'avais terminé mon œuvre, je laisserais ma santé devenir ce qu'elle voudrait et je ne m'en occuperais pas. Je sais bien qu'il faut partir. Mon Dieu, accordez-moi deux choses : bien finir et bien mourir.

Chaque soir, il est inquiet de la nuit qui vient, des insomnies, des rêves qui l'accompagnent, ainsi cette femme en deuil, d'une taille démesurée, pâle, toute noire, qui le saisit, le secoue, de ces autres femmes, inquiétantes et lubriques, qui ouvrent leurs jambes, s'approchent.

Il prie sa fille morte : « Endors-moi… » Et il sent que le calme, un moment, l'enveloppe.

Mais un matin du mois de mars, lorsqu'il apprend que l'une de ses anciennes servantes, Cœlina, qui était repartie chez elle quelques mois plus tôt, vient de mourir, il a l'impression que sa douleur devient insupportable. Il revoit le corps jeune et docile de Cœlina. Il entend sa voix joyeuse. Il ne peut plus avancer dans *Les Misérables*.

Il faut donc s'en remettre aux conseils des médecins, quitter l'île et s'éloigner, pour la première fois depuis 1852, de l'archipel.

Sur le pont de l'*Aquila* où il se trouve, ce 25 mars, en compagnie de Juliette et de Charles, il regarde ce sac *waterproof* dans lequel est serré le manuscrit des *Misérables*. Il terminera le livre sur le continent.

Et au fur et à mesure que les îles disparaissent à l'horizon, que le vent se fait plus vif, il a l'impression que sa douleur se dissout, qu'il respire mieux.

Les médecins qu'il consulte à Londres ne découvrent aucune maladie, tout au plus une « névralgie » bénigne, qui doit s'effacer avec le changement d'air.

Quelques jours plus tard, à Bruxelles, à Anvers, levant son verre au cours des banquets qu'on organise en son honneur, des réceptions où on l'acclame, il se sent renaître. Cette jeune femme, une violoncelliste, qu'il croise et recroise, Hélène de Katow, l'attire. Il découvre, comme un proscrit qui s'est échappé de son exil, comme un empereur qui s'enfuit de Sainte-Hélène, qu'il peut séduire encore. Il se fait photographier, en avril, en mai. Il est heureux d'avoir quitté ses vêtements d'ouvrier pour ce costume noir, cette chemise blanche.

Il se moque des compliments qu'on lui fait, mais il se sent ragaillardi et flatté.

— On me dit : vous êtes très beau avec votre barbe, et je suis félicité de mes taches noires sur fond blanc comme un caniche.

Et il doit de nouveau user de ruses pour échapper aux soupçons de Juliette !

— Je voudrais que personne ne vînt troubler cet amour dont j'ai fait mon culte en ce monde, et dont j'ai fait mon espérance pour l'autre, dit-elle. Je crois que tu ne veux, ni ne peux, me tromper, mais je t'aime, c'est-à-dire j'ai peur.

Il ne répond pas. Mais il sent qu'il va on ne peut mieux.

« Il boit, il mange, il dort comme un homme véritable. » Et les femmes sont là pour confirmer qu'il possède toutes ses forces !

— Je vais d'horizon en horizon, dit-il. Je quitte l'océan pour la terre, je cours à travers monts et vaux, et la grande nature du bon Dieu me guérit.

Et le désir de finir vite *Les Misérables* le reprend. Il s'installe avec Juliette à l'hôtel des Colonnes, à Mont-Saint-Jean, sur le champ de bataille de Waterloo. Il veut y séjourner deux mois, le temps d'écrire les scènes du roman qui se déroulent ici, dans cette ferme Hougomont, entre ces haies, dans ces vergers, ces halliers.

Il faut tout voir. Il arpente les sentiers, il grimpe les buttes, il interroge les paysans dont certains furent, enfants, témoins de cette bataille.

— Ce que je dirai sera vrai, confie-t-il. Ce ne sera sans doute que mon vrai à moi. Mais chacun ne peut donner que la réalité qu'il a. Du reste, je ne sache rien de plus émouvant que la flânerie dans ce champ sinistre.

« Je vois de plus en plus quelle distance il y a, quel abîme, entre Napoléon le Grand et Napoléon le Petit. »

Il écrit chaque jour, « rude et long travail ».

Parfois, la nuit, des vers viennent, qu'il arrache au rêve et qu'il note :

Ô despote orageux, que fut ta destinée !
Tu fus César, tu fus grand comme Salmonée,
Tu fis rouler des chars de fumée et de feu,
Tu fis sur terre un bruit égal au bruit de Dieu,
Et les hommes croyaient entendre le tonnerre
Quand passait au galop ta cavale de guerre
Sur ce noir champ d'airain qu'on appelle Aus-
[terlitz [88]*.*

Les pages s'entassent. Voilà six semaines qu'il est « tapi dans le champ de Waterloo ». « Et ce matin, 30 juin, à huit heures et demie, avec un beau soleil dans mes fenêtres, j'ai fini *Les Misérables*… C'est dans la plaine de Waterloo et dans le mois de Waterloo que j'ai livré ma bataille. J'espère ne point l'avoir perdue… Maintenant, quand le livre paraîtra-t-il ? Cela est une autre question… J'ai encore à faire un long et minutieux travail. Il faut que je fasse l'inspection de mon monstre de la tête aux pieds. C'est mon Léviathan que je vais lancer sur la mer… Cela ne pourra entrer dans aucun port et devra braver toutes les tempêtes, toujours en pleine mer. Il faut que pas un clou ne manque… Jamais plus grosse hydre ne sera éclose dans un gouffre. Dante a fait l'enfer de dessous, j'ai tâché de faire l'enfer de dessus. Il a peint les damnés, j'ai peint les hommes. »

Il se sent libéré. Il peut partir avec Juliette, aller de ville en ville, en Belgique, en Hollande.

« Je suis en pleine école buissonnière », confie-t-il à Charles resté à Bruxelles, où se trouvent aussi les deux Adèle, mère et fille.

De temps à autre, une lettre lui parvient. Les éditeurs Lacroix et Verboeckoven le pressent de signer avec eux un contrat pour *Les Misérables*. Charles sert d'intermédiaire. Hetzel n'est plus sur les rangs, les sommes envisagées sont trop élevées pour lui.

Il faut laisser les éditeurs désirer le livre.

Il rentre à Guernesey, le 3 septembre. Il retrouve avec joie son « antre », le *look-out* qu'il veut rénover, pour en faire un « cristal palace ». Il passe sur le balcon. Il se penche. Et tout à coup, il aperçoit dans une pièce de la maison voisine, contiguë à Hauteville House, éclairée par la lumière de la lune, une « crinoline » tombée à terre.

Il est fasciné par ce qu'il voit.

« *Una mujer, joven, a apparecido nuda. Es mi nueva vesina.* »

C'est la jeune voisine, une femme d'environ trente-quatre ans. Son mari est toujours absent.

Il ne peut s'empêcher de la guetter chaque nuit, « *sub clara nuda lucerna* ».

Il lui semble que c'est un signe de sa renaissance. Dieu lui laisse le temps, la vie. Il va poursuivre son œuvre, et d'abord publier *Les Misérables*. Il négocie âprement.

Le 4 octobre, Lacroix accepte de verser trois cent mille francs pour douze ans d'exploitation, droits de traduction compris. Mais il n'est pas question de publication dans une presse qui ne serait pas libre, et de toute manière, les droits seraient alors de cinq cent mille francs !

— Et l'on pourrait affecter cette somme à la fondation d'un nouveau grand journal démocratique !

Il faut veiller à tout…

« On imprimera à Paris, on fera deux éditions, une *in-8°*, l'autre *in-18°*, populaire. » Il faudra se méfier des contrefaçons qui « s'annoncent et menacent avec pas mal d'effronterie ».

Il conseille l'éditeur pour la rédaction du « prospectus » de présentation du roman.

Il doit être court, et ne pas déflorer le sujet. Il faut parler surtout de *Notre-Dame de Paris*, et dire ceci : « Après le Moyen Âge, le temps présent… Ce que Victor Hugo a fait pour le monde gothique, dans *Notre-Dame de Paris*, il le fait pour le monde moderne dans *Les Misérables*. Ces deux livres seront dans son œuvre comme deux miroirs reflétant le genre humain. »

Il regarde ces épreuves qui lui parviennent. Il a atteint son but. Il griffonne, joyeusement. Il imagine Gavroche courant dans les rues de Paris, chantant :

> *Ran tan plan !*
> *Tape, tambour, tape encore,*
> *Pan pan pan,*
> *Pif paf boum, ran plan tan plan,*
> *Gai l'aurore !*
> *[…]*
> *Le bourgeois est un grimaud…*
> *[…]*
> *Il enseigne à ses marmots*
> *Comment on rit de nos maux ;*
> *Pour lui, le peuple et la France,*
> *La liberté, l'espérance,*
> *L'homme et Dieu, sont au-dessous*
> *D'une pièce de cent sous.*
>
> *Je fais la chansonnette,*
> *Faites le rigodon*
> *Ramponneau Ramponnette, don !*
> *Ramponneau Ramponnette* [89] *!*

Peut-être est-ce enfin la sécurité, l'assurance qu'il a mis les siens à l'abri ?

« La vente des *Misérables* nous met au pair, écrit-il à Adèle. Désormais, la recette égalera la dépense. Nous aurons la même aisance et j'aurai plus de repos. Je n'aurai plus tous les ans un déficit à combler. Je pourrai respirer un peu. Je ne serai plus condamné au travail forcé qui avait, à ce qu'il paraît, entamé ma santé. Voilà tout. Si tu savais, par exemple, de combien cette année notre dépense a excédé notre revenu, tu serais stupéfaite...

« En somme et voici ma conclusion : tout est bien. Nous augmenterons certainement notre aisance, seulement les dispersions nous ruinent. Il faut y prendre garde. Tiens, note ce détail : je ne veux pas que Charles soit, si peu que ce soit, gêné à Paris. Je lui écris aujourd'hui de moi-même, qu'à partir du 1er décembre, je lui ferai, tant qu'il sera absent, une pension de cent vingt-cinq francs par mois.

« L'affaire des *Misérables* est admirable pour nos enfants. Elle leur fonde de beaux avenirs... »

Car Charles n'a pas voulu rentrer à Guernesey.

— J'ai fait un sacrifice politique à ma situation littéraire, a-t-il dit.

Il envisage d'écrire avec Paul Meurice un drame en cinq actes, tiré des *Misérables*. Soit ! Mais il faut cependant lui verser une pension, et il en va de même pour François-Victor !

Et il faut penser à doter Adèle, cinquante mille francs, qu'il faudra bien lui donner puisqu'elle veut se marier avec ce lieutenant Pinson.

Hugo observe cet officier anglais, au visage impassible, qu'il accueille à Hauteville House ce 25 décembre. Il s'étonne que le lieutenant Pinson annonce qu'il repartira dès le lendemain matin, pour le Canada, avec son régiment, dans l'éventualité d'une guerre avec l'Amérique !

Sont-ce là les prémices d'un mariage ?

Hugo sent de nouveau l'inquiétude qui s'empare de lui. Mais Adèle semble résolue. Elle brosse avec exaltation le portrait de ce lieutenant :

— Après des années de labeur, de courage, de travail, de douleur, il ose enfin m'approcher, et me demander ma main.

Il n'a pourtant fait, ce 25 décembre, aucune démarche officielle ! Mais il faut bien écouter Adèle.

— L'obscur jeune homme que tu dédaignes aujourd'hui est peut-être le Cœur, dit-elle. Défie-toi de la défiance : ces gendres mal venus, incomplets, indignes, inférieurs, cachent sous leur obscurité quelque lumière éclatante.

« Je te recommande Albert, en souvenir de Didine. »

Hugo est ému de cette évocation de Léopoldine. Il consent au mariage, à la dot, pourvu qu'Adèle soit heureuse, et puisqu'elle désire si fort cette union !

Mais ne se trompe-t-elle pas sur les intentions du lieutenant Pinson ?

Hugo chasse cette pensée, mais il sent que la tristesse, en ces derniers jours de l'année, alors que « tout est bien », est revenue.

Est-ce la mort de la chienne Chougna, qui bondissait chaque jour vers lui, qui l'affecte à ce point ?

Ou bien est-ce la pluie, le vent, le froid, l'hiver, qui l'assombrissent ?

Il ne peut repousser l'idée de sa mort, de celle de Juliette.

« Je me prosterne devant Dieu. Et je le supplie de nous faire vivre ensemble, mourir ensemble, revivre ensemble, je lui demande de faire un total des années qu'il nous réserve à tous les deux, et de nous partager ce chiffre par moitié, à une minute près. J'espère qu'il m'exaucera. »

Peut-être est-ce tout simplement l'angoisse à l'approche de la publication des *Misérables* qui le taraude ? Il écoute Juliette. Il lui semble qu'elle dit à voix haute ce qu'il ressent.

« Quel effet cela — ces *Misérables* — va faire sur le monde ? se demande-t-elle. Rien que d'y penser, mon cœur se gonfle et ma main tremble. Je voudrais être tout yeux, tout oreilles et toute âme pour recueillir toute cette lumière, toute cette admiration, toute cette adoration que ce livre va dégager de tous cœurs à son apparition dans le public. »

Il prie pour qu'il en soit ainsi.

SIXIÈME PARTIE

1862 - 1867

1862

Peut-être que la Mort, colossale et hagarde,
Est sous le firmament penchée, et vous regarde...

« C'est la première fois depuis dix ans que je m'isole à ce point. »

Il doit donner les « bons à tirer » des épreuves des *Misérables*, corriger son texte ici, le reprendre là, envisager parfois de déplacer un chapitre, ou bien de situer le couvent où travaille Jean Valjean sur la rive droite plutôt que sur la rive gauche.

Il doit veiller à tous les détails, harceler Lacroix, son éditeur, de recommandations.

— Jamais on n'a imprimé et on n'imprimera la première édition d'un de mes livres sans que je revoie les épreuves ! répète-t-il.

Il décide que *Les Misérables* seront divisés en cinq parties, qui constitueront dix volumes. Il renonce à publier la longue préface philosophique qu'il avait écrite et décide de la remplacer par deux courtes pages, qu'il écrit d'un seul élan, tant maintenant le sens du livre lui paraît clair.

Tant qu'il existera, par le fait des lois et des mœurs, une damnation sociale créant artificiellement, en pleine civilisation, des enfers, et compliquant d'une fatalité humaine la destinée qui est divine ; tant que les trois problèmes du siècle, la dégradation de l'homme par le prolétariat, la déchéance de la femme par la faim, l'atrophie de l'enfant par la nuit, ne seront pas résolus ; tant que, dans certaines régions, l'asphyxie sociale sera possible ; en d'autres termes, et à un point de vue plus étendu encore, tant qu'il y aura sur la terre ignorance et misère, des livres de la nature de celui-ci pourront ne pas être inutiles.

Et puis, il faut aussi se battre pied à pied avec Lacroix pour l'argent que le livre va procurer. Si Lacroix imagine qu'un poète ne sait pas compter, il se trompe !

« Vous faites erreur, écrit-il à Lacroix. Il n'y aurait rabais que si vous mettiez le volume à cinq francs — et deux francs cinquante le bon marché —, pensez-y... »

Et tout à coup, il doit s'interrompre, découvrant cette lettre d'un bibliothécaire belge qui lui avoue avoir publié sous le nom de Hugo quelques vers, dont il est l'auteur, pour solliciter la grâce du roi des Belges en faveur de criminels condamnés à mort ! Et *Le Journal de Bruges* les publie !

Hugo hésite.

— Ces vers ne sont pas de moi ! s'exclame-t-il. Mais la cause est juste...

— Quel que soit l'auteur de ces vers, je le remercie. Quand il s'agit de sauver des têtes, je trouve bon qu'on use de mon nom, et même qu'on en abuse !

Lorsqu'il apprend que sept condamnés sur neuf sont graciés, tout son corps se détend. Il ferme un instant les yeux. Il se souvient du révolutionnaire Barbès, dont il avait obtenu la grâce en écrivant à Louis-Philippe. Il a d'ailleurs rappelé cet épisode dans *Les Misérables*.

Il a le sentiment que ce livre contient toute son expérience, toute sa mémoire, toute sa pensée, toute sa poésie. Et il lui semble que c'est un signe du destin que *Les Misérables* paraissent en 1862, en cette soixantième année de sa vie, comme un couronnement de plus de quarante ans de labeur.

« Ma conviction est que ce livre sera un des principaux sommets, sinon le principal, de mon œuvre. »

Il n'est pas question qu'il accepte, comme le lui demande Lacroix, de raccourcir certaines parties. Il ne laissera « châtrer » aucun chapitre : « Ce livre est une montagne, dit-il à Lacroix, on ne peut la mesurer ni même la bien voir qu'à distance. C'est l'ensemble qui est tout. Tel détail qui peut sembler long dans la première et la deuxième partie est une préparation de la fin, et ce qui aura paru longueur au commencement ajoutera à l'effet dramatique du dénouement. »

Il est impatient, épuisé par ce travail de relecture. Et plus il s'enfonce, et plus ce livre lui paraît l'œuvre de toute sa vie. Il faut que Lacroix comprenne ce qu'il tient entre ses mains.

« Le drame de la conscience, l'épopée de l'âme, c'est là le livre. C'est là sa nouveauté et son inattendu ; ce sera là, je ne dis pas le succès à la minute, mais la certitude définitive de l'avenir… Il y a de l'action matérielle pour tout le monde et toutes les péripéties du drame moral pour les philosophes et les réformateurs. »

Il essaie d'échapper un peu à cette obsession, à cette angoisse aussi, en servant à déjeuner à une douzaine d'enfants pauvres qu'il a invités à Hauteville House, le 5 mars.

Il compte renouveler cela chaque semaine.

— Le repas sera le même que le nôtre. Nous les servirons. Ils diront en se mettant à table : « Dieu, soyez béni. » Et en se levant : « Dieu, soyez remercié. »

Mais voilà qu'il doit faire face aux critiques de Charles qui, resté à Paris, endetté, ayant la conviction qu'on le fait surveiller depuis Guernesey, s'insurge contre ces prières obligées.

« Il faut laisser l'Église à sa place, écrit-il, et ne pas l'introduire dans la maison. Hauteville House ne peut rien gagner à ressembler à un presbytère… »

Comment son fils ne le comprend-il pas ? Comment peut-il croire que son père le fait espionner ?

« On t'aime et on te désire, répond-il à Charles,

sans un atome de blâme ou d'ombre, voilà l'état de tous les cœurs ici... »

Mais il ne peut accepter cette incompréhension :

« Je crois au Christ comme à Socrate, et en Dieu plus qu'à moi-même, répète-t-il. C'est-à-dire que je suis plus sûr de l'existence de Dieu que de la mienne propre... »

Les lecteurs des *Misérables*, où il exprime cette croyance, la partageront-ils, ou bien seront-ils heurtés par cette foi qu'ils jugeront naïve ou rétrograde ?

Il attend avec anxiété les premières réactions à la parution du livre, mis en vente le 3 avril.

Et en même temps, il doit continuer à corriger les épreuves des parties suivantes, que Lacroix attend, pour que, à la date du 30 juin, les dix volumes soient tous sortis. Et voici que du paquebot, on jette sur le quai du port de Saint-Pierre les ballots contenant le courrier.

Il faut encore attendre quelques heures pour qu'il soit distribué. Maintenant, les lettres sont là, datées du 10 avril : la première édition de la première partie du roman est déjà épuisée et les réimpressions ont commencé !

« Les correcteurs d'imprimerie pleurent en lisant les épreuves. » Des ouvriers dans les ateliers se cotisent pour pouvoir acheter le livre et tirent au sort celui qui, quand tous les compagnons l'auront lu, en deviendra le possesseur.

Quelques articles seulement ont été publiés, l'un de Baudelaire. Le jeune poète est favorable. Celui de Louis Veuillot, dans *La Revue du monde catholique*, est hostile, et même celui d'un certain Lecas, dans *Le Siècle*, journal pourtant classé à gauche, est réservé. Certains commentateurs prétendent que ce livre « fait avancer la Révolution de dix ans ! ».

Et dans les *Débats*, un chroniqueur proche du pouvoir, Cuvillier-Fleury, écrit : « M. Hugo n'a pas fait un traité socialiste. Il a fait une chose que nous savons, par expérience, beaucoup plus dangereuse… Ce livre, par sa tendance avouée, n'est pas seulement œuvre d'écrivain, c'est l'acte d'un homme, j'allais dire l'acte d'un parti, une véritable démonstration de 1848. »

Hugo a l'impression que ce qu'il attendait se produit comme il l'espérait. Le livre est lu, dévoré. Et les ennemis aboient.

— Avril, murmure-t-il, beau mois ! Succès des *Misérables* !

Il peut partager sa joie avec Juliette. Adèle est à Paris. Elle écrit, recueillant les rumeurs, s'inquiétant d'une éventuelle censure. Le pouvoir n'a-t-il pas interdit la représentation du drame tiré par Paul Meurice et Charles des *Misérables* ?

Hugo est prêt à se battre.

— Si Bonaparte persécute *Les Misérables*, la littérature du dedans de la France m'étant fermée, je reprendrai la littérature du dehors, et je recommencerai la guerre de *Napoléon le Petit* et des *Châtiments*.

Mais Bonaparte n'osera pas !

Quant aux articles hostiles, comment en être surpris ?

Lamartine, comme à l'habitude, avec des prudences, donne sa rituelle « morsure de cygne », après avoir naturellement multiplié les déclarations d'amitié. Il a intitulé son analyse *Considérations sur un chef-d'œuvre ou le Danger du génie*, et proclame qu'il veut « défendre la société, chose sacrée et nécessaire quoiqu'imparfaite, contre un ami, chose délicate… ». Son devoir, dit-il, est de dénoncer « un livre dangereux ».

Peu importe !

— Quand un homme, dit Hugo, fait ou essaie de faire, comme moi, une œuvre utile et honnête en présence et à l'encontre de l'immense mauvaise foi, maîtresse du monde, les haines sont acharnées autour de lui et il est le point de mire de toutes les fureurs…

D'ailleurs, Lamartine et les autres ne se trompent pas.

« Si le radical, c'est l'idéal, oui, lance Hugo, je suis radical… Je tends vers la société sans roi, l'humanité sans frontière, la religion sans livre. Oui, je combats le prêtre qui vend le mensonge, le juge qui rend l'injustice. Je veux universaliser la propriété, en supprimant le parasitisme… Je veux détruire la fatalité humaine, je condamne l'esclavage, je chasse la misère, j'enseigne l'ignorance, je traite la maladie, j'éclaire la nuit, je hais la haine.

« Voilà ce que je suis, et voilà pourquoi j'ai fait *Les Misérables*.

« Dans ma pensée, *Les Misérables* ne sont autre

chose qu'un livre ayant la fraternité pour base et le progrès pour cime. »

Le 19 mai, à dix heures, il pose sa plume. Il en a terminé avec la révision totale des *Misérables*.

Il dit à Juliette :

— Ta fête, c'est ma fête. Elle coïncide avec la délivrance de ce livre. Demain, j'envoie la fin du manuscrit. Demain, je suis libre. Je sors des *Misérables*. C'est là ton bouquet.

Il sait qu'en lui disant cela, il la comble. Et il est vrai qu'il se sent de plus en plus proche d'elle maintenant qu'Adèle a quitté Guernesey, conduit sa vie, signe un contrat pour publier ce livre qu'elle a écrit avec Auguste Vacquerie : *Victor Hugo raconté par un témoin de sa vie*. Elle a vendu ses souvenirs, une part de la vie commune, pour quinze mille francs, neuf mille francs pour elle et six mille francs pour Vacquerie !

Juliette lui paraît plus que jamais l'incarnation du dévouement.

« Merci d'associer l'humble souvenir de moi à la plus glorieuse date de ta vie, aux *Misérables*… Je baise tes chers pieds encore tout poudreux de ton voyage à travers l'humanité et je mets la main sur mes yeux pour ne pas voir de trop près ton nimbe divin. Je te baise à genoux. »

Il peut partir avec elle, pour un long voyage de plus d'un mois dans les Ardennes et le long du Rhin.

Il sait que les lecteurs s'arrachent les différents volumes au fur et à mesure de leur parution.

La rue de Seine, où se trouve le magasin de l'imprimeur-éditeur Pangerre, est envahie dès six heures du matin par une troupe de commis libraires, de commissionnaires, de trotteurs en librairie. Il faut que les sergents de ville maintiennent l'ordre tant la bousculade est grande quand les portes du magasin s'ouvrent. Il n'y a plus dans la boutique que des piles des *Misérables*. « Elles occupent toute l'étendue du magasin et s'élèvent du parquet jusqu'au plafond. Ces pyramides représentent le chiffre respectable de quarante-huit mille volumes indispensables à la mise en vente », lit-il dans les lettres qui lui sont adressées de Paris.

En Belgique, c'est le même accueil, et des traductions sont prévues dans la plupart des pays.

Merci, mon Dieu.

À Bruxelles, à quelques jours de son départ pour Guernesey, il se rend à un banquet organisé par ses éditeurs. Il a la gorge serrée.

« Mon émotion est inexprimable », avoue-t-il ce 16 septembre.

Il a autour de lui le bourgmestre de la ville, des proscrits. Il va exalter la liberté de la presse, « l'immense et sainte locomotive du progrès ».

Il se sent porté par l'enthousiasme de l'assistance qui l'acclame, par celui de ces dizaines de milliers de lecteurs qui, mieux que les chroniqueurs, fussent-ils républicains, ont compris que *Les Misérables* sont, il le répète, « un livre d'amour et de pitié ; c'est un cri de réconciliation ».

Quant à ceux qui grimacent, qui critiquent tel ou

tel point de sa vision trop héroïque de Waterloo, par exemple, ils n'ont pas compris que c'est une « faute pour un parti de se dénationaliser. Cette faute-là, je ne la ferai jamais ».

Quand, le 29 septembre, il est de retour à Guernesey, qu'il s'installe dans le « palais de cristal », ce *look-out* encore inachevé, il regarde l'océan que commencent à soulever et à creuser les vents d'automne. Il se sent en harmonie avec ce mouvement de la houle, cette course sans fin des nuages sur l'ample horizon.

Il s'installe à sa table. Il lit ces lettres venues de Paris, dans lesquelles on lui rapporte que Sainte-Beuve a attiré l'attention des proches de l'empereur — la princesse Mathilde — sur le banquet de Bruxelles. Sainte-Beuve y a vu « un Koblentz menaçant et triomphant... Sont-ce donc là nos envahisseurs de demain, nos prochains émigrés rentrants ? Tel est ridicule aujourd'hui qui ne l'est pas demain... ».

Hugo ressent à cette dénonciation une nausée de dégoût. La colère l'emporte.

Viens, je t'invoque ! Arrive, infamie, impudeur,
Cynisme ; arrive, impur, riant, traînant en laisse
[...]
Sainte-Beuve...
[...]
Faux serment, coup d'État, succès, fille publique,
Avec ton double sexe, avec ton œil oblique,
Viens [90] *!*

Il n'y a qu'une seule manière de combattre ces infâmes, c'est d'être lu.

Il écrit à Lacroix, qui ne réimprime pas, attend « l'écoulement, infaillible mais lent, de cette queue à si haut prix », sans lancer l'édition populaire.

« Il faut battre le fer quand il est chaud, lui dit-il, et vous laissez refroidir ! En publiant aujourd'hui l'édition bon marché, et petit format, vous recommencez avec plus d'intensité encore le mouvement et l'effet des premiers jours ; vous faites pénétrer le livre dans des couches plus profondes et inépuisables du peuple ! Vous passez de l'acheteur d'élite, qui pourtant vous a acheté des nombres énormes, à l'acheteur de la foule, qui vous achètera des nombres plus grands encore… »

Que pourront contre lui les Sainte-Beuve, les Louis Veuillot, quand le peuple aura pleuré sur le sort de Fantine et de Cosette, suivi Marius sur la barricade, et été bouleversé par le destin de Jean Valjean ?

Il sera invulnérable.

D'autant plus qu'il est protégé de la misère, écrivain indépendant et même riche, oui, il doit l'avouer.

Il a pu acheter, en cette année 1862, deux cent trente et une actions de la Banque nationale de Belgique. Son aisance et celle des siens sont assurées. Il peut mourir sans crainte.

Mourir ?

Qui sait si tout n'est pas un pourrissoir immense ?
Qui sait si ce qu'on croit gloire, vie et semence,
N'est pas horreur et deuil ?
[...]
Peut-être que l'abîme est un vaste ossuaire,
Que la comète rampe aux plis d'un noir suaire,
Ô vivants pleins de bruit,
Peut-être que la Mort, colossale et hagarde,
Est sous le firmament penchée, et vous regarde
Ayant pour front la nuit !

Peut-être que le monde est une chose morte ;
Peut-être que le ciel où la saison apporte
Tant de rayons divers,
Ô mortels, est soumis à la loi qui vous navre,
Et que de cet énorme et splendide cadavre
Les astres sont les vers[91] !

1863

J'effeuillais des jasmins et des œillets sans bruit ;
Et je priais, veillant sur tes paupières closes[92]...

Hugo sait que chaque nuit sera difficile. Il a l'impression qu'on le secoue et le tire hors du lit.

Souvent il se lève, va jusqu'à la cloison qui sépare sa chambre de celle de la domestique. Là, il a ménagé « le trou du clou ». Il colle son œil contre le mur. Il aperçoit la jeune femme qui se déshabille, le pied posé sur le rebord du lit, la jambe nue.

Le désir l'emporte et les cauchemars s'effacent. Il se recouche. Mais il entend la voix. Il lui semble que c'est celle de Léonie d'Aunet. Elle l'appelle, elle s'approche. Et parfois, quand elle se penche sur lui, il croit voir la Mort.

« Sombres rêves. Persistants. Sont-ce des avertisseurs ? Toujours le même rêve changeant à peine de forme. »

Il prie Léopoldine. Elle seule, et peut-être aussi Claire, la fille de Juliette, peuvent l'aider.

« Ô mon doux ange, là-haut, plutôt que cela obtiens ma mort ! » murmure-t-il. Qu'est-ce qui l'angoisse ainsi ? Il ne craint pas la descente au tombeau. C'est une renaissance, il en est sûr. Et Dieu lui a déjà tant donné !

Alors quoi ? La peur de perdre son énergie ? De ne plus être qu'une silhouette sans passion et sans désir ?

Il sort sur le balcon. Il regarde vers la chambre de la maison contiguë. L'autre jour, il a aperçu « une jeune Anglaise très élégante avec des bottes, de vraies bottes molles, tout en cuir, montant à mi-jambe », et cela a suffi pour qu'un frisson parcoure sa peau.

Il a besoin de voir et de toucher un corps de femme.

Il se penche. Il devine dans l'ombre la villa de La Fallue, où Juliette n'habite plus que pour quelques jours. Cette maison est trop humide et il veut qu'elle s'installe au 20, rue Hauteville, là où il a résidé durant les premières semaines de son séjour à Guernesey.

Il lui suffit de penser à Juliette pour qu'il soit apaisé, qu'il se souvienne de la lettre qu'elle vient de lui adresser, comme chaque 17 février, jour anniversaire de leur rencontre.

« Ces trente années d'amour ont passé dans ma vie comme un seul jour d'adoration non interrompue, a-t-elle écrit, et je me sens plus jeune, plus vivante, plus forte pour t'aimer, que je ne l'ai jamais été : cœur, corps et âme, tout est à toi et ne vit que par toi et pour toi. Je te souris, je te bénis, je t'adore. »

Il lui a dit :

— Être ensemble à jamais ! Que Dieu nous accorde ce paradis, ô mon doux ange, et aimons-nous !

Mais, et elle ne l'ignore pas, il ne peut vivre sans cette poussée du désir que font naître en lui un jeune corps féminin, une jambe entrevue, un sein deviné, une femme nouvelle.

Et il lui semble même que plus il vieillit — soixante et un ans cette année — et plus ce désir est grand en lui.

Il n'y a que le travail qui le dévore autant, qui lui fasse oublier cette soif inextinguible de femme qui lui assèche la bouche.

Il classe, en ces premières journées de l'année, ses manuscrits. Il pense à écrire une deuxième partie de *La Légende des siècles*. Mais surtout, il se sent de plus en plus attiré par le grand cataclysme français du début du siècle.

Il feuillette les ouvrages qu'il a accumulés sur ces personnages hors du commun que furent Danton, Marat, Robespierre, et leurs victimes, Louis XVI et les aristocrates. Il tend à Julie Chenay, sa jeune belle-sœur qui, debout sur un escabeau, classe sa bibliothèque, les livres qu'elle doit ranger. Il la regarde. Il est aussi attiré par elle, et d'autant plus que son mari est un aigrefin qui a, avec cet album de gravures concernant John Brown, voulu le dépouiller de ses droits. Bonne leçon ! Hugo est décidé à refuser maintenant toute publication de ses dessins.

— Je ne dois pas sortir de mes pattes de mouche d'écrivain, affirme-t-il.

Il marche dans la pièce, lançant de temps à autre un regard vers Julie. Et, en même temps, il imagine l'incendie d'un château dans la lande bretonne, en 1793, il voit les Chouans que les Bleus pourchassent. Il pense à « ses » morts, sa mère, son père, acteurs de cette histoire.

Comment échapper à ce passé ?

— Les poètes du dix-neuvième siècle, les écrivains du dix-neuvième siècle, sont les fils de la Révolution française, dit-il. Ce volcan a deux cratères, 89 et 93. De là, deux courants de lave.

Il griffonne au dos d'une enveloppe des noms, des scènes.

Il répond à son éditeur, Lacroix, qui le questionne sur ses projets :

« Je suis au seuil d'un très grand ouvrage à faire. J'hésite devant l'immensité, qui en même temps m'attire. C'est *Quatrevingt-treize*. Si je fais ce livre, et mon parti ne sera pris qu'au printemps, je serai absorbé. Impossibilité de publier quoi que ce soit jusqu'à ce que j'aie fini. Il m'est donc impossible de me lier. J'ai bonne volonté absolue, et pour vous c'est une affection véritable, mais vous voyez que je ne peux qu'ajourner. »

Et puis il faut laisser passer un peu de temps après le succès des *Misérables*, dont la presse parle encore. Elle est le plus souvent hostile. Il a écrit, dit-on, « l'épopée de la canaille ». Il est devenu « le compère Mathieu du socialisme » et on laisse entendre qu'il a choisi pour lancer à grand fracas ce roman, qu'il avait dans ses malles depuis des années, le moment opportun financièrement, comme un spéculateur boursier, ce qu'il serait, même s'il vend du « socialisme », et s'il flatte les pauvres, tout en vivant comme un banquier de ses rentes !

Il ne désarmera pas la haine qui s'accroche à lui, et que sera-ce s'il publie un *Quatrevingt-treize* !

Il sent qu'il est plus que jamais au centre des regards. En France et à l'étranger. Et dans cette attention se mêlent l'affection, l'admiration, la curiosité indiscrète et malsaine, aussi la jalousie, l'intérêt sordide, ou la volonté d'obtenir son aide.

Là, c'est une veuve qui demande un secours.

— Je lui envoie un bon de vingt francs. Elle me paraît digne d'intérêt, vieille et pauvre.

Ici, ce sont les Polonais qui viennent de se révolter contre les Russes, et qui réclament un soutien. Et que peut-il faire, sinon lancer un appel ?

« Soldats russes, redevenez des hommes ! Cette gloire vous est offerte en ce moment, saisissez-la.

« Soldats russes, inspirez-vous des Polonais, ne les combattez pas. Ce que vous avez devant vous, en Pologne, ce n'est pas l'ennemi, c'est l'exemple. »

Et voici Garibaldi qui écrit : « J'ai besoin d'un autre million de fusils pour les Italiens. Je suis certain que vous m'aiderez à recueillir les fonds nécessaires... »

Il faut souscrire, aider Garibaldi, proscrit maintenant qu'il a été utilisé par la monarchie piémontaise et relégué lui aussi dans une île, à Caprera !

Et puis, il y a les Mexicains, auxquels les troupes de Napoléon III font la guerre, dans la volonté d'imposer à ce peuple un souverain, Maximilien d'Autriche, et surtout de profiter de la guerre de Sécession qui affaiblit les États-Unis pour prendre pied en Amérique.

Il apprend que les habitants de Puebla, assiégés par les troupes françaises, publient un journal, qui contient chaque jour une page extraite de *Napoléon le Petit* !

« Vous avez raison de me croire avec vous, leur écrit Hugo. Ce n'est pas la France qui vous fait la guerre, c'est l'Empire. Nous sommes debout contre l'Empire, vous de votre côté, moi du mien, vous dans la patrie, moi dans l'exil… La République est avec vous. »

Il a la certitude que, le voudrait-il, il ne peut plus échapper aux regards des hommes. Et cela aussi l'oblige à être inflexible, à conseiller par exemple aux candidats républicains qui se présentent aux élections législatives de mai de refuser de prêter serment à l'empereur. Mais ces candidats passent outre et se moquent de cette position intransigeante. Et peut-être en effet ont-ils raison, puisque l'opposition républicaine remporte un vif succès.

Cependant, l'habileté, l'opportunité valent pour les hommes du commun. Lui, comme il l'écrit dans le *William Shakespeare* qu'il rédige, est un

« homme Océan ». Et il ne peut transiger. Il vit, comme Shakespeare, dans « la région de l'art suprême ». Et il doit donner l'exemple, agir et écrire pour tous.

« Tout pour tous », voilà la devise de l'artiste qui doit s'engager dans les luttes de la cité, et ne point entrer dans le labyrinthe des intrigues politiques, pour se tenir haut, au-dessus, poète et prophète.

« Ce qu'il faut à la civilisation, grande fille désormais, c'est une littérature de peuple… Ah, esprits, soyez utiles !… Vivre, c'est être engagé ! »

Et voilà pourquoi il regarde de nouveau vers ce volcan de la Révolution, cette coulée de lave qu'est 93, Terreur, guerre de Vendée, guillotine, massacres, incendies, l'héroïsme des Chouans contre le courage des Bleus ! Père et mère !

Parfois, malgré tout, il hésite : « Je suis un peu vieux pour mettre en mouvement les montagnes, et quelle montagne ! La montagne même ! *Quatre-vingt-treize* ! Enfin ! *Diex el volt* ! »

Et, alors qu'il continue d'écrire *William Shakespeare,* qu'il s'indigne parce que Lacroix, en éditeur avide, a manifesté l'intention de commander sur le même sujet un livre à Lamartine — « J'y vois une offense, dit Hugo. Cela fait une course au clocher ! » —, il ne cesse de penser à ce roman.

Il écrit à Paul Meurice :

« Soyez assez bon pour acheter à mon compte et m'envoyer le livre dont vous me parlez, *L'Art sous la Révolution.* Y a-t-il une gravure quelque part ou une description détaillée de la salle où la Convention a jugé Louis XVI ? Si oui, voulez-vous me l'envoyer ? Qu'est-ce que l'ouvrage Mortimer-Ter-naux sur *La Terreur* ? »

Mais il veut d'abord terminer le *William Sha-kespeare*, rendre aussi de cette manière hommage à François-Victor, qui a achevé la traduction française des œuvres du dramaturge. Il est inquiet pour lui, il le voit amoureux d'une jeune Anglaise, Emily de Putron, qui l'a aidé dans sa traduction, mais dont la langueur, la pâleur, la toux indiquent qu'elle est rongée par la phtisie.

Mon Dieu, que les enfants sont une source de joie et de souffrance !

Charles est resté sur le continent. Il fréquente les salles de jeux, use et abuse des plaisirs. Il compte, avec sa mère, s'installer bientôt à Bruxelles. Mais pour l'heure, Adèle jouit à Paris de la notoriété que lui donne la publication de *Victor Hugo raconté par un témoin de sa vie*.

Hugo a d'abord une réaction de prudence : « Il est très important qu'on sache bien que je n'y suis pour rien. Le curieux, c'est que je ne l'ai même pas lu. »

Il le parcourt.

« L'ensemble est excellent », précise-t-il à Adèle, qui séjourne pour quelques semaines à Guernesey, avant de repartir vers Paris et Bruxelles. Et il ne cherche même plus à discuter de l'utilité de ces voyages. Chacun désormais conduit sa vie, loin de l'autre. L'âge est venu, apaisant aussi les tensions, les jalousies, les mesquineries.

Il constate ainsi qu'Adèle pour sa part ne

commente plus le long voyage qu'il fait en compagnie de Juliette, comme chaque année désormais, dans les Ardennes, en Belgique et dans la vallée du Rhin.

Mieux, elle lui donne un exemplaire de son livre, afin qu'il le remette à Juliette. Il l'ouvre. Il est dédicacé :

« À Madame Drouet, écrit dans l'exil, donné par l'exil.

« Adèle Hugo, Hauteville House, 1863. »

Il est heureux que le temps ait fait son œuvre de sagesse et de réconciliation. Et lorsqu'il apporte le livre à Juliette, dans cette nouvelle maison de la rue Hauteville où il l'a installée, il n'est pas surpris de son émotion. Elle remercie Dieu, elle montre tous les meubles qu'il a fait livrer dans son domicile.

— Il faut que tout cela retourne à ta famille… Je leur rendrai, après ma mort, tout ce que ta générosité m'aura donné pendant la vie.

Est-ce enfin l'harmonie ? Une inquiétude continue de le tarauder. Elle fait naître des insomnies et des cauchemars, ces « vilains rêves tristes », qui ne s'interrompent qu'au moment où, voyeur, il dérobe l'image d'un corps de femme, ou bien quand il se glisse dans la chambre de la domestique, et qu'elle se laisse lutiner, aimer.

Mais quand il se retrouve seul, et avant que la vague des mots ne l'entraîne vers le grand large des idées et de l'imagination, il pense avec angoisse à sa fille Adèle, qui a quitté Hauteville House le 18 juin sans même le saluer, prétextant qu'elle allait rejoindre sa mère, puis écrivant de Londres qu'elle partait pour Malte, afin d'aller retrouver son fiancé, le lieutenant Pinson, et se marier. Comment ne pas sentir son cœur se serrer quand elle écrivait plus tard qu'elle était au Canada, à Halifax, auprès de cet officier anglais, son mari. Hugo doute. L'a-t-elle seulement épousé ?

Il relève des étrangetés dans son comportement : « Toute la conduite d'Adèle est une énigme. Nous consentions au mariage. Elle s'évade de la maison. Il ne tient qu'à elle de se marier avec dignité, chez elle, devant son père, sa mère, ses frères, ses parents, ses amis. Elle fait de son mariage une escapade. Tout à coup, elle écrit qu'elle est mariée. Cela tient en trois lignes dans sa lettre. Les dix pages de surplus sont pour demander de l'argent. Mon nom n'est même pas prononcé. Je ne suis là que sous-entendu, et comme caissier. Maintenant, où, comment, devant qui, sous quelle loi, s'est-elle mariée ? Silence absolu... Elle crie ce mariage dont nous n'avons pas la preuve... »

Il se sent mal à l'aise, presque trahi. Les questions courent à Guernesey. On l'interpelle dans la rue, on lui demande des nouvelles de sa fille. Est-il vrai qu'elle s'est mariée ?

Mais ce « mauvais petit soudard anglais qui a le prodigieux honneur d'entrer dans la famille de Victor Hugo », où est-il ? Est-il vraiment un gendre ?

« J'en suis réduit à me faire cette question. Son silence dit non. »

Cette affaire est son tourment : « Je suis accablé

de fatigue et d'inquiétudes… Nous traversons une année bien douloureuse. »

Il n'est pas surpris, mais accablé par les reproches que lui fait son épouse.

— Adèle était libre, lui dit-elle. Sa vie n'a-t-elle pas été sacrifiée aux rigueurs de la politique ? Ces rigueurs elles-mêmes n'ont-elles pas été accrues par le choix du lieu de l'exil ? Pendant que tu remplissais tout ton devoir, remplissions-nous le nôtre vis-à-vis de notre enfant ? N'a-t-elle pas eu une existence malheureuse ?…

Il faut faire taire les rumeurs ! Il rédige un avis qu'il fera insérer le 1er octobre dans *La Gazette* de Guernesey. Il y annonce le mariage, « à Paris, le 17 septembre 1863, de M. Albert Pinson, du 16e régiment d'infanterie anglaise, avec Mlle Adèle Hugo, fille de M. le vicomte Victor Hugo, officier de la Légion d'honneur, ancien pair de France, ex-représentant du peuple sous la République, membre de l'Académie française et chevalier de l'ordre de Charles III d'Espagne, domicilié à Saint-Pierre-Port, Guernesey ».

Et il tente d'oublier, en achevant son *William Shakespeare*. Mais souvent il s'interrompt, comme s'il guettait l'approche d'une tempête, s'il pressentait l'ouragan.

Et voilà le coup de tonnerre attendu et la foudre, quelques semaines plus tard, quand François-Victor annonce que, dans une lettre, Adèle a reconnu qu'elle n'était pas mariée, qu'elle était à Halifax pour contraindre le lieutenant Pinson à l'épouser,

et qu'elle pouvait y réussir en le faisant hypnoti-
ser, mais qu'elle avait besoin pour cela de cinq
mille francs, et que son père devait lui en faire
l'avance sur sa dot !

« Pauvre enfant ! »

Il pense à Eugène. Il craint pour la raison
d'Adèle. Il ne supporte pas l'humiliation que ce
soudard anglais lui a infligée.

Il faut agir.

« Relevez-vous, tous et toutes, écrit-il à son
épouse.

« Cet homme est un misérable, le plus vil des
drôles ! Il couronne un mensonge de dix ans par un
congé hautain et glacé ! C'est une âme noire et
bête ! Eh bien, félicitons Adèle. C'est un grand
bonheur qu'elle n'ait point épousé cela.

« Pas d'abattement, poursuit-il. Tout peut se
réparer... Dans six mois, Adèle reviendra à Hauteville ; elle s'appellera Mme Adèle. Voilà tout.
Elle est d'âge à être *damée* et nous n'avons pas de
compte à rendre... La pauvre enfant n'a pas encore
été heureuse, il est temps qu'elle le soit. »

Il se souvient de tous les mariages qu'elle a refu-
sés, dont le dernier avec un poète italien, Gani-
zarro, venu ici, à Guernesey, pour demander sa
main et qu'elle a rejeté.

Il craint d'aller jusqu'au bout de sa pensée,
d'imaginer qu'elle est atteinte de la même maladie
que son frère.

« Je réparerai tout, ajoute-t-il. Si un imbécile a
eu la puissance de déshonorer, Victor Hugo aura la
puissance de glorifier. Plus tard, guérie et sou-

riante, nous la marierons à un honnête homme…
C'est un malheur qu'elle ne soit pas mariée ; mais
c'est un bonheur aussi d'avoir échappé à ce mari.
C'est une protection de Dieu. Guérissons-la à force
d'amour… »

Pourtant, il ne peut chasser l'angoisse, et ce sentiment d'être coupable.

Il essaie de noyer ce malaise dans l'écriture.

« Je travaille beaucoup. C'est à quoi l'exil est
bon. Les jours sont courts, je me lève à l'aube. J'ai
un *cristal room* d'où je vois la mer. Ce tumulte se
mêle à mon travail. »

Mais l'océan a pris la couleur grise de l'hiver et
le vent humide et froid souffle en permanence.

« La vieillesse arrive, la mort approche. Un autre
monde m'appelle. Quittez-moi tous ; c'est bien.
Que chacun aille à ses affaires. Le moment est
venu pour tout le monde de se détacher de moi ;
même moi, il faut que moi aussi j'aille à mes
affaires. »

Il n'a pas peur de cette mort qui s'avance.

Il la regarde dans une « contemplation suprême »,
et c'est le titre qu'il donne à quelques pages qu'il
écrit, en ces derniers jours de l'année.

« Je saurai ce que c'est que cette ombre, le tombeau, et j'ai une sorte de certitude que mon espoir
de clarté ne sera pas trompé. »

1864

La mer, comme le tigre, a sous le ciel profond,
Une peau de lumière avec des taches d'ombre[93].

C'est l'aube. Hugo écrit. Il veut ajouter ici et là, dans son *William Shakespeare*, des remarques, un portrait de Beethoven, « ce sourd qui entendait l'infini ». Il relit le manuscrit, que Julie Chenay vient d'achever de recopier. Comment sera-t-il reçu ?

Ce texte n'est pas, comme l'éditeur Lacroix l'imagine, un « livre purement littéraire ; l'art pour l'art ne m'est pas possible, dit Hugo, après surtout les grandes épreuves subies… Ubiquité de ce livre présent à toutes les questions ».

Il lui reste la dédicace à écrire. Il n'hésite pas :

« À l'Angleterre,

« Je lui dédie ce livre, glorification de son poète.

« Je dis à l'Angleterre la vérité ; mais,
comme une terre illustre et libre, je l'admire,
et comme asile, je l'aime. »

Puis il expédie le livre à Lacroix.

Et s'accorde quelques instants de récréation.

Il trace avec soin les deux grands panneaux du dragon, qui doivent décorer son *look-out*.

Il se glisse, à la nuit tombée, dans la chambre de la bonne, demande à voir ses seins, puis note dans son carnet : « Suisses », ce qui lui rappellera, il le sait, cette peau laiteuse, ces tétons roses. Il donne un franc à la domestique. Puis il revient à sa table, griffonne deux vers.

> *Le vent soulevant ses jupes*
> *Montrait sa jambe parfois*[94].

C'en est fini de la récréation. C'est comme si sa plume était aussi un membre exigeant de son corps.

Il pense à ce roman, *Quatrevingt-treize*, qui l'obsède et qu'il n'ose pas encore vraiment commencer, et à ce projet des *Travailleurs de la mer*, autre récit, dont il compose l'intrigue.

Il a reçu, il y a peu, une lettre de Nadar, qui a investi tous ses biens dans un engin qu'il nomme l'*hélicoptère*. Mais celui-ci s'est écrasé au sol, engloutissant les ressources du photographe !

Hugo est fasciné par ce projet de Nadar de navigation aérienne, de « locomotive de l'air », de conquête du ciel par une machine lourde, et par le progrès que cela représente.

« Ah ! la machine est libératrice, lui répond-il. Laissez-la faire. Elle s'envole, cette machine, elle emporte l'homme. Elle abaisse les inégalités de surface qui faisaient obstacle, elle réduit les superstitions et les préjugés à des hérissements inutiles… et l'éblouissement du monde assiste à cette vision : le progrès planant… L'hélicoptère, c'est cela. »

Il écrit cette lettre à Nadar pour que celui-ci en fasse état, puisse trouver des appuis afin de recommencer son expérience.

Mais en même temps, comment ne pas faire entrer la machine dans le roman ?

Ce pourrait être cela, *Les Travailleurs de la mer* ! Un armateur disposant d'un bateau à vapeur, faisant le service entre Saint-Malo et Guernesey. Les pêcheurs traditionnels — « les travailleurs de la mer » — inquiets de ce progrès. Ils coulent le navire. Et l'armateur promet sa nièce à qui le renflouera. C'est un solitaire, Gilliat, qui réussira l'entreprise, mais renoncera à la jeune femme pour la laisser à l'homme qu'elle aime.

Hugo est à sa table de travail, debout face à l'océan. Ce qu'il voit, devant lui, c'est l'univers de ces « travailleurs de la mer » qu'il va mettre en vie, en scène.

— Vers et prose me pétillent par tous les pores, dit-il. Je n'ai jamais été plus en train d'écrire qu'aujourd'hui.

Il ne peut pas vivre autrement !

— Je ne suis pas sur cette terre pour mon plaisir, ajoute-t-il. Je suis une espèce de bête de somme attelée au devoir. Et voilà qu'à cette heure le temps s'abrège pour moi, et je ne sais si je pourrai achever ce que j'ai à faire.

Est-ce cela qui laisse en lui comme une eau sombre d'inquiétude qui ne peut s'écouler ?

Il lui semble même que jamais un texte ne fut plus désespéré que celui des *Travailleurs de la mer*, dont il n'a écrit pourtant qu'une première partie. Mais Gilliat est un homme seul. Et lui, ne l'est-il pas, dont la maison est vide ?

Adèle, la mère, est absente depuis plus de seize mois ! Elle l'aime moins qu'elle ne hait l'exil.

Le fils Charles est à Paris. Et il faut augmenter sa pension mensuelle de cent vingt-cinq à deux cents francs !

Quant à François-Victor, il séjourne souvent sur le continent, ou à Londres, et quand il revient à Guernesey, la tristesse l'accable, car Emily de Putron, son amour, se meurt.

Reste Juliette dans sa nouvelle demeure, qu'elle a nommée Hauteville-Féerie... Mais Juliette a-t-elle jamais été gaie ? Passionnée, consumée d'amour, et reléguée dans une obscurité douloureuse.

Si elle apprenait aujourd'hui ce qu'il fait chaque nuit avec les jeunes bonnes, comment même il regarde sa cuisinière, Suzanne, quel nouveau malheur s'abattrait sur elle !

Et puis il y a Adèle, la fille.

Ceux qui la logent à Halifax, dans cet hiver implacable du Canada, envoient de « sombres nouvelles ».

« La pauvre enfant néglige entièrement les soins nécessaires à sa santé, à peine se nourrit-elle ;

quand elle sort par le froid glacé de ce pays-là, elle est à peine vêtue. »

Et ce « petit soudard » de lieutenant anglais l'a tout à fait abandonnée.

Comment ne pas conclure, ne pas regarder en face ce qu'Adèle est devenue ? « La pauvre enfant est en plein déraillement, pense Hugo. La faire rentrer dans la raison, voilà quel doit être notre unique effort. »

Il se sent déchiré, angoissé, terrassé parfois par ce tourment, et ses nuits sont de nouveau traversées par des cauchemars.

Il apprend que ce « misérable Pinson n'épargne aucune humiliation à Adèle. Il affecte de passer en voiture sous sa fenêtre avec une femme ».

Comment Adèle pourrait-elle tolérer cela ?

« Sa fierté se révoltera-t-elle enfin ? Elle est si haute, à tort, avec les siens, comment est-elle si humble, là ? Quel abominable gueux ! Chose triste de penser quelle ennemie elle a en elle-même. »

Il veut espérer qu'on puisse la sauver : « Si la guérison pouvait enfin venir… Une fois ramenée, et surtout emmenée, on la sauvera. Il est impossible que cet avenir soit perdu. J'espère. »

Il s'efforce de croire qu'elle échappera à sa folie, mais c'est aussi parce qu'il doit combattre le désespoir qui le mine.

« Pendant toutes ces douleurs-là, il faut que mon esprit travaille. J'ai à faire face à une publication. »

William Shakespeare, publié le 15 avril, est mal accueilli. Lacroix se plaint à demi-mot.

« Je devais avoir une vente de quinze mille exemplaires pour couvrir les frais sans bénéfice », écrit-il. Et il n'y a que huit mille exemplaires vendus.

Lacroix suggère qu'après ce « livre de haute critique philosophique, d'esthétique, s'adressant aux lettrés, il faut que vienne le livre qui s'adresse aux foules et que l'on chante partout, dans les rues et dans les bois. Ayant tant de voix pour échos, vous aurez l'âme populaire avec vous, et que, plus tard, *Quatrevingt-treize* paraisse, ce sera un éclat ».

Il faut rassurer Lacroix, lui dire qu'au bout de son contrat de douze années, il aura vendu ses quinze mille exemplaires.

« Tout est là, j'ai le lendemain. »

« On me reviendra, mais en attendant, je constate ma solitude. »

Comme à l'habitude, les haines littéraires s'expriment.

Ce livre est une « collection de cauchemars et de migraines », dit l'un dans *La Gazette de France*.

« Ce livre pourrait s'intituler MOI », dit l'autre.

On critique, on se moque, on annonce que « le grand Pan est mort ».

« Les journaux républicains classiques m'attaquent, constate Hugo. Et les journaux bonapartistes non classiques me soutiennent… »

Cet accueil hostile, cette incompréhension de ce qu'il a voulu dire l'affectent plus qu'à l'habitude parce que la situation d'Adèle le rend vulnérable.

— Ce n'est pas de la mer que me vient ma

tristesse, dit-il à Charles, mais d'outre-mer. Tant qu'Adèle sera dans cet affreux péril, dans ce quasi-naufrage, dans cette submersion de son sens moral et de sa raison, j'aurai des heures d'amertume profonde.

Il ne veut pas leur parler du sort de *William Shakespeare*. Et pourtant il sait bien que cela creuse le désespoir en lui.

Parfois, la nuit, il se réveille en sursaut.

« J'ai rêvé avec les plus étranges et les plus minutieux détails, que Lamartine était fou ! »

Peut-être parce que Lacroix avait voulu lancer en même temps que le *Shakespeare* de Hugo un texte de Lamartine sur le même sujet ?

Tout cela lui laisse une profonde tristesse. Il souffre de maux de dents, de névralgie.

Il s'interroge.

« Je crois que je commence à être de trop. Je crois de ma dignité de garder désormais un long et très long silence... Ne publiant rien, je n'en travaillerai que plus et mieux, je n'ai plus beaucoup de temps, je veux l'employer à faire des œuvres plutôt qu'à imprimer des livres... »

Et en même temps, il a ces projets, *Les Travailleurs de la mer*, un livre de poésie, *Les Chansons des rues et des bois*, et cet immense roman, *Quatrevingt-treize*. « J'ai peu d'années devant moi et plusieurs grands livres à faire ou à finir. C'est ce qui me rend avare de mon temps. »

Il emporte avec lui le manuscrit des *Travailleurs de la mer* lorsque, le 15 août, et pour plus de deux mois, il quitte Guernesey avec Juliette, pour leur voyage annuel, dans les mêmes lieux, tant ces rives du Rhin, les villes et les châteaux, les églises médiévales de Bruges à Heidelberg l'attirent sans jamais épuiser leur beauté.

Il profite des haltes pour lire, travailler, faire ses comptes. Il décide d'acheter, avec les droits que Lacroix vient de lui verser pour le *Shakespeare*, huit nouvelles actions de la Banque nationale de Belgique, pour un montant de seize mille quatre cent cinq francs et quatre-vingt-dix centimes*. Il détient désormais deux cent trente-neuf avoirs, ce qui donne de solides revenus. Il peut acquérir la nue-propriété de la nouvelle maison de Hauteville-Féerie, où loge Juliette. Il peut aussi aider Léonie d'Aunet.

« Si amère et si injuste que vous soyez, lui écrit-il, vous devez me permettre, quand j'apprends qu'il y a de la gêne chez vous ou auprès de vous, de faire le peu que je puis pour alléger cette situation. Voulez-vous accepter les cinq cents francs que voici ? Toujours à vos pieds. »

Il aide Garibaldi, qui effectue un voyage en Angleterre où il prêche pour la « délivrance » de l'Italie.

« Guernesey salue Caprera... en attendant, aimons-nous », lui écrit Hugo.

Il continue de nourrir des enfants pauvres de Guernesey, une fois par semaine.

---

* Le salaire d'un ouvrier est proche de vingt-cinq francs par semaine ; mais il est payé chaque jour et le chômage est fréquent. Celui d'un employé d'environ cent vingt francs par mois.

Il verse pour toutes les «bonnes causes» qui le sollicitent. Même pour édifier, sous l'égide de Louis Blanc, un monument à Shakespeare.

L'argent permet cela. Et il faut donc continuer à travailler, à publier. Et c'est aussi avec l'argent qu'il remercie les bonnes complaisantes, qu'il retrouve dans leur chambre.

> *Le craquement du lit de sangles*
> *Est un des bruits du paradis.*

Il n'a pas l'intention de cesser de les visiter la nuit, même si Adèle doit revenir à Guernesey, le 25 novembre, et qu'elle pense s'installer quelques semaines, moins de deux mois, à Hauteville House.

Que reste-t-il entre eux ? Une amitié, le même amour pour les enfants, les mêmes angoisses pour leur fille, pour François-Victor. Et désormais une grande tolérance pour les sentiments du conjoint.

Il est pourtant surpris quand Juliette, le 22 décembre, lui tend la lettre qu'elle vient de recevoir d'Adèle. C'est le jour du déjeuner des «pauvres».

«Nous célébrons Noël, aujourd'hui, Madame. Noël est la fête des enfants et par conséquent des nôtres. Vous seriez bien gracieuse de venir assister à cette petite solennité, la fête aussi de votre cœur.

«Agréez, Madame, l'expression de mes sentiments aussi distingués qu'affectueux.

«Adèle Victor Hugo.»

Juliette est bouleversée. Elle montre sa réponse.

« La fête, Madame, c'est vous qui me la donnez. Votre lettre est une douce et généreuse joie, je m'en pénètre. Vous connaissez mes habitudes, solitaires, et ne m'en voudrez pas si je me contente aujourd'hui pour tout bonheur de votre lettre. Ce bonheur est assez grand. Trouvez bon que je reste dans l'ombre, pour vous bénir tous pendant que vous faites le bien. Tendre et profond dévouement.

« Juliette Drouet. »

Hugo serre Juliette contre lui.

« Je t'envoie mon âme. Tu es un admirable être adoré », lui écrit-il, le 31 décembre.

Et sur l'enveloppe, il inscrit seulement :

« Pour ma dame. »

Il se sent rassemblé en lui-même, réflexion et amour unis.

« Je suis de ceux qui veulent que le cœur pense. »

1865

C'est vrai, pour un instant je laisse
Tous nos grands problèmes profonds...

Hugo murmure, la bouche collée contre l'oreille de la jeune femme :

— Marie, je ne sais pas pourquoi vous êtes la servante et moi le maître. Il y a quelque chose là-dessous. C'est pourquoi je vous traite, étant le maître, comme je voudrais être traité si j'étais le domestique.

Il aime le rire étouffé de Marie, ses mains fraîches qui font mine de le repousser, avant de céder. Il oublie qu'il est cet homme de soixante-trois ans dont la large barbe blanche cache les traits, étonne, car la moustache reste noire, et lui-même, quand il regarde l'un des clichés photographiques pour lesquels il a posé, à Bruxelles, lors de ses voyages avec Juliette, est chaque fois surpris, cherchant à retrouver le jeune homme aux traits

fins qu'il avait été, il y a… il y a un demi-siècle.
Est-ce possible ?

Il embrasse Marie, qui se moque.

> *Rire étant si jolie,*
> *C'est mal. Ô trahison*
> *D'inspirer la folie,*
> *En gardant la raison !*
>
> *Rire étant si charmante !*
> *C'est coupable, à côté*
> *Des rêves qu'on augmente*
> *Par son trop de beauté.*
> *[…]*
> *Quand on est si bien faite,*
> *On devrait se cacher.*
> *Un amant qu'on rejette,*
> *À quoi bon l'ébaucher ?*
>
> *On se lasse, ô coquette,*
> *D'être toujours tremblant,*
> *Vous êtes la raquette,*
> *Et je suis le volant* [95].

Ces vers qu'il vient de composer et tant d'autres
qui sont dans ses malles à manuscrits, ses cartons
ou ses carnets, et dont certains lui reviennent lorsqu'il aperçoit une « soubrette divine et leste », dont
le « sein soulevait la dentelle », il songe depuis longtemps à les rassembler dans ce recueil des *Chansons des rues et des bois*, qu'il veut enrichir encore,
et qui serait comme une halte entre les romans.

C'est vrai, pour un instant je laisse
Tous nos grands problèmes profonds ;
Je menais des monstres en laisse,
J'errais sur le char des griffons.

J'en descends, je mets pied à terre ;
[...]
J'ajourne cette œuvre insondable ;
J'ajourne Méduse et Satan ;
Et je dis au sphinx formidable :
Je parle à la rose, va-t'en.

Ami, cet entr'acte te fâche,
Qu'y faire ? Les bois sont dorés ;
Je mets sur l'affiche : Relâche ;
Je vais rire un peu dans les prés [96].

Il veut dans sa préface faire comprendre à ses lecteurs cette escapade.

« Le cœur de l'homme a un recto sur lequel est écrit *Jeunesse*, et un verso sur lequel est écrit *Sagesse*, explique-t-il. Ce livre est écrit beaucoup avec le rêve, un peu avec le souvenir. »

Il veut rappeler que les sens sont la vie. Et après tout, si des lecteurs, ceux qui se sont laissé griser par la « fête impériale », ceux qui rient dans les salles de théâtre des Boulevards, ceux que tente le libertinage, sont séduits par *Les Chansons des rues et des bois*, pourquoi pas ? Quelques-uns de ceux-là, demain, liront *Les Travailleurs de la mer*, et plus tard *Quatrevingt-treize*.

Et il a l'intention de vendre les *Chansons* et *Les Travailleurs de la mer* ensemble, pour un total de

330

cent vingt mille francs. Quatre-vingt mille à la remise du manuscrit qui s'effectuerait au plus tard à la fin septembre, et quarante mille francs six mois après la mise en vente. Et Lacroix est d'accord pour signer ce contrat !

Alors, pourquoi hésiter ?

> ... *Va, chante ce qu'on n'ose écrire,*
> *Ris, et qu'on devine, ô chanson,*
> *Derrière le masque du rire*
> *Le visage de la raison.*
>
> *La chanson est une flamme.*
> *Chante, et te voilà content.*
> *Toutes les ombres de l'âme*
> *Se dissipent en chantant*[97].

Mais on frappe à la porte de Hauteville House, en pleine nuit, ce 14 janvier.

Hugo pose la plume. La voix joyeuse qui chantait en lui, il l'entend qui s'éloigne. Elle disparaît. On parle dans le vestibule. Il descend. Les visages sont creusés par le désespoir.

Emily de Putron, l'amour de François-Victor, vient de mourir.

Hugo se tourne vers son fils, qui n'est plus que souffrance, qui murmure : « Je n'avais pas mérité cela », puis qui éclate en sanglots, se martèle la poitrine et le visage de ses poings. Crise affreuse. François-Victor ne peut pas rester à Guernesey. Il n'aura pas la force d'assister aux obsèques. Il faut qu'il quitte l'île. Et sa mère l'accompagnera.

Ce matin, l'aube est noire ; il pleut.
On dirait qu'il fait nuit encore,
Et nous avons pour compagnon
Un soleil qui manque l'aurore
Et ne sait pas signer son nom[98].

C'est le 18 janvier. Hugo regarde vers le port, note sur son carnet :

« Huit heures et demie. De ma chambre de verre, je viens de voir leur voiture qui s'en va. Le paquebot est signalé. Huit heures trois quarts, je vois là-bas, sur la jetée, leur voiture qui arrive à l'embarcadère. Neuf heures un quart, j'aperçois le *packet* venant de Jersey. Neuf heures et demie, il est à quai. Dix heures, le *packet* s'éloigne. Ils y sont. Tout à l'heure, la fumée s'effacera. Aujourd'hui, le départ, demain, l'enterrement. Sombre vie. »

Il va devoir parler sur cette tombe encore ouverte.

Il vente. Il pleut. Il fait froid.

— Inclinons-nous, mes frères, devant la sévère destinée. Inclinons-nous avec espérance... Va, âme... La beauté de la mort, c'est la présence. Présence inexprimable des âmes aimées, souriant à nos yeux en larmes. L'être pleuré est disparu, non parti... Rendons justice à la mort...

Il dit cela avec le plus de conviction qu'il peut, pour effacer ces « oraisons liturgiques protestantes » qui venaient d'être récitées, et avaient offert la mort sous un jour épouvantable. La face de fureur de Dieu. La vengeance éternelle. La colère divine qui est dans la mort, etc. Cette pauvre mort, comme on la traite ! Mon speech a été utile. Il a fait pleurer ceux qui avaient peur. J'ai réhabilité la mort. Elle est assez près de moi pour que je songe à me mettre bien avec elle ».

Il ne ressent aucune crainte d'elle. Mais, dit-il, « encore tant de choses à faire et si peu de temps devant moi. Voyez, tout le monde s'en va, Proudhon, Charras… ».

C'est Juliette qui fête, avec ses traits flétris, son corps délabré, son cinquante-neuvième anniversaire. Et qui tente de faire face :

« Pendant que les années s'accumulent en me déformant extérieurement, je sens qu'il se fait intérieurement en moi le bon creux d'un ange dans lequel mon âme se moule pour être digne d'être la compagne de la tienne dans l'éternité. »

Bonne, héroïque Juliette, à laquelle Charles et François-Victor commencent à rendre hommage. Mais qui refuse, « au nom de trente années de réserve, de discrétion et de respect que j'ai envers ta maison et envers la mienne », de venir à Hauteville House, alors qu'Adèle n'y séjourne plus !

Comment certains peuvent-ils penser que toute cette dignité humaine, cette passion, cet amour, ce dévouement puissent disparaître avec la mort ?

À cette idée, il sent que tout en lui se révolte. La mort est un commencement. Il le dit à Juliette :

« Ce qui semble s'interrompre continue, et la mort n'est pas autre chose qu'une année finissante, tout de suite recommencée ailleurs. »

Mais que l'année est brève ! Il faut toujours courir, pour tenter de ne pas se laisser prendre de vitesse par la mort.

Il faut donc écrire et, s'il le faut, pour ne pas perdre de temps, ne pas publier !

— Publier un livre, cela me prend autant de temps que d'en faire… j'aime mieux en faire un autre…

Il achève *Les Travailleurs de la mer*, complète *Les Chansons des rues et des bois*, écrit une pièce, *La Grand'Mère*, une petite comédie qui le détend. Car sait-on comment il vit ? Parfois, il ne peut s'empêcher de se confier.

« Je suis dans un isolement presque absolu, voici le mois des tempêtes, le ciel est tendu de papier à sucre, il grêle le jour et il vente la nuit, je travaille, c'est ma force. »

Mais les jours sont courts. Les yeux sont fatigués. Les insomnies opiniâtres. « Je me lève le matin presque comme je me suis couché le soir, sans avoir fermé l'œil. Puis me voilà debout et travaillant. »

Il ne s'accorde que les quelques semaines du voyage désormais habituel avec Juliette. Belgique, vallée du Rhin. Il a emporté le manuscrit des *Travailleurs de la mer*, qu'il veut réviser. Il lit les épreuves des *Chansons des rues et des bois*, qui doivent paraître le 25 octobre. Et il corrige la dernière feuille de ce livre, le 18 octobre à Bruxelles, le jour du mariage de Charles avec Alice Lehaene, la filleule du député républicain Jules Simon, la pupille d'un ingénieur, constructeur de chemins de fer, Victor Bois.

Hugo est ému. Cette orpheline de dix-huit ans lui fait penser à Léopoldine. Il lui semble que la vie ainsi se déplie, comme une vague qui recommence sans fin d'aller et de venir. Les jeunes mariés l'attendent rue de l'Astronomie, dans la maison où vivent Adèle et François-Victor.

— Je les ai embrassés et je les ai bénis, raconte Hugo à Juliette.

Et puis l'on part pour Guernesey, malgré les tempêtes de cette fin de mois d'octobre.

« Au moment où mon livre paraît, note-t-il, je vais disparaître. Demain, il sera dans Paris et moi dans l'océan. Il courra tous les périls de la lumière et moi tous les dangers de l'ombre… »

Il ne peut pas réussir à oublier comme il voudrait le destin de ce livre, afin de pouvoir achever la révision des *Travailleurs de la mer*.

Il reçoit les premières lettres. Déjà, après seulement un jour, *Les Chansons des rues et des bois* se sont vendues à cinq mille exemplaires !

« On a épuisé la première et la deuxième édition du tirage, on va aujourd'hui, chez Lacroix, entamer la troisième… La vente est considérable… », annonce Auguste Vacquerie.

A-t-il gagné ? Voici les premiers articles. Jules Vallès, un républicain pourtant, avec la violence intransigeante et destructrice qui l'anime, écrit dans *Le Figaro* :

« Si un débutant apportait chez un éditeur une

œuvre pareille, on la lui rendrait en poussant un éclat de rire, sinon un sourire de pitié… Un détestable livre. Dans l'intérêt de sa gloire, M. Victor Hugo eut mieux fait de se résigner au silence, il y a des années déjà… »

Blessure.

Et Louis Veuillot, dans *Les Odeurs de Paris* : « Le mérite que j'y loue, c'est la sincérité. M. Hugo se l'est donnée pleinement, à la Diogène. » Veuillot parle de l'âme des vieillards, qui s'exprime dans ce livre. « C'est abominable », conclut-il.

Hugo n'est plus pour la critique qu'un libertin sénile, « cassé par la débauche et n'ayant plus un cheveu sur la tête ».

Barbey d'Aurevilly, qui veut bien reconnaître que « le talent touche ici au miracle », ajoute que « l'inspiration en est fausse et monotone… ».

Et il faut encore lire, dans *Les Nouveaux Samedis*, sous la plume d'Armand de Pontmartin : « Peut-être M. Hugo a-t-il publié ce volume comme les vieux ténors mettent une perruque noire et du rouge avant d'entrer en scène. »

Hugo est malheureux, malgré le succès de vente du livre.

Il se plonge de nouveau dans le travail. Il tente de se convaincre en répétant :

« Je suis parvenu à me désintéresser de toute chose, excepté des grandes manifestations de la conscience et de l'intelligence. Je n'ai jamais eu de haine et je n'ai plus de colère… »

Mais il a du désespoir.

Il pense à sa fille Adèle, dont la raison continue d'errer.

Les cauchemars, les insomnies, les brûlures des yeux le harcèlent toujours. Il rêve de Léonie d'Aunet. Mais c'est la jeune Léonie qu'il voit, la maîtresse aimante, celle d'il y a des dizaines d'années.

Il parcourt Hauteville House, cette grande maison silencieuse. Il pense à ses enfants, à sa femme, tous partis.

« Mon cœur se remplit d'ombre, quand je rentre dans vos chambres vides. »

1866

Que d'hommes dans un homme unique !
Ô géant, que d'êtres en toi !

Hugo ne dort pas mais il a les yeux fermés. Il croit entendre des « frappements » à son chevet, puis des « bruissements étranges comme des grincements de bêtes », et il lui semble que le lit « s'est lancé sur de l'eau ».

Il veut ouvrir les yeux. Il veut appeler. Il n'y réussit pas. Il a l'impression que l'on chuchote contre son oreille. Il peut enfin se lever, écouter le vent qui souffle en tempête depuis le 1er janvier.

La chambre est vide. Il avale, comme chaque matin, deux œufs crus et une tasse de café noir. Mais avant de se mettre au travail dans son belvédère, il doit consigner ces tumultes de la nuit.

« Cela n'avait rien du rêve, écrit-il. C'était de la réalité d'espèce inconnue, mais de la réalité. »

Pourquoi est-il ainsi soumis à ces tourments nocturnes ?

« Halifax. Insomnie », écrit-il.

Il ne peut oublier sa fille à la dérive.

« J'ai des moments bien tristes, quand je songe à Halifax… »

Il est blessé par l'absence d'Adèle, l'épouse qui vit désormais entre Paris et Bruxelles. Elle vient de déménager avec ses fils et s'est installée dans la capitale belge, place des Barricades, au numéro 4. Elle est malade, guettée par la congestion, et cette tension obscurcit sa vue. Elle craint la cécité.

Elle lui a écrit plusieurs fois déjà pour l'inviter à s'installer à Bruxelles.

« Vraiment, tu devrais nous venir promptement. Je ne vois pas ce qui te retient maintenant à Guernesey… Le père absent, c'est l'âme absente, et puis tu auras une jolie maison avec un mobilier de ton goût. »

Il regarde autour de lui. Ses malles, ses cartons remplis de manuscrits, d'ébauches, ses meubles qu'il a dessinés, ses livres. Il a toutes ses habitudes, ici. Il travaille debout. « Puisqu'il faut mourir de quelque manière, dit-il, j'aime mieux que ce soit par les jambes que par la tête ! »

À onze heures, alors qu'il est en sueur, car le poêle dans le *look-out* est chauffé au rouge, il s'asperge d'un seau d'eau froide qui est resté toute la nuit à l'air. Et il se frictionne énergiquement avec des gants de crin.

Pourrait-il faire cela, vivre à ce rythme, à Bruxelles, dans une ville ?

« Tous mes instruments de travail sont ici, répond-il seulement à Adèle. Une montagne de choses sur lesquelles s'accroupit mon inspiration. Transporter cela est impossible. Je suis donc cloué là où est mon nid de travail. Car le penseur aussi a un atelier. Tu vois l'obstacle. Ma prochaine lettre vous portera de l'argent. »

Et puis il y a Juliette. Et puis il y a les jeunes femmes.

> *Quand, de mon grenier, je me penche*
> *Sur la laveuse qu'on entend,*
> *Joyeuse, dans l'écume blanche*
> *Plonger ses coudes en chantant*[99]...

Et il a chaque jour davantage besoin des femmes, de sa servante, Elisa Goupillot, dont il partage une partie de la nuit le lit à sangles, ou bien de sa sœur Augustine. « Elle a dix-sept ans. Elle est sans argent et sans asile, j'ai dit qu'on la logeât et qu'on la nourrît chez moi. Jusqu'à ce qu'elle soit placée... »

Et à Bruxelles, il a « eu » Philomène, la servante de sa belle-fille Alice. Et quand Elisa quittera Hauteville House, il recommencera avec Marie-Jeanne.

« *Todas* », toutes, écrira-t-il dans son carnet. Car il veut se souvenir, et ce qui a eu lieu n'existe que par les mots qui en gardent la trace.

Ce sont ces jambes et ces seins de femmes qui lui donnent la vie. Ce sont ces femmes peut-être qui lui font entendre, la nuit, ces vers, nés des ténèbres :

Que d'hommes dans un homme unique !
Ô géant, que d'êtres en toi !
D'un seul morceau de ta tunique
On ferait vingt manteaux de roi [100].

Et il lui faut cette force alors qu'il se sent de plus en plus isolé, contesté. « Je suis si haï que je finis par croire que je tiens probablement une place gênante dans ce siècle », dit-il à l'un de ses éditeurs.

Il doute même de la possibilité d'être encore lu : « Le succès paraît m'être désormais violemment refusé. M. Louis Bonaparte a organisé sa littérature comme son armée. La critique bien-pensante fait l'exercice de la louange et de l'injure à volonté. On acclame les vers de M. de Massa — un familier des fêtes impériales — et l'on hue *Les Chansons des rues et des bois*. Une parodie est intitulée *Les Chansons des grues et des boas* ! »

Voilà où ils en sont ! Et il faut cependant continuer à écrire, alors que « le temps me manque, les jours me manquent, les yeux me manquent… ».

Mais il n'est pas question de renoncer. *Les Travailleurs de la mer* doivent être rapidement publiés. Il en écrit la préface :

« Un triple *ananké* — fatalité, nécessité — pèse sur nous, l'*ananké* des dogmes, l'*ananké* des lois, l'*ananké* des choses. Dans *Notre-Dame de Paris*, l'auteur a dénoncé le premier ; dans *Les Misérables*, il a signalé le second ; dans ce livre, il indique le troisième.

« À ces trois fatalités qui enveloppent l'homme,

se mêle la fatalité intérieure, l'*ananké* suprême, le cœur humain. »

Mais il ajoute que ce livre « n'est pas écrit pour la minute mais pour la postérité… C'est là sa faiblesse et sa force ».

Les lecteurs éprouveront-ils de la compassion pour Gilliat ? Trembleront-ils quand ils verront le solitaire aux prises avec une pieuvre géante ? Découvriront-ils qu'il a voulu jeter un « double coup d'œil sur la femme et sur la mer, ou, pour mieux dire, cette double sonde plongée dans ces deux abîmes » ?

Il donne son bon à tirer le 15 février, le livre étant publié le 12 mars. Et voilà que le succès arrive aussitôt. Les exemplaires s'arrachent. La presse n'est pas hostile, aux ennemis irréductibles près. Et aux jaloux.

Lamartine, interrogé, aurait dit dans un salon : « C'est l'œuvre d'un fou qui est devenu imbécile. » Mais Lamartine fait publier un démenti dans *L'Événement*, qui avait rapporté ce propos. Vrai ? Faux ?

Hugo ne regrette pas d'avoir refusé la somme de cinq cent mille francs pour une prépublication dans le quotidien *Le Soleil*. Et on le dit avare ! « Ma conscience littéraire, a-t-il écrit au directeur du journal, me force à baisser pudiquement les yeux devant un demi-million. »

Mais quand le livre est paru, il doit bien accepter le fait accompli, négocié par l'éditeur Lacroix, d'une publication en feuilleton. Et le tirage des journaux qui publient *Les Travailleurs de la mer*, à Paris, à Bruxelles, augmente de plusieurs dizaines de milliers d'exemplaires ; tant les lecteurs sont passionnés.

Il lit avec une joie étonnée qu'à Paris, on ne parle que de *pieuvre*. On en expose, vivantes, dans d'immenses aquariums. On en sert dans les restaurants. On fabrique des « chapeaux pieuvres » pour les élégantes.

Il se sent apaisé par le succès, comme si on lui desserrait la poitrine. Il peut écrire en quelques jours deux petites comédies, *Mille Francs de récompense* et *L'Intervention*, où il dénonce l'hypocrisie du temps. Mais il ne veut pas qu'on mette en scène ces personnages — l'ancien forçat Glapieu, dans la première, ou bien la femme entretenue dans la seconde —, qui montrent que l'argent et le sexe sont, sous les bonnes manières des gens honnêtes, les ressorts du monde.

Il a seulement voulu jouer avec l'air du temps, qui fait un triomphe à Offenbach, et surtout il a éprouvé le besoin de laisser sa plume aller un peu gaiement.

Que craint-il après le succès des *Travailleurs de la mer* ? Il est riche. Il doit certes, par souci de prudence, continuer à serrer la bourse des siens, mais il n'est même pas inquiet de la crise financière qui, parce que les bruits de guerre s'amplifient, que la Prusse s'allie à l'Italie pour défier l'Autriche, se déchaîne.

— Je ne place rien sur des terrains mouvants, dit-il, pour rassurer les siens… Tout ce que j'ai, ce sont les fonds les plus solides de l'Europe… Donc, calme profond dans mon âme.

Il est à l'abri. Il est riche.

Mais il assiste, avec une sorte de désespoir un peu détaché maintenant, à ces manœuvres diplomatiques qui opposent Bismarck à Napoléon III, à ces batailles où, à Custozza, l'Italie est écrasée par les Autrichiens, et où, à Sadowa, les soldats de Vienne sont balayés par les Prussiens. Les voilà les nouveaux guerriers dangereux ! Et Napoléon III, en réclamant à Bismarck la rive gauche du Rhin, puis la Belgique et le Luxembourg, est grotesque.

— Je plains ces pauvres bêtes de peuples. Comme ils se laissent faire, et qu'il leur serait facile d'être heureux ! Pouvoir n'est rien sans vouloir ; vouloir n'est rien sans savoir… Éclairons-les.

Alors il faut faire entendre sa voix, là-contre une condamnation à mort à Jersey, ici en faveur de Garibaldi et de la complète unité italienne, et de même pour l'indépendance totale de la Grèce.

C'est bien toujours le combat du Bien et du Mal. Et comment s'en désintéresser ?

Peu à peu, sur le bateau qui, comme chaque année, en juin, le conduit sur le continent, en compagnie de Juliette, Hugo imagine un nouveau roman.

Ce pourrait être l'histoire de *L'homme qui rit*. Il se nommerait Gwynplaine. Il vivrait dans l'Angleterre de la fin du XVIIe siècle. Il aurait été, enfant, enlevé, et ses ravisseurs, pour le rendre méconnaissable, lui auraient déformé le visage, si bien qu'il ne pourrait cesser, quelles que soient ses émotions, de donner l'apparence de rire monstrueusement. Un jour, il recouvrerait sa véritable identité, celle du baron Clancharlie. Riche, membre de la Chambre des lords, il essaierait de rester fidèle aux pauvres dont il avait partagé la vie, plaidant pour eux, et ne suscitant que des ricanements parce que son âme serait à jamais cachée par sa face grimaçant un rire.

À Bruxelles, dans la maison de la place des Barricades, il en lit des passages. Et Juliette est là, enfin présente à la table familiale, entre l'épouse et les fils.

Il est heureux de la voir comblée, de l'écouter dire :

— Je suis ravie, attendrie, éblouie, heureuse plus qu'il n'est permis de l'être à une pauvre vieille femme comme moi. Mon effusion déborde de tous les bonheurs que je viens d'avoir… Je t'adore et je vous bénis.

Mais ils sont tous vieux maintenant.

Il est inquiet pour son épouse, dont la fatigue et la maladie tirent les traits. Pour Juliette, qui se plaint de douleurs et qui, une fois rentrée à Guernesey, à la fin du mois d'octobre, est contrainte de renoncer à la promenade quotidienne avec lui, parce que les douleurs lui interdisent de marcher. Lui va d'un bon pas, le manteau rejeté sur l'épaule gauche, ferme et droit, les mains dans les poches, les épaules effacées, les coudes bien rentrés, et posant légèrement à terre la pointe de ses bottines qui dessinaient la cambrure du pied.

Un jour, il reçoit la visite d'un professeur de français, Paul Stapfer, qui enseigne à Guernesey. L'homme, jeune, est un conservateur ouvert. Hugo apprend par une indiscrétion qu'après l'avoir vu ainsi marcher sur les sentiers de l'île, chaque jour, durant deux heures, Stapfer l'appelle « l'homme à la jambe de prince ». Stapfer a ajouté : « Il peut s'habiller comme il veut, il donnerait grand air aux haillons d'un gueux. »

Hugo sourit.

Il a rassemblé à Hauteville House les enfants pauvres pour Noël. Goûter, distribution de vêtements, arbre de Noël et jouets à profusion. Il pourrait être serein. Il est au contraire bouleversé. Il vient de recevoir deux lettres.

Dans l'une, un correspondant lui apprend qu'un adolescent malade a demandé qu'après sa mort on place dans son cercueil une photo de Victor Hugo, « vous qui étiez pour lui presque un Dieu ».

Et l'autre lettre lui a appris que sa fille Adèle a quitté Halifax et le Canada pour se rendre à La - Barbade, poursuivant toujours le « petit soudard anglais ».

Il marche dans la campagne ventée de Guernesey, cette île que Juliette appelle « notre petite patrie de poche ».

Il regarde ce ciel bas, presque noir.

L'amour seul justifie le monde et « le voisinage de la mort grandit l'esprit ».

1867

Ce condamné, qui triple autour de lui sa garde,
Perd sa peine. Son tour approche. Quand ?
[Bientôt.

Hugo écoute, fasciné, Hennett de Kesler. Ce
proscrit endetté, qu'il a recueilli à Hauteville
House depuis quelques jours, parle, la voix trem-
blante. Il a entendu, dit-il, toute la nuit des « frappements » dans la chambre voisine de la sienne.

— Celle de ma fille… dit Hugo.

Kesler paraît troublé, inquiet, il le rassure. Ces
frappements, ces soufflements, ces lumières même
se produisent presque chaque nuit.

— Moi, vous le savez, poursuit-il, j'évoque
sans cesse les morts, penser à eux, cela les fait
venir vers nous, quand notre mémoire appelle, leur
ombre approche. Je suis beaucoup plus voisin de
l'autre vie que de celle-ci, et il me semble que j'ai
parfois devant l'œil de mon âme des silhouettes

très nettes de ce grand monde de lumière qui vit au-delà de nous.

Il s'interrompt. Il a soixante-cinq ans dans quelques jours. La mort est sa voisine.

— Je suis de ceux que la nuit n'inquiète pas, murmure-t-il comme pour lui-même. Je suis sûr du lendemain, à vrai dire, je ne crois ni à la nuit ni à la mort. Je ne crois qu'à l'aurore.

Il fait quelques pas, regarde les chemins qui sillonnent la campagne, serpentent au bord des falaises et des grèves.

— Je m'en vais souvent dans mes rêveries, le long de la mer, pensif, songeant à la France, regardant hors de moi l'horizon, et en moi l'idéal, dit-il. J'emporte quelquefois un livre. J'ai mes bréviaires.

Il se tourne vers Kesler, ajoute :

— De là ma foi profonde dans la mort, qui est la plus grande des espérances. Cela me rend très facile la pente obscure appelée vieillesse.

Mais, malgré ses soixante-cinq ans, il ne se sent pas vieux.

Chaque nuit, il regarde une femme, la caresse. Le désir vibre toujours en lui.

On frappe à la porte de Hauteville House, en ce début janvier où rares sont les visiteurs. Il se penche. Il est aussitôt fébrile. Une jolie femme attend. C'est une Française, une femme de lettres, Louise Yung. Il veut la séduire. Elle promet de revenir. Il l'entraînera alors vers ces criques où l'on peut se coucher sur le sable à l'abri des rochers, ou dans l'herbe. Et il notera dans son carnet « poële sur le tuyau ». Qui ira comprendre, si on le lit un jour, que cela signifie « poils du pubis sur son sexe » ?

Mais c'est à cela qu'il pense, comme le contrepoids de la mort et de la vieillesse. Et il suffit qu'il reçoive un livre de Judith Gautier — la fille de Théophile Gautier, dont il connaît la beauté, la liberté des mœurs — pour qu'il s'enflamme de nouveau. Judith Gautier ne lui a-t-elle pas dédié son *Livre de jade*, en transcrivant son nom en caractères chinois, et n'est-ce pas là une manière d'invite, d'œillade ?

« J'ai votre livre, lui écrit-il aussitôt, et sur la première page, je vois mon nom écrit par vous, devenu hiéroglyphe lumineux, comme sous la main d'une déesse…

« Vous êtes fille de poète et femme de poète, fille de roi et femme de roi, reine vous-même. Plus que reine, Muse.

« Votre aurore sourit à mes ténèbres, merci, Madame, et je baise vos pieds. »

Il rêve quelques instants au jour où il rencontrera Judith Gautier.

Mais pour l'heure, il doit accueillir son épouse. Adèle revient à Hauteville House ce 18 janvier, deux ans jour pour jour après l'avoir quitté. Elle doit repartir dans quelques semaines, début mars, mais elle veut rendre visite à Juliette, pour la remercier d'avoir veillé sur son mari durant son absence.

Elle sait sans doute que Juliette a séjourné à

Hauteville House, près d'un mois. Il n'y a plus de jalousie, de rivalité.

Hugo les observe, Juliette multipliant les attentions, ayant rendu sa visite à Adèle, et celle-ci pleine d'une souveraineté bienveillante et lasse. Toutes les deux sont de vieilles femmes, qu'il aime, dont il a la charge.

Mais il lui faut le « buste », les « Suisses », les seins donc des jeunes servantes. Et quand l'une est là, accroupie, nettoyant le sol du *look-out*, il ne peut s'empêcher, en regardant sa croupe, ses bras nus, en devinant ses cuisses, en apercevant ses chevilles et ses mollets, de faire la « cloche », comme il note, c'est-à-dire de se branler.

Puis il oublie, le désir s'éloigne. Il donne sa voix aux personnages — une sorcière, Zineb, un être libre, Ariolo, un roi, des amants — d'une comédie, *Mangeront-ils ?*, dans laquelle il imagine que la sorcière a dévoilé au souverain qu'il ne survivra pas à la mort d'un homme qu'il a condamné, cet Ariolo, qui sera donc sauvé et pourra délivrer les amants de la malédiction qui pèse sur eux : ils sont enfermés dans un jardin dont les fruits sont empoisonnés. Et c'est l'amant qui deviendra roi.

Vous, vous allez régner, à votre tour. Enfin,
Soit. Mais souvenez-vous que vous avez eu faim [101],

dit Ariolo.

Car, quoi qu'il fasse, Hugo ne peut se désintéresser du sort des hommes.

D'ailleurs, le voudrait-il qu'on le tirerait par le

bras, pour le conduire sur la place publique. Chaque jour, il est accablé en voyant s'amonceler ces lettres venues du monde entier et auxquelles il s'astreint à répondre, irrité souvent par les heures qu'elles rongent.

— Le quart de ma journée ! s'exclame-t-il. Vingt lettres à rédiger !

Et comment, après cela, écrire vingt pages ?

Là, c'est une femme qui réclame de l'argent pour acheter des vêtements à ses enfants. Ici, les rédacteurs du journal *Le Siècle* sollicitent son adhésion à une souscription qu'ils ont lancée pour élever une statue à Voltaire. Il verse.

« Voltaire est précurseur, écrit-il. Il est l'étoile de ce grand matin. Les prêtres ont raison de l'appeler Lucifer. »

On lui demande d'intervenir en faveur de la Crète, insurgée contre les Turcs, qui laissent derrière eux, lorsqu'ils sortent des villages, « un monceau de ruines croulant sur un monceau de cadavres, grands et petits ». Et un proche de Napoléon III lui demande de tenter de sauver de la mort ce roi Maximilien qui a cru pouvoir régner au Mexique et qui, les troupes françaises reparties, se trouve livré à Juárez.

Il écrit. Il le faut, pour arracher une vie à la mort.

« Maximilien devra la vie à Juárez. Et le châtiment, dira-t-on ? Le châtiment, le voilà : Maximilien vivra par la grâce de la République. » Trop tard, Maximilien est déjà tombé sous les balles du peloton d'exécution.

Et Hugo intervient encore pour les Fenians irlandais, condamnés à mort, et là, il se sent justifié, il réussit à obtenir leur grâce.

Mais, il en est sûr et cela le désespère, il y aura d'autres condamnés, d'autres morts inutiles.

Il a l'impression que l'Europe va connaître de nouveaux carnages. Napoléon III a certes « libéralisé » son Empire, et une presse critique a pu naître, un tiers parti se constituer avec à sa tête un ancien opposant, Émile Ollivier, mais les tensions entre nations se sont accrues.

Les Italiens, qui ont obtenu la Vénétie, veulent maintenant occuper les États pontificaux, dont les troupes françaises se sont retirées. La Prusse, victorieuse de l'Autriche à Sadowa, veut unifier autour d'elle toute l'Allemagne et Bismarck est un homme d'État habile et implacable.

« Pour moi, l'idée *Nation* se dissout dans l'idée *Humanité*, dit Hugo, et je ne connais qu'une patrie, la *Lumière*. Aussi vois-je avec exécration l'infâme guerre qui s'apprête, un Allemand n'étant pas moins mon frère qu'un Français. »

Alors comment alerter l'opinion de ce qui se trame ? Elle croit sans doute plus que jamais que « l'Empire, c'est la paix ! ». Hugo lit avec un mélange d'irritation et d'accablement que la foule, massée sur le Champ-de-Mars, a acclamé Napoléon III, qui inaugurait solennellement l'Exposition universelle.

Le progrès est là, avec ses forges, ses presses, ses laminoirs, ses locomotives, ses armes aussi !

Chassepot a inventé un nouveau fusil à tir rapide. Et le tsar Alexandre II, le souverain de cette Russie qui opprime les Polonais, vient visiter l'Exposition. Il faut le coup de pistolet d'un exilé polonais, qui essaie d'abattre le tsar, pour rappeler que la Russie est « la prison des peuples ». Ce proscrit, Berezovski, n'a blessé qu'un cheval !

« Il y a donc des événements à Paris ! Un cheval blessé, c'est triste. Je n'aime pas les coups de pistolet, même sur les empereurs. Mais ce Polonais me semble vaillant. »

Il se sent humilié par le spectacle de ce Paris qui paraît se complaire dans la soumission à l'empereur, qui applaudit toutes les altesses invitées à l'Exposition, dont les cortèges parcourent les nouveaux boulevards percés dans la chair de la capitale par le baron Haussmann.

— On se trompe sur la France, maugrée Hugo, on la prend pour une puissance matérielle, or c'est une force morale.

Il veut profiter de la publication d'un *Paris-Guide* destiné aux visiteurs de l'Exposition pour exprimer, dans une introduction que l'éditeur Lacroix lui commande, sa nostalgie du Paris d'autrefois, et son rêve d'un Paris échappant à l'Empire.

Il dénonce « ce Paris de mascarade et de bacchanale ». Il exalte le Paris de la Révolution de 89.

« Paris, c'est la dispersion de l'idée… Paris est la ville pivot sur laquelle, un jour donné, l'histoire a tourné. »

En même temps, il est inquiet. Il a accepté que

Hernani soit repris au Théâtre-Français. On l'a assuré que la censure laisserait jouer la pièce pour la première fois depuis 1830 ! Napoléon III y a intérêt : ce sera le signe que l'Empire est devenu libéral et, en pleine Exposition universelle, la représentation aura un écho international. Et si les lignes qu'il a écrites pour *Paris-Guide* donnaient un prétexte pour une interdiction ? Si cette critique du Paris impérial « réveillait les haines juste à temps pour nuire à *Hernani* qui n'a pas besoin de cette recrudescence » ?

Il est rassuré par les lettres de Paul Meurice, d'Auguste Vacquerie et d'Adèle, venue à Paris pour assister à la reprise de la pièce.

Il tremble d'émotion quand on lui décrit l'atmosphère des premières représentations : la foule enthousiaste, les jeunes gens plus fougueux encore qu'en 1830, les cris de « Vive Hugo ! », « Vive le proscrit ! ». Vacquerie rapporte que « les acteurs ont été rappelés et ont reparu à tous les actes. Cinq rappels dans une soirée. C'est encore une chose que le Théâtre-Français n'avait jamais vue ! ». Et Vacquerie ajoute : « On a fait cinq mille deux cents francs, chiffre inouï pour une seconde représentation. Je crois qu'outre l'effrayant succès moral et littéraire, vous aurez un très grand succès d'argent. »

Instant de satisfaction. Dieu aurait-il décidé de lui apporter la joie, la paix ?

Hugo a, depuis quelques semaines, un petit-fils, Georges, né à Bruxelles de l'union de Charles et d'Alice. Il se sent comblé, fier, même si, dit-il, « je

354

n'attache aucune importance aux questions généalogiques. L'homme est ce qu'il est, il vaut ce qu'il a fait ».

Mais ce nouveau-né est un Hugo. Il lui écrit pour célébrer sa naissance, lui laisser une trace de ce qu'il souhaite pour lui : chaque mot qu'il écrit fait naître son émotion.

« Georges, nais pour le devoir, grandis pour le devoir, grandis pour la liberté, vis dans le progrès pour mourir dans la lumière ! Aie dans les veines le doux lait de ta mère et le généreux esprit de ton père ; sois bon, sois fort, sois honnête, sois juste ! Et reçois dans le baiser de ta grand-mère la bénédiction de ton grand-père. »

Plus tard, Georges lira ces lignes, les mots vivront pour lui. Ce sera son héritage.

Hugo a hâte de le voir, de quitter Guernesey avec Juliette pour rejoindre Bruxelles. Il veut arriver précédé de cadeaux, et, puisque *Hernani* rapporte tant d'argent, il offre cinq cents francs à chacun de ses fils, et cinq cents francs pour le petit Georges.

Il pense à ce séjour dans la maison de la place des Barricades, aux jeunes femmes qui sont au service d'Adèle et de sa belle-fille Alice. Il faut organiser ses nuits.

« Faites préparer ma chambre dans la maison du fond, comme elle était, tout simplement, écrit-il, avec une ou deux servantes (plutôt deux qu'une) couchées dans le compartiment voisin. J'ai toujours des spasmes nocturnes, sans gravité je crois, mais qui pourraient rendre dangereux l'isolement absolu. »

Il pourra ainsi appeler. Et l'une ou l'autre viendra le frictionner…

Il quitte Guernesey le 17 juillet.

— J'ai un peu craché, mais j'aime le mal de mer. J'ai donc vomi avec joie ; l'Empire aussi fait vomir, mais lugubrement.

Dès qu'il arrive, il veut voir l'enfant qui dort.

— Il me paraît beau et il a un sommeil charmant.

Il se souvient de son premier-né, Léopold, si vite disparu, et son cœur se serre. Puis il se souvient de Léopoldine, de la naissance de ses fils, et il pense à cette pauvre Adèle, qui erre au loin, à La Barbade.

Il se rend, le 25 juillet, à la cathédrale Sainte-Gudule, où Georges est baptisé. Il prie.

« Je crois à l'Incréé, à l'Idéal, à l'Éternel, à l'Absolu, au Vrai, au Beau, au Juste — en un mot à l'Infini ayant un Moi. L'Infini sans Moi serait limité, quelque chose lui manquerait, il serait fini. Or il est l'Infini.

« Je crois donc à ce Moi de l'Abîme qui est Dieu ;

« La Foi en Dieu, c'est plus que ma vie, c'est mon âme.

« C'est plus peut-être que mon âme, c'est ma conscience.

« Je ne suis pas un panthéiste. Le panthéiste dit : *Tout est Dieu*, moi, je dis : Dieu est tout. »

Il peut offrir à Juliette les quelques jours de voyage qui sont les moments les plus heureux de sa vie. Ils parcourent la Zélande, puis ils rejoignent Chaudfontaine où Adèle, lasse, se repose. Il regarde avec émotion Juliette qui fait la lecture à son épouse, dont les yeux sont de plus en plus éteints et que guette la cécité.

Il hésite. Peut-être faudrait-il rester près d'elle ? Mais le travail l'attend à Guernesey. Il doit terminer *L'homme qui rit*, se préparer à écrire *Quatre-vingt-treize*.

Lorsqu'il arrive, il apprend que Garibaldi, à la tête d'une troupe de patriotes, a franchi les frontières des États pontificaux, après s'être enfui de l'île de Caprera. Que sont loin déjà dans sa mémoire les sourires de Georges, les cris de ce petit-fils quand il le promenait sur les avenues bruxelloises, ou bien ses exclamations quand il lui avait donné « une voiture et un cheval, qui est moi » !

Il est indigné quand il lit qu'une division française, commandée par le général de Failly, a débarqué à Civitavecchia et qu'elle a défait les Chemises rouges de Garibaldi à Mentana, le 3 novembre.

« Les chassepots ont fait merveille », a dit le général en contemplant l'hécatombe que les fusils ont provoquée parmi les garibaldiens.

Hugo a la nausée devant ce massacre commis au nom de la France. Il sait que s'il écrit, s'il hurle son dégoût, sa pièce *Ruy Blas*, qui doit être représentée au théâtre de l'Odéon, sera retirée de l'affiche.

Qu'importe ! Il commence *La Voix de Guernesey*,
qu'il pourrait aussi appeler *Mentana*.

Les coupables de ce crime contre l'Italie, ce sont
le pape et l'empereur. Il va d'abord s'en prendre à
Pie IX.

Ô sinistre vieillard, te voilà responsable,
Du vautour déterrant un crâne dans le sable,
[...] Les canons sont tout chauds ; ils ont fait leur
                                        [devoir,
La mitraille invoquée a tenu sa promesse ;
C'est fait. Les morts sont morts. Maintenant dis
                                        [ta messe.
Prends dans tes doigts l'hostie en t'essuyant un
                                        [peu,
Car il ne faut pas mettre du sang à Dieu !
[...]
Le crime est consommé. Qui l'a commis ? Ce
                                        [pape ?
Non. Ce roi ? Non. Le glaive à leur bras faible
                                        [échappe.
Qui donc est le coupable, alors ? Lui. L'homme
                                        [obscur ;
Celui qui s'embusqua derrière notre mur ;
[...] Ce condamné, qui triple autour de lui sa
                                        [garde,
Perd sa peine. Son tour approche. Quand ? Bientôt.
[...]
Ô peuple ! noir dormeur, quand t'éveilleras-tu ?
Rester couché sied mal à qui fut abattu.
[...] Qu'as-tu fait de ton âme, ô toi qui t'indignais !
L'empire est une cave, et toutes les espèces

De nuit te tiennent pris sous leurs brumes épaisses.
[...]
Tu parviendras peut-être à trouver, à toucher,
À saisir une épée entre tes poings funèbres,
Dans le tâtonnement farouche des ténèbres [102] !

Il n'est pas surpris quand il reçoit, quelques jours plus tard, une lettre du directeur, Chilly, du théâtre impérial de l'Odéon : « La reprise de *Ruy Blas* est interdite. »

Il répond :

« À M. Louis Bonaparte, aux Tuileries.

« Monsieur, je vous accuse réception de la lettre signée Chilly.

« Victor Hugo. »

Il est serein.

« Comme je l'avais prévu, écrit-il à ses fils, *La Voix de Guernesey* me coûte *Ruy Blas*. Tout est bien. C'est le devoir fait et bien fait.

« Cela date bien le seizième anniversaire de l'exil.

« Meurice m'écrit : chacun des vers de *La Voix de Guernesey* vous coûte cinq cents francs.

« Je le savais. Au moment où j'ai mis à la poste les cinquante lettres contenant le premier envoi, j'ai dit à Kesler : voici cinquante lettres qui me coûtent chacune deux mille francs. Puis je les ai jetées dans la boîte.

« Vous voyez que je connais bien Bonaparte. Au reste, lui aussi doit me connaître. »

C'est l'automne, aux couleurs de l'hiver. Hier, ont été pendus à Manchester trois Fenians, Larkin, Alton et Gould. La reine d'Angleterre, l'alliée de Bonaparte, cette fois ne les a pas graciés.

Ô sombre femme...
[...]
Que faisait ta quenouille
Pendant que tout un peuple à tes pieds se
[courbait ?

Réponds. Qu'as-tu filé ?
— La corde du gibet [103].

Heureusement, il y a la vie qui germe. Charles écrit, à la fin décembre, pour annoncer que sa femme est de nouveau enceinte.

Hugo note, le dernier jour de cette année : «Georges est un grand succès ; j'espère qu'Alice réussira aussi bien la seconde fois.»

SEPTIÈME PARTIE

1868 - 1869

1868

Ô mères ! Le berceau communique à la tombe.
L'éternité contient plus d'un divin secret.

Hugo se regarde dans le grand miroir du salon rouge de Hauteville House. C'est donc cela un homme de soixante-six ans ! Il a fait raccourcir et tailler sa barbe et sa moustache, mais tout est blanc désormais, comme les cheveux plus rares. Il se recule comme pour tenter d'effacer en s'éloignant du miroir les paupières gonflées, les cernes sous les yeux, la peau ridée et blafarde.

Il se tourne. Julie Chenay, sa belle-sœur, est là qui l'observe.

— Je suis vieux, dit-il. Je n'ai aucun droit au mot « beau », appelle-moi donc « mon frère ».

Il regagne le *look-out*. Il éprouve en apercevant sur le bureau les dizaines de lettres qui arrivent chaque jour — près de deux cents par semaine ! — des sentiments mêlés. Elles dévorent son temps, mais elles le maintiennent jeune. Il est encore plein de vie parce qu'il est lié par les mots qu'il a écrits à ces centaines de milliers de lecteurs, à ces correspondants qui s'adressent à lui. Et il y a tous ceux qui applaudissent *Hernani* dont la soixante-douzième représentation vient d'avoir lieu à Paris. Et les recettes sont toujours exceptionnelles.

Le théâtre de Bruxelles affiche *Ruy Blas* et le succès, «malgré le givre, malgré le verglas, malgré la neige, malgré la gelée, malgré la Belgique», écrit François-Victor, ne se dément pas. Là aussi, les droits perçus sont élevés.

Mais il n'est pas question pour autant de dilapider dans des entreprises risquées une partie du capital accumulé.

Il doit résister à Adèle, à ses deux fils, à Auguste Vacquerie, qui tous veulent obtenir davantage.

Il lit la lettre que lui adresse Adèle. Il faut, dit-elle, «augmenter notre budget… Je tiens mes comptes dans un ordre parfait et, sur ta demande, je pourrai te les envoyer…».

Soit, il fera un effort. Mais il est l'intendant, le garant de l'avenir. Et c'est à lui d'être raisonnable, prudent.

S'il écoutait ses fils et Vacquerie, il se lancerait dans l'aventure d'un journal, à Paris, avec ces lois nouvelles sur la presse qui sont pires que les précédentes. Il est persuadé que sous le décor aimable de l'Empire libéral se cache la main de fer de la dictature. Rochefort, qui a lancé le journal *La Lanterne*, vient d'être condamné, interdit, et il a dû fuir en Belgique, tout cela pour avoir écrit que «la

France [comptait] trente-six millions de sujets sans compter les sujets de mécontentement ! ».

« Je reviens à l'idée du journal, répond Hugo. En aucun cas, je n'y devrais paraître, ni comme bailleur de fonds, cela va sans dire, ni comme inspirateur, on tordrait tout de suite le cou au sphinx. Leur loi est affreusement bien faite… »

Néanmoins, ces pressions qui s'exercent sur lui, pour l'obliger à intervenir, à écrire, là-contre la peine de mort, encore et toujours, ici pour dire aux Espagnols qu'il faut qu'ils instituent la République, qu'alors leur nation sera grande, lui font oublier cet âge qui creuse ses traits, fait couler ses yeux.

Il a besoin de cela, de cette foule qui se rassemble à Jersey, à Guernesey, pour applaudir une représentation d'*Hernani* donnée par une troupe ambulante venue de France. À la fin de la pièce, les spectateurs se lèvent et crient : *Hurrah Hugo !* Et la presse anglaise est désormais bienveillante, le félicitant pour ce qu'il fait en faveur des enfants pauvres. Il est le *great good man*.

Parfois, il a le sentiment que sa « solitude est un tourbillon », tant il est sollicité.

Ce n'est pas être vieux, cela.

Et puis il y a les nouvelles servantes, Mariette, une fille de Saint-Brieuc, orpheline, sans famille, vingt-huit ans. Il l'engage pour dix-sept francs par mois. Il est impatient de la voir s'installer, là, dans la chambre voisine. Il attend la nuit. Il pourra noter dès le lendemain : « Mariette… Cloche… Aristote. » Il l'a « vue ». Il est satisfait. Il ajoutera dans son carnet quelques jours plus tard : « Mariette… Cloche… Nettoyage du poële… Gratification. »

Il ne veut pas pour autant les traiter en inférieures. Il voudrait qu'elles échappent à l'ignorance : « J'entreprends d'apprendre à écrire à mes deux servantes, Marie et Mariette. Je leur fais moi-même des exemples de grosse écriture. »

Et de les voir là, si jeunes, assises côte à côte, l'excite. « Cloche… Cloche (masturbation)… Aristote (les toucher, les pénétrer)… Les deux Suisses (leurs seins)… »

C'est comme si le désir qui l'habite ne pouvait être satisfait. Il revoit cette femme de lettres, Louise Yung. Il l'entraîne de nouveau dans l'une de ces criques discrètes. Et la nuit, il rêve à elle, à toutes les autres, à leurs jambes, leurs cuisses, leurs pieds, leurs seins. Il rêve. Il est un *incube*. Et il jouit spontanément. « Sponte », note-t-il.

Il doit cependant dissimuler, il sait bien qu'on condamnerait ce qui est pourtant la vie. Alors, il refuse de faire la présentation d'une série de cinq ou vingt volumes intitulés *Les Amours célèbres*.

— L'idée est charmante, populaire et à succès, dit-il à Paul Meurice. Succès tel qu'il n'a, certes, nul besoin de moi. À mon âge, il y a des mots qu'il faut se résigner à ne plus prononcer, du moins tout haut. Surtout l'amour au pluriel… M'a-t-on assez insulté à propos des amours pourtant bien rétrospectives, des *Chansons des rues et des bois* !

Qu'ils imaginent qu'il est un vieillard, sans désir

et sans plaisir ! Ils ont bien écrit qu'il était aveugle, ruiné ! Et il se souvient d'avoir rencontré une nuit, à Bruxelles, une jeune femme qui en le regardant avait trouvé qu'il ressemblait à Victor Hugo mais, avait-elle ajouté : « Il est mort. »

Il vit. Il écrit. Il n'a pas encore terminé *L'homme qui rit*. Même s'il commence à faire recopier le manuscrit par Julie Chenay et Juliette. Mais il se sent déjà habité par l'œuvre prochaine, *Quatre-vingt-treize*.

« Je crois que je ferai la vraie révolution. » Il ne veut faire ni un roman historique à la Walter Scott ni un drame historique comme Dumas en a écrit.

« Quand je peins l'histoire, explique-t-il à Lacroix — mais l'éditeur comprend-il autre chose que le succès ou l'échec d'un livre ? —, jamais je ne fais faire à mes personnages que ce qu'ils ont fait ou pu faire, leur caractère étant donné, et je les mêle le moins possible à l'intention proprement dite. Ma manière est de peindre des choses vraies par des personnages d'invention. »

Maintenant, il faut que Lacroix accepte les conditions du contrat : cinq volumes à venir cédés pour quarante mille francs — *L'homme qui rit* en représentera quatre. Lacroix donne son accord et verse immédiatement cent mille francs, cent mille autres étant versés à la parution de l'ouvrage.

Tout va bien.

Et brusquement, la foudre.

La lettre est là, qui dit que Georges, le petit

Georges, le premier petit-fils, est mort d'une méningite le 14 avril. Qu'il a donc subi le même destin que Léopold, le premier fils. Hugo se souvient de ce poème qu'il avait publié dans le Livre III des *Contemplations*, et qu'il avait intitulé *Le Revenant*. C'est à cela qu'il veut croire, puisque Alice est enceinte d'un enfant qui devrait naître en août.

Il avait écrit :

Ô mères ! Le berceau communique à la tombe.
L'éternité contient plus d'un divin secret.

Mais il avait ajouté, se souvenant de la joie qu'il avait éprouvée :

Le jour vint ; elle mit un autre enfant au monde,
Et le père joyeux cria : — C'est un garçon[104].

Il veut y croire. Il le dit à Charles et à Alice, les parents atterrés : « Je crois au *Revenant*. Aussi Georges, mon charmant petit Georges, dans quelques mois, Alice nous le rendra. »

Souvent, pourtant, le désespoir revient. Il tente de se persuader, mais il a besoin de se confier. Il écrit à Paul Meurice :

« Il reviendra. Oui, j'y crois… Qu'il était charmant ce doux être ! Je crois voir au-dessus de moi sa petite âme. J'entends dans l'invisible son bruissement d'oiseau célèbre. Je le redemande à Dieu. Hélas ! Par moments, je suis accablé. Ne le dites pas à ma pauvre chère femme. Il m'est impossible de voir dans les sentiers d'ici passer les petites voitures où il y a des enfants. Cela me rappelle Georges, dans son carrosse, que je traînais sur le boulevard de Bruxelles.

« Aimez-moi. »

Il écoute Juliette. Il la voit tourmentée, souffrante, l'âme à vif, pourtant elle le console, le soutient :

« Je te prie de faire de mon amour le baume qui calme ta blessure jusqu'au jour de la résurrection du doux enfant que tu pleures… Mes baisers sont des larmes dont je voudrais inonder tes pieds. »

Il va se rendre à Bruxelles, avec Juliette.

On dit qu'il va y célébrer sa fête en famille.

— Il n'y a pas de fête pour moi, cette année. Ma fête, ce sera le retour du petit Georges.

Lorsqu'il voit Alice, il est rasséréné. Un autre fils va naître, il en est sûr désormais.

Il faut que la vie l'emporte.

Il rejoint Philomène, la servante d'Alice. C'est elle qui couche près de lui à la place d'une autre domestique, Aline. Il la regarde, la caresse.

« Philomène callipyge », note-t-il. « Vu Aristote dans la forêt de Philomène. »

Et il s'étonne du désir qui le saisit, si fréquemment. « Deux heures après midi. Virginie, la cuisinière, cloche ; la femme de chambre, cloche. »

Oui, la vie est là, en lui, et il célèbre ainsi, à sa

manière, la naissance, le 16 août, d'un nouveau Georges, « revenant ».

« Petit Georges est revenu… Alice nous l'a rendu. »

Il est sûr que celui-là vivra. Et c'est comme si cette naissance lui donnait l'élan pour en terminer avec *L'homme qui rit*. Il écrit, et le 23 août, il en a fini avec ce roman.

Il a l'impression que tout est à nouveau en ordre. Juliette est invitée à voir l'enfant qui « tète maintenant les deux seins. Il a longtemps voulu ne téter que le sein gauche. Tendance démocratique ».

Hugo rit. Il embrasse Adèle. Il lui fait faire un tour de Bruxelles en calèche. Elle est gaie. Elle dit qu'elle restera désormais avec lui.

Et tout à coup, la foudre tombe une nouvelle fois. Adèle se raidit, ses yeux se révulsent. C'est une attaque d'apoplexie. Peu d'espoir, disent les médecins. Le docteur Allix, averti par télégraphe, arrive de Paris. Et, le 27 août, elle meurt, à six heures et demie du matin.

Hugo lui ferme les yeux.

Quelques instants avant de mourir, elle lui avait pressé la main, et avait paru le reconnaître.

— Dieu recevra cette douce et grande âme, chuchote-t-il. Je la lui rends. Qu'elle soit bénie !

Elle souhaitait être enterrée à Villequier, au côté de Léopoldine. Il faudra donc transporter le corps et il ne pourra pas l'accompagner au-delà de Quiévrain.

« J'ai pris des fleurs qui étaient là. J'en ai entouré la tête. J'ai mis autour de la tête un cercle de marguerites blanches sans cacher le visage, j'ai ensuite semé des fleurs sur tout le corps et j'en ai rempli le cercueil. Puis je l'ai baisée au front et je lui ai dit tout bas : "Sois bénie." Et je suis resté à genoux près d'elle. »

Il regarde les siens s'approcher, embrasser Adèle, pleurer.

Et il veut, avant qu'on ferme le cercueil de chêne, graver avec une petite clé qu'il vient de trouver dans sa poche, sur le plomb du premier cercueil dans lequel elle est couchée, *V. H.* au-dessus de sa tête. Le cercueil fermé, il embrasse le plomb, puis le chêne.

« Il y a vingt-deux clous au couvercle. Je l'avais épousée en 1822. »

Puis il accompagne le cercueil jusqu'à Quiévrain.

« J'ai mis avant de partir le vêtement noir que je ne quitterai plus. »

À Quiévrain, il a passé la nuit chez un habitant. Voilà cinq nuits qu'il ne peut dormir. Les yeux lui brûlent. Dans la chambre, il découvre un volume illustré des *Misérables*. « J'ai écrit dessus mon nom et la date, laissant ce souvenir à mon hôte. »

Place des Barricades à Bruxelles, il fixe longuement ce portrait qu'il a voulu qu'on prenne d'Adèle morte. La photo n'a été tirée qu'à un seul exemplaire. Il écrit sur le cliché : « Chère morte pardonnée… »

Il y a tant de souvenirs qui jaillissent, tous douloureux.

Il veut qu'on grave sur la tombe, à Villequier :

ADÈLE
femme de Victor Hugo

Il rentre avec Juliette à Guernesey, le 9 octobre, Juliette qui lui écrit : « Mon âme s'est agrandie et comme doublée et je t'aime à la fois avec la grande âme de ta chère absente et la mienne. Je lui demande, à cet illustre témoin de ta vie ici-bas, de vouloir bien être le mien devant Dieu là-haut. Je lui demande la permission de t'aimer autant que je vivrai en ce monde et dans l'autre… Que sa chère mémoire reste à jamais honorée et bénie parmi les hommes comme elle l'est en moi… » Mais lorsqu'il entre dans Hauteville House, le vide de la maison lui pèse.

Les pièces et les objets lui semblent avoir pris le deuil. Il pense à sa fille, cette « pauvre égarée ».

— Voilà cinq ans qu'à cause d'elle j'ai le cœur serré, dit-il. Qu'elle revienne et, en même temps que mon cœur s'épanouira, mes bras s'ouvriront.

Mais il ne doit pas s'abandonner à la tristesse. « Allons, il faut se remettre au travail. »

Et puis la nuit, il entend la jeune bonne se tourner et soupirer dans son lit à sangles.

Il se lève, il va se glisser dans sa chambre. Il lui faut toucher cette vie saine, vigoureuse et juvénile.

Il note sur son carnet : « Code justinien. Trois francs. »

Il a obtenu d'elle ce qu'il désirait.

Maintenant, il peut reprendre sa tâche, donner son appui à la souscription ouverte pour élever une statue au député Baudin, puis soutenir ses initiateurs, poursuivis par la justice et défendus par un jeune avocat, Léon Gambetta, dont les plaidoiries sont retentissantes.

Il peut préparer le dîner de Noël des enfants pauvres. «Les deuils qui nous éprouvent n'empêchent pas qu'il y ait des pauvres. Si nous pouvions oublier ce que souffrent les autres, ce que nous souffrons nous-mêmes nous en ferait souvenir ; le deuil est un appel au devoir.»

Mais chaque mot qu'il écrit, chaque regard qu'il porte sur un meuble, chaque geste qu'il fait lui rappelle Adèle morte, et Adèle sa fille, et autour d'elles toutes les ombres des disparus.

Il a souvent le sentiment qu'il a sacrifié ceux qu'il aimait, ses enfants, sa femme, Juliette aussi, à son œuvre.

«Je suis ici... Je travaille. On m'a laissé seul. L'abandon, c'est le destin des vieux. Je ne puis bien travailler qu'ici. Ma famille, c'est mon bonheur. Il fallait choisir entre ma famille et mon travail, entre mon bonheur et mon devoir. J'ai choisi le devoir. C'est la loi de ma vie.»

1869

J'ai ce cadavre en moi, la conscience humaine ;
Et je sens cette morte immense qui me mène.

Il feuillette son carnet. Et les souvenirs de ces
corps, de ces croupes, de ces bras levés, de ces
femmes nettoyant les vitres du *cristal room* lui
reviennent. À celle-là, il a donné un franc, à celle-
ci, trois. Il a touché les « Suisses » de cette nouvelle, et les cuisses de cette autre. Et il s'est mas-
turbé en regardant Virginie. Et il a noté « cloche »,
« poêle ».

C'est ainsi. Il ne peut penser à autre chose quand
elles sont là, dans le *look-out*, ou bien dans leur
petite chambre, sur le lit à sangles. Il faut qu'il les
regarde, qu'il les touche : « Poêle… Colonne…
Aristote… Suisses… Cloche. »

Il faut que son désir, son besoin s'assouvissent.
Il les paie pour cela. Et elles acceptent avec entrain.
Elles reviennent, une fois mariées, accompagnées
de leur époux et de leurs enfants. Et cela recom-

mence parfois, vite, pendant que le mari promène l'enfant dans le parc. Après, il suffit de donner deux francs à l'enfant.

Oui, c'est ainsi. Il ne peut résister. Et au nom de quoi le ferait-il ? Il ne force pas ces femmes à accepter. Il ne les renvoie pas si elles se refusent. Il les gratifie d'une petite somme quand elles sont consentantes.

Parfois, une pensée lui vient, fugitive. Et si cependant elles étaient contraintes par le besoin ?

Il repousse cette idée, ce remords, cette culpabilité. Il ne les humilie jamais. Elles ne sont pas des Fantine, méprisées. Le plus souvent, il ne leur demande que de montrer leur corps, de lui permettre de le caresser. Il a des gestes si doux qu'il voit bien qu'elles en sont surprises. Honorées.

Et il a le sentiment qu'elles comprennent qu'il est un homme hors du commun et qu'il puise en elles force et vitalité. Il leur montre « ces trois malles pleines de manuscrits ». Et il observe les servantes quand elles vont et viennent dans le *cristal room*, ce *look-out* où il travaille. Elles tournent autour de la tablette où les manuscrits de ces pièces de théâtre — qu'il veut regrouper en un ensemble intitulé *Théâtre en liberté* — s'accumulent. Il y a là *L'Épée*, *Margarita Esca* — ces deux dernières composant *Les Deux Trouvailles de Gallus* —, *La Marquise Zabeth*, *Torquemada*, *Welf, Castellan d'Osbor*, des mois de travail, debout, face à l'océan, de janvier à juillet 1869. Et parfois, pendant que les servantes sont accroupies, remuant leurs hanches au rythme de l'aller et retour du chiffon, il dit quelques vers de *L'Épée*, qui met en scène trois générations, le patriarche, le fils — Slagistri, un proscrit — et le petit-fils Albos, qui incarne l'avenir.

Elles s'arrêtent, le buste levé, le dos cambré, les seins gonflés. Et il déclame les tirades d'Albos :

Ah ! l'homme est un aveugle imbécile et dormant !
Pour lui montrer l'abîme il faut l'écroulement,
Et pour qu'il voie enfin l'honneur et la justice,
Il faut que le soufflet de l'ombre l'avertisse !

Puis Albos s'interroge :

Mais l'homme est misérable et nu. Sa main crispée
Est sans force. Il n'a pas d'ongles.

Et Slagistri, « tirant la lame du fourreau et l'élevant au-dessus de sa tête », répond :

Il y a l'épée[105] *!*

C'est une pièce de révolte, de lutte contre le despotisme, et lorsqu'il écrit la date de conclusion, le 24 février 1869, deux jours avant son soixante-septième anniversaire, il remarque que c'est aussi l'anniversaire de la proclamation de la République de 1848. Et il a commencé *L'Épée* le 21 janvier, jour anniversaire de l'exécution de Louis XVI !

Ces coïncidences ne sont-elles pas plus qu'un hasard ? Et s'il était guidé ?

Mais ces pièces seront-elles même seulement lues ? Il a le sentiment « qu'un écart se fait entre les contemporains et lui ».

L'homme qui rit vient d'être publié à Paris. Il a écrit dans la préface que « le vrai titre de ce livre serait *L'Aristocratie*. Un autre livre, qui suivra, pourra être intitulé *La Monarchie*. Et ces deux livres, s'il est donné à l'auteur d'achever ce travail, en précéderont et en amèneront un autre qui sera intitulé *Quatrevingt-treize* ».

Le comprendra-t-on ?

« Le seul vrai lecteur, c'est le lecteur pensif, c'est à lui que ce livre est adressé. » Mais ce lecteur existe-t-il encore sous cet Empire qui met la « France entre deux parenthèses, le jésuite et le gendarme » ? Il est persuadé pourtant que cet *Homme qui rit* est le meilleur des livres qu'il ait écrit.

« C'est le pendant des *Misérables*. »

Encore faudrait-il qu'on le sache !

Et il s'emporte contre Lacroix. L'éditeur a imaginé de se servir de *L'homme qui rit* pour faire vendre les autres titres de son catalogue ! À tout acheteur de cent francs de livres, on donnera gratuitement *L'homme qui rit* ! Et celui-ci vaut trente francs à Londres et quarante à Paris ! Comment avoir des lecteurs dans ces conditions ! Lacroix ne répond même pas aux lettres de protestation ! Autant rompre avec lui. Et tenter de passer outre à cette déception.

Mais les blessures sont ouvertes. Le succès ne

vient pas, et les critiques sont hostiles, comme à l'habitude.

Hugo hausse les épaules, il écarte les articles malveillants d'un geste de la main.

— Je suis un Mithridate de la critique, dit-il. Vous comprenez, j'ai fini par m'endurcir, moi qui, depuis trente-huit ans, suis accoutumé à être tué tous les quinze jours par *La Revue des Deux Mondes* !

Mais il garde en mémoire les phrases de Barbey d'Aurevilly, qui se moque d'un « style en tête de clous... de *L'homme qui rit*, qui a le mieux et le plus vite sombré de tous les ouvrages de cet homme sonore, qui, même quand il le voudrait ne pourrait pas faire silencieusement une bêtise... *L'homme qui rit*, c'est nous... Ce crachat guérira les aveugles. Victor Hugo, l'heureux joueur de la renommée, qui faisait martingale depuis vingt ans, vient de perdre la dernière partie... Il s'appelait Victor, et ce nom lui allait bien ! Désormais, on l'appelle Victus ! ».

Il faut se redresser, vivre avec cela, l'échec. Peut-être parce que « le romantisme, mot vide, imposé par nos ennemis et dédaigneusement accepté par nous, c'est la Révolution française faite littérature ». Et comment, dans cet « Empire en suppuration », avec ce Bonaparte qui n'est qu'un « Vitellius maigre », se réclamer de la Révolution sans être attaqué ?

Toutefois, il est atteint :

— Je me mets toujours tout entier dans ce que je fais !

Il doit, il le sait, regarder en face les raisons de l'échec. Car «le succès s'en va. Est-ce moi qui ai tort vis-à-vis de mon temps? Est-ce mon temps qui a tort vis-à-vis de moi?... Si je croyais avoir tort, je me tairais, et ce me serait agréable. Mais ce n'est pas pour mon plaisir que j'existe, je l'ai déjà remarqué».

Il faut aller plus loin.

«Il m'importe de constater l'insuccès de *L'homme qui rit*. Cet insuccès se compose de deux éléments : l'un, mon éditeur; l'autre, moi. Mon éditeur : spéculation absurde, délais inexplicables, pertes du bon moment... Moi : j'ai voulu abuser du roman, j'ai voulu en faire une épopée. J'ai voulu forcer le lecteur à penser à chaque ligne. De là, une sorte de colère du public contre moi. »

Et puis il y a l'argent. Il faut réclamer à Lacroix ce qu'il doit, plus de quarante mille francs. D'autant plus nécessaires que les dépenses se multiplient. Il faut que les fils sachent ce qu'il en est, surtout Charles, qui se couvre encore de dettes en allant passer plusieurs semaines à Spa, en jouant au casino, et auquel il faut bien verser une rente.

— Depuis dix mois, explique-t-il, j'ai payé plus de dix mille francs de dettes de votre pauvre mère, sans compter les paiements que j'ai faits à Bruxelles à ses créanciers. Beaucoup de ces dettes sont évidemment surfaites, mais je les paie. Tout cet inattendu a écrasé mon revenu cette année...

Et puis il y a Adèle, toujours errante.

— Si elle vient comme elle a promis, je lui fais

cadeau de cinq cents francs pour son voyage. Mais si elle ne vient pas, elle aura à les rembourser sur les trimestres suivants…

Il compte, recompte. Il veut que ses fils, ses petits-enfants — puisque Alice, l'épouse de Charles, est de nouveau enceinte — soient à l'abri du besoin. Et lui-même veut, jusqu'à la fin de ses jours, être libre.

Combien vivra-t-il ? Pourra-t-il encore longtemps écrire ?

Lamartine est mort le 28 février. Baudelaire, en 1867. Sainte-Beuve, Mérimée, Dumas sont gravement malades. La mort l'encercle.

« Je voudrais bien avoir le temps de finir ce que j'ai dans l'esprit. Faire toute l'œuvre qui est dans ma pensée, c'est impossible, vu que j'ai plus de drames et de poèmes à l'état de couvée dans mon cerveau que je n'en ai publiés… »

En évoquant tous ces projets qui l'habitent, il éprouve le curieux sentiment d'être encore en pleine maturation.

« Oh ! je sais bien que je ne vieillis pas, et que je grandis au contraire, confie-t-il à Auguste Vacquerie. Et c'est à cela que je sens l'approche de la mort. Quelle preuve de l'âme ! Mon corps décline, ma pensée croît ; sous ma vieillesse, il y a une éclosion. Je me sens monter dans l'aurore inconnue. Je suis adolescent pour l'infini, et j'ai déjà l'âme dans cette jeunesse, le tombeau. Qu'ils sont aveugles ceux qui disent que l'esprit est la résultante de la chair ! Ma chair s'en va, mon esprit augmente. Pardon de cette métaphysique. Aimez-moi ! »

Et puis il se sent lié à la vie par ses fils, et des hommes encore jeunes, Paul Meurice, Vacquerie, Rochefort, qui, malgré ses réticences, viennent ensemble de lancer un journal, *Le Rappel*. Et c'est lui qui leur a suggéré ce titre.

« Ce sera un journal lumineux et acéré, leur écrit-il. Vous allez combattre en riant… Vous donnerez le mot d'ordre de l'espérance à cette admirable jeunesse d'aujourd'hui, qui a sur le front la candeur royale de l'avenir. »

La fierté, il l'éprouve en lisant les articles de François-Victor et de Charles, l'un annonçant que « le lendemain de 1869, c'est 89 », l'autre faisant campagne pour Rochefort, qui s'est présenté à la députation lors des élections législatives de maijuin. Et l'opposition républicaine rassemble près de 3 350 000 voix, contre seulement 4 458 000 aux « bonapartistes » ! Toutes les grandes villes françaises élisent des républicains. Et Napoléon III est bien contraint de glisser peu à peu de l'Empire libéral à un Empire parlementaire, que lui réclament Émile Ollivier et les membres de ce tiers parti qui veulent faire, comme ils disent, « à l'empereur une vieillesse heureuse ».

Comment peuvent-ils imaginer que l'avenir est sans risque, alors que les tensions montent entre la France et la Prusse, que surtout, à La Ricamarie, à Aubin, sur le carreau des mines, devant les hauts fourneaux, la troupe tire sur les ouvriers affamés, grévistes. Et que Rochefort, dans *Le Rappel*, fustige ce régime qui tue à coups de chassepots des dizaines d'ouvriers. «L'Empire continue à éteindre le paupérisme… Voilà encore quelques pauvres de moins», écrit-il.

Le Rappel, déjà interdit à la vente publique, est saisi, ses rédacteurs poursuivis.

Comment ne pas s'indigner, ne pas décrire le sort de cette jeune ouvrière ?

— *Quel âge as-tu ? — Seize ans. — De quel pays*
[es-tu ?
— *D'Aubin. — N'est-ce pas là, dis-moi, qu'on*
[s'est battu ?
— *On ne s'est pas battu, l'on a tué… — La mine*
Prospérait. Quel était son produit ? — La famine.
[…]
— *Pourquoi ne pas vous plaindre aussi ? — Nous*
[l'avons fait.
Nous avons demandé, ne croyant pas déplaire,
Un peu moins de travail, un peu plus de salaire.
— *Et l'on vous a donné, quoi ? — Des coups de*
[fusil.
[…]
Je ne sais pas les lois, mais on me les applique.
— *Que fais-tu donc alors ? — Je suis fille*
[publique[106].

Il veut voir ses fils qui combattent, risquant de nouveau la prison.

«Je vous aime passionnément mes deux enfants et j'ai besoin de vous voir… J'arriverai à Bruxelles du 31 juillet au 5 août… Pendant le temps de mon séjour à Bruxelles, vous me donnerez à déjeuner, c'est-à-dire mon café et ma côtelette, et moi, je vous donnerai à dîner, c'est-à-dire que je vous invite tous les jours, tous les quatre (y compris Georges qui a six dents) à dîner à l'hôtel de la Poste. Cela simplifiera le service.

« N'oubliez pas qu'il faut qu'une des servantes couche dans la chambre à côté de la mienne (corps de logis au fond) ; j'ai toujours mes étouffements nocturnes maintenant compliqués de maux de dents très bêtes… »

Il retrouve à Bruxelles la maison de la place des Barricades. Il ne peut s'empêcher de passer à l'office, de remarquer que la cuisinière Virginie est toujours à son poste, comme Philomène. Il observe une nouvelle femme de service, Thérèse. C'est elle qui couchera dans la chambre voisine de la sienne.

« Elle est laide. Flamande, blonde, et ne sait pas son âge. Croit avoir trente-trois ans. Je lui ai demandé : "Êtes-vous mariée ?" Elle m'a répondu, avec un air tout à fait parisien : "Quelle horreur !" »

Deux jours plus tard, il peut noter sur son carnet :

« Cinq heures du matin. Thérèse. Suisse. Éphèse. »

Qui ira comprendre, si l'on ouvre le carnet, qu'il s'agit des seins lourds, d'albâtre, de la servante, et d'une allusion à Érostrate qui, à Éphèse, incendia le temple d'Artémis. Il ferme le carnet. Éros, Éros auquel il ne peut et ne veut échapper.

Puis, de l'aube à l'heure du déjeuner, il faut travailler. Tel est son devoir.

Et il faut évoquer le passé parce que l'Empire est en train de muer et que si la mémoire disparaît, alors il peut sortir renforcé de la crise qu'il traverse. Mais sera-t-il entendu ? Se souvient-on des journées de décembre 1851 ?

« Vous allez voir comment on meurt pour vingt-cinq
[francs ! »
Disait Baudin ; les mots de la tombe sont grands.
Cela n'empêche pas un tas de misérables
De crier aux proscrits, aux vaincus mémorables
Par le devoir au fond de l'abîme liés :
— C'est bien fait. Vous étiez comme nous. Vous
[vouliez
Être sénateurs, ducs, ambassadeurs, ministres... —

Oh ! que la mer est sombre au pied des rocs
[sinistres [107] !

Mais, au-delà de cette nostalgie, de ce *Mal du pays*, il sent qu'un doute s'insinue, non en lui, mais en ces gens que parfois il croise, ses lecteurs aussi.

Vous me dites :
— Pourquoi cet éternel courroux ?
Le ciel n'est pas autant en colère que vous.
[...] Depuis bientôt vingt ans que cet empire dure,
Les arbres ont-ils cessé de croître un seul instant ?
[...]

384

Depuis vingt ans, toujours de plus en plus
[charmante,
La forêt pousse, et verte, et vieille, et jeune,
[augmente
Son frais tumulte, au bruit d'une cité pareil. —

Je suis juste, et c'est vrai ; je constate, ô soleil,
Sous ce ciel où, superbe et tranquille, tu montes,
Le lent grandissement des arbres, et des hontes [108].

Il est rassuré quand, se rendant à Lausanne au congrès de la Paix où il est invité, il est à chaque gare acclamé, accueilli à Lausanne, puis par les congressistes, comme un héros.

On comprend donc son combat. Il prend la parole à l'ouverture, puis à la clôture du congrès.

— Le premier besoin de l'homme, dit-il, son premier droit, son premier devoir, c'est la liberté.

Il s'interrompt souvent, acclamé par la salle debout.

— Nous voulons la grande République continentale ! lance-t-il, nous voulons les États-Unis d'Europe, la liberté, c'est le but, la paix, c'est le résultat.

On crie : « Vive Hugo ! » À cet instant, il a la certitude que sa vie, son œuvre, les sacrifices qu'il a consentis trouvent dans ces acclamations, cette communion autour des idées de liberté, de paix, de République aussi, leur finalité.

Il peut repartir rasséréné de Lausanne, vers Berne, Bâle, Lucerne, Constance, à petites étapes, en compagnie de Juliette.

Il fait arrêter souvent la voiture à deux chevaux qu'il a louée vingt-cinq francs par jour de marche et vingt francs par jour de repos, tous frais compris. Il dessine les bords du lac, les rives du Rhin, les monuments. François-Victor est avec eux. Et Hugo est heureux de l'entente qui règne entre ses fils et Juliette.

Voici Bruxelles.

« En arrivant, je trouve Alice accouchée. Une jolie petite fille, née à huit mois, et qui s'appellera Léopoldine, Adèle, Clémence et aussi Jeanne. Georges marche tout seul et baise sa petite sœur. »

Il est ému, lorsque la petite Jeanne lui serre le doigt. Il se souvient de Léopoldine, d'Adèle, ses filles. C'était il y a si longtemps. Il aime cette renaissance, cette continuité aussi. Il lit à ses fils, à Juliette, à Alice, à toute sa famille ainsi rassemblée *Torquemada*, sa pièce sur le grand inquisiteur, mais où l'amour triomphe.

Oh! comprends-tu ce mot céleste, mariés!
Beauté, pudeur, ton corps céleste, ta chair
[bénie [109] *...*

Puis il regagne son corps de logis, au fond.

« La nouvelle servante, qui remplace Thérèse, couche cette nuit dans la chambre à côté. Elle s'appelle Élise. Paysanne. Très brune. Peau presque noire. »

Il s'attarde à Bruxelles. L'automne est là.

Il a ses habitudes place des Barricades. Il appré-

cie aussi la ville, avec ses rues sombres, ses silhouettes de femmes. Il peut, sans y être reconnu,
découvrir de nouveaux corps.

Et puis il y a ces nouvelles de Paris qui le retien-
nent sur le continent.

Napoléon III a violé sa propre Constitution, en
reculant au-delà de la date fixée la convocation du
Corps législatif, où les députés de l'opposition sont
nombreux.

Charles, dans *Le Rappel*, invite tous les républicains à organiser une grande manifestation paci-
fique, le 26 octobre.

La gauche hésite à s'engager. Les risques d'une
répression sévère, à l'image de ce qui a eu lieu sur
les Boulevards en 1851, sont grands.

L'inquiétude saisit Hugo. Il lit un article du
Siècle dont on lui dit que tout le monde parle à
Paris.

« En ce moment, écrit le journaliste Louis Jour-
dan, deux hommes, placés aux pôles extrêmes du
monde politique, encourent la plus lourde responsabilité que puisse porter une conscience humaine.
L'un d'eux est assis sur le trône, c'est Napoléon III,
l'autre, c'est Victor Hugo. »

Ce poids de la responsabilité, il le ressent lourdement. Il apprend que la gauche refuse de participer à la manifestation. Il répond alors que « la
gauche s'abstenant, le peuple doit s'abstenir. Le
point d'appui manque au peuple. Donc, pas de
manifestation… Que le peuple s'abstienne et le
chassepot est paralysé ; que les représentants parlent et le serment est aboli… Un dernier mot. Le

jour où je conseillerai une insurrection, j'y serai. Mais cette fois, je ne la conseille pas ».

Il s'apprête à rentrer à Guernesey.

Il a l'intuition que l'époque change, que des cataclysmes, malgré l'apparente stabilité de l'Empire, s'annoncent. Est-il l'homme qui jouera un rôle dans les temps nouveaux ? Ou bien n'est-il plus qu'une voix, un témoin, l'action étant réservée à ses fils ?

Charles, pour avoir pris la défense de deux soldats envoyés dans des bataillons disciplinaires parce qu'ils ont assisté à des réunions électorales, se voit poursuivi, condamné.

« Mon fils, te voilà frappé pour la seconde fois », lui écrit-il.

En 1851, Charles avait déjà été emprisonné. Et le nouveau procès qu'il vient de subir l'a encore voué à la prison, malgré les plaidoiries de Gambetta et de Jules Favre.

Hugo hésite, puis ajoute :

« Tu feras bien d'aller dans leur prison. Ce sera brave et simple et tu auras la plus fière et la plus hautaine attitude. Ta position doit être égale à ton grand talent et à ton grand esprit… Ta position en deviendra superbe. Tu dois préférer ces quatre mois à l'exil indéfini. Fais vite ce pensum, après tu viendras jouir du charmant printemps de Guernesey. »

Mais l'île, en cette fin d'année, est enveloppée par les brumes. Et lorsque, le 8 novembre, Hugo

388

rentre à Hauteville House, il sent le froid tomber sur ses épaules. Il doit renoncer à travailler dans le *look-out*. Il neige. Il marche difficilement. Un rhumatisme bloque sa hanche. Il doit faire appel à une servante pour lui enlever les bottines.

Il faut tenter d'oublier ces douleurs.

Il dit à Juliette :

— Remercions Dieu, mon doux ange. Nous finissons l'année en pleine santé. Les bobos du corps ne sont rien quand l'amour se porte bien.

Mais il murmure : «Me revoilà seul, en tête à tête avec le travail et l'océan.»

J'ai dit à l'Océan : — Salut ! Veux-tu que j'entre,
Ô gouffre, en ton mystère, ô lion, dans ton antre ?
J'arrive du milieu des hommes asservis.
Gouffre, je ne sais plus si je vis ;
J'ai ce cadavre en moi, la conscience humaine ;
Et je sens cette morte immense qui me mène [110].

Pape, tu ne vaux pas, dans ton haut Quirinal,
Qui du monde romain domine les déluges,
Rois, vous ne valez pas, vous ne valez pas, juges,
Tu ne vaux pas, César dans la pourpre élevé,
Les chiens qui vont léchant le sang sur le pavé [111].

HUITIÈME PARTIE

1870 - 1871

1870

Le canon stupéfait se tut, la mêlée ivre
S'interrompit... — le mot de l'abîme était dit.

Hugo écrase sa plume sur le haut de la page blanche. Il souligne d'un trait épais les mots qu'il vient d'écrire : « 2 janvier 1870. »

Ce titre s'impose. On se souviendra ainsi, en lisant ce poème qu'il va écrire, que ce 2 janvier, Napoléon III a choisi pour chef du gouvernement l'ancien opposant Émile Ollivier, et que par cette manœuvre il compte, évidemment, donner une nouvelle vie à l'Empire.

Nous devenons bon prince et nous changeons de
[sphère.
L'empire est libéral. Diable ! Qu'allons-nous faire
De tous les vieux gredins du coup d'état ?
[Jésus !
Les vendre ? quel rabais ! comme on perdrait
[dessus !

> *Le Deux-Décembre est mort. Le Deux-Janvier*
> *[l'enterre[112].*

Qui peut être dupe de cette habileté qui laisse le pouvoir, malgré tous les discours et les changements dans la Constitution, à l'empereur, à son entourage des Tuileries et à l'armée ?

> *Ou vous êtes naïf ou vous êtes subtil.*
> *Une réforme ! où donc ? Un progrès ! quel est-il ?*
> *Vous dites qu'un grand pas est fait. Quel pas ? Je*
> *[cherche.*
> *À Mandrin pataugeant Jocrisse tend la perche.*
> *Le coup d'état devient ondoyant et divers.*
> *Nous en vîmes l'endroit, nous en voyons l'envers.*
> *[...]*
> *L'empire devenu, sorte d'oison sans ailes,*
> *Presque un pensionnat de jeunes demoiselles[113]...*

Il éprouve de la compassion, mêlée d'amertume, devant ce « bon peuple enfant » qu'on berne. Mais il est persuadé que la duplicité sera démasquée. Il faut le temps, la vérité l'emportera.

Le 11 janvier, il voit venir vers Hauteville House un homme qui agite une dépêche. Le sémaphore de Jersey, qui reçoit les nouvelles de France, l'a transmise à celui de Guernesey.

La veille, à Paris, le prince Bonaparte, cousin de Napoléon III, a tué chez lui Victor Noir, un journaliste de *La Marseillaise*, le journal de Rochefort. Victor Noir venait avec un autre collaborateur du

394

journal, en tant que témoins de Paul Grousset, lui aussi journaliste à *La Marseillaise.*

Hugo apprend que, dans *Le Rappel*, le journaliste Édouard Lockroy a écrit : « M. Pierre Bonaparte a pieusement gardé les traditions de la famille. »

Et Rochefort martèle dans son journal : « Peuple français, est-ce que décidément tu ne trouves pas qu'en voilà assez ? »

Hugo souffre de l'impuissance à laquelle l'exil le réduit. Le 12 janvier, plus de cent mille personnes se sont rassemblées pour les obsèques de Victor Noir, à Auteuil.

Il eût suffi d'un mot pour que la foule suive Flourens, Blanqui, et marche sur le centre de Paris. Mais Rochefort et Delescluze se sont opposés à l'émeute, réussissant à l'empêcher.

Pourquoi ?

« La féroce scène d'Auteuil pouvait et devait être le coup de grâce de l'Empire, écrit Hugo. Le 12, une formidable occasion a été perdue. La retrouvera-t-on ? On pouvait en finir d'un seul élan. Le sens révolutionnaire a manqué. Il y a eu des influences funestes. »

Il accuse Rochefort et Delescluze. Il partage la colère de Meurice, de Vacquerie, de son fils Charles.

Ce dernier, qui proteste contre l'acquittement de Pierre Bonaparte, est condamné à six mois de prison, et choisit l'exil. Quant à Rochefort, il est arrêté, mis en détention.

Peut-être l'émeute, si elle avait eu lieu, aurait-elle conduit à un massacre, comme en juin 1848. Il y avait plus de soixante mille hommes de troupe dans Paris, armés de chassepots. Que pouvaient des manifestants dont certains, comme Louise Michel, n'avaient que des poignards ?

Et d'ailleurs, cette affaire Bonaparte ne doit pas masquer l'essentiel.

On me dit : Courez donc sur Pierre Bonaparte.
Non. J'ai ma piste ; et c'est — l'Autre — et je ne
[m'écarte
Jamais du but que rien ne me fait oublier.
Forêts ! je chasse au tigre et non au sanglier [114].

Mais peut-il vraiment chasser, alors qu'il est sur ce rocher, obligé d'imaginer ce qui se passe à Paris, le succès que remporte au théâtre de la Porte-Saint-Martin la reprise de *Lucrèce Borgia* ?

Il lit avec émotion les lettres que lui adressent George Sand et Théophile Gautier, spectateurs enthousiastes de la pièce et amis fidèles.

Mais qui peut savoir combien de temps la censure tolérera les représentations ?

« Depuis vingt ans, je suis en quarantaine. Les sauveurs de la propriété ont confisqué ma propriété. Le coup d'État a séquestré mon répertoire. Mes drames pestiférés sont au lazaret ; le drapeau noir est sur moi. Il y a trois ans, on a laissé sortir du bagne *Hernani* ; mais on l'y a fait rentrer le plus vite qu'on a pu… Aujourd'hui, c'est le tour de *Lucrèce Borgia*. La voilà libérée. Mais elle est bien

396

dénoncée ; elle est bien suspecte de contagion. La laissera-t-on longtemps dehors ? »

Il n'a rien à attendre de cet Empire sans remords, et dont l'âme noire ne changera pas.

Ils ont tué, pillé, brisé la loi détruite ;
Il leur semble plaisant qu'on leur en parle ensuite ;
Sitôt qu'on est vainqueur et maître, on éconduit
L'histoire, le massacre et la mort et la nuit.
On ne veut plus savoir dans la joie et la fête
Par quelle ombre on passa pour parvenir au faîte[115].

Alors il faut écrire de nouveaux poèmes, pour une future édition des *Châtiments*, de manière que l'on se souvienne toujours de cette *Histoire d'un crime*, des conditions dans lesquelles « Napoléon le Petit » a accédé au pouvoir.

Hugo a le sentiment que telle est sa mission. Il est le témoin, l'accusateur.

Il écrit donc, comme jamais. Et il doit vaincre pour demeurer debout, devant sa tablette, une douleur qui parfois paralyse sa jambe.

— J'ai la sciatique en ce moment, dit-il. Je la malmène fort... Mon moyen curatif est terrible et efficace : affusion d'eau froide, puis friction sèche devant un grand feu...

Et aussi, pour oublier cette douleur, ces soixante-huit ans qui sonnent en ce mois de février, il y a les jeunes femmes, servantes, visiteuses, et le temps de les voir, de les caresser, de les aimer, de noter dans son carnet « poële », ou bien « *osc* » —

pour rappeler le mot latin *osculum*, baiser —, il se sent emporté par le désir, presque juvénile. Et c'est si grisant de ne plus songer aux douleurs, aux années, qu'il est de plus en plus avide. Il paie cinq, sept, deux francs. Et les brumes de l'angoisse, du désespoir, de l'amertume parfois, se dissipent.

Il doit, bien sûr, cacher les satisfactions qu'il s'accorde à Juliette. Et même si les mots ne suffisent pas à étouffer ses soupçons et sa jalousie, ils l'apaisent. Alors il lui écrit :

« Février. Mois de ma naissance (26 février 1802). Mois d'*Hernani* (28 février 1830). Mois de *Notre-Dame de Paris* (13 février 1831). Mois de *Lucrèce Borgia* (2 février 1833, 2 février 1870). Mois de l'achèvement des *Misérables* (février 1861). Mois de la République (24 février 1848). Mois de l'Amour (16 février 1833).

« Ce mois marqué pour moi d'un signe de lumière, je te le dédie et je te le donne, ô mon doux ange. »

Mais l'apaisement est de courte durée, chaque fois plus bref. Et il faut une autre femme, une autre jouissance plus rapprochée pour oublier les injustices, les années si peu nombreuses qui restent pour écrire ce roman, *Quatrevingt-treize*, pour rassembler dans un recueil qu'il appellera *Les Quatre Vents de l'Esprit* tous les poèmes épars. Il en a déjà conçu le plan, deux tomes, chacun d'eux divisé en deux livres, *Le Siècle*, *L'Amour*, *La Destinée*, *La Révolution*. Mais le temps ne lui manquera-t-il pas ?

La mort est si proche. Il faut porter en terre ce vieux proscrit qu'il avait recueilli, Hennett de Kesler. Et comment ne pas être bouleversé quand Kesler a murmuré qu'il ne voulait pas d'autre prêtre que Hugo ?

Il faut parler devant la fosse, dire : « Adieu, mon vieux compagnon. Tu vas donc vivre la vraie vie… » Et conclure au nom des proscrits, des « sacrifiés volontaires » : « Nous sommes résolus à ne jamais nous rendre, debout sur cette grande brèche qu'on appelle l'exil, avec nos convictions et avec leurs fantômes. »

Il rentre à Hauteville House, affrontant les protestations, les regards hostiles de tous ceux qui condamnent cet enterrement sans cérémonie religieuse, selon la volonté de Kesler.

C'est cela aussi, l'exil, l'incompréhension de ceux qui vous entourent.

Mais il a l'impression que la disparition de Kesler lui a donné un regain de force. Toutes ces morts ne peuvent avoir été vaines.

> *Pourtant le sort, caché dans l'ombre,*
> *Se trompe si, comptant mes pas,*
> *Il croit que le vieux marcheur sombre*
> *Est las* [116].

Et puis il y a, comme une grâce pour éclairer les jours, l'arrivée à Guernesey de Charles, de sa femme Alice et de leurs enfants Georges et Jeanne.

Il est impatient. Il compose de petits poèmes pour Georges.

> *Passereaux et rouges-gorges,*
> *Venez des airs et des eaux,*
> *Venez tous faire vos orges,*
> *Messieurs les petits oiseaux,*
> *Chez Monsieur le petit Georges* [117].

« L'île est ravissante en ce moment, écrit-il à Charles. Comme une grosse fleur. Si François-Victor venait, nous oublierions ensemble Bonaparte pendant un temps indéfini. »

Il est comblé quand il voit et écoute sa petite-fille.

> *Jeanne parle ; elle dit des choses qu'elle ignore ;*
> *[…] Murmure indistinct, vague, obscur, confus,*
> > *[brouillé,*
> *Dieu, le bon vieux grand-père, écoute émerveillé* [118].

C'est comme si Hauteville House s'emplissait de vie :

> *Moi qu'un petit enfant rend tout à fait stupide,*
> *J'en ai deux ; Georges et Jeanne ; et je prends l'un*
> > *[pour guide*
> *Et l'autre pour lumière, et j'accours à leur voix*
> *Vu que Georges a deux ans et que Jeanne a dix mois ;*
> *[…]*
> *Ô Jeanne ! Georges ! Voix dont j'ai le cœur saisi !*
> *Si les astres chantaient, ils bégaieraient ainsi.*
> *Leur front tourné vers nous nous éclaire, nous dore.*
> *Oh ! d'où venez-vous donc, inconnus qu'on adore ?*

400

Jeanne a l'air étonné ; Georges a les yeux hardis.
Ils trébuchent, encore ivres du paradis[119].

Et tout à coup, en voyant Jeanne, la douleur qui depuis la fuite d'Adèle le tourmente devient plus vive. Pourquoi Adèle s'obstine-t-elle ?

« Mes bras lui sont ouverts. Je suis vieux. Mon bonheur serait de vous avoir tous autour de moi… Jamais il ne sortira de ma bouche un mot qui puisse l'attrister. Il n'y a pour elle comme pour vous dans mon cœur qu'une tendresse sans bornes. »

Il lui verse chaque trimestre une somme qui devrait lui permettre de survivre. Mais cela ne fait pas disparaître le sentiment de culpabilité qui souvent l'étreint. Et en même temps il sait bien qu'il était contraint — c'est cela son destin — d'être engagé dans la vie publique, et donc de faire subir aux siens — comme son épouse le lui reprochait — les conséquences de son engagement.

Cela valait-il la peine ?

Il a un moment d'incertitude quand il apprend qu'à l'habile question posée par Napoléon III — Le peuple français approuve-t-il les réformes opérées dans la Constitution depuis 1860 ? — lors du plébiscite qui a eu lieu le 8 mai, 7 358 000 Français ont répondu *oui*.

Et pourtant, il avait appelé à voter *non*. « Le droit peut-il être proscrit ? Oui. Il l'est. Prescrit ? Non. »

Mais il n'y a eu que 1 572 000 Français à voter *non*. Et 1 300 000 se sont abstenus. Peu à peu cependant il reprend confiance. Le *non* l'emporte dans les grandes villes et dans le département de la Seine. Et le peuple peut se réveiller.

Quant à flatter la foule, ô mon esprit, non pas !

Ah ! le peuple est en haut, mais la foule est en bas.
La foule, c'est l'ébauche à côté du décombre ;
C'est le chiffre, ce grain de poussière du nombre ;
[…]
Oh ! qu'est-ce donc qui tombe autour de nous dans
l'ombre ?
Que de flocons de neige ! En savez-vous le nombre ?
Comptez les millions et puis les millions !
Nuit noire ! on voit entrer au gîte les lions ;
[…] La lugubre avalanche emplit le ciel terni ;
Sombre épaisseur de glace ! Est-ce que c'est fini ?
On ne distingue plus son chemin ; tout est piège.
Soit.

Que sera-t-il de toute cette neige,
Voile froid de la terre au suaire pareil,
Demain, une heure après le lever du soleil [120] *?*

C'est peut-être déjà demain. On semble avoir oublié les propos d'Émile Ollivier, se félicitant des résultats du plébiscite, redisant qu'ainsi l'empereur aurait une vieillesse heureuse, ou bien affirmant qu' « à aucune époque, le maintien de la paix n'a été plus assuré ».

Hugo pressent au contraire que la guerre approche. Un Hohenzollern est en passe d'accéder au trône d'Espagne. Le ministre des Affaires étrangères de Napoléon III affirme que « la France n'acceptera pas un prince allemand sur ce trône d'Espagne ». Et même si, après quelques jours, le prince Léopold de Hohenzollern annonce qu'il retire sa candidature, la France demande des garanties. Et, le 13 juillet, une dépêche venue d'Ems, où se trouve le roi Guillaume Ier de Prusse, semble montrer que l'ambassadeur de France a été humilié. Hugo est inquiet.

C'est à coups de canon qu'on rend le peuple
[heureux.
[...] Vrai but du genre humain : tuer correctement.
Les hommes, dont le sabre est l'unique calmant,
Ont le boulet rayé pour chef-d'œuvre ; leur astre
C'est la clarté qui sort d'une bombe Lancastre [121] ...

Il veut espérer cependant. Le 14 juillet, il plante à Hauteville House un gland, qui donnera naissance à un « chêne des États-Unis d'Europe ».

Il veut faire un pari sur l'avenir. Il met la dernière main à son recueil *Les Quatre Vents de l'Esprit*. « Je n'ai rien fait de mieux, et je serai là tout entier. »

Et puis, l'ombre de la guerre l'enveloppe.

— Je crois à l'écrasement de la Prusse, dit-il, mais les complications peuvent aller de choc en choc jusqu'à la révolution.

Le 19 juillet, la guerre est là. L'Empire l'a déclarée à la Prusse, autour de laquelle se rassemblent tous les États allemands.

Hugo lit sans surprise qu'un mouvement patriotique semble unir la nation contre l'Allemand. Il essaie d'imaginer ce qui peut survenir, ce qu'il faudrait souhaiter.

« Je désire le Rhin pour la France, parce qu'il faut faire, matériellement comme intellectuellement, le groupe français le plus fort possible, afin qu'il résiste dans le parlement des États-Unis d'Europe au groupe allemand, et qu'il impose la langue française à la fédération européenne. Les États-Unis d'Europe parlant allemand, ce serait un retard de trois cents ans. Un retard, c'est-à-dire un recul… Mais rien par Bonaparte ! Rien par cette affreuse guerre ! »

Il éprouve une immense tristesse devant ces « tueries royales et impériales » qui s'annoncent.

Que faire ? Il est trop tard pour les empêcher. Et si l'Empire l'emporte, il sera renforcé, pis, légitimé.

Déjà, ce 9 août, Émile Ollivier vient de démissionner, et c'est le général Cousin-Montauban qui le remplace, l'impératrice Eugénie étant régente, puisque l'empereur est parti aux armées !

Et chaque jour, des nouvelles inquiétantes. Les troupes françaises battues à Froeschwiller et Forbach ! Strasbourg encerclé ! Metz menacé !

Il ne peut plus rester à Guernesey, se contenter de convier les femmes de l'île à fabriquer de la charpie :

— Nous en ferons deux parts égales et nous enverrons l'une à la France et l'autre à la Prusse.

Il faut gagner le continent, Bruxelles, être prêt à

passer en France, « si la situation s'accentue comme je le crois dans le sens révolutionnaire… Je mets en ordre et replace dans les trois malles où ils étaient mes manuscrits… Vous ne vous figurez pas quel chaos de papiers. L'opération de la rentrée des manuscrits au *casernement* est longue et difficile, mais il serait impossible de laisser tout cela épars derrière moi… Ce qu'il y a là de choses est énorme… ».

Peut-être est-ce la fin de l'exil ? Il faut qu'il soit à Paris si l'Empire s'effondre. Il est à lui seul le symbole de la résistance à Napoléon III. Il peut avoir un rôle capital à jouer. Le moment approche où il va peut-être enfin pouvoir agir de manière décisive, parce que le peuple se tournera vers lui. Hugo pourrait devenir une sorte de fondateur de la République nouvelle, qui naîtrait des décombres d'un Empire vaincu.

Il écoute Juliette, qui s'inquiète déjà.

— Ce à quoi je ne m'habituerai jamais, ce sont les périls de toutes sortes que tu vas affronter en allant à Paris : depuis la perte de ta santé jusqu'à la perte de ton amour pour moi, c'est-à-dire la mort de mon âme. Je pense avec effroi aux tortures de toute espèce que je vais retrouver là-bas et mon courage recule et je demande grâce d'avance.

Bien sûr, le 15 août, à neuf heures trente, elle est là, à ses côtés, sur le pont du *packet Brittany* qui lève l'ancre pour Southampton. Il regarde autour de lui, Jeanne, Georges, Charles, Alice, la nourrice et les servantes, Suzanne, Mariette, Philomène.

Voyage de deux jours et arrivée à Bruxelles le 17 août. On s'organise. Les uns à l'hôtel de la Poste, les autres, place des Barricades. « Mariette y viendra tous les jours faire mon service personnel. »

Il songe à toutes ces années — presque dix-neuf — qu'il a passées en exil. Est-ce la fin ? Les nouvelles qui arrivent de France sont incertaines et contradictoires. Metz est-il tombé ? Il faut en attendant se remettre au travail. Il prend son bain froid, puis il commence à écrire.

Au dîner, il place dans l'assiette de Charles un rouleau d'or de mille francs avec ce billet : « Mon Charles, je te prie de me permettre de payer le passage de Petite Jeanne. Papapa, 18 août 1870. »

Papapa, c'est ainsi qu'elle l'appelle.

Il ne peut plus attendre. Il se rend à la chancellerie française. Il écoute le chargé d'affaires auquel il demande des passeports, afin de rentrer à Paris pour y faire son devoir de garde national : « Avant tout, je salue le grand poète du siècle », dit le diplomate qui, dès le lendemain, lui apporte les passeports.

Il suffit donc de décider du moment. Il compte sur un télégramme de Paul Meurice lui indiquant s'il peut ou non regagner Paris.

Mais il ne faut pas qu'on puisse prétendre qu'il va « au secours de l'Empire ».

« Sauver la France, sauver Paris, perdre l'Empire, voilà le but… Partager la mort de Paris, ce serait ma gloire. Mais ce serait une fin grande et je crains que tous ces hideux événements n'en aient une petite. Celle-là, je ne veux pas la partager. La Prusse s'arrêtant, une paix honteuse, un démembrement, un compromis, soit avec Bonaparte, soit avec les Orléans, j'aurais horreur de cela, et si le peuple ne bouge pas, je rentrerai en exil. »

La situation militaire s'aggrave. Une armée ayant à sa tête Napoléon III s'est rassemblée à Sedan, dans l'intention de tenter de dégager Metz.

Qui peut en ce moment où Dieu peut-être échoue,
Deviner
Si c'est du côté sombre ou joyeux que la roue
Va tourner ?
[...]
Je vois en même temps le meilleur et le pire ;
Noir tableau !
Car la France mérite Austerlitz, et l'empire
Waterloo.

J'irai, je rentrerai dans ta muraille sainte,
Ô Paris !
Je te rapporterai l'âme jamais éteinte
Des proscrits.
[...]
Et mon ambition, quand vient sur la frontière
L'étranger,
La voici : part aucune au pouvoir, part entière
Au danger.
[...]
Et peut-être, en ta terre où brille l'espérance,

Pur flambeau,
Pour prix de mon exil, tu m'accorderas, France,
Un tombeau [122].

Mais, de Bruxelles, il a du mal à saisir ce qui se passe en France et sur le front, à Sedan.

« Je ne veux aller à Paris que pour un seul cas et une seule œuvre, héroïque celle-là, dit-il. *Paris appelant la Révolution au secours.* Alors j'arrive. Sinon, je reste… Il ne peut sortir de cette guerre que la fin des guerres, et de cet affreux choc des monarchies que les États-Unis d'Europe ! Vous les verrez, ajoute-t-il à Paul Meurice, je ne les verrai pas. Pourquoi ? C'est parce que je les ai prédits. J'ai le premier, le 17 juillet 1851, prononcé au milieu des huées ce mot : les États-Unis d'Europe. Donc, j'en serai exclu. Jamais les Moïses ne virent les Chanaans. »

Mais comment hésiter quand, le 3 septembre, « des crieurs de journaux passent, portant d'énormes affiches où on lit : *Napoléon III prisonnier* » ?

L'empereur a été vaincu à Sedan et s'est rendu à Guillaume Ier, roi de Prusse.

Tandis que nos soldats luttaient, fiers et tâchant
D'égaler leurs aïeux que les peuples vénèrent,
Tout à coup, les drapeaux hagards en frissonnèrent,
Tandis que, du destin subissant le décret,
Tout saignait, combattait, résistait ou mourait,
On entendit ce cri monstrueux : Je veux vivre !

Le canon stupéfait se tut, la mêlée ivre
S'interrompit... — le mot de l'abîme était dit.

Et l'aigle noire ouvrant ses griffes attendit [123].

Il écoute les proscrits qui, réunis au 15 Grand'
Place, débattent pour savoir si l'on doit conserver le drapeau tricolore ou adopter le drapeau
rouge !

Comme si cette question devait être posée !

Il faut rentrer vite, puisque le 4 septembre la
déchéance de l'empereur est décrétée, la République proclamée, et qu'un gouvernement provisoire comprenant Thiers, Jules Favre, Gambetta,
Jules Simon, le général Trochu, Rochefort est
constitué.

On ne peut plus attendre, et — Enfin ! Enfin ! —,
après dix-neuf ans d'exil, voici que le train
s'ébranle, le 5 septembre, à deux heures cinquante-
cinq de l'après-midi. Bruxelles s'efface.

Hugo veut voir défiler le paysage, au moment de
la rentrée en France, à seize heures. Sur les quais
des gares, on crie : « Vive Victor Hugo ! » Il aperçoit dans un bois, proche de la voie ferrée, un cam-
pement de soldats. Il leur lance : « Vive l'armée ! »
Et il ne peut s'empêcher de pleurer.

À vingt et une heures trente-cinq, c'est Paris, la
gare du Nord, une foule qui chante *La Marseillaise*,
Le Chant du départ, qui acclame, qui crie « Vive
Hugo ! », qui récite des vers des *Châtiments*.

Il aperçoit Judith Gautier, si belle, et c'est

comme si le visage de la jeune femme était celui de la France.

Il faut parler. Il va lancer quelques mots du balcon d'un café, puis à trois reprises de sa calèche, qu'entoure la foule :

— Deux grandes choses m'appellent, dit-il. La première, la République. La seconde, le danger... Serrons-nous tous autour de la République en face de l'invasion et soyons frères. Nous vaincrons. C'est par la fraternité qu'on sauve la liberté.

On se presse autour de la calèche qui commence à se diriger au pas vers le numéro 5 de l'avenue Frochot, où il doit loger chez Paul Meurice.

Des voix l'interpellent. On veut le conduire à l'Hôtel de Ville.

Il se dresse. Il répond :

— Non, citoyens ! Je ne suis pas venu ébranler le gouvernement provisoire de la République, mais l'appuyer.

Et il ajoute :

— Vous me payez en une heure dix-neuf ans d'exil.

Rien n'est simple, il le devine, dès ces premières heures et le lendemain, 6 septembre, quand il reçoit la visite d'Alexandre Rey, qui lui propose de faire partie d'un triumvirat avec Ledru-Rollin et Schoelcher. Il se souvient de Rey qui, député des Bouches-du-Rhône, l'avait, en décembre 1851, accueilli sur la barricade où Baudin venait de se faire tuer. Il lui récite :

La barricade était livide dans l'aurore,
Et comme j'arrivais, elle fumait encore ;
Rey me serra la main et dit : Baudin est mort [124].

Et Rey pleure à cette évocation. Mais il faut cependant refuser le triumvirat. « Je lui ai dit : "Je suis presque impossible à amalgamer." »

Il faut soutenir le gouvernement provisoire, même si ceux qui le composent ont tous prêté serment à l'Empire. Ils doivent craindre le retour des proscrits, trop intransigeants, de ce Victor Hugo, soutenu par *Le Rappel* qu'animent ses fils, ce journal qui s'est toujours élevé contre les Jules Simon, les Jules Favre, les Jules Ferry, aujourd'hui ministres et hier opposants bien modérés. Et que dire de Thiers et du général Trochu ? Et pourtant, il ne veut pas les combattre, d'autant qu'il faut tenter, maintenant que l'Empire est tombé, de faire cesser la guerre.

Il s'adresse aux Allemands :

« Allemands, celui qui vous parle est un ami…

« Cette guerre est-ce qu'elle vient de nous ? C'est l'Empire qui l'a voulue, c'est l'Empire qui l'a faite. Il est mort. C'est bien. Nous n'avons rien de commun avec ce cadavre… Nous sommes la République française… Nous écrivons sur notre drapeau États-Unis d'Europe… Vous avez tué votre ennemi qui était le nôtre, que voulez-vous de plus ?… »

Il voudrait que les Allemands entendent cet appel, qu'on l'affiche dans les rues de Paris, dans les deux langues.

411

Et le soir, à dîner, avenue Frochot, ou bien dans le Pavillon de Rohan, 174, rue de Rivoli, où s'est installée Juliette, il écoute ses convives — des ministres, des comédiennes, des journalistes, de vieux amis, Théophile Gautier — évoquer les prétentions allemandes, l'avance de leurs troupes, qui commencent à encercler Paris — et ce sera chose faite quand elles auront pris Châtillon et le mont Valérien ! Il comprend que son appel ne sera pas entendu. On lui rapporte que les journaux allemands ont répondu à sa lettre par ces mots : « *Hœngt den Dichter an den Mast auf.* » Qu'on pende le poète au haut du mât !

— Je réponds à la menace par le sourire, dit-il d'abord.

Puis il prend sa plume, pour un *Appel aux Français*. Il faut se battre, puisque les Allemands ne veulent pas entendre la voix de la raison et de la paix.

« Que toutes les communes se lèvent !… Les Prussiens sont huit cent mille, vous êtes quarante millions… Faisons la guerre de jour et de nuit, la guerre des montagnes, la guerre des plaines, la guerre des bois. Levez-vous ! Levez-vous !… Francs-tireurs, allez, traversez les halliers, passez les torrents, profitez de l'ombre et du crépuscule… »

Puis il s'adresse aux Parisiens : « Tous au feu, citoyens !… Le Panthéon se demande comment il fera pour recevoir sous sa voûte ce peuple qui va avoir droit à son dôme… »

Et maintenant que les Prussiens font le siège de

la capitale, Hugo veut prendre les armes. Il achète un képi, un manteau de garde national. Il écrit au général Trochu :

« Un vieillard n'est rien, mais l'exemple est quelque chose. Je désire aller au danger et je veux y aller, sans armes. On me dit qu'un laissez-passer signé de vous est nécessaire. Je vous prie de me l'envoyer.

« Croyez, général, à toute ma cordialité. »

Mais il ne veut pas s'engager sur le terrain politique. Il regarde pourtant avec de plus en plus de défiance ce gouvernement provisoire, qui n'est pas capable de desserrer l'étreinte prussienne, et ce général Trochu qui ne lui répond pas et qui n'est après tout que « le participe passé du verbe trop choir ».

Mais il ne suit pas les Flourens et les Blanqui qui, le 31 octobre, occupent l'Hôtel de Ville, veulent renverser le gouvernement provisoire, et rêvent d'une Commune parisienne révolutionnaire.

« On mêle mon nom à des listes de gouvernement, note-t-il. Je persiste dans mon refus. » Et il n'accepte pas d'être candidat à une mairie d'arrondissement. On le sollicite à plusieurs reprises. Mais ce n'est pas là le rôle qu'il espérait, lorsqu'il était en exil.

Il sent bien qu'il inquiète les membres du gouvernement provisoire qui, après la journée du 31 octobre, se sont durcis, ont peut-être commencé à négocier avec les Prussiens, tant ils craignent un mouvement révolutionnaire à Paris. Ils ne sont guère satisfaits de voir Garibaldi se mettre à leur disposition pour défendre la France.

Alors, dans cette situation confuse, il ne veut pas se mêler à ces stratégies politiques, pleines d'arrière-pensées. Il répond à ceux qui l'invitent à être candidat :

« Dans les graves conjonctures où nous sommes, je me fais une loi d'effacer ma personnalité pour mieux remplir dans toute leur plénitude les humbles et grands devoirs du citoyen. »

Il souhaite seulement que ses œuvres soient lues dans les théâtres, que les droits d'auteur de l'édition des *Châtiments* soient versés à la souscription pour l'achat de canons, affectés à la défense de Paris.

— On a renoncé, dit-il, à me demander l'autorisation de dire mes œuvres sur les théâtres. On les dit partout sans me demander la permission. On a raison. Ce que j'écris n'est pas à moi. Je suis une chose publique.

Souvent d'ailleurs, alors qu'il se promène dans les rues, découvrant ce Paris qu'il ne connaît pas, ces boulevards, ces quartiers bouleversés par les travaux de Haussmann, on le reconnaît. Il sait que sa photo est vendue dans les rues de la capitale, que la foule se presse dans les théâtres où l'on récite *Les Châtiments*, que trois mille personnes sont venues entendre ses vers, à l'Opéra, et qu'on lit ses *Appels aux Allemands*, *aux Français*, *aux Parisiens*, qui ont été affichés sur les murs.

Il se rend aux Feuillantines, espérant y découvrir

les lieux qui ont enchanté ses premières années. Juliette l'accompagne. Il cherche en vain : « La maison et le jardin de mon enfance ont disparu. Une rue passe dessus. »

C'est comme si l'Empire avait saccagé son passé et comme si les ans avaient effacé les souvenirs.

Il s'éloigne, reconduit Juliette au Pavillon de Rohan. Il sait qu'elle n'aime pas être ainsi loin de lui, qui continue d'habiter avenue Frochot. Mais il se sent libre, loin de sa surveillance jalouse et inquiète. Ce Paris nouveau, tout à coup, quand il est seul, l'excite, l'exalte...

Ô Ville, tu feras agenouiller l'histoire.
Saigner est ta beauté, mourir est ta victoire.
[...] Tu t'éveilles déesse et chasses le satyre.
Tu redeviens guerrière en devenant martyre ;
Et dans l'honneur, le beau, le vrai, les grandes
*   [mœurs,*
Tu renais d'un côté quand de l'autre tu meurs [125].

Les femmes sont belles, jeunes, provocantes. Jamais il ne s'est senti aussi avide que dans ce Paris assiégé, où les conditions de vie deviennent chaque jour plus difficiles.

On mange « du cheval sous toutes les formes. J'ai vu à la devanture d'un charcutier cette annonce : saucisson chevaleresque ». Puis de la viande salée, dont on ne sait quelle est l'origine. Mais un rat coûte huit sous. Un oignon, un sou, comme une pomme de terre.

— Hier, nous avons mangé du cerf ; avant-hier,

de l'ours ; les deux jours précédents, de l'antilope. Ce sont des cadeaux du jardin des Plantes.

Il regarde ses petits-enfants, insouciants ; Jeanne vient d'avoir un an.

Votre blond frère Georges et vous, vous suffisez
À mon âme, et je vois vos jeux et c'est assez ;
Et je ne veux, après mes épreuves sans nombre,
Qu'un tombeau sur lequel se découpera l'ombre
De vos berceaux dorés par le soleil levant [126].

Ces deux petits-là mangent à leur faim. Mais combien sont dans le besoin ? Il reçoit les lettres de jeunes mères qui réclament un secours. Certaines disent : « Je suis Fantine, mais j'ai trois enfants. » Parfois, il se rend chez elles. Il donne quelques pièces, une petite fortune pour ces femmes misérables. Et elles montrent leurs seins, leurs jambes. Il note : « Sec. à Mlle Constance Montauban. *Osc.* Cinq francs. » Chaque jour, il lui faut une jeune femme, et parfois plusieurs, c'est comme si, en les serrant contre lui, il se retenait au moment de tomber dans ce gouffre de l'angoisse.

« Sec. à Mme Vve Godot. Poële. Dix francs. »

« Mlle Marguerite Héricourt (Doña Sol). *Osc.* Poële. Sec. Cinq francs. »

Et puis il y a les filles publiques…

Ô mesdames les hétaïres,
Dans vos greniers je me nourris ;
Moi qui mourais de vos sourires,
Je vais vivre de vos souris [127].

416

« Hier, j'ai mangé du rat et j'ai eu pour hoquet ce quatrain », note-t-il.

« Revu, après vingt ans, A. Piteau. *Toda*. »

« Mme Olympe Audouard. Pointe de seins. *Osc*. »

Cette dernière est romancière, mais la plupart sont servantes, quelques-unes putains et d'autres, actrices. Souvent, elles sont amoureuses, séduites par le poète. Il revoit Judith Gautier, à la beauté flamboyante. Il reçoit Louise Michel, révolutionnaire, qui signe ses articles « Enjolras », du nom de l'un des héros des *Misérables*.

« Vu Enjolras (une heure de voiture, deux francs cinquante). »

Lorsqu'il apprend qu'elle est arrêtée, il intervient auprès du gouvernement provisoire pour qu'elle soit libérée.

« Elle est venue me remercier », note-t-il.

Paris le grise. Ville des femmes offertes. C'est comme si sa vieillesse enfin pouvait, sans aucune limite, s'abandonner à ses désirs, et si tout dans cette ville assiégée lui était offert.

Il ne répond pas à Juliette qui, comme toujours, se plaint :

« C'est pour t'obéir que je suis venue me loger ici, c'est-à-dire tout à fait hors de la portée de ton cœur. Je ne me fais pas d'illusion, et je sens bien que tu te détaches de moi peu à peu et par tous les moyens… D'ailleurs, j'ai su de tous temps que mon bonheur finirait le jour où tu rentrerais à Paris. Ce n'est donc pas une surprise pour moi. Dieu a donné dix-huit ans de répit à notre amour. Qu'il soit béni.

C'est à ton tour maintenant d'être heureux, selon le goût de ton esprit et les besoins de ton cœur. »

C'est vrai, il le reconnaît, il se sent comblé, presque gai. Il ne doute pas de la victoire définitive.

Sachez-le, puisqu'il faut, Teutons, qu'on vous
[l'apprenne,
Non, vous ne prendrez pas l'Alsace et la Lorraine,
Et c'est nous qui prendrons l'Allemagne [128]...

Il aime l'atmosphère héroïque du siège, de cette ville tendue où passent des hommes en armes, gardes nationaux, gardes mobiles, qui se rendent dans ces forts qu'il évoque en quelques vers :

Ils sont les chiens de garde énormes de Paris.
[...]
Comme c'est beau ces forts qui dans cette ombre
[aboient [129] *!*

Il aime entendre, au point du jour, les tambours, les clairons, « mélodie exquise et guerrière », qui jouent la diane, puis le cri « Aux armes ! ». « C'est le soleil qui se lève et Paris qui s'éveille. »

Il sort.

« Sec. à Marthel, rue Laferrière, ancienne rue Saint-Georges, au quatrième, 12 (je crois que c'est l'ancienne maison...), deux francs. »

En rentrant, il est surpris par la canonnade. Maintenant, dans ces derniers jours de décembre, les Prussiens bombardent Paris. Et les « sorties » en force, pour tenter de desserrer l'étreinte prussienne qui étouffe Paris, ont échoué, à Champigny, au Bourget. Et malgré les demandes de Clemenceau, le jeune maire du IXe arrondissement de Paris, qui souhaite une intensification de la lutte, le général Trochu et les autres chefs de l'armée déclarent toute nouvelle offensive impossible.

Que veulent-ils alors, capituler ? Paris, Hugo en est sûr, n'accepterait pas cette humiliation après tous les sacrifices consentis. Ces citoyens qui ont versé leur obole pour payer des canons, qui sont venus écouter *Les Châtiments* — et le prix des places est allé à la souscription pour payer ces canons — ne se soumettront pas sans se battre.

Écoute-moi, ton tour viendra d'être écouté.
Ô canon, ô tonnerre, ô guerrier redouté,
[...] Je te bénis. Tu vas défendre cette ville.
Ô canon, sois muet dans la guerre civile [130]...

Mais il sent qu'elle menace. Souvent, des attroupements rageurs se forment dans les rues. Les gardes nationaux s'en prennent aux généraux pusillanimes, à ce gouvernement provisoire qui ne conduit pas la guerre, à tous ces officiers qui, commandant l'armée, ont été des fidèles de l'Empire !

L'angoisse et la révolte le saisissent.

« Ô ville ! Incomparable Paris !... Oh, quand je te vois meurtri, massacré, fusillé, mitraillé, exterminé, assassiné... je pleure, les sanglots m'étouffent, ma poitrine se gonfle, les paroles me manquent, je voudrais mourir avec toi, mon peuple ! »

Il se sent divisé, déchiré même. Il passe de l'inquiétude à l'exaltation. Il dit à Juliette :

— 1870 est presque fini, 1871 est presque commencé. Entre ces deux années, l'une terrible, l'autre inconnue, je mets pour toi mon cœur. Il t'a préservée de l'horreur de l'année écoulée, il te gardera contre le mystère de l'année qui vient.

Et puis il se peigne, lisse sa barbe. Il attend Judith Gautier qui doit venir dîner. L'heure tourne. Sans doute les bombardements l'ont-ils empêchée de le rejoindre, comme elle l'avait promis.

Si vous étiez venue, ô belle que j'admire !
Je vous aurais offert un repas sans rival,
J'aurais tué Pégase, et je l'aurais fait cuire
Afin de vous servir une aile de cheval.

Il pense à cette année qui se termine, aux amis morts. Alexandre Dumas Père emporté le 5 décembre. Tant d'autres disparus dans les combats !

Ils gisent dans le champ terrible et solitaire.
Leur sang fait une mare affreuse sur la terre ;
[...]
Le vaste vent glacé souffle sur ce silence ;
Ils sont nus et sanglants sous le ciel pluvieux.

Ô morts pour mon pays, je suis votre envieux[131].

Il pose la plume. *Années funestes, Année terrible...*

420

Les vers qu'il a écrit, au fil des jours, il les imagine déjà, prenant place dans ces deux recueils qui témoigneront de ce qu'il a vu, pensé.

La mémoire, bourreau, vous tient dans sa tenaille.
Je cherche ce Paris perdu, que je défends ;
Où donc est le jardin où jouaient mes enfants
Lorsqu'ils étaient petits et lorsque j'étais jeune ?
J'entends leurs fraîches voix crier : Père, on
[déjeune !
Où donc es-tu, foyer où je me réchauffais [132] *?*

Il saisit son carnet. Il écrit encore, sans apprêt, avec presque de la gaieté. Il imagine des femmes, les corps innombrables qui s'offrent dans Paris, il éprouve du désir et il a l'impression qu'il ne l'épuisera jamais.

« Être tué, c'est une bonne fortune qui peut arriver à tout le monde, note-t-il. Je n'ai pas la prétention d'être plus favorisé qu'un autre à cet égard. Mais je ne veux pas l'être moins. Il ne faut pas faire exprès de mourir, mais il ne faut pas faire exprès de vivre. »

Il s'apprête à sortir. Quelques vers se glissent au bout de sa plume, encore :

Je lègue au pays, non ma cendre,
Mais mon bifteck, morceau de roi...
Belles, si vous mangez de moi,
Vous verrez combien je suis tendre !

1871

Hugo regarde le petit Georges et la petite Jeanne s'agenouiller, ce 1er janvier, « devant la hotte des joujoux ». Leurs visages expriment stupeur et ébahissement. Georges semble « furieux de bonheur ». Charles murmure, après avoir observé son fils : « C'est le désespoir de la joie ! »

Hugo a le sentiment pendant quelques minutes que le bombardement prussien qui écrase Paris — six mille bombes par jour, dit-on — a cessé. C'est comme si la présence et le bonheur des deux petits enfants avaient le pouvoir de faire oublier les malheurs et les crimes.

Les Prussiens visent les hôpitaux, notamment celui du Val-de-Grâce. Des bombes sont tombées rue Gay-Lussac. Hugo se souvient. Il s'était une

nouvelle fois rendu aux Feuillantines, et il a été
enveloppé par le souffle de l'une de ces bombes.

Il s'approche de Georges et de Jeanne.

Enfants, on vous dira plus tard que le grand-père
Vous adorait ; qu'il fit de son mieux sur terre,
Qu'il eut fort peu de joie et beaucoup d'envieux,
Qu'au temps où vous étiez petits, il était vieux,
[...] Que, dans l'hiver fameux du grand
                                        [bombardement,
Il traversait Paris tragique et plein d'épées,
Pour vous porter des tas de jouets, des poupées,
Et des pantins faisant mille gestes bouffons ;
Et vous serez pensifs sous les arbres profonds [133].

Il reçoit à dîner Louis Blanc, Rochefort, Dau-
mier.

— Mme Jules Simon m'a envoyé du fromage
de gruyère. Luxe énorme. Nous étions treize à
table.

Il n'aime pas ce chiffre, il a parfois l'impression
qu'il le poursuit comme un maléfice. Et la nuit, il
entend des frappements. Il rêve. Il lui semble que
Julie Chenay s'approche. Sa belle-sœur se penche.
Il notera : « Spont. arrêté à temps. » Il a failli jouir.

Il se lève tôt. Il sort. Il va porter des secours à
quelques femmes.

« Sec. à la Vve Matil (quatre enfants) ; poële,
suisses, *osc.* »

Il dispose ainsi dans Paris de nombreuses
adresses où il se rend. Chaque fois, il obtient ce

dont il a besoin, il satisfait ce désir insatiable. Et il note au retour ce qu'il a vu, ce qu'il a fait :

« Un œuf coûte deux francs soixante-quinze. La viande d'éléphant coûte quarante francs la livre. Un sac d'oignons, huit cents francs.

« Mlle Louise David.

« Mlle Marguerite Héricourt, 14 square Montholon ; *osc.*

« Mme Préval. Suisse. »

Tous ses sens sont en éveil. Cette atmosphère extraordinaire — il ose à peine le penser — lui convient. Pourtant, il a faim et il a froid.

— Tant mieux, murmure-t-il. Je souffre ce que souffre le peuple.

Il observe comme un badaud.

Paris, terrible et gai combat. Bonjour, madame.
On est un peuple, on est un monde, on est une
[âme [134].

Il se sent au diapason de ces Parisiens qui espèrent en une sortie victorieuse des troupes, qui s'indignent des négociations entreprises par Jules Favre, qui a rencontré Bismarck à Versailles, là où, dans la galerie des Glaces, vient d'être proclamé, le 18 janvier, l'Empire allemand ! Va-t-on capituler ?

Il voit des bataillons qui se dirigent vers les fortifications, pour une nouvelle sortie.

L'aube froide blêmit, vaguement apparue.
Une troupe défile en ordre dans la rue ;
Je la suis, entraîné par ce grand bruit vivant

Que font les pas humains quand ils vont en avant.
Ce sont des citoyens partant pour la bataille [135].

Mais qui les conduit ? Ce gouvernement provisoire négocie la capitulation. Ces généraux — Trochu, Le Floch, Lecomte, Thomas — dont les maires de Paris, Clemenceau en tête, viennent de demander la destitution, continuent de commander ! Comment se battre, comment vaincre dans ces conditions ?

Participe passé du verbe Tropchoir, l'homme
De toutes les vertus sans nombre dont la somme
Est zéro, soldat brave, honnête, pieux, nul,
Bon canon, mais ayant un peu trop de recul...
[...]
Ce fier pays, saignant, blessé, jamais déchu,
Marcha par Gambetta, mais boita par Trochu [136].

Il comprend l'indignation de ces gardes nationaux, de ces citoyens qui, indignés, conduits aussi par les meneurs révolutionnaires, tentent, le 22 janvier, de s'emparer de l'Hôtel de Ville. Ils sont repoussés et, six jours plus tard, c'est l'armistice, signé par Jules Favre et Bismarck. Si vite, si aveuglément, que Favre a oublié de prévoir le sort des armées qui continuent de se battre à l'Est !

Hugo en a la nausée. Il marche dans ce Paris glacé et affamé. Il écoute. Puis il rentre, il écrit.

Ainsi les nations les plus grandes chavirent !
C'est à l'avortement que tes travaux servirent,

Ô peuple ! et tu dis : Quoi ! pour cela nous restions
Debout toute la nuit sur les hauts bastions !
C'est pour cela qu'on fut brave, altier, invincible,
Et que la Prusse étant la flèche, on fut la cible ;
C'est pour cela qu'on fut héros, qu'on fut martyr...
[...]
Ô peuple et ce sera le frisson de l'histoire
De voir à tant de honte aboutir tant de gloire [137] !

Il regarde autour de lui les visages de ces hommes qui le pressent de se mettre à la tête d'une manifestation contre l'Hôtel de Ville. Il refuse. Il dit au contraire : « J'invite tout le monde au calme et à l'union. »

Il sent dans les rues la tension qui monte. Cette capitulation, une partie du peuple ne l'accepte pas.

Si nous terminions cette guerre
Comme la Prusse le voudrait,
La France serait comme un verre
Sur la table d'un cabaret ;

On le vide, puis on le brise.
Notre fier pays disparaît.
Ô deuil ! il est ce qu'on méprise,
Lui qui fut ce qu'on admirait.
[...]
Plus de fierté ; plus d'espérance ;
Sur l'histoire un suaire épais... —
Dieu, ne fais pas tomber la France
Dans l'abîme de cette paix [138] !

Mais il refuse l'émeute, la guerre civile entre Français, sous le regard de l'ennemi. Il est inquiet cependant. Il sent sourdre la colère. Et puis Jeanne est souffrante. Alors il écrit, il marche sous la neige, sur ce sol gelé.

« Mlle Louise Périga, *Osc.* Sec. À C. Tauban, Aristote. Quinze francs. »

Il rentre. Il classe ses papiers. Les élections législatives ayant lieu le 8 février, s'il est élu, il devra quitter Paris pour Bordeaux, où va se rassembler l'Assemblée nationale. Et il est sûr du résultat du scrutin.

Il ne s'est pas trompé. Avec 214 169 voix, il est le deuxième député de la capitale, après Louis Blanc, et juste avant Garibaldi. C'est dire quels sont les sentiments de Paris !

Il rassemble ses proches. « Petite Jeanne est très gaie. » Ils partiront à neuf pour Bordeaux, ce lundi 13 février.

Encore un 13 !

Voici Bordeaux, le 14 février, à treize heures trente. Il faut trouver un logement.

« Une chambre coûte trois cents francs par mois. » Il s'installe au 37, rue de la Course, avec l'une des servantes, Mariette. Les hôtes sont charmants. Juliette loge rue Saint-Maur. Et elle fait grise mine.

« C'est que je pense à notre cher petit paradis perdu de Guernesey », murmure-t-elle.

Mais c'est ainsi. Il ne veut pas qu'elle l'accompagne le lendemain à l'Assemblée.

Sur la place, devant le grand théâtre où se réunissent les députés qui viennent d'élire Thiers comme chef du pouvoir exécutif, et Jules Grévy à la présidence de l'Assemblée, il entend la foule qui crie : « Vive la République ! Vive Hugo ! »

Les gardes nationaux qui font la haie ôtent leur képi pour le saluer.

Il aperçoit les députés qui sortent de l'Assemblée. Il devine leurs regards hostiles. Ce sont pour la plupart des notables, élus dans les campagnes, pour leur opposition à la poursuite de la guerre et à la République.

D'ailleurs, Thiers a conclu avec eux le « pacte de Bordeaux » : la question du régime — monarchie ou république — ne sera pas posée.

Ce que veulent les députés, ce n'est pas la République mais l'ordre, la remise au pas des grandes villes qui ont choisi des députés républicains, le désarmement des Parisiens auxquels on a donné des fusils et des canons, pour se battre contre les Prussiens, et qui maintenant peuvent utiliser ces armes pour faire la révolution.

Alors il faut signer la paix, à n'importe quel prix, en abandonnant l'Alsace et la Lorraine, puisque Bismarck les veut, et même si les députés de ces deux régions protestent, crient à l'abandon, à la trahison. Et démissionnent.

Hugo sent tout cela, alors qu'il préside le groupe de la gauche radicale.

« La situation est épouvantable, écrit-il à Paul Meurice. L'Assemblée est une chambre *introu-*

vable : nous y sommes dans la proportion de cinquante contre sept cents, c'est 1815 combiné avec 1851 (hélas, les mêmes chiffres un peu intervertis)… »

Que peut-il faire dans cette Assemblée ?

Se dresser contre l'abandon de l'Alsace et de la Lorraine, s'écrier « Non, la France ne périra pas… » ?

Lancer « Je ne voterai pas cette paix, parce qu'une paix infâme est une paix terrible… » ?

Et prévenir : « Tout ce que la France perdra, la Révolution le gagnera ! »

Et puis annoncer l'avenir :

— Oh, une heure sonnera — nous la sentons venir — cette revanche prodigieuse. Nous entendons dès à présent notre triomphant avenir marcher à grands pas dans l'histoire. Oui, dès demain, cela va commencer ; dès demain, la France n'aura plus qu'une pensée : se recueillir, se reposer dans la rêverie redoutable du désespoir ; reprendre des forces… forger des canons et former des citoyens, créer une armée qui soit un peuple… étudier le procédé prussien comme Rome a étudié le procédé punique ; se fortifier, s'affermir, se régénérer, redevenir la grande France, la France de 92, la France de l'idée et la France de l'épée.

De certains bancs de l'Assemblée, on approuve : « Très bien, très bien ! »

— Puis tout à coup, un jour elle se redressera, reprend-il. Oh, elle sera formidable, on la verra d'un bond ressaisir la Lorraine, ressaisir l'Alsace !

Est-ce tout ? Non, non ! Saisir — écoutez-moi —, saisir Trêves, Mayence, Cologne, Koblentz…

Sur d'autres bancs de l'Assemblée, on crie : « Non ! Non ! »

— Écoutez-moi, Messieurs, répond-il. De quel droit une Assemblée française interrompt-elle l'explosion du patriotisme ?

Plusieurs députés lancent :

— Parlez, achevez l'expression de votre pensée !

— Saisir toute la rive gauche du Rhin, reprend Hugo. Et on entendra la France crier : C'est mon tour ! Allemagne, me voilà ! Suis-je ton ennemie ? Non ! Je suis ta sœur. Je t'ai tout repris et je te rends tout, à une condition : c'est que nous ne ferons plus qu'un seul peuple, qu'une seule famille, qu'une seule République. Je vais démolir mes forteresses, tu vas démolir les tiennes. Ma vengeance, c'est la fraternité ! Plus de frontières ! Le Rhin à tous ! Soyons la même République, soyons les États-Unis d'Europe, soyons la fédération continentale, soyons la liberté européenne, soyons la paix universelle !…

Il n'est pas surpris d'entendre, alors qu'il quitte l'Assemblée, un député murmurer :

— Louis Blanc est exécrable, mais Victor Hugo est pire.

Il sent la haine et la jalousie autour de lui. La lâcheté aussi.

L'Assemblée décide de s'installer à Versailles tant elle craint Paris. Il proteste, comme il a protesté contre l'amputation de l'Alsace et de la Lorraine.

— Messieurs, dit-il, n'attentons pas à Paris. N'allons pas plus loin que la Prusse. Les Prussiens ont démembré la France, ne la décapitons pas… Et ne faites pas ce rêve et ne faites pas cette faute !

Mais il est battu.

— Entre nous, dit-il, la gauche est en miettes… J'en viendrai probablement à ma démission isolée.

Il a cette réflexion en tête quand, le 8 mars, il monte à la tribune pour faire face à cette Assemblée qui vient de contester l'élection de Garibaldi à un siège de député et qui s'apprête à l'annuler, sans entendre le patriote italien.

Il a l'impression, en rappelant qui est Garibaldi, tant les interruptions sont fréquentes, d'être dans ces années 1850-1851, quand il subissait les mêmes assauts de haine. À chaque mot, on l'interrompt. Il se cambre, il lance :

— Il y a trois semaines, vous avez refusé d'entendre Garibaldi… Aujourd'hui, vous avez refusé de m'entendre ! Cela me suffit, je donne ma démission.

Il descend de la tribune. Il écrit debout, sur le rebord extérieur du bureau de l'un des sténographes de l'Assemblée, sa lettre de démission.

Et quelles que soient les pressions que Louis Blanc et les autres députés de la gauche vont exercer sur lui, il est décidé à la maintenir.

Il commence à se préparer au départ. Comme chaque matin, ce 13 mars, il reçoit un bouquet de fleurs de son hôtesse. Puis c'est la visite d'une actrice, Mlle Fargueil, qu'il avait rencontrée à Bruxelles. Il note dans son carnet, lorsqu'elle le quitte : « Mlle Fargueil. *Osc.* »

Mais cette joie est brève. Il pense à ce chiffre 13. Aux frappements qui ont troublé sa nuit. À Juliette qui est souffrante. Aux disputes qui l'opposent à sa belle-fille Alice, à propos des servantes, de Mariette, de Philomène. À son fils Charles avec lequel il s'est un temps brouillé et qui doit, ce soir, les rejoindre au restaurant Lanta, et qui tarde à venir, alors que tous les convives sont déjà là.

Hugo voit un garçon s'approcher. On le demande, dit cet homme. Hugo quitte la salle du restaurant. Il reconnaît son logeur, M. Porte.

— Monsieur, ayez de la force. Monsieur Charles…

— Eh bien ?

— Il est mort.

On l'a trouvé baignant dans son sang, allongé sur la banquette d'un fiacre. Apoplexie foudroyante.

Il ne sait même plus ce que sont la nuit et le jour. « Ce grand Charles, si bon, si doux, d'un si haut esprit, d'un si puissant talent, le voilà parti. Hélas ! Je suis accablé. »

Il ne dort pas. Il console Alice. Il s'occupe de Georges et de Jeanne. Il monte dans le wagon mortuaire qui doit, ce 17 mars, conduire la dépouille de Charles à Paris.

432

Charles! Charles! ô mon fils! quoi donc! tu m'as
                                              [quitté.
Ah! tout fuit! rien ne dure!
Tu t'es évanoui dans la grande clarté
Qui pour nous est obscure[139]...

Puis il faut porter ce fils en terre, jusqu'au Père-Lachaise. Les rues sont coupées, ce 18 mars, par des barricades. L'insurrection de la Commune vient de commencer. Des hommes en armes s'écartent.

Hugo regarde ces gardes nationaux qui, fusil sous le bras, escortent le corbillard.

Le tambour bat aux champs et le drapeau s'incline.
De la Bastille au pied de la morne colline
[...] Le peuple a l'arme au bras; le peuple est triste;
                                              [il pense;
Et ses grands bataillons font la haie en silence.

Le fils mort et le père aspirant au tombeau
Passent, l'un hier encore vaillant, robuste et beau,
L'autre vieux et cachant les pleurs de son visage;
Et chaque légion les salue au passage[140]...

Coup sur coup. Deuil sur deuil. Ah! l'épreuve
                                              [redouble.
Soit. Cet homme pensif l'acceptera sans trouble[141].

La foule est là, entre les tombes du Père-Lachaise.

«On a descendu le cercueil. Avant qu'il entrât

433

dans la fosse, je me suis mis à genoux et je l'ai baisé. Le caveau est béant. Une dalle est soulevée. J'ai regardé le tombeau de mon père que je n'avais pas vu depuis l'exil…

« Charles sera là avec mon père, ma mère et mon frère. »

L'ouverture était trop étroite, il faut limer la pierre. Et cela dure une demi-heure. Une main se tend dans la foule, une voix dit :

— Je suis Courbet.

On quitte enfin ce fils, ces morts.

« Ils sont vivants. Plus vivants que nous », murmure Hugo.

Paris est en insurrection. Deux généraux, Lecomte et Thomas, qui tentaient de reprendre les canons payés par les Parisiens, ont été fusillés à Montmartre. Leurs soldats se sont rebellés, puis mêlés aux gardes nationaux insurgés.

La Commune a été décrétée.

— Prenez garde ! dit Hugo à quatre membres du Comité central qui le consultent. Vous partez d'un droit pour aboutir à un crime.

Il veut quitter Paris. Il souhaitait être présent lorsqu'il s'agissait de la guerre contre la Prusse, mais il ne désire pas participer, si peu que ce soit, à la guerre civile qui s'annonce.

Le gouvernement a voulu retirer les canons à Montmartre. Petit motif pour un grand risque. Cet innocent est bien coupable. Quant à la Commune, elle fusille !

— La Commune, quelle belle chose cela eût pu

être en face de cette odieuse Assemblée, mais hélas ! Elle a été si stupidement compromise par cinq ou six meneurs déplorables !

Il faut de toute façon quitter Paris pour Bruxelles, parce qu'il doit y régler la succession de Charles. Et aussi parce que ce Paris où l'on s'égorge entre Français, en présence de l'ennemi, le désespère.

Que pourrait-il tenter, dire ?

Le 22 mars à quatorze heures, en compagnie d'Alice, de Mariette, des petits-enfants, de Juliette, il arrive place des Barricades.

L'inquiétude l'étreint. Il lit avec avidité les journaux qui rendent compte des événements de Paris. La situation s'y aggrave.

— Des grandes fautes ont été faites des deux côtés, dit-il. Du côté de l'Assemblée, ces fautes sont des crimes.

Comment, lorsque le pouvoir exécutif a décidé d'enlever les canons de Montmartre, a-t-il pu oublier de prévoir les chevaux nécessaires à cette opération ?

Maintenant, le sang coule, la guerre civile est engagée. Et Hugo se sent démuni dans ce nouvel exil.

Il examine la succession de son fils, et il est effrayé par tous ces créanciers qui apportent leurs notes. L'un d'eux pose sur la table une reconnaissance de dette de seize mille sept cent quatre-vingt-dix francs ! Un conseil de famille est constitué et il accepte d'être subrogé tuteur de ses petits-enfants.

C'est à lui de faire face. Bientôt, c'est près de cinquante mille francs qu'il faut trouver !

Il sent qu'Alice supporte mal cette tutelle, qu'elle lui reproche les relations qu'il entretient avec les servantes. Alors, souvent, il demande à François-Victor de raisonner sa belle-sœur.

— Il faut qu'elle rende le châle non payé (châle à palmes d'or, mille francs). En aucun cas, je ne le paierai, ne voulant faire supporter cette perte de plus aux deux petits enfants mineurs.

C'est en leur compagnie qu'il se promène dans Bruxelles. Parfois, des passants le reconnaissent et l'arrêtent. Ce sont des Français qui viennent de quitter Paris. Ils lui racontent ce qui s'y déroule. À la Commune, lui dit-on, on parle le revolver au poing. On y dit : « J'admire Marat, mais il était mou. » On s'enivre de déclarations violentes, on s'injurie, on se menace…

Il s'éloigne.

— Bref… cette Commune est aussi idiote que l'Assemblée est féroce. Des deux côtés, folies. Mais la France, Paris et sa République s'en tireront.

Alors il rencontre ces femmes, qui le calment, qui lui font oublier cette tragédie française.

Il note ce renseignement : « 2, rue Rempart-du-Nord, derrière la place des Barricades, on a un cigare, un verre d'eau-de-vie, une tasse de café et une femme pour vingt-cinq centimes ! »

Mais il se défie de ces lieux publics de plaisir. On peut l'y reconnaître. Il préfère voir cette

436

« Hann, dix-huit, 16, Prairie. Poële. 5,65, n.3, rue Argent ». Et lorsque des femmes, ainsi cette pauvre chanteuse des rues avec sa guitare, l'abordent, il leur donne une pièce — cinq francs à la chanteuse — et souvent il obtient d'elles ce qu'il veut. A-t-il besoin de demander ? On offre. On s'offre. Il prend. Il paie.

Il rentre place des Barricades. Il écrit. Ces vers viendront jalonner cette *année terrible*.

Et chaque nouvelle reçue de Paris lui donne la nausée.

La Commune a décidé de renverser la colonne Vendôme et c'est Courbet, rencontré au Père-Lachaise, homme avenant, énergique, qui organise la destruction. Quelle folie l'a donc saisi ?

Quand la géante fut tombée, on approcha.
[...]
Ceux qui sur ce débris collèrent leur oreille
Entendirent dans l'ombre une rumeur pareille
À l'océan qui parle et se plaint sous les cieux.
Voici ce que disait ce bruit mystérieux :

— Vous vous êtes trompés comme se trompait Rome.
Ce que vous avez pris pour la gloire d'un homme,
C'est la gloire d'un peuple, et c'est le vôtre, hélas !
[...]
Votre enfance n'a pu supporter ma vieillesse ;
Soit. Je pars avec Ulm et Wagram ; je vous laisse
Avec Sedan. Adieu. Je gêne. Je m'en vais.
J'aime encore mieux ma guerre, hélas, à votre
                                        [paix[142]*.*

Mais il y a pire qu'un trophée glorieux renversé. Il y a Paris, incendié par les communards pour répondre à l'offensive « versaillaise ».

Mais où donc ira-t-on dans l'horreur ? Et jusqu'où ?
Une voix basse dit : Pourquoi pas ? Et Moscou ?
[…]
Pourquoi travaillez-vous ? Où va votre démence [143] *?*

Une sorte de crime épars flotte sur tout.
L'innocent paraît noir tant cette ombre le couvre.
L'un a brûlé le Louvre ? Hein ? Qu'est-ce que le
*   [Louvre ?*
Il ne le savait pas. L'autre, horribles exploits,
Fusille devant lui, stupide. Où sont les lois ?
Les ténèbres avec leurs sombres sœurs, les flammes,
Ont pris Paris, ont pris les cœurs, ont pris les
*   [âmes.*
Je tue et ne vois pas. Je meurs et ne sais rien.
[…]
La mort sourde, ô terreur, fauche la foule
*   [aveugle* [144]*.*

C'est bien une Semaine sanglante qui commence. On fusille des milliers de suspects, sans jugement. En réponse, on abat des otages, hommes d'Église, notables.

Quand finira ceci ? Quoi ! ne sentent-ils pas
Que ce grand pays croule à chacun de leurs pas !
[…]

Vous recreusez le gouffre au lieu d'y mettre un
[phare !
Des deux côtés la même exécrable fanfare,
Le même cri : Mort ! Guerre ! — À qui ? réponds,
[Caïn [145] *!*

Seulement, les nouvelles qu'il lit sont chaque jour plus tragiques. Les exécutions par centaines, femmes, enfants, se déroulent à tous les carrefours et même entre les tombes du Père-Lachaise.

Partout la mort. Eh bien, pas une plainte.
Ô blé que le destin fauche avant qu'il soit mûr !
Ô peuple !
On les amène au pied de l'affreux mur.
C'est bien. Ils ont été battus du vent contraire.
L'homme dit au soldat qui l'ajuste : Adieu, frère.
[...]
Un bruit lugubre emplit la caserne Lobau ;
C'est le tonnerre ouvrant et fermant le tombeau.
Là des tas d'hommes sont mitraillés ; nul ne pleure ;
Il semble que leur mort à peine les effleure...
[...]
Et qu'ils se laissent presque égorger volontiers.
Méditons. Ces damnés, qu'aujourd'hui l'on
[foudroie,
N'ont pas de désespoir n'ayant pas eu de joie [146].

Il est accablé. Il a dénoncé les actes de la Commune. Il a refusé de la soutenir. Mais cette répression, démesurée, cette Seine qui coule rouge du sang des fusillés le révulsent. Combien sont-ils à être ainsi exécutés sans jugement ? Vingt mille, trente mille ?

« Je ne prendrai jamais ma part d'une vengeance », dit-il dans ce poème qu'il intitule *Pas de représailles*. Or on tue comme on déboise. Et il se sent du côté des vaincus.

> *Oh ! je suis avec vous ! J'ai cette sombre joie.*
> *Ceux qu'on accable, ceux qu'on frappe et qu'on*
> [*foudroie*
> *M'attirent ; je me sens leur frère ; je défends,*
> *Terrassé, ceux que j'ai combattus triomphants ;*
> *[…]*
> *Quand je pense qu'on a tué des femmes grosses,*
> *Qu'on a vu le matin des mains sortir des fosses,*
> *[…]*
> *Certes je n'aurai pas été de la victoire,*
> *Mais je suis de la chute, et je viens grave et seul*
> *Non vers votre drapeau, mais vers votre linceul* [147]…

Il ne peut se taire. Il proteste par une Adresse au gouvernement belge contre le refus de Bruxelles d'accorder l'asile aux vaincus de la Commune.

« Si l'un de ces hommes frappe à ma porte, j'ouvre… Le gouvernement belge sera contre moi, mais le peuple belge sera avec moi », conclut-il.

C'est la nuit du 27 au 28 mai. Il est onze heures et demie. Il vient de quitter une femme, qu'il a rencontrée ce soir pour la première fois et à laquelle il a accordé un « secours » de cinq francs.

Il songe à la polémique qu'a suscitée son

Adresse au gouvernement belge et que le quotidien
L'Indépendance belge a publiée.

Il a reçu depuis deux jours des lettres d'insultes et
des menaces. Également des félicitations. Il rentre
place des Barricades. Et tout à coup, ces coups de
sonnette, puis ces cris, ces pierres qui brisent la
fenêtre de la chambre, des heurts contre la porte,
contre les volets, ces hommes qui tentent d'escala-
der la façade, qui hurlent : « À mort Victor Hugo ! À
mort Jean Valjean ! À mort Clancharlie ! À la lanterne ! À la potence ! À mort le brigand ! Tuons
Victor Hugo ! »

On ne sait quel ramas de pauvres imbéciles
S'est rué tout à coup la nuit sur ma maison.
Les arbres de la place en eurent le frisson...
[...]
Georges avait calmé Jeanne en lui prenant la main.
Noir tumulte. Les voix n'avaient plus rien d'humain ;
Pensif, je rassurais les femmes en prières,
Et ma fenêtre était trouée de coups de pierres [148].

Et puis, quelques jours plus tard, une missive
officielle.

« — Il est enjoint au sieur Hugo de par le roi
De quitter le royaume. » — Et je m'en vais.
                                            [Pourquoi ?
Pourquoi ? mais c'est tout simple, amis. Je suis un
                                            [homme
Qui, lorsque l'on dit : Tue ! hésite à dire : Assomme !
[...]

Je crois, s'il faut choisir, que je préfère encor
Le crime teint de boue au crime brodé d'or ;
J'excuse l'ignorant ; je ne crains pas de dire
Que la misère explique un accès de délire,
Qu'il ne faut pas pousser les gens au désespoir...
[...]
Le croirait-on ? j'écoute en moi la conscience !
Quand j'entends crier : mort ! frappez ! sabrez ! Je
*   [vais*
Jusqu'à trouver qu'un meurtre au hasard est
*   [mauvais ;*
[...]
Je suis un scélérat. C'est une trahison,
Quand tout le monde est fou, d'invoquer la raison [149].

Mais il est décidé à crier, et plus fort encore, et il écrit de nouveau : « Amnistie ! Amnistie ! Assez de sang ! Assez de victimes ! Qu'on fasse enfin grâce à la France, c'est elle qui saigne. »

Car les exécutions continuent. Paul Meurice est emprisonné, comme Rochefort. Tant d'autres sont morts.

Qui l'écoute ?

Il doit quitter Bruxelles, et il décide de rejoindre Vianden, une petite ville du Luxembourg.

C'est bien. Il reste seul. L'ombre est devant ses pas.
Il connaît le désert et ne s'en émeut pas [150].

Il s'installe d'abord à l'hôtel Koch, puis il loue deux maisons proches de la rivière Our. Il choisit la première, et loge les siens dans la seconde.

Pour la première fois depuis la mort de Charles, il y a plus de deux mois et demi, il se sent apaisé, même si jamais son fils ne l'a autant hanté.

Ô Charles, je te sens près de moi. Doux martyr...
[...]
Et pendant qu'à genoux je pleure, sur mon seuil
Deux petits enfants chantent [151].

Ce sont eux qui lui apportent cette sérénité, et parfois cette joie. Et puis il y a ces rencontres, un paysan qui lui serre la main et récite des vers des *Châtiments*.

Des femmes, jeunes et belles, qui le saluent avec déférence, et d'autres qui lui rendent visite, l'une d'entre elles avouant — et il le note dans son carnet : « *Me ha dicho : todo lo que usted quiera, lo hare* » (tout ce que vous demandez, je le ferai). Et elle se donne « tous les jours et à toute heure ». Et elle dit même qu'elle veut un enfant de lui ! Et il écrit le tout, en espagnol, pour en conserver le secret.

Il marche dans la campagne autour de Vianden. Il longe les bords de la rivière. Il aime la plénitude de l'été. Et puis au retour, une lettre de femme, Marie Mercier, veuve d'un Maurice Garreau, fusillé par les Versaillais pour avoir été directeur de la prison de Mazas, où étaient enfermés les otages détenus, puis exécutés, par la Commune.

Marie est sans ressources. Elle demande un emploi. Pourquoi Alice ne la prendrait-elle pas comme servante ?

Marie est jeune. Elle raconte ce qu'elle a vécu durant la Semaine sanglante, ce qu'elle a vu des exécutions, cette jeune femme fusillée avec son enfant de six semaines.

— À la petite Roquette, dit-elle, on a fusillé environ deux mille enfants trouvés dans les barricades et n'ayant plus ni père ni mère.

Il l'écoute avec effroi.

« Je lui donne pour divers petits frais de la semaine, et pour qu'elle boive du vin aux repas, cinq francs », note-t-il.

Elle est l'une de ces victimes de la répression barbare. Elle l'émeut.

« Donné à Marie Mercier (Vve Garreau) cinq francs.

« Marie Garreau a raccommodé mon paletot. Torse. Je lui paie sa journée plus cher, malgré son refus : quatre francs cinquante. »

Et quelques jours plus tard, il peut noter :

« Marie Garreau. Suisse. *Osc.* Trois francs soixante-quinze. »

Il la voit aussi souvent qu'il le peut, malgré Juliette, malgré Alice. Il l'accompagne sur les bords de l'Our, et il la regarde, fasciné, cependant qu'elle se déshabille, puis se baigne nue dans la rivière.

Parfois, il lui lit les pièces de vers qui prendront place dans *L'Année terrible*. Il la voit bouleversée. Elle raconte qu'elle a suivi jusqu'à la fosse les fourgons remplis de cadavres, parmi lesquels celui de son mari, et elle parle encore de ces milliers d'enfants abattus à la mitrailleuse et qui criaient «Ma mère» pendant qu'on les enterrait.

Il s'approche d'elle. Dehors, c'est un orage d'été, une pluie d'averse, les éclats de la foudre, les roulements du tonnerre.

Plus tard, il notera dans son carnet : «Sec. Marie Garreau. *Toda*. Trois francs soixante-quinze.»

Mais quelques jours plus tard, il aperçoit, sur la route du Nord, une jeune femme : «M. E. modèle, route du Nord. Sec. Trois francs soixante-quinze.»

Il rentre. Il souffre de rhumatismes, peut-être d'une attaque de goutte.

Juliette est alitée, avec «une douleur néphrétique. L'application d'un fer à repasser chaud sur le côté la soulage».

Alice elle-même va consulter un médecin à Bruxelles. Jeanne est fiévreuse aussi.

Il dort mal. Marie Mercier a décidé de quitter Vianden pour Liège, peut-être pour échapper aux remontrances d'Alice, et à la surveillance de Juliette. Mais il a promis de la retrouver.

Brusquement, dans cette nuit déjà agitée, des cris, le tocsin. Il ouvre la fenêtre. Il aperçoit Marie Mercier sur le seuil de la maison, dans la lueur d'un incendie que le vent attise. Il descend, organise la chaîne des habitants jusqu'à la rivière, «à un seau par seconde, il m'est passé plus de cinq mille seaux par les mains».

Il éprouve en effectuant ces gestes simples, en prenant les décisions qui s'imposent, alors que le bourgmestre est absent, une intense émotion, une bouffée d'espoir aussi : voilà ce que peuvent les hommes ensemble, quand une cause les unit.

Et quelques jours plus tard, alors qu'on achève d'évacuer les décombres de l'incendie, il voit la petite Jeanne qui s'élance, marche toute seule, refuse la main qu'on lui tend.

Fête. Joie.

Quoi ! l'enfer finirait ! l'ombre entendrait raison !
Ô clémence ! ô lueur dans l'énorme prison !
On ne sait quelle attente émeut ces cœurs étranges.

Quelle promesse au fond du sourire des anges [152] *!*

Mais la joie se dissipe vite. Il lit avec indignation et une sorte d'effroi que la répression, deux mois après la Semaine sanglante et ses milliers de fusillés, continue.

On exécute au camp de Satory. On déporte.

Aux élections qui ont eu lieu le 2 juillet, et alors qu'il n'était pas candidat, Hugo apprend qu'il a néanmoins rassemblé 57 854 voix. « J'en suis profondément touché… Qui fait son devoir est habituellement abandonné. » Il est fier de la fidélité de ces électeurs.

Pour eux aussi, autant que pour lui-même, il doit continuer ce combat. Il apprend, le 22 septembre, que Rochefort a été condamné à la déportation. Il faut le défendre, rentrer à Paris, essayer d'obtenir qu'il subisse sa peine en France. Il demande une entrevue à Thiers, et le 25 septembre, il s'installe avec les siens à l'hôtel Byron, à Paris, rue Laffitte.

Le 1er octobre, il se rend à Versailles, pour rencontrer Thiers. Il voit entrer dans le salon drapé de soie cramoisie ce petit homme vêtu de noir, qui l'entraîne dans un cabinet retiré, au bout de longs corridors.

— Des rencontres de conscience sont possibles, dit Hugo.

Thiers, aimable, approuve. Il accepte d'éviter à Rochefort la déportation et de lui faire exécuter sa peine dans une forteresse en France. Rochefort verra ses enfants librement. Et puis, il y aura dans quelques mois l'amnistie.

— Je suis comme vous un vaincu qui a l'air d'un vainqueur, murmure Thiers. Je traverse comme vous des tourbillons d'injures. Cent journaux me traînent tous les matins dans la boue. Je ne les lis pas.

— Lire des diatribes, c'est respirer les latrines de sa renommée, répond Hugo.

Thiers rit.

Hugo insiste. Il faut l'amnistie !

— Je ne suis qu'un pauvre diable de dictateur en habit noir, murmure Thiers.

Il faut maintenant voir Rochefort dans sa prison de Versailles.

Dans le train, Hugo entend une jeune femme murmurer :

— Victor Hugo est un héros.

Elle le reconnaît tout à coup, s'approche, chuchote : « Vous avez bien souffert, Monsieur ! Continuez de défendre les vaincus ! » Elle pleure. Il lui embrasse la main.

Il est ému, puis bouleversé par Rochefort qui répète : « Sans vous, j'étais mort. »

Et c'est vrai que l'on continue à tuer. Légalement, maintenant. Rossel, un officier patriote, qui a un temps commandé l'armée de la Commune, est fusillé à Satory. Gaston Crémieux est exécuté à Marseille. Et les bateaux chargés de déportés voguent vers la Nouvelle-Calédonie, avec dans leurs cales des hommes et des femmes enchaînés.

Rochefort est, en voiture cellulaire, conduit jusqu'à La Rochelle, d'où il partira pour Fort Boyard, au milieu de l'océan.

La répression ne cesse donc pas.

Et pourtant la vie continue. Paris palpite, comme si rien n'avait eu lieu.

Hugo s'installe dans un appartement au numéro 66, rue de La-Rochefoucauld, et Juliette, au 55, rue Pigalle. Elle recopie les poèmes de *L'Année terrible*.

— C'est le plus grand bonheur qui puisse m'être donné, après celui d'être aimé de toi autant que je t'aime moi-même !

Il l'écoute lui déconseiller d'accepter d'être candidat à une élection partielle, qui doit avoir lieu le 7 janvier 1872. Mais il doit tenter d'être élu, pour faire entendre sa voix, clamer en faveur de l'amnistie, empêcher par exemple que Louise Michel, la « sauvage petite rêveuse », ne soit condamnée.

Elle a crié aux juges du Conseil de guerre : « Si vous n'êtes pas des lâches, tuez-moi ! »

Ayant vu le massacre immense, le combat,
Le peuple sur sa croix, Paris sur son grabat,
La pitié formidable était dans tes paroles ;
Tu faisais ce que font les grandes âmes folles,
Et lasse de lutter, de rêver, de souffrir,
Tu disais : J'ai tué ! Car tu voulais mourir.

Tu mentais contre toi, terrible et surhumaine.
[…]
Tu fus belle et semblas étrange en ces débats[153]…

Elle est condamnée à la déportation dans une enceinte fortifiée.

Il se souvient de ses promenades en calèche avec elle. Il pose la plume.

« Une jolie petite bête à bon Dieu vient de s'abattre sur la page… Je l'ai mise sur ma fenêtre pour qu'elle retourne au jardin. »

NEUVIÈME PARTIE

1872 - 1873

1872

Nous sommes tous les deux voisins du ciel,
[madame,
Puisque vous êtes belle et puisque je suis vieux.

Pourquoi ?

Hugo ne peut s'empêcher, en ce premier jour de l'année, de s'interroger.

Et il sait qu'il n'y a pas de réponse, puisque Dieu décide seul de l'heure de la mort. Cependant, la question revient sans cesse le harceler, alors qu'il voit s'avancer vers lui « petite Jeanne, poussant devant elle une petite voiture avec une poupée dedans, et elle dit : Ojour papapa ».

Oui, pourquoi beaucoup de ceux qu'il aimait sont-ils morts avant cet âge de soixante-dix ans, auquel il parviendra dans quelques semaines ?

Pourquoi cette injustice, ce destin tranché, et lui pourquoi cette vitalité qu'il sent dans son corps, quand il est assis, au déjeuner, au côté de cette jeune « femme sphinx », aux yeux et aux cheveux noirs, Judith Gautier, fille de Théophile et épouse du poète Catulle Mendès, à peine âgée de vingt-deux ans mais qu'il désire, ayant la certitude qu'elle éprouve pour lui la même attirance.

Elle n'est pas la seule jeune femme, belle, glorieuse, à s'approcher ainsi de lui.

Il lit *Ruy Blas* à la troupe d'acteurs qui va reprendre la pièce à compter du 19 février, au théâtre de l'Odéon. Et Sarah Bernhardt, qui va interpréter le rôle de la reine, l'a fixé avec une désinvolture insolente, provocante, croisant haut les jambes. Elle a un corps de félin, une voix haute, et elle murmure qu'il est un « monstre ». Il se sent joyeux, et lorsqu'elle s'assoit sur une table, balançant ses jambes et son corps, il dit :

Une reine d'Espagne honnête et respectable
Ne devrait pas ainsi s'asseoir sur une table.

Elle rit, et il se sent, en dépit de ses soixante-dix ans, de sa barbe et de ses cheveux blancs, de son corps enveloppé des plis d'une peau fripée, jeune homme, prêt à conquérir cette actrice autour de laquelle virevoltent tant d'hommes fringants et sveltes !

L'une et l'autre, Judith et Sarah, qui le troublent, l'attirent, et auxquelles il songe, les nuits, quand les frappements, les respirations, les lueurs le réveillent, seront siennes. « *Toda* », « Judith ». « *Toda* », « Sarah ».

Pour l'heure, il doit se contenter de Mme Hyp-

454

polite Lucas, de Mlle Eugénie Guinault, de Mlle Émée Amnest, et de tant d'autres, dont il caresse les seins, qu'il a « *Toda* ». Et il note sur son carnet leur nom, ajoutant parfois un signe « 0 », ou bien « = », et cela lui rappelle qu'il les a possédées, et comment ? « *Toda* », ou bien « *mas que la mita* » (plus que la moitié) ou encore « *quasi toda* »…

Et il les prend en effet, comme il peut. Un corps est un corps. Rien, aucune de ses parties n'est indigne ou à exclure. *Toda*.

Il détaille d'un œil attentif le corps de cette jeune femme, Blanche, une enfant de l'Assistance publique, que les Lanvin — cette famille amie de Juliette, dont il a utilisé le nom pour franchir, en décembre 1851, la frontière belge — ont adoptée.

Blanche sait écrire, dit Juliette. Elle connaît par cœur de nombreux vers de Hugo. Elle pourrait comme copiste remplacer Julie Chenay, et même Juliette, que des rhumatismes empêchent d'écrire.

— Je suis bien contente que tu approuves l'essai que je vais faire de la jeune Lanvin, dit Juliette. J'espère qu'il réussira et, dans tous les cas, cela ne peut pas avoir d'inconvénient d'essayer.

Blanche remplacera donc la servante Henriette. Victor Hugo la jauge. Elle a un corps aux formes puissantes, seins lourds et croupe large. Et elle n'a sans doute pas beaucoup plus de vingt ans : vingt-deux ? Vingt-huit ? Elle a la grâce de la jeunesse et sa timidité.

Ainsi, malgré ses soixante-dix ans, il se sent plein d'énergie.

Peut-être aussi parce qu'on l'attaque, et ces injures que les journaux déversent contre lui prouvent qu'il pèse encore, qu'on le craint. L'un dit qu'il est « bête comme l'Himalaya ». Il en rit. C'est presque un compliment. L'autre assure qu'il est « le plus grand misérable de la terre ».

Et l'on se déchaîne pour qu'il ne soit pas élu à l'occasion de la législative partielle qui a lieu le 7 janvier. La préfecture de police retarde l'apposition des affiches en exigeant sa signature sur trois épreuves, tout en facilitant la propagande de son adversaire. Et de fait, Hugo ne recueille que 93 123 voix, contre 121 158 à son concurrent. Mais cela ne suffit pas à désarmer ses adversaires !

« Il paraît que la droite est effrayée de mes voix, note-t-il, et persiste à refuser de rentrer à Paris. Louis Blanc a entendu ce mot : "Il y a donc encore quatre-vingt-treize mille gredins à Paris." »

Il est le représentant de ces gredins ! Soit !

« À de certaines époques étranges, écrit-il, la société a peur et demande secours aux impitoyables. La violence seule a la parole, les implacables sont les sauveurs ; être sanguinaire, c'est avoir du bon sens. La *vae victis* devient la raison d'État ; la compassion semble une trahison et on lui impute les catastrophes. On tient pour ennemi public l'homme atteint de cette folie. »

Il pense le contraire. Il le répète. Il faut en finir avec la répression, avec ces procès faits aux communards, qu'on continue de condamner à mort, d'exécuter au camp de Satory, ou bien de juger par contumace, comme Jules Vallès, promis à la peine capitale. Et il y a aussi ceux qu'on déporte.

Et Rochefort est toujours enfermé à Fort Boyard, contrairement aux promesses de Thiers.

— L'amnistie, aujourd'hui, dit Hugo, est la condition profonde de l'ordre.

Ah ! prenez garde à ceux que vous jetez au bagne !
La colère devient leur sinistre compagne [154]...

Il lit avec émotion, révolte aussi, ces lettres que lui adressent des épouses, des mères, des frères de condamnés.

Il reçoit certaines de ces femmes, ainsi « Mme Rastoul, une belle personne d'une intelligence distinguée ». Il promet d'intervenir. Il répète : « Je ferai tout ce que je pourrai. » Et il tente en effet d'empêcher les exécutions, les déportations.

Il est étonné par l'approbation que François-Victor manifeste dans *Le Rappel* — qui vient d'être autorisé à reparaître — pour la politique de Thiers.

— Modère un peu, si tu m'en crois, le fétichisme pour Thiers. Les crimes contre Paris ne sont pas effacés.

Et comment pourrait-il oublier l'état de la France, amputée, occupée, rançonnée, humiliée.

— Depuis Sedan, dit-il, nous avons un duel à vider ; je suis de ceux qui veulent la guerre, et qui par conséquent veulent l'armée.

Mais pas une troupe de fusilleurs, il veut une armée de la Revanche, patriote.

Ô France, un de tes fils devant toi s'agenouille.
L'humble prêtre de l'art divin que rien ne souille
T'apporte sa tristesse et son austère amour[155].

Est-il entendu ? Il attend les commentaires qui devraient accueillir la publication, le 16 mars, d'*Actes et Paroles*, ce livre qui rassemble ses discours et ses articles depuis 1870, et qui sera suivie, le 20 avril, par la sortie de *L'Année terrible*. Les journaux reproduisent des extraits de ces deux ouvrages, puis les chroniqueurs se déchaînent. La plupart sont hostiles, méprisants, parfois haineux.

Même si les premiers milliers d'exemplaires des livres se sont vite vendus, il a le sentiment qu'un fossé s'est créé entre lui et une partie de l'opinion. Paris le déçoit et le lasse. Certes, il y a toujours les femmes. Il note, jour après jour, dans son carnet, ses rencontres : « Mlle Eugénie Guinault. *Toda*. Je lui donne *Actes et Paroles* et *L'Année terrible*. »

Mais cela ne suffit pas à dissiper la tristesse qui l'enveloppe. Il a lu avec angoisse le télégramme qui lui a annoncé, enfin, qu'Adèle est arrivée à Saint-Nazaire, venant de La Barbade. « Ma pauvre chère enfant !... La négresse qui l'accompagne, Mme Bàà, est honnête et lui est dévouée. »

Il se rend le lendemain chez le docteur Allix, qui a recueilli Adèle chez lui, 178, rue de Rivoli.

« Je l'ai revue. Elle n'avait pas reconnu François-

Victor. Elle m'a reconnu. Je l'ai embrassée. Je lui ai dit tous les mots de tendresse et d'espérance. Elle est très calme et semble, par instants, endormie. »

Il sait, dès cet instant, qu'elle a perdu la raison.

« Tristesse profonde. »

Il pense à Eugène, à Léopoldine, à Charles.

« Que de deuils !... J'ai le cœur brisé. »

On va la transférer dans une maison de santé, à Saint-Mandé. « Encore une porte refermée, plus sombre que celle du tombeau. »

Qui pourrait le consoler de ce malheur ? Il écoute à peine Juliette, pleine de tendresse et de compassion.

— Mon pauvre sublime martyr, j'ai le cœur navré en pensant au nouveau coup qui vient de te frapper et je pleure sans pouvoir me retenir. Dieu qui t'a donné le génie te fait expier cruellement cette faveur, en remplissant ta vie de toutes les douleurs de l'humanité.

Il baisse la tête. Être un « élu », c'est souffrir.

Il revoit Adèle dans le jardin de la maison de santé. Elle paraît calme. Il essaie de la rassurer. « Elle entend toujours la voix qui la persécute et l'inquiète. Elle est comme glacée, mais sans tristesse. »

Quand il la quitte, il a le sentiment qu'il marche comme un aveugle, les yeux troués, la poitrine déchirée.

Il rencontre plusieurs fois cette « négresse » qui étonne tant Jeanne et Georges. Il veut la revoir, mais seul. Il se sent attiré par cette peau, ces formes, ce charme exotique.

Il notera dans son carnet, après :

« Mme Céline Alvarez Bàà, de La Barbade, dame noire de la colonie. *La primera negra de mi vida.* »

Cette « première noire de ma vie », que Jeanne appelle « momomme », comment ne pas chercher à la posséder de nouveau, avant qu'elle reparte pour Trinidad ?

Elle lui remet les bijoux d'Adèle.

— Tout est brisé et pillé. J'y ai trouvé la bague de ma femme. J'ai donné à Mme Bàà, en souvenir d'Adèle, deux bracelets en or, une broche et des pendants d'oreilles également en or.

Il émane de cette femme une force qui ne cesse de l'attirer. Et à la veille de son départ pour Liverpool, il veut la remercier, pour *tout*. Il va lui remettre quinze cents francs en *bank notes* et une parure en or.

Elle lui donne son portrait, puis elle s'éloigne et il se sent si seul…

Il faut vite d'autres femmes.

« Sec. à Mlle Hélène Stand. *Toda.* »

« Mme Caroline Goudemetz, quasi. »

« Mme Sephar (au théâtre Mlle Forli), 16, rue Mosnier, près la place d'Europe, m'a répété le quatrième acte de *Marion Delorme. Mas que la mita* (plus que la moitié). »

Heureusement qu'elles sont là, ces femmes de la rue, du hasard, du théâtre !

Il met un habit. Il se rend dans de grands appartements où l'on a dressé une table de cinquante couverts, mais il y aura soixante-deux convives pour fêter la centième représentation de *Ruy Blas*. Il faudra une deuxième table.

Il s'installe au centre, au côté de Sarah Bernhardt. Que de jolies actrices, jeunes, joyeuses ! Il se lève, il porte un toast :

— Je serai ingrat, mais bref, dit-il. Je dédie à mes chers artistes de l'Odéon les cent représentations de *Ruy Blas*… Boire à la fortune des théâtres, c'est boire à la prospérité de Paris… Oh ! cette illustre ville, vénérons-la… Remettons sur sa tête la couronne de gloire…

Il est surpris, ravi, quand Sarah Bernhardt dit, en se levant d'un mouvement vif : « Mais embrassez-nous donc, nous les femmes », puis elle approche son visage, et elle ajoute : « Commencez par moi, finissez par moi. »

Ces peaux fraîches, parfumées, ces corps qu'il frôle, et celui de Sarah qui se colle contre le sien, l'enivrent.

Il peut, il voudrait les posséder toutes. En elles est la source de vie.

Et il revoit plus tard Sarah Bernhardt.

Mais chaque corps quitté laisse un vide, qu'il a besoin de combler.

Il reçoit une lettre de Judith Gautier, dont il n'a jamais pu oublier la beauté.

Il a souvent rêvé d'elle, imaginé qu'il pourrait avec cette jeune femme s'enfuir, pourquoi pas, comme autrefois, à Jersey, à Guernesey, et commencer ainsi avec elle une nouvelle période de sa vie.

Elle écrit étrangement, citant un vers de *Ruy Blas* [156] :

« Mon cher Maître,

« Sous vos pieds, dans l'ombre, un homme est là…

« Il attend…

« J'ai réfléchi et je suis décidée. Merci.

« Judith M. »

Comment pourrait-il ne pas se précipiter, donner ce qu'il peut et prendre tout ?

Judith, nos deux destins sont plus près l'un de l'autre
Qu'on ne croirait, à voir mon visage et le vôtre ;
Tout le divin abîme apparaît dans vos yeux,

Et moi, je sens le gouffre étoilé de mon âme ;
Nous sommes tous les deux voisins du ciel,
[madame,
Puisque vous êtes belle et puisque je suis vieux [157].

Il la revoit aussi souvent qu'il peut, qu'elle veut. Et cependant l'angoisse demeure, parce qu'il y a cette tombe où Adèle croupit, ces insultes dans les journaux royalistes, catholiques et bonapartistes, que n'effacent pas les déclarations admiratives de visiteurs anglais, américains, qui lui disent : « C'est vous qui êtes le roi de France. » Il répond : « J'ai livré dans le siècle une bataille de cinquante ans. »

Et elle n'est pas achevée. Il veut écrire ce roman, *Quatrevingt-treize*, pour lequel il a accumulé tant de notes déjà, et depuis des années. Il a besoin de

462

calme. Au début du mois d'août, il décide de partir à Guernesey. Comme un exil volontaire, afin de s'éloigner de cette ville glorieuse et déchirée qu'est Paris, et où il a l'impression qu'il s'émiette.

Une dernière visite, le 7 août, à Judith Gautier, qui lui parle de son père, malade. Pourquoi ne viendraient-ils pas tous deux à Hauteville House ? demande-t-il.

— Il sera le maître du logis, et je serai son frère. Il sera chez lui, il pourra y vivre et y mourir.

Il a une bouffée de joie quand elle accepte, mais elle ajoute aussitôt que tout dépendra de l'état de la mer.

La mer, il la retrouve tourmentée quand il embarque à Granville avec Juliette, François-Victor, Alice, Georges et Jeanne, et ce journaliste du *Rappel*, Édouard Lockroy, qui regarde la veuve de Charles avec les yeux avides de l'amour.

Ils font une escale à Jersey. En découvrant les sentiers de l'exil, Hugo se sent ému. Il s'en va prendre « un bain dans les rochers, vis-à-vis de Marine Terrace », qu'il aperçoit de loin et qui a plus que jamais « son air de tombeau ». La nuit, dans la chambre de l'hôtel de la Boule d'Or, il est réveillé par ces frappements étranges qui, si souvent, troublent ses nuits.

Il se souvient de « la pauvre créature en haillons », qu'il a rencontrée dans les alentours du fort, qui tenait par la main une petite fille. Cette femme se prostituait aux soldats pour deux sous ! « C'est terrible ! »

« Ô Dieu, ayez pitié de tout ce qui souffre, de tout ce qui expie, de tout ce qui a failli et de tout ce qui peut faillir, sur terre et hors de cette terre... De ma pauvre fille Adèle, de mes chers petits, Georges et Jeanne, de tous les innocents, de tous les coupables... de tous les misérables, de Louis Bonaparte, de moi... Ayez pitié. Délivrez, pardonnez, sauvez, transfigurez ! Ayez pitié d'elle et de moi, ayez pitié. Délivrez, pardonnez, sauvez, transfigurez ! Ayez pitié d'elle et de moi, et de mon cher fils Victor, et de moi, et de tous, et de moi. Pitié ! »

Cette prière le calme et il arrive à Guernesey, le 10 août, apaisé.

Il est dix heures du matin quand il entre à Hauteville House.

« Le jardin est plein de fleurs et d'oiseaux. Les petits enfants sont ravis. »

Il parcourt l'île avec eux, et lorsqu'ils sont près de lui, il a l'impression que toutes les ombres qui l'entourent se dissipent. Ces deux petits enfants ont le pouvoir de changer le monde. Il les regarde. Il ne peut être qu'indulgent.

Tout pardonner, c'est trop ; tout donner, c'est
[beaucoup !
Eh bien, je donne tout et je pardonne tout
Aux petits [158]...

Il subit les reproches d'Alice, leur mère, et il cherche la complicité de Mariette, la servante. Il devine la réprobation de cet Édouard Lockroy, qui tient par la main Alice et l'invite à sévir.

Petites guerres. Alors, il se retire dans le *look-out*, retrouve sa place à la tablette. Il regarde l'océan. Il ouvre son manuscrit de *Quatrevingt-treize*. Mais les voix des enfants le distraient, ou bien il se penche pour regarder la maison proche.

« Ma jolie voisine du *look-out*, près de mon balcon, paraît se plaire à mon voisinage, note-t-il. Elle se lève le matin sans pruderie et sa petite fenêtre ouverte. Elle peigne ses très beaux cheveux, montre ses bras nus et me sourit. »

Il voudrait la séduire, mais Juliette observe, veille, jalouse. Alors il rêve à Judith Gautier, à son séjour à Hauteville House.

« Soyez charmante autant que vous êtes belle, lui écrit-il, et bonne autant que vous êtes divine, et venez voir le solitaire. Les astres me rendent parfois visite, et leur rayon entre chez moi, faites comme eux. »

Et puis il y a Blanche, la jeune Lanvin, que Juliette envoie pour prendre des manuscrits, qui emplit Hauteville House de sa jeunesse, de son corps. Il hésite pourtant à l'approcher. Il imagine la souffrance de Juliette, ses reproches, et cependant il ne peut détacher ses yeux de ses seins, de ses hanches, et lorsqu'elle quitte la maison il se sent malheureux, comme si soudain ses soixante-dix ans l'écrasaient.

Il lui faut une femme. Mais il renvoie Marie Mercier, venue sans prévenir, et qu'il faut écarter sous peine de subir les reproches d'Alice, de

Juliette. Et d'ailleurs, Blanche a effacé les charmes de Marie Mercier. C'est à Blanche qu'il pense, c'est elle qui lui manque quand elle s'absente.

Il se sent d'autant plus abandonné qu'Alice, François-Victor, les enfants quittent l'île, le 1er octobre. Alice, jeune veuve, songe sans doute à Lockroy, qui est déjà rentré sur le continent.

La nuit qui précède leur départ, il ne peut dormir. Il les observe cependant qu'à l'aube ils se préparent. Il les accompagne à la voiture qui doit les conduire au port, où le *Weymouth* vient de jeter l'ancre.

Il les suit jusqu'au tournant de la rue.

« Tout disparaît. Profond déchirement. »

Il monte vite dans son *look-out*, pour voir le bateau appareiller, doubler la pointe de Fermain-Bay.

C'est fini.

Ils sont partis !
Ô vaste mer sois bonne à ces pauvres petits[159] *!*

Il va se mettre au travail, écrire ce *Quatrevingt-treize*.

Il lève les yeux. Il a placé dans son *cristal room* le portrait de Charles et ceux de Georges et de Jeanne.

Il prend un encrier neuf, débouche une bouteille d'encre, prépare une rame de papier de fil achetée tout exprès pour ce livre. Il trempe une « bonne vieille plume » dans l'encrier. Cependant, il a du mal à commencer, le souvenir de Georges et de Jeanne le hante. Il a le sentiment que leur absence abrège sa vie. C'est pour eux qu'il a envie de travailler.

Il fait ses comptes, et il est effrayé. Il ne paie ses dépenses qu'avec les droits d'auteur de *Ruy Blas*, « ce qui me reste de revenu libre suffit à peine pour payer les rentes que je fais annuellement à mes enfants, douze mille francs pour François-Victor, douze mille francs pour Alice, sept mille francs pour Adèle… C'est depuis deux ans qu'il m'est coulé (c'est le mot) des mains *trois cent mille francs*. Je travaille pour boucher cette brèche à la pauvre fortune de mes petits-enfants ».

Alors écrire. Pour cela et aussi pour combler l'absence. Pour faire ce qu'il doit : affronter cette haine qui parfois déferle jusqu'ici, à Guernesey.

Une nuit, des jeunes gens viennent crier devant Hauteville House : « À bas la Commune ! » Un fermier — français, il est vrai — déclare :

— Si j'avais Victor Hugo et Garibaldi, là dans mon champ, au bout de mon fusil, je les tuerais comme des chiens !

Alors retrouver l'aube.

« Cette dure solitude est la condition même de mon travail. Je n'ai plus que peu d'instants devant moi, et je les dois au devoir, qui est le travail. »

Il le répète, comme pour s'en convaincre, accepter cette condition « d'ours » solitaire. « Mon intérêt et mon bonheur seraient à Paris, ajoute-t-il, mon devoir est ici… Je n'ai plus là mes deux petits-enfants. Je suis triste. »

Il faut donc se jeter sur la page, dire : « Je suis en proie au travail. » Et accomplir ce qu'il doit.

D'autant plus qu'il a l'impression que la mort le cerne. François-Victor, le dernier fils, est malade. Il faut prier pour que Dieu le protège. Théophile Gautier vient de mourir, lui, le père de Judith, le vieux compagnon de 1830, d'*Hernani*, quand :

> *La révolution, soleil dans le brouillard,*
> *Après avoir refait l'homme, refaisait l'art*[160].

Et en ce jour des morts de 1872, il ressent durement la disparition de Théophile Gautier. C'est le glas qui sonne, pour lui, pour toute une époque.

Passons ; car c'est la loi ; nul ne peut s'y
> *[soustraire ;*
Tout penche ; et ce grand siècle avec tous ses
> *[rayons*
Entre en cette ombre immense où pâles nous
> *[fuyons.*
Oh ! quel farouche bruit font dans le crépuscule
Les chênes qu'on abat pour le bûcher d'Hercule !
Les chevaux de la mort se mettent à hennir,
Et sont joyeux, car l'âge éclatant va finir ;
Ce siècle altier qui sut dompter le vent contraire,
Expire… — Ô Gautier ! toi, leur égal et leur frère,
Tu pars après Dumas, Lamartine et Musset.
L'onde antique est tarie où l'on rajeunissait ;
Comme il n'est plus de Styx il n'est plus de
> *[Jouvence.*

Le dur faucheur avec sa large lame avance
Pensif et pas à pas vers le reste de blé ;
C'est mon tour ; et la nuit emplit mon œil troublé
Qui devinant, hélas, l'avenir des colombes,
Pleure sur des berceaux et sourit à des tombes [161].

Il est ému que Judith Gautier lui réclame le manuscrit de ce poème. «Je le mets à vos pieds. Le grand et cher poète, qui est votre père, revit en vous. À force de contempler l'idéal, il vous a créée, vous qui, comme femme et comme esprit, êtes la beauté parfaite. Je baise vos ailes.»

Maintenant, il ne peut plus différer.

Il prend sa plume, ce 16 décembre.

«C'est aujourd'hui seulement que je commence vraiment à écrire le livre *Quatrevingt-treize*. Depuis le 21 novembre, j'ai fait un travail de dernière incubation qui prépare, ajuste et coordonne toute l'œuvre.

«Je vais maintenant écrire devant moi tous les jours, sans m'arrêter, si Dieu y consent. Premier récit, *La Guerre civile.*»

Il connaît ces paysages du bocage ou la campagne des environs de Fougères, où il veut faire vivre ces années de la chouannerie. Là, son père a combattu, a connu la jeune Sophie Trébuchet, là a vécu Juliette. Et avec elle, il a parcouru toute cette région, au cours de leurs voyages annuels. Il veut d'ailleurs que le chef des Bleus se nomme Gauvain — le nom de la famille de Juliette. Et en face de cet homme loyal, héroïque, se dressera son double,

469

chouan, le marquis de Lantenac, qui se sacrifiera pour sauver trois enfants.

En ces deux hommes, il y aura une part sainte et la tragédie viendra de leur opposition. Il condamnera la guerre civile et non ses acteurs, sincères et braves. Et il fera surgir de l'Histoire les maîtres du Destin, eux-mêmes entre les mains de Dieu, que furent Marat, Danton, Robespierre.

Il se sent de nouveau porté par le fleuve des mots. Il suffit chaque jour d'écrire, de ne pas contrarier le courant, d'aller, comme il le dit, « devant moi ».

Il a l'impression qu'ainsi chaque chose a repris sa place.

Il recommence à offrir chaque semaine à déjeuner aux enfants pauvres et il s'assoit parmi eux.

— J'ai mangé le même bœuf qui était excellent et j'ai été servi comme eux !

Et il leur donne des cadeaux de Noël.

C'est Blanche qui s'affaire, habille la grande poupée (qui sera le lot d'honneur des petites filles), et de la voir gaie, jeune, parmi les enfants, le trouble. Comment pourrait-il résister, pourquoi le devrait-il, si elle accepte ?

Il s'approche.

Bien sûr, il ne veut pas « affliger le tendre cœur et la grande âme » de Juliette.

Mais pourquoi renoncer à un surcroît de vie, pourquoi étouffer le désir, où prend aussi sa source l'énergie qu'il lui faut pour écrire ? Comment Juliette ne le comprendrait-elle pas, elle qui s'enthousiasme quand elle lit les premières lignes de *Quatrevingt-treize* ?

C'est le 25 décembre. Il hésite encore. Il écrit à Judith Gautier, comme pour allumer un contre-feu à ce désir qui le pousse vers Blanche.

« Vous souvenez-vous encore de moi, madame ? », demande-t-il.

Il reste dans son *look-out*. Il veut « travailler éperdument ». Mais rien n'y fait.

Il descend. Il voit Blanche. Il la presse.

Elle ne peut que l'accueillir, elle qui n'a jamais rien accordé à un homme.

Ce sont les derniers jours de l'année. Il se sent vigoureux, comblé.

Il faut protéger Juliette, effacer ses soupçons.

« Je t'adore, ne me désole pas.

« Crois-moi, par nos anges… »

Il ne veut pas la blesser. Il ne faut pas qu'elle comprenne ce qui le lie désormais à Blanche, à celle qu'il appelle, dans son carnet, *Alba*.

Mais telle est la vie.

« Être en cendres est le sort de ce qui fut en flammes. »

Cette certitude lui serre la gorge.

Il ne peut dormir.

« Cette nuit, j'ai vu en rêve un petit enfant qui pleurait et qui m'appelait. »

1873

Je ne me trouve pas délivré. Non, j'ai beau
Me dresser, je me heurte au plafond du tombeau...

Hugo pose sa plume. Durant quelques minutes, il reste les yeux fermés. Il s'appuie des deux mains à la tablette derrière laquelle depuis plus de deux heures il se tient debout.

Il ne ressent pas la fatigue, mais au contraire un allant, une énergie qui le troublent.

Est-il jeune, est-il vieux ?

Il vient de s'enfoncer à grandes enjambées dans les haies du bocage vendéen. Il s'est mêlé à la guerre civile. Il a été Gauvain, le bleu, et Lantenac, le Chouan. Il a oublié qui il était, ce vieil homme seul face à l'océan.

Et maintenant, dans ces premiers jours de janvier, alors qu'approche le 21, ce quatre-vingtième anniversaire de l'exécution de Louis XVI, il a hâte de commencer la deuxième partie de *Quatrevingt-*

treize, « celle dans laquelle sera la peinture de la Convention ».

Est-il jeune, est-il vieux ?

Qu'est-ce que soixante et onze ans ? Il a la jeunesse de Gauvain et de Lantenac, de Saint-Just et de Robespierre ! Il a la jeunesse de Blanche, dont le souvenir le hante, dont la naïveté et la sincérité l'émeuvent.

Il note dans son carnet :

« *Alba. Peligro, Aguadarse. No quiero malo para ella, ni para la que tiene mi corazon.* » Il sent bien qu'il y a danger pour Blanche, et il ne veut pas qu'il lui arrive du mal, ni à elle ni à Juliette, « celle qui a mon cœur ». Or Juliette, il le devine, est déjà sur ses gardes, soupçonneuse.

Mais comment résister à la tempête juvénile qui se lève en lui, balayant les années, le faisant douter de son âge, aussi forte, aussi violente, que ces vagues, ces pluies d'averse, ce vent qui se sont jetés sur les roches, sur le *look-out*, inondant la pièce, trempant ses livres, ses manuscrits, et cet ouvrage de Descepeaux sur la *Chouannerie*, qui était déjà fort délabré, parce qu'il l'utilise constamment, et qu'il aura grand-peine à faire sécher.

Il faut donc qu'il se méfie de Juliette, de sa sagacité, de ses intuitions, il faut qu'il la rassure. Et il faut lui écrire plus souvent qu'il ne l'a fait depuis des années, afin de détourner ses soupçons, d'endormir sa méfiance.

« Quarante ans, ma bien-aimée ! Cette nuit, il y

aura quarante ans ! Que c'est beau, ce long amour. Long amour, grand amour ! »

Il ne ment pas. Juliette est « celle qui a son cœur ». Mais il n'imaginait pas que Blanche pût l'aimer. Or la jeune femme ne ressemble pas à ces servantes qui se laissent lutiner, prendre, puis, leur pièce empochée, paraissent ne même plus se souvenir de l'étreinte.

Hugo ouvre son carnet. Il écrit. Et cette fois, il utilise le latin, comme un paravent de plus.

« *Clamavi : ardeo dum tibi cogito ! Dixit amo vos.* »

Car elle a dit « Je vous aime » lorsqu'il a crié « Je brûle quand je pense à toi ! ». Entre eux, ce n'est plus seulement le désir, mais c'est l'amour, et donc la joie, la jeunesse retrouvée.

Et il faut donner le change, pour préserver, poursuivre cette relation avec Blanche, cette passion qu'elle semble partager, elle, si jeune, le corps si ferme.

Alors il multiplie les petits mots à Juliette, alitée, malade.

« Comment as-tu passé la nuit, ma douce bien-aimée ? Tu étais souffrante, hier. Écris-moi, si ta nuit a été bonne. Quand je te vois souffrir, je ne vis pas. Tu es mon âme. »

Elle sait qu'il a besoin d'elle, de cette dévotion qu'elle lui porte, plus exaltée que jamais.

Elle lui dit : « Ta naissance est plus lumineuse et plus utile, et plus heureuse encore pour le genre humain que celle du Christ. Et dans une ère prochaine, on datera de Victor Hugo, comme on date encore de Jésus. Je baise tes pieds et je t'adore. »

Et il répond : « Je te bénis, ô mon doux ange », en ajoutant : « J'exige que tes nuits soient aussi bonnes que les miennes, et je te baise les pieds, douce bien-aimée. »

Puis il va vers Blanche et, quand il l'étreint, il ne sait plus qu'il vient de fêter ses soixante et onze ans.

Mais un jour, alors qu'il écrit, il ressent une vive douleur au talon.

Une épine s'est enfoncée dans son pied, et il ne peut plus rester debout, contraint d'écrire assis, et sa jambe lui paraît lourde, la cheville enflée et douloureuse.

C'est comme si tout à coup il redécouvrait la fragilité du corps, sa faiblesse, son âge.

Il ne veut pas mourir ici, à Guernesey. Pas maintenant. Il a ce livre à terminer, tant d'autres encore qui se pressent dans sa tête. Tant de vers qui battent en lui.

« Je travaille à un livre que je tiens à faire avant de m'en aller… À mes yeux, l'écrivain est une sorte de mystérieux fonctionnaire et écrire un livre, c'est accomplir un devoir. »

Il boitille jusqu'à la fenêtre, regarde l'horizon.

« Paris n'est remplacé par rien, pas même par l'océan. Ce qui me cloue ici, c'est la nécessité de ne pas m'en aller de cette vie sans avoir fait tout mon devoir et complété mon œuvre le plus possible. Un mois de travail ici vaut un an de travail à Paris. »

Mais il est amer, comme s'il était injustement puni de n'avoir pu assister à la reprise de *Marion Delorme*, au Théâtre-Français, qui est, lui dit Paul Meurice « un succès immense ». La recette a été de six mille quatre cent quarante-six francs — exceptionnelle ! Mlle Favart a été superbe.

Il soupire mais il faut poursuivre, conclure sa tâche car la mort vient si vite.

Napoléon III est décédé le 9 janvier. « C'eût été un bonheur il y a trois ans, ce n'est plus un malheur aujourd'hui. » D'ailleurs, il n'a jamais haï cet homme. Il l'a combattu avec l'outrance nécessaire, mais il a toujours pensé que sa violence contre « Napoléon le Petit » lui permettrait un jour de prêcher la clémence.

Et souvent il se demande s'il n'est pas le seul à rejeter la vengeance. Car on fusille encore, presque chaque semaine, à Satory. Thiers a démissionné de la présidence de la République, mais la situation est pire, avec ces hommes galonnés qui prennent le pouvoir, derrière le maréchal de Mac-Mahon, nouveau président. Ils se soutiennent, ils se protègent, ils se vengent. Bazaine, le vaincu, le lâche, voit sa peine réduite par Mac Mahon. Et on parle à nouveau de déportation pour Rochefort. Il faut le protéger, écrire au duc de Broglie, président du Conseil, afin qu'il intervienne en faveur de Rochefort. Le duc n'est-il pas membre de l'Académie française, et Rochefort un écrivain ?

Mais Broglie répond : « Les facultés intellectuelles dont M. Rochefort est doué accroissent sa responsabilité et ne peuvent servir de motif pour atténuer le châtiment dû à la gravité de son crime. »

Horreur.

Où est le crime ? Comme si ces maréchaux de l'Empire, devenus gérants de la République, pouvaient juger sereinement, eux qui furent tous complices de Bonaparte ? Et qui maintenant ne rêvent que de préparer le retour de la monarchie ?

> *Mac-Mahon, tant de fois vaincu,*
> *Es-tu donc avide de gloire*
> *Au point de jouer dans l'histoire*
> *Le même rôle que Monk eut ?*

Mais ils ne sont même pas capables de cela !

Alors, retourner à *Quatrevingt-treize*, écrire, écrire, avec la même ardeur que si l'on serrait le corps de Blanche.

Et le 9 juin, à midi et demi, parvenir au terme du livre.

— Il me reste un travail de révision pour les petits détails. Cela me prendra une quinzaine de jours.

C'est un instant de plénitude et de sérénité. L'œuvre est là. Il va pouvoir bientôt la lire aux proches. Et il ressent le besoin de partager sa joie avec François-Victor, avec Auguste Vacquerie.

« Mon bien-aimé Victor,

« Je tiens à t'annoncer la mise au monde d'un nouveau frère que tu as dans l'ordre idéal, c'est-à-dire d'un livre de moi... Ce n'est qu'un premier

récit. *La Guerre civile*, cela peint la Vendée, la première partie d'un Tout, qui serait colossal si j'avais
le temps de le réaliser, mais je ne l'aurai pas… »

Il ressent en effet — et peut-être est-ce la fatigue
consécutive à l'écriture en quelques mois de *Quatrevingt-treize* — une nouvelle angoisse.

François-Victor est malade. Il lui semble entendre son fils respirer difficilement dans les rares
lettres qu'il reçoit de lui.

Adèle survit, enfermée dans sa folie. Et puis
voici que Juliette vient de découvrir le carnet
intime, qu'elle a tourné les pages, en s'arrêtant à
chaque ligne écrite en espagnol et en latin. Comment ne devinerait-elle pas ce qu'elles dissimu-
lent ?

Et pourtant, il s'étonne lorsqu'il l'entend lui
reprocher seulement des « marivaudages peut-être
innocents, mais qui me percent le cœur comme
avec un fer rouge ». Elle ajoute : « Je t'adore. »

Elle n'a donc pas compris ce qui le lie à Blanche.
Il faut toutefois céder quand elle décide de
renvoyer la jeune femme en France. D'ailleurs
Blanche, habilement, a prétendu qu'elle désirait
rentrer pour se marier.

Blanche, remplacée chez Juliette par Henriette,
part ce matin, pour Saint-Malo, puisqu'il n'y a pas
de navire pour Granville. Le cœur serré, Hugo suit
la voile des yeux. Il doit écouter le récit de Juliette,
qui a assisté au « départ de Blanche, non sans émotion, bien que j'aie ou que je crois avoir, ce qui est
la même chose, beaucoup de raisons de ne pas
m'attrister de ce départ ».

Il ne dit rien. Il baisse la tête.

— Blanche, au reste, poursuit Juliette, a souhaité s'en aller et sa figure rayonnait de joie. Je souhaite sincèrement et de tout mon cœur qu'elle trouve à Paris le bonheur qu'elle espère et auquel elle a droit. Et si même il m'était donné d'y contribuer, je le ferais avec empressement et avec plaisir, pourvu que ce ne soit pas au détriment de mon propre bonheur.

Il attend. Il espère. Le 12 juillet, Blanche est de retour, « *Llegada esta* » — elle est arrivée. Il ne peut contenir son exaltation quand il la revoit, quand il l'entraîne.

Il sait qu'il oublie toute prudence, car quel habitant de l'île ne le connaît pas ? Mais qu'importe ! Secrètement, Blanche est revenue.

« Oh ! l'amour, le superbe amour, c'est le mystère !… »

La jeunesse lui est rendue.

« *De las tres à las seis toda la pierna izquierda* » (de trois heures à six heures toute la jambe gauche). Et puis ce sera un autre jour « toute la jambe droite ».

« *Toda, Toda.* »

Il est emporté par une frénésie amoureuse, tout en craignant que dans l'île cette aventure soit découverte.

On l'a reconnu déjà, interpellé « Monsieur Hiougo ». Il faut qu'elle parte. Après dix jours de vie cachée, de rencontres passionnées, dérobées,

479

imprudentes, il voit le navire sur lequel elle a embarqué s'éloigner, le 22 juillet.

Alors, très vite, il ne supporte plus l'exil, cette île, il a hâte de rejoindre Blanche à Paris. Il vide en hâte les armoires, entasse les manuscrits.

Et le 30 juillet, à sept heures cinquante, il quitte Guernesey avec Juliette et les deux servantes, en direction de Cherbourg, à bord du *Princess*.

Le 31, il est à Paris.

On s'installe d'abord au 55, rue Pigalle, puis à Auteuil, dans une allée privée — l'avenue des Sycomores — de la villa Montmorency. Il revoit Jeanne et Georges, Alice, François-Victor.

L'émotion l'étreint devant la pâleur de son fils.

Mais c'est ainsi, malgré cette angoisse, cette peine, cette intuition douloureuse que François-Victor glisse peu à peu, de plus en plus profondément, dans la maladie, il ne pense qu'à retrouver Blanche, à l'installer dans ses meubles, afin de pouvoir chaque jour la rejoindre, l'aimer, dans son petit logement du quai de la Tournelle. Et chaque fois, c'est un éblouissement.

Elle me dit : Veux-tu que je reste en chemise ?
Et je lui dis : Jamais la femme n'est mieux mise
Que toute nue [162]...

Il l'aime avec fougue, puis se promène avec elle, au jardin des Plantes ou en calèche.

Il prolonge les moments d'intimité, couché près

d'elle, « *de las dos à las seis* » — de deux heures à six heures.

Et le voilà qui ressent ce qu'il n'avait plus éprouvé depuis longtemps, de la jalousie. Il note dans son carnet : « *Empesa a enganarme con un de su mesa... * » — « Elle commence à me tromper avec quelqu'un de sa table, elle n'a pu dire autre chose, rompu cette fois pour la dernière fois, je ne la laisserai pas sans assistance… »

Mais lorsqu'elle s'approche, qu'elle reste avec lui tout un après-midi, et — il note — qu'elle paraît très amoureuse et très repentie, il cède.

Ô triste esprit humain par le corps possédé !
Ô délire des sens ! Ivresse, extase, fange !
Noircissement du cygne, abaissement de l'ange !
La chair voilà l'écueil, le terme où s'amoindrit
Et s'abat, frémissant, le plus superbe esprit[163]*…*

Il ressent quand elle lui donne la clé de chez elle une bouffée d'orgueil et de joie. Il se sent fort, jeune. Il a faim. Il dévore les mets à pleines dents, assis près de son fils qui, enveloppé dans des couvertures, tousse, somnole, épuisé.

Lui — et il sait bien que cela est une injustice mais qu'y peut-il ? —, il est encore dans la vie. Il aime. Il jouit. Il combat.

Il apprend, le 16 septembre, que les troupes allemandes commencent à évacuer le pays, le gouvernement ayant versé la somme de cinq milliards prévue par le traité de paix. Il entend avec effarement,

il lit avec indignation, les commentaires enthousiastes. Partout il n'est question que de la «libération du territoire». Un tel aveuglement, un tel
égoïsme sont-ils possibles?

Je ne me trouve pas délivré. Non, j'ai beau
Me dresser, je me heurte au plafond du tombeau,
J'étouffe, j'ai sur moi l'énormité terrible.
Si quelque soupirail blanchit la nuit visible,
J'aperçois là-bas Metz, là-bas Strasbourg, là-bas
Notre honneur, et l'approche obscure des combats,
Et les beaux enfants blonds, bercés dans les
*   [chimères...*
[...]
Quoi! vous n'entendez pas, tandis que vous
*   [chantez,*
Mes frères, le sanglot profond des deux cités!
Quoi, vous ne voyez pas, foule aisément sereine,
L'Alsace en frissonnant regarder la Lorraine [164] *!*

Il a l'impression que le pays oublie son histoire,
ses héros.

Je ne vous cache pas que je pense à nos pères.
Durs au tigre, ils mettaient le pied sur les vipères;
Ils affrontaient la griffe, ils bravaient les venins
Et ne craignaient pas plus les géants que les nains.
[...]
Il n'en est pas moins vrai que ces hommes-là rirent...
[...] Qu'ils enjambaient le Rhin dont nous nous
*   [éloignons,*
Et que ce n'étaient pas de petits compagnons [165].

Il pense et compose ces vers sur l'impériale de l'omnibus qui le conduit chez Blanche, chaque jour. Il est tout entier emporté par ce souvenir des temps héroïques dont son père, ses oncles furent les acteurs, et dont il sent les images gravées en lui.

Il rentre. Une lettre sur la table. Juliette qui annonce qu'elle a *tout* découvert, qu'elle ne comprend pas cette duplicité, qu'elle ne peut accepter, qu'elle s'en va.

C'est le 19 septembre. Il est dix-neuf heures trente.

« Catastrophe. Anxiété affreuse. Nuit horrible. » Où est-elle ? « Recherches désespérées… »

« Mon âme est partie. »

Le désespoir le terrasse.

« Tous les supplices à la fois. Nécessité du secret. Je dois garder le silence et avoir mon air ordinaire. Pas de torture pareille… Je vais cherchant partout. Je voudrais être mort aussi. J'ai le cœur absolument noir. Elle n'est plus là. Plus de lumière. Trois jours à peu près sans boire, ni manger. Fièvre. Je vais chez les médiums (Mme Hollis, 11, rue du Colisée), réponses vagues et obscures. Que devenir ? »

Le mardi 23 septembre, à six heures, enfin un télégramme. Elle est à Bruxelles. C'est comme s'il pouvait de nouveau respirer. Il ne réussit pourtant pas à dormir. Il se débat. Somnole un peu. Se réveille en poussant un cri terrible. On frappe dans la chambre, des coups, trois par trois, étranges et très forts.

Elle va revenir.

Il l'attend sur le quai de la gare du Nord.

— J'ai acheté un pain d'un sou dont j'ai mangé la moitié.

Il est comme un jeune homme qui retrouve sa maîtresse jalouse, enfuie, revenue. Il la serre contre lui. Il dîne avec elle.

« Elle avait dans son tiroir pour cent vingt mille francs d'actions au porteur, elle n'avait rien emporté. Elle est partie avec deux cents francs empruntés à sa couturière. »

Il jure, comme elle le veut, sur la tête de François-Victor qu'il ne reverra pas Blanche, mais quelque chose tremble en lui, une peur profonde.

Il répète ce serment pourtant. Et elle doute : « J'ai l'âme affolée à ce point de ne plus rien distinguer entre toi et moi. Tout ce que je sais, c'est que je ne résisterai pas longtemps à ce conflit sans cesse renaissant de mon pauvre vieil amour aux prises avec les jeunes tentations qui te sont offertes, quand peut-être tu ne les recherches pas, ce qui n'est pas prouvé… Mon vieil amour fait triste figure au milieu de toutes ces cocottes à plumes et à bec que veux-tu, répétant à qui mieux mieux leur gloussement familier. Voilà longtemps que la chasse fantastique dure, sans que tu en paraisses lassé ou découragé… À partir d'aujourd'hui, je mets la clé de mon cœur sous la porte et je m'envoie promener du côté du bon Dieu… »

Il veut la rassurer. Mais comment pourrait-il renoncer à la nudité d'une femme, au désir qu'elle fait naître ?

Le devine-t-elle ? Elle dit : « Je demande à Dieu les serments imprudents et sacrilèges faits sur la vie de ton fils malade. »

Trop tard.

Hugo entend, ce 27 décembre, une voix inconnue qui l'appelle, lui annonce qu'une voiture attend en bas, devant le 55 de la rue Pigalle où il travaille.

— Votre fils…

Il se précipite, « en caban de chambre, en pantalon à pied et en pantoufles ».

Il se rend au 20, rue Drouot, où loge François-Victor, soigné par Alice, la veuve de Charles.

Il voit aussitôt, en entrant dans la chambre, les rideaux du lit tirés, puis Alice comme évanouie dans un fauteuil.

Il écarte les rideaux.

« François-Victor semblait dormir. J'ai soulevé sa main qui était souple et chaude. Il venait d'expirer, et si son souffle n'était plus sur sa bouche, son âme était sur son visage.

« Ô mon doux François-Victor bien-aimé ! »

Il faut une nouvelle fois voir le corps de l'un de ses enfants, le dernier, le visage entouré de fleurs.

Il faut suivre le corbillard jusqu'au Père-Lachaise. Et le tombeau est plein. On a creusé une fosse provisoire, où le cercueil est enfoui.

Et il faut écouter le discours de Louis Blanc qui parle de François-Victor, puis ajoute :

— Quant au vieillard illustre que tant de malheurs accablent, il lui reste, pour l'aider à porter jusqu'à la fin le poids des jours, la conviction qu'il a si bien formulée dans ces beaux vers :

C'est un prolongement sublime que la tombe.
On y monte étonné d'avoir cru qu'on y tombe [166].

Il voit ces mains innombrables qui se tendent vers lui, et qu'il doit serrer. Puis des cris l'entourent alors qu'il aperçoit des femmes en larmes.

« Vive Victor Hugo ! Vive la République ! »

Il sent qu'on le soutient au moment où il monte dans la voiture.

Il murmure : « Encore une fracture, et une fracture suprême dans ma vie. Je n'ai plus devant moi que Georges et Jeanne. »

Puis il ajoute : « Je suis accablé, mais j'ai foi. Je crois à l'immortel moi de l'homme, comme à l'éternel moi de Dieu. »

Avant-derniers jours de l'année.

Il veut travailler, corriger « en épreuves les dernières feuilles du tome III et dernier du livre *Quatrevingt-treize.* »

Il lit chaque page avec attention. Et les heures passent, l'angoisse s'efface. C'est le 31 décembre.

Il note sur son carnet.

« Cette année fatale va finir.

« Après le dîner nous avons couché les enfants, ravis et couverts d'étrennes. »

DIXIÈME PARTIE

1874 - 1878

1874

Je suis haï. Pourquoi ? Parce que je défends
Les faibles, les vaincus, les petits, les enfants.

Hugo se lève. Il tâtonne dans sa chambre, jusqu'à la table. Il sait que tant qu'il n'aura pas écrit les mots qui résonnent dans sa tête et dont le battement l'a réveillé, il ne sera pas en paix. Il cherche dans la pénombre sa plume, l'encrier, la rame de papier. Il écrit sans distinguer les lettres qu'il trace :

Et maintenant à quoi suis-je bon ? À mourir[167].

Il reste un instant appuyé à la table. C'est donc ainsi, par ce vers-là, surgi de la nuit, qu'il entre dans l'année nouvelle.

Il s'assied, reste un instant prostré. Il est deux heures du matin. À quoi bon tenter de retrouver le sommeil ?

Il éclaire la pièce. Peu à peu, il voit sortir des ténèbres ses manuscrits, les épreuves de *Quatre-vingt-treize* qu'il doit achever de corriger, puisque le roman paraîtra le 20 février. Encore le mois de son anniversaire, celui qui a marqué sa vie. Et il aura soixante-douze ans, quelques jours seulement après la parution du livre. Il y a aussi ces feuillets, ce récit qu'il vient de commencer et qu'il a intitulé *Mes fils*.

Et de relire seulement ce titre l'accable. Il voit s'avancer leurs visages.

— Mon Charles n'a pas lu *L'Année terrible*. Mon Victor n'a pas lu *Quatrevingt-treize*. Peut-être les lisent-ils de là-haut, murmure-t-il.

Il trace quelques lignes.

« … On meurt, et ceux qui meurent laissent derrière eux ceux qui pleurent. Patience. On n'est que précédé. Il est juste que le soir vienne pour tous. Il est juste que tous montent l'un après l'autre recevoir leur paye. Les passe-droits ne sont qu'apparents. La tombe n'oublie personne. »

Il se regarde dans le miroir. Il est un vieillard. Ses yeux sont gonflés, son torse a forci. Il a l'impression que chaque épreuve a creusé son visage. Il a eu sa part, sa grande part de malheurs.

Peut-être, comme vient de le lui répéter Juliette, « on dirait que les mille difficultés de la vie grandissent et se multiplient contre toi en raison même de la grandeur de ton génie et de ton cœur. Chaque jour amène sa peine, dit-on. Pour toi, c'est chaque minute. On pourrait même dire que chaque pulsation de ta veine fait surgir un nouveau chagrin ».

Mais qui se soucie de cela en dehors d'elle ?

Il veut qu'on sache ce qu'il ressent, qu'il ne se fait aucune illusion sur l'attention qu'on lui porte ! On exige de lui. Et que lui donne-t-on ?

490

Hier, il a reçu la lettre d'une femme, Mlle Lia d'Alma, 103, rue Lafayette. Elle lui a déjà envoyé des missives « d'amour pur ». Il a refusé de la voir. Juliette l'a harcelé jusqu'à ce qu'il promette de ne pas donner suite à cette correspondance, et maintenant cette inconnue écrit « qu'elle se tuera demain, à onze heures du matin », s'il ne va pas chez elle.

Il n'ira pas.

Il ne peut pas répondre à toutes. Et Juliette est une gardienne vigilante. Elle jette au feu le bouquet de fleurs « mystérieux » qu'il reçoit tous les mois, et elle a renvoyé un énorme bouquet de lilas et de roses que lui adressait une autre inconnue, Mme Nina de Callias.

Elle livre une guerre incessante. Et pourtant, elle vit près de lui maintenant, dans cette maison du 21, rue de Clichy où ils viennent de s'installer en ce début d'année. Mais elle se plaint, parce qu'elle vit au troisième étage et que lui loge au quatrième, avec les enfants ! Alors elle en veut à Alice, qu'elle appelle « Madame Charles », et qu'elle accuse d'avoir de « froides et égoïstes exigences », d'être « mal entourée et mal conseillée ». Et il est vrai qu'Édouard Lockroy hante régulièrement la maison, fait sa cour à la veuve de Charles. N'est-ce pas normal ? Alice est une jeune femme, elle est donc courtisée. Mais il semble que Juliette ne comprenne pas cela. Toujours jalouse, devinant qu'il continue de voir Blanche, « Alba », « Sartorius », ainsi qu'il la nomme désormais dans son carnet. Il se rend chaque jour chez elle, en omnibus. Et Juliette le tance, l'accuse, cite Voltaire :

Qui n'a pas l'esprit de son âge
De son âge a tout le malheur.

Elle s'indigne. Elle l'interroge. Pourquoi n'est-il pas aussi attentif qu'autrefois ? «J'aime mieux pas de réponse à ces trois points d'interrogation, qui ont la forme de cocottes sur leurs ergots… Tu souffres de la plaie vive de la femme qui va s'agrandissant toujours, parce que tu n'as pas le courage de cautériser une fois pour toutes… Je crois que tu ferais bien de te débarrasser peu à peu de toutes ces coureuses de goussets et culottes, qui rôdent autour de toi comme des chiennes inassouvies. »

Il faut qu'il la calme, qu'il lui écrive un poème auquel il donne un titre qui devrait apaiser Juliette :

À une immortelle.
Quoi ? vous, gloire, auréole, éblouissement, grâce,
Vous qui ne passez pas, vous craignez ce qui
[*passe* [168] *?*

Mais elle n'est pas dupe. Elle le remercie, et puis elle dit, le visage marqué par la tristesse :

— Permets-moi de débusquer de ton cœur le faux respect humain que tu prends pour de l'amour pour moi et qui n'est au fond que la pitié pour une vieille femme… en la remplaçant par une jeune. Ne me dis pas non ! À quoi bon te mentir à toi-même, puisque je vais au-devant de cette vérité et que je me sens le courage de la braver, par fierté, par orgueil et par amour ?

«Je déserte le combat dans lequel je n'ai plus que le ridicule pour arme », conclut-elle.

Combien de fois lui a-t-elle déjà dit cela ! Et combien de serments ont-ils échangés ? Il est persuadé qu'ils ne peuvent se séparer, qu'ils sont unis par un amour supérieur à tous les autres, mais qui n'empêche pas qu'il soit attiré par toutes ces jeunes femmes qui s'offrent.

Il veut continuer de rencontrer Blanche chaque jour. Il veut voir Judith Gautier. Et il fait lire à Juliette — ainsi croira-t-elle peut-être qu'il ne lui dissimule rien — les poèmes qu'il adresse à Judith.

> *Âme, statue, esprit, Vénus,*
> *Belle des belles,*
> *Celui qui verrait vos pieds nus,*
> *Verrait des ailes.*
> *[...]*
> *Vous rayonnez sous la beauté ;*
> *C'est votre voile.*
> *Vous êtes un marbre, habité*
> *Par une étoile* [169].

Ou bien celui qu'il intitule *Nivea non frigida*, parce que le corps de Judith le hante.

> *Elle prouve que la blancheur*
> *N'ôte à la femme*
> *Aucune ivresse, aucun bonheur,*
> *Aucune flamme ;*
> *[...]*
> *Qu'une belle fait en tous lieux*
> *Son doux manège,*

> *Et que l'on peut être de feu,*
> *Étant de neige*[170].

Juliette écoute, et il souffre de la douleur qui s'inscrit sur ses traits. Il la berce, la console, il promet. Il dit :

— L'esprit de mon âge, ce doit être le travail, le renoncement à tout, et le désir de la mort. Je tâche de m'y conformer.

Il est sincère, mais en même temps il vibre, il écrit des vers chaque jour avec autant de fougue qu'autrefois et il continue ce récit, *Mes fils*, qu'il veut achever au mois de mai.

Il suit pas à pas le destin de *Quatrevingt-treize*, dont on s'est arraché les mille premiers exemplaires. Et il faut faire dans l'urgence un autre tirage, les premiers étant épuisés. Il est heureux d'apprendre que *L'Année terrible* s'est déjà vendue à plus de quatre-vingt mille exemplaires, que l'édition illustrée dépasse quatre-vingt-dix mille, que *Le Rappel*, qui publie en feuilleton *Quatrevingt-treize*, voit ses ventes augmenter de plusieurs dizaines de milliers de numéros.

Il est dans la vie, même si la tentation de la mort et la certitude qu'elle est là, tout près, l'habitent.

— Je suis comme la forêt qu'on a plusieurs fois abattue, dit-il. Les jeunes pousses sont de plus en plus fortes et vivaces… Je sens que je n'ai dit que la millième partie de ce qui est moi.

Et il sait qu'on écoute ce qu'il dit. Mais le comprend-on ? Les commentateurs ont accueilli *Quatrevingt-treize* avec cette morgue aveugle à laquelle il ne peut rester, même s'il le veut, indifférent.

Il espérait dans ce livre « dégager la Révolution de l'horreur dont on a cru lui faire une force ; dans ce livre, je la fais dominer par l'innocence ; je tâche de jeter sur ce chiffre effrayant, *93*, un rayon apaisant ; je veux que le progrès continue de faire loi et cesse de faire peur ».

Et voilà qu'on dit de ce roman qu'il est une « apologie de la Commune », ou, et c'est tout aussi faux, qu'on ne découvre dans « ce nouveau livre qu'un royaliste de plus ! ».

Est-il possible qu'il soit à ce point coupé de la France de son temps ?

Lorsqu'il se rend à l'Académie française, pour la première fois depuis le 1er décembre 1851, veille du coup d'État, les huissiers et même le directeur actuel de la Compagnie ne le laissent pas ! Les uns refusant d'abord de le laisser entrer dans la salle des séances, et l'autre évitant de le nommer, pour ne pas commettre d'impair, et prétendant ensuite ne pas l'avoir vu !

N'est-il plus que cela ? Quelqu'un que l'on ignore, ou que l'on combat ? Parce qu'il ne veut ni renoncer ni cesser de dénoncer les injustices ? Ces communards qu'on fusille encore ! Et Rochefort que, contrairement à tous les engagements pris, on déporte en Nouvelle-Calédonie ! Alors il faut verser à une souscription, ouverte pour faciliter son évasion.

« Je vous envoie sous ce pli, en un bon sur la maison Hachette, payable le 15 avril, les mille francs que j'ai mis à votre disposition pour la souscription relative à notre ami Rochefort… Violation de la loi. Tant mieux. Violer une mauvaise loi est toujours bon », écrit-il à Mme Edmond Adam, qui recueille les fonds.

Et il est heureux quand il apprend qu'enfin Rochefort et quelques-uns de ses camarades ont pris le large et recouvré la liberté !

Mais la douleur, la nostalgie, l'inquiétude sont là, qui continuent de le harceler, et ce moment de joie est vite dissipé. Juliette est malade, atteinte d'une néphrite, et sa souffrance est infinie.

« Je soigne ma pauvre malade en lui faisant sur les flancs, des deux côtés, une friction d'huile de coton. Je l'ai vue à peu près nue, ce qui n'était pas arrivé depuis longtemps. Elle a toujours un corps superbe. »

Et puis il y a les enfants. Il veut que le corps de son premier petit-fils, Georges, soit enterré dans le tombeau des Hugo, au Père-Lachaise. Il faut donc organiser l'exhumation à Bruxelles, l'inhumation à Paris. Et quand il voit tous ces cercueils, placés côte à côte, cela avive sa douleur.

L'inquiétude le taraude chaque fois que Georges et Jeanne sont malades. Il est alors comme paralysé par l'angoisse. Georges, précisément, est atteint par une crise de rhumatismes. Les médecins sont soucieux. L'enfant se plaint d'une douleur au cœur. Et il y a Adèle, « plus morte que les morts, hélas », à laquelle il rend visite à Saint-Mandé. La douleur est si vive qu'il ne peut écrire sur son carnet que ces lignes :

« Il y a des émotions dont je ne voudrais pas laisser trace. Ma visite d'hier à ma pauvre fille, quel accablement ! »

Qui se soucie qu'il traverse une des plus douloureuses épreuves de sa vie, ses fils morts, sa fille enterrée vive ?

« Qu'est-ce que cela fait que dans la minute abjecte où nous sommes, ce père en cheveux blancs marche dans son épreuve et dans son deuil, avec on ne sait quelle sombre et lâche insulte derrière lui ? »

Car il a la certitude qu'on ne lui pardonne pas d'avoir voulu introduire, « dans ce qu'on appelle la politique, la question morale et la question humaine ». Mais il s'interroge. Qu'est-ce qui importe pour lui d'abord aujourd'hui ?

« Je n'existe plus qu'en vous mes bien-aimés, et je vous bénis », écrit-il à Georges et à Jeanne.

Quand l'enfant nous regarde, on sent Dieu nous [sonder.
Quand il pleure, j'entends le tonnerre gronder [171]...

Et il a le sentiment que cet amour qu'il porte aux siens rejoint celui qu'il a pour :

Les faibles, les vaincus, les petits, les enfants.
Je suis calomnié. Pourquoi ? Parce que j'aime
Les bouches sans venin, les cœurs sans stratagème.
[...]
Ma route, blanche au ciel, est noire sur la terre ;
Je subis tour à tour tous les vents de l'exil ;
J'ai contre moi quiconque est fort, quiconque est vil ;
Ceux d'en bas, ceux d'en haut pour m'abattre [s'unissent ;
Mais qu'importe ! parfois des berceaux me bénissent,
L'homme en pleurs me sourit, le firmament est bleu,
Et faire son devoir est un droit. Gloire à Dieu [172] !

1875

Je suis enragé. J'aime et je suis un vieux fou.
— Grand-père ! — Quoi ? — Je veux m'en aller.
[— Aller où ?

D'un geste, il repousse les journaux qu'il vient de parcourir.

Des journaux ? Des feuilles ultras, aurait-il dit autrefois. On l'y injurie. On lui reproche cette plaquette qu'il a publiée, en ces premières semaines de 1875. Il y prend la défense d'un soldat « nommé Blanc, fusilier au 112ᵉ Ligne, en garnison à Aix, et qui vient d'être condamné à mort pour insulte grave envers son supérieur ». Et l'on annonce la prochaine exécution de ce fantassin, un paysan. Hugo est de nouveau saisi par l'indignation. Comment, ils ont renoncé à exécuter Bazaine, maréchal et traître, et ils vont fusiller ce soldat ? Il est prêt à dénoncer aussi longtemps qu'il le faudra tant d'injustice.

— J'eusse intercédé pour Bazaine, j'intercède pour Blanc !

Et c'est pour cela que ces « feuilles » l'insultent, qu'elles réclament du gouvernement qu'il « résiste à la pression de M. Hugo », et ces insulteurs réclament l'exécution de Blanc.

Hugo ne veut même pas répondre à ces diatribes. Qu'on lance des pierres dans ses fenêtres, si on le veut. Et on l'a fait.

Cette main de vieillard a sur plus d'une joue
Autrefois élargi les sonores soufflets.
Mais à présent les longs exils, le ciel anglais,
En soixante-treize ans ont refroidi cet homme ;
Calme, il dédaigne. À peine il sait comment se
                                              [nomme
L'insulteur[173]*...*

À quoi bon ? Le temps des duels est révolu. Il doit utiliser les jours qui restent pour tenter d'arracher un homme à la mort — et le gouvernement cède, commue la peine capitale du soldat en cinq ans de prison, sans dégradation militaire —, pour écrire, avant que la mort ne s'avance.

Et elle fauche chaque jour. Il vient d'apprendre avec tristesse la mort de Paul Foucher, son beau-frère, qu'il a vu il y a seulement quelques jours. Il doit parler sur la tombe de l'historien et philosophe Edgar Quinet, avec qui il avait souvent dialogué, et qu'il admirait.

Tristesse.

— Quinet était un esprit, dit-il, c'est-à-dire

un de ces êtres pour qui la vieillesse n'est pas et qui s'accroissent par l'accroissement des années.

Il veut être de ceux-là. Il est l'un d'eux. Et il veut continuer de vivre jusqu'au bout.

Je suis enragé. J'aime et je suis un vieux fou [174].

Il continue de voir chaque jour Blanche. Mais aussi Augustine, une servante qu'il rencontre à Guernesey, lors d'un bref séjour d'une semaine, parce qu'il veut rapporter tous ses manuscrits à Paris.

« Augustine *la segunda vez*. Un peu mal », note-t-il. Et ensuite : « Aug. *la tercera vez, poco menos.* »

Il rentre à Paris, et aussitôt il retrouve Blanche dans son petit appartement, qu'il va falloir quitter car on construit un pont qui va entraîner la démolition du quartier.

« Sartorius. La maison va tomber. Le pont s'achève. » Mais il installe Blanche dans ce qu'il appelle les « quarante géants », une rue mystérieuse dont il ne veut même pas écrire le nom sur son carnet.

Et à côté de Blanche, il y a toutes les autres, « Albast, deux cents… Mary, vingt… Crimée, cent soixante-dix… Varia, deux cent trente ».

Parfois, il précise.

« Troc. Tram. Aristote. *A los dos lugares y yo tambien.* (Aux deux endroits, et moi aussi.) »

« Aristote », écrit-il une nouvelle fois. Et c'est le sang des règles dont il veut ainsi se souvenir.

« La volupté et la cruauté, dit-il, même phénomène. »

Oui, « je suis enragé. J'aime et je suis un vieux fou ».

Il doit tenter une nouvelle fois de consoler Juliette. Mais il la sent glisser dans une vieillesse qui la désespère. Il a le cœur serré quand il l'entend dire :

— C'est au moins pour toi un grand ennui que cet affaissement physique et moral qui m'a déjà envahie presque tout entière et contre lequel je n'ai plus la force de réagir maintenant, ainsi que tu dois le constater depuis longtemps... Et cela sans remède car, pendant que je décline, toi tu restes au zénith de la force, de la santé et de la gloire, et tes besoins sociaux s'agrandissent et se multiplient, en toi et autour de toi.

Elle l'empêche de répondre, elle l'oblige à l'écouter encore :

— Le sage, pour toi, mon grand bien-aimé, serait de pourvoir dès à présent à mon remplacement, avant que je ne sois tombée au-dessous de zéro.

Il se récrie. Ils marcheront ensemble jusqu'à la fin de leurs vies.

Il ne veut pas l'inquiéter sur ce qu'il vient de subir et auquel lui-même ne veut plus penser.

C'était le 30 juin. Il corrigeait les épreuves d'un volume d'*Actes et Paroles*, consacré à la période de l'exil, et qui devait paraître dans quelques mois, après le premier tome publié en mai, et rassemblant les textes d'avant l'exil. Et tout à coup, il avait eu l'impression qu'il n'avait plus de souvenirs.

— J'ai eu le phénomène bizarre d'une brusque éclipse de mémoire, dit-il. Cela a duré deux heures.

Est-ce le premier avertissement de la mort, comme si la vie avait annoncé qu'elle s'apprêtait à fuir, comme la mémoire ?

Quelques semaines plus tard, il a le sentiment que la mort lui fait un nouveau signe.

Alors qu'il est sur l'omnibus, « un imbécile descendant de l'impériale s'est laissé tomber sur moi ».

« Chute. Peu de mal. Une écorchure au genou. Pantalon déchiré. Des douleurs çà et là dans le corps, que je crois purement musculaires. »

Il veut en rire.

— Je me suis relevé en courant, dit-il, je suis rentré à la maison sans rien dire, pour ne pas donner aux journaux religieux la joie d'annoncer que j'étais mort…

Mais il ne croit pas au hasard.

« Avertissement, note-t-il. Remerciement à Dieu et à nos anges. »

Et il a l'impression que chaque jour, « on » l'avertit.

La nuit, il entend de nouveau des frappements. Une petite perruche, à laquelle les enfants étaient attachés, meurt. Il perd une dent. Juliette est secouée par des coliques néphrétiques qui la laissent endolorie, épuisée.

La mort est là, qui guette. Va-t-elle bondir ?

Il faut prévoir.

Il commence à rédiger ses dispositions testamentaires, pour la publication des choses inédites qu'il laissera après sa mort.

« Je désigne pour cette publication, mes fils bien-aimés n'étant plus là, trois amis, Paul Meurice, Auguste Vacquerie et E. Lefèvre… Pour assurer les frais de publication de cet ensemble d'œuvres, il sera distrait de ma succession une somme de *cent mille francs*, qui sera affectée aux dits frais… Fait et écrit de ma main, en pleine santé d'esprit et de corps. »

Le soir, il reçoit à dîner une dizaine de convives, comme il le fait plusieurs fois par semaine. Juliette, rétablie mais somnolente, préside la longue table autour de laquelle se sont assis Louis Blanc, Jules Simon, Gambetta, Clemenceau, Flaubert, Edmond de Goncourt, Banville, et Alice, proche d'Édouard Lockroy.

On boit du champagne dans l'atmosphère surchauffée d'une salle à manger au plafond bas, qu'éclairent des lampes à gaz.

Il se sent bien, ainsi entouré par les siens et des amis. Il veut que Georges et Jeanne participent à ces rencontres, même s'ils s'endorment.

À la fin du dîner, il se lève et met lentement ses lunettes, qu'il n'utilise que depuis quelques mois.

Il s'adosse à la cheminée et commence à lire les derniers vers qu'il a écrits. Sa voix devient de plus en plus claire, comme si les années s'effaçaient.

Tant qu'on verra l'amour pleurer, la haine rire,
Le mal régner,
Le dogme errer, l'autel mentir, Néron proscrire,
Jésus saigner,

Tant qu'on aura des rois, des églises athées,
D'affreuses tours,
Des peuples que la chaîne étreint, des Prométhées
Sous les vautours,
[...]
Je combattrai ! Je sais que je serais un lâche
D'être autrement ;
Je ne me laisserai détourner de ma tâche,
Ô firmament !
[...]
Je dirai sans relâche et redirai sans trêve
La vérité ;
Je serai dans l'écume obscure de la grève
Une clarté ;

Je serai ce fantôme, un juge ; et ma voix triste
Sera l'écho
De ce clairon farouche à qui rien ne résiste
Dans Jéricho [175]*...*

1876

> *La face de la bête est terrible ; on y sent*
> *L'Ignoré, l'éternel problème éblouissant...*

Ce matin, Hugo ne cesse de penser à Georges et à Jeanne. Il se souvient de leurs rires, la veille, le 31 décembre, quand ils ont découvert l'amoncellement de jouets. Ils se sont précipités, ils se sont accrochés au cou de leur mère.

C'est une émotion étrange pour mon âme
De voir l'enfant, encor dans les bras de la femme,
Fleur ignorant l'hiver, ange ignorant Satan [176]...

Il écrit pour eux. Il rassemblera un jour prochain, il le doit, tous les poèmes qu'ils lui ont inspirés. Il ressent quand il les observe un bonheur immense et inquiet. Il songe à ses enfants disparus, à Adèle, qu'il ne voit que très rarement, car que faire pour cette morte vive ?

Il se confie à Juliette.

— Toujours le même état, dit-il. Elle veut que je la fasse sortir, hélas ! Nous voir nous fait mal à tous les deux.

Heureusement, il y a les rires, les joies de Georges et de Jeanne. Avec eux, il apprend *L'Art d'être grand-père*. Il les conduit au jardin des Plantes, où parfois il aperçoit Marie Mercier, qu'il revoit, et Blanche qui l'attend et vers laquelle il reviendra, après avoir reconduit Georges et Jeanne rue de Clichy.

Les mots, les femmes, les amours, leurs corps, et les enfants, là est la vibration, là est le secret de la vie. Son mystère.

Il chuchote à son petit-fils :

Mon doux Georges, viens voir une ménagerie
Quelconque, chez Buffon, au cirque, n'importe où ;
Sans sortir de Lutèce allons en Assyrie,
Et sans quitter Paris partons pour Tombouctou [177]...

À Jeanne, il dit :

Je ne te cache pas que j'aime aussi les bêtes ;
Cela t'amuse, et moi cela m'instruit ; je sens
Que ce n'est pas pour rien qu'en ces farouches
[têtes
Dieu met le clair-obscur des grands bois
[frémissants [178].

Comment leur faire comprendre, sans les effrayer, ce qu'il pense ?

La face de la bête est terrible ; on y sent
L'Ignoré, l'éternel problème éblouissant...

506

[...]

Le monstre orageux, rauque, effréné, n'est pas
libre,
Ô stupeur ! et quel est cet étrange équilibre
Composé de splendeur et d'horreur, l'univers,
Où règne un Jéhovah dont Satan est l'envers [179]...

Il reconduit les enfants, rue de Clichy, où souvent il doit rétablir la paix entre Alice et Juliette.

Celle-ci a pris en charge l'intendance de la maison. Mais les dîners se succèdent avec cette dizaine de convives, tous bons vivants et grands mangeurs. Il faut offrir champagne, entrée avec poisson ou homard, rôti saignant de bœuf, fromage et dessert, le plus souvent des glaces.

— Je m'agite beaucoup, pour bien peu de résultats, dit Juliette. J'ai beau y mettre tout mon courage et tout mon cœur, je n'arrive à rien de bon au bout de ma journée, si ce n'est à te donner une preuve de mon amour inutile !

Elle a « cinq maîtres et cinq domestiques » à nourrir tous les jours, et les invités permanents, et les dîners à improviser.

— Je sens cette dure nécessité d'un changement dans l'ordre de ta maison et je suis prête à m'y résigner... Je te supplie de me laisser aller finir mes jours à Guernesey ou ailleurs, où j'aurais le droit de t'adorer sans encombrer et sans attrister ta maison...

Mais il sait que ces phrases, ces souhaits ne sont qu'une plainte, un lamento, presque un rituel, et il faut une nouvelle fois qu'il insiste :

— Tout est bien. Je travaille. Tu es mon profond amour.

Elle se calme. Il peut sortir, enfin, prendre les tramways, les omnibus qui vont place du Trône, aux Batignolles ou au jardin des Plantes. Il retrouve Blanche ou Marie Mercier. Et ce sont les mêmes jeux du désir, l'oubli du temps. Il paie l'une et l'autre. Et toutes celles qu'il voit, en dehors d'elles. Il note dans son carnet : « J. E. *osc*. 77, Chaussée d'Antin. »

Et il faut aussi payer celles qui rappellent qu'on les a aimées : « Mme d'Aunet, 182, rue de Rivoli, me demande un prêt. Je lui fais don de deux mille francs. Envoi immédiat. »

Il faut réussir à cacher cela à Juliette. Mais est-elle dupe ? Elle voudrait retrouver Guernesey. Elle regrette qu'il soit encore tenté de s'engager dans la vie politique. Mais on le sollicite…

Clemenceau insiste pour qu'il soit délégué par le conseil municipal de Paris comme candidat aux élections sénatoriales. Et il accepte sans hésiter, parce qu'il a le sentiment qu'il pourra peser davantage sur l'évolution du pays, mettre sa notoriété, son passé, au service de la République.

Il ne suffit pas que, à une voix de majorité, on ait voté, l'année dernière, un amendement Wallon qui l'établisse constitutionnellement, pour qu'elle vive ! Mac-Mahon est toujours à la tête de cette République, et même s'il est contraint de choisir comme président du Conseil le républicain Jules Simon, tout montre qu'il n'a pas renoncé à remettre en cause la République.

Alors il faut agir.

— Qu'on renonce donc aux chimères, lance Hugo. Acceptons la virilité. La virilité, c'est la République !

On vote. Il devine que les résultats sont incertains. Et en effet il n'est pas parmi les trois premiers élus. Mais dans les rues proches du palais du Luxembourg, siège du Sénat, la foule l'acclame : « Vive Victor Hugo ! » Il veut échapper à cet enthousiasme prématuré, il y a un second tour. Il se réfugie quelques instants dans un hôtel de la rue Gay-Lussac, puis, quand il regagne le Sénat, il est surpris par l'huissier qui l'accueille, l'aide à descendre de voiture et lui dit :

— Prenez garde, Monsieur le sénateur.

Il est donc élu ! Mais de justesse, par cent quinze voix sur deux cent neuf votants. Louis Blanc, lui aussi candidat, est battu.

Hugo s'arrête un instant sur le seuil de cette salle du Luxembourg.

— Je ne l'avais pas revue depuis le 25 février 1848. J'en suis sorti alors pair de France. J'y suis rentré aujourd'hui sénateur.

Quand il assiste aux premières séances, à Versailles, il n'a qu'une seule obsession : essayer d'obtenir une loi d'amnistie pour les communards, qu'on continue de juger, de déporter.

Il veut faire écho aux lettres éplorées qu'il reçoit.

Il intervient en vain auprès de Mac-Mahon pour faire retarder l'appareillage d'un transport de condamnés vers la Nouvelle-Calédonie. Il faut, argumente-t-il, attendre que le Sénat se soit exprimé sur la proposition de loi d'amnistie, qu'il défend le 22 mai.

— Je demande l'amnistie, commence-t-il. Il faut fermer toute la plaie. Il faut éteindre toute la haine.

L'indignation l'emporte quand il pense au coup d'État du 2 décembre, non seulement impuni mais glorifié, alors qu'on est impitoyable avec les insurgés du 18 mars 1871.

— L'auteur du crime est mort dans son lit, après avoir complété le 2 décembre par Sedan, la trahison par l'ineptie et le renversement de la République par la chute de la République... Ainsi, à vingt ans d'intervalle, pour deux révoltes, pour le 18 mars et pour le 2 décembre, telles ont été les deux conduites tenues dans les régions du haut desquelles on gouverne : contre le peuple, toutes les rigueurs ; devant l'empereur, toutes les bassesses. Il est temps de renoncer à cette honte de deux poids, deux mesures ; je demande pour les faits du 18 mars l'amnistie pleine et entière.

Il voit la majorité des sénateurs figés, alors qu'applaudissent ceux de l'extrême gauche. On vote : sa proposition ne recueille que dix voix !

Il y a même pire. Il ne s'attendait pas qu'un Gambetta condamne l'amnistie et ose même affirmer — et comment ne pas se sentir visé ! — que les républicains qui sont demeurés en exil, sous l'Empire, n'ont rien apporté à la France !

Tristesse. Déception.

Il écoute Juliette qui essaie de le consoler :

— Mon pauvre bien-aimé, te voilà pris dans l'engrenage politique, c'est-à-dire dans la suppression de toute liberté, plus un instant de repos, plus une minute de quiétude… C'est désespérant…

Et pourquoi tout cela ?

« Les féroces imbéciles » du Sénat ont refusé l'amnistie.

— Certes, si le public avait pu voter, ajoute-t-elle, l'amnistie aurait été proclamée d'emblée et tu aurais été porté en triomphe pour l'avoir si généreusement, si superbement demandée.

Mais le peuple n'a pas eu droit à la parole.

Alors il faut fustiger ces sénateurs. Il prend la plume.

Quand ce banni, jadis perdu dans les brouillards
Et dans les flots, parut parmi ces durs vieillards,
Ils frémirent, ainsi que l'herbe au pied de l'arbre.
Son souffle fut terrible et les fit tous de marbre.
Il les pétrifia rien qu'en passant sur eux.
Ces hommes qu'emplissait le passé ténébreux,
Et dont plusieurs étaient courbés sous de vieux
[crimes,
Gardèrent l'attitude obscure des abîmes,
Et pâles, se sentant saisis par ce regard,
N'osèrent même plus lever leur front hagard.
[…]
Tel surgirait, dans l'ombre où, sans geste et sans
[bruit,
Les larves du néant, les formes de la nuit
Sont assises, de brume et de rêve vêtues,
Un spectre qui viendrait parler à des statues[180].

Il est attristé par cet échec, cet égoïsme et cette intolérance aveugles qui l'entourent. Il est presque indifférent à la publication du tome III d'*Actes et Paroles*. Qu'est-ce qui peut encore le surprendre dans le jeu de l'histoire et de la société ? Il a l'impression d'avoir tout vu, tout subi.

Il reste l'émotion jamais éteinte que donne un corps de femme,

Cette chair sous laquelle on aperçoit l'esprit,
Le ventre qui féconde et le sein qui nourrit,
Sont des mystères pleins d'épouvante et de charme[181].

Écrire aussi, et il ne cesse pas.

Il va de la chambre de Blanche ou de Marie Mercier à sa table de travail, comme si les corps et les mots se nourrissaient les uns des autres.

Il dit : «Dans mon œuvre, les livres se mêlent comme les arbres dans une forêt», et il pourrait dire de même pour les femmes.

Toutefois, il lui semble que la fin des mots et du plaisir des corps est pour bientôt.

— Nous approchons du Ciel, confie-t-il à Juliette. Nous sommes de plus en plus des âmes. Le cœur de chair est remplacé en nous par un mystérieux cœur de lumière.

Et cela ne l'apaise pas.

«Cette nuit, très fort frappement quintuplé et précipité. Cela ressemblait à cinq coups de baguette, vers deux heures du matin. Un moment après, à travers le demi-sommeil, il m'a semblé entendre une voix parler. J'ai saisi ceci : *D'abord* ; mais il était possible que ce fût : *la mort.*»

1877

Jeanne était au pain sec dans le cabinet noir,
Pour un crime quelconque...

Hugo hésite au moment d'écrire sur la première page de son carnet qu'il vient d'ouvrir en ce début d'année.

Il imagine ceux qui feuilletteront ces pages, découvriront ces signes, ces notations obscures, ces traces qu'il veut laisser de ses rencontres secrètes avec Blanche, Marie Mercier, toutes les autres, Sarah Bernhardt, Judith Gautier, et ces filles de hasard.

Il ne veut pas renoncer à mentionner ces amours que tous condamnent. Juliette jalouse, même du fond de sa maladie, Alice, parfois méprisante et indignée, tous inquiets, scandalisés d'imaginer que lui, le vieil homme, paie des jeunes femmes pour les voir et les aimer encore.

Réussiront-ils, ceux qui liront ces carnets qu'il veut léguer, comme ses autres manuscrits, à percer ses secrets ?

Il va les entraîner dans un nouveau labyrinthe. Il va creuser une salle encore plus profonde, et entasser des blocs devant le couloir qui y conduit.

Il écrit vite, en haut de la page.

« Je note ici, pour tous les petits répertoires du même genre que j'ai écrits depuis vingt ans, au jour le jour, que de certaines mentions qui semblent énigmatiques (telles que Héberte, *T.17*, Sartorius, Aristote, *Turris Alverna*, *Calido monte*, les quarante géants, C.R., etc.) sont pour moi, simplement, des points de repère, et indiquent sous une forme compréhensible à moi seul les ouvrages auxquels je travaille au moment où j'écris sur ces cahiers. »

Il se sent tout à coup d'une humeur joyeuse, comme s'il venait de se donner une nouvelle liberté. Il a l'impression de faire un pied de nez à ceux qui veulent l'enfermer dans la vieillesse. Il le sait bien qu'il aura soixante-quinze ans dans quelques jours.

> *Je suis vieux, mais, ô lauriers-roses,*
> *Ô lys, cela n'empêche pas*
> *Toutes sortes de tendres choses,*
> *Toutes sortes de frais appas...*
> *[...]*
> *Je suis vieux ; mais pourvu que j'aime,*
> *Je n'ai rien à me reprocher ;*
> *Et l'abeille ira tout de même*
> *Cajoler la fleur du pêcher.*
> *[...]*
> *La nature est l'immense alcôve ;*
> *Et c'est ainsi que tout se perd,*

> *Et c'est ainsi que tout se sauve ;*
> *Cupidon, c'est l'enfant expert ;*
> *[...]*
> *On entend des murmures d'âmes ;*
> *Toute l'ombre est un grand frisson ;*
> *Et je sais encor l'air, mesdames,*
> *Si je ne sais plus la chanson*[182]*...*

Et il continuera à le fredonner, parce que c'est le refrain de la vie, et que sans lui, sans le travail, celle-ci ne serait plus qu'un lit de cailloux, où ne coulerait plus aucune rivière. Et il a le sentiment que tout se tient dans sa vie. Qu'aimer, écrire, sont les deux côtés inséparables de son destin.

— J'ai l'habitude de travailler toute la journée. À mon âge, on n'a pas de temps à perdre...

Pour cela, on le loue, on le célèbre.

Le 26 février, jour de ses soixante-quinze ans, ne publie-t-il pas la nouvelle série de *La Légende des siècles* ? Et ils lèvent tous leur verre, en son honneur, même Jeanne qui dit, et il est ému :

> Moi la plus petite
> Je bois au plus grand.

La maison est pleine d'invités, les bouquets s'entassent. Et il répond aux vœux qu'on forme pour lui :

— Le jour où je cesserai de combattre, c'est que j'aurai cessé de vivre.

Mais il pourrait employer le verbe *aimer* et il les verrait, ses proches, détourner la tête peut-être avec dégoût.

Alors, il s'échappe chaque après-midi et sur la plate-forme du tramway de la ligne Étoile-place du Trône, ou de l'omnibus qui le conduit des Batignolles au jardin des Plantes, il pense qu'à la fin de l'année, il offrira aux conducteurs et aux cochers une étrenne de cinq cents francs, qu'il adressera au président du conseil d'administration de la Compagnie. Car ce trajet, c'est celui où chaque tour de roue l'éloigne de la vieillesse, le rapproche de ces corps de femmes qui sont comme des fontaines de jouvence.

On voudrait l'empêcher de vivre ainsi. À un homme vieux, on veut tout enlever. Alice, qui a décidé d'épouser Édouard Lockroy, a même essayé, à cette occasion, de lui retirer son rôle de tuteur de Georges et Jeanne, afin de se l'approprier et de faire de Lockroy un cotuteur.

— Je me suis récrié. Ainsi je disparaîtrais, dit-il. Charles qui est dans moi disparaîtrait. M. Lockroy nous remplacerait, moi vivant. Georges et Jeanne seraient à un étranger ! Impossible ! Jamais !

Il ressent cette intention comme une insulte, une agression.

Comment ! Il a décidé de maintenir à Alice la pension annuelle de douze mille francs qu'il lui verse, et même de l'augmenter de trois mille francs pour l'éducation des enfants. Il a béni son union avec Lockroy, alors qu'il a peu de sympathie pour cet homme qu'il trouve hâbleur, prétentieux, et parfois hostile. Il a même accepté que le nom de Victor Hugo, avec tout ce qu'il signifie, figure sur les faire-part de mariage, et on veut le priver de ses petits-enfants ?

« Impossible ! Jamais ! »

Il écrit à Alice. Il ne cédera pas, il faut qu'elle le sache.

Elle entre dans la chambre, elle pleure, elle l'entoure de ses bras. Lockroy entre à son tour.

L'incident est clos. Le mariage aura lieu le 3 avril. Il y a foule. Il entend les cris : « Vive Victor Hugo ! » Et puis il faut voir partir Georges et Jeanne, Alice et Lockroy, qui vont séjourner quelques jours dans le Midi.

À peine ont-ils quitté la maison de la rue de Clichy qu'il se sent glisser. Il tombe. Il se relève rapidement. « Sans dégât. Une égratignure au petit doigt de la main gauche. »

Mais cette chute n'est-elle pas un signe ?

Il veut l'oublier, travailler. Il rassemble, jour après jour, les poèmes qu'il écrit pour Georges et Jeanne, ou à leur propos. Il veut que ce recueil, qu'il pense intituler *L'Art d'être grand-père*, soit publié rapidement, en mai, comme pour laisser la preuve des liens qui l'ont uni à ses petits-enfants, comme pour les entendre parler, puisque souvent il a modelé ses vers sur leurs voix, raconté leurs jeux, leurs peines.

Jeanne était au pain sec dans le cabinet noir,
Pour un crime quelconque, et, manquant au devoir,
J'allai voir la proscrite en pleine forfaiture,
Et lui glissai dans l'ombre un pot de confiture

Contraire aux lois. Tous ceux sur qui, dans ma cité,
Repose le salut de la société,
S'indignèrent, et Jeanne a dit d'une voix douce :
— Je ne toucherai plus mon nez avec mon
[pouce [183]...

Il est comblé par le succès que le livre rencontre dès sa publication. Il entend des passants qui, le reconnaissant, évoquent Jeanne et Georges, et c'est comme s'il avait donné à ses deux petits-enfants ce qu'il était le seul à pouvoir leur offrir.

Il sera avec eux, bien au-delà de sa vie, et leurs noms seront à jamais liés, dans ce livre et dans la mémoire de tous les lecteurs.

Il est fasciné et effrayé par cette vie, qui naît de lui, de ce qu'il écrit. Et par le pouvoir qu'ainsi Dieu lui a confié.

« Hier soir, un médecin, le docteur Conan (Passy, rue des Sablons), m'a amené une jeune fille de vingt-deux ans, atteinte d'une maladie inconnue. Elle n'a pas dormi depuis cinq ans. Pas une heure. Elle passe son temps à lire mes livres, et sait par cœur tout ce que j'ai écrit. Le docteur croit à mon influence sur elle, et m'a prié de lui ordonner de dormir. Je l'ai fait. »

Il la regarde s'éloigner. Il va prier pour elle aussi, comme il prie chaque nuit pour tous les siens, pour Juliette, dont il lui semble que parfois l'amertume, une sorte d'aigreur, déforme jusqu'à la voix et les traits.

« Je te laisse à tes travaux, lui écrit-elle. Je préfère te laisser tout entier aux petites aventures printanières qui s'offrent à toi depuis plusieurs jours… Je me sens envahir par une indifférence profonde et stupide. Heureusement que tu as le droit de ne pas t'en apercevoir. D'ici ce soir, j'aurai le temps de me débarbouiller de mon ennui et celui de me parer de toute la gaieté factice exigée par le règlement. À ce soir donc, gaieté, plaisir et bonne humeur. »

Mais dans le salon de la maison de la rue de Clichy, ce soir-là, il ne voit, lorsqu'il y pénètre, que des hommes graves et inquiets.

Le président de la République, Mac-Mahon, vient, ce 16 mai, de renvoyer Jules Simon. On lit la lettre de Mac-Mahon.

— Demi-coup d'État, dit Hugo. Lettre soldatesque.

Il a un sentiment de vertige. À la fin de sa vie, l'histoire va-t-elle recommencer ? Est-ce un nouveau 2 Décembre ?

Il ne quittera plus la France.

« Je décide, en présence de ce qui semble se préparer, que je mettrai en sûreté mes manuscrits. Je ferai le contraire pour ma personne, car la vie risquée complète le devoir rempli. »

Il se rend chaque jour au Sénat. Il veut intervenir, pour protester contre le renvoi de Jules Simon, contre la décision du président de dissoudre la Chambre des députés :

— Les vieillards sont des avertisseurs, dit-il. Je ne demande pas mieux que de croire à la loyauté, mais je me souviens qu'on y a déjà cru… Je vois des ressemblances qui m'inquiètent… Vous allez entrer dans une aventure. Eh bien, écoutez celui qui en revient… Je vote contre la catastrophe. Je refuse la dissolution.

Pourtant, elle est approuvée. Alors il faut se battre, soutenir Gambetta, qui conduit la campagne des élections législatives et qui déclare que « Mac-Mahon devra se soumettre ou se démettre ».

Il est indigné quand il apprend que Gambetta est condamné à trois mois de prison. Il ne faut pas accepter ce pouvoir, il faut donc le combattre car « l'armée maîtresse de la France, c'est l'abîme ».

Il faut faire flèche de tout bois, accepter même de s'associer à un hommage rendu à Thiers, qui vient de mourir. C'était un républicain ! Il s'approche de Gambetta, lui dit : « Si vous pouviez être grandi, leur acharnement vous grandirait. Ce gouvernement est aussi bête que vous êtes éloquent. Quel superlatif ! »

Il lui semble, lorsqu'il se souvient du 2 Décembre, que ce qui se déroule en cet automne 1877 n'est qu'une farce maladroite. Et pourtant dangereuse. Et qu'il faut interrompre.

Il relit à la hâte les épreuves d'*Histoire d'un crime*, jamais édité encore.

— Ce livre est plus qu'actuel, dit-il. Il est urgent. Je le publie.

Il travaille jusqu'à l'aube pour corriger les dernières pages, car il faut que l'ouvrage soit un élément de la campagne électorale.

Et il se sent comblé quand, dans la matinée de la parution, le 7 octobre, sept jours avant le scrutin, l'éditeur Calmann-Lévy lui annonce qu'on en a vendu dix mille exemplaires. Il suffit de quatre jours pour atteindre soixante-dix mille. Le tirage ne peut suffire puisqu'on écoule dix mille exemplaires par jour !

Il est donc au cœur de la mêlée, heureux de participer à la victoire républicaine qui conduit à la démission du président du Conseil de Broglie, nommé par Mac-Mahon, et à la soumission de ce dernier, auquel il ne restera plus bientôt qu'à se démettre.

Il a le sentiment que la République est installée. Il fait campagne pour Jules Grévy, candidat à la succession de Mac-Mahon, et il lui semble qu'il est entré dans un temps de plénitude.

L'empereur du Brésil a tenu à venir rue de Clichy, et il a dit à Georges : « Il n'y a qu'une majesté ici, c'est Victor Hugo. »

Il y a eu aussi cette salle debout, à la fin de la première représentation de la reprise d'*Hernani*, le 21 novembre, où il a été si heureux d'avoir près de lui Georges, et Juliette.

— Quelle soirée ! Quelle soirée ! Quelle soirée ! s'est-elle écriée. On eût dit que toutes les mains étaient réunies dans une seule, dans cet unanime applaudissement, et on voyait sur tous les fronts s'irradier ton éblouissant génie et on entendait l'immense chœur des âmes répétant avec adoration les merveilles de ta poésie sacrée et divine.

Il s'est rendu seul dans la loge de Sarah Bernhardt qui tenait le rôle de la reine. Il lui a pris la main. Il s'est souvenu de ce corps que quelquefois il a serré contre lui.

Le 11 décembre, il organise au Grand Hôtel un dîner pour les journalistes et les comédiens. Toute la presse a salué *Hernani*… Remercions les acteurs de ce triomphe.

Il s'assoit à la gauche de Sarah Bernhardt. En face de lui, il a voulu que soit placé Georges, afin qu'un jour, il se souvienne de cette soirée.

Il se lève. Il lance : « Oui, l'art est une patrie. »

Il se tourne vers Sarah Bernhardt :

— Vous vous êtes vous-même couronnée reine, reine deux fois, reine par la beauté, reine par le talent.

Il se penche. Il baise la main de Sarah, murmure :

— Je vous remercie, Madame.

Quel âge a-t-il ? Est-il possible que s'achève sa soixante-quinzième année ? Il ne peut le croire.

Il confie à Émile de Girardin, dans la voiture qui le reconduit, passé minuit, rue de Clichy :

— Je ne suis pas désarmé. D'ordinaire, vivre, et surtout avoir vécu, cela refroidit. Pas moi. L'approche de la mort désintéresse. Les vieillards sentent qu'ils ne sont plus que campés. Je ne suis pas de ces doux vieillards. Je reste exaspéré et violent. Je crie et je m'indigne et je pleure… Je ne m'apaiserai pas !

1878

Je ne vois pas pourquoi je ferais autre chose
Que de rêver sous l'arbre où le ramier se pose...

Hugo, en ces jours de janvier, a le sentiment qu'il ne supporte plus la solitude. Il éprouve le besoin d'avoir les siens autour de lui. Il veut voir Jeanne et Georges. Il se sent rassuré par la présence de ses amis, le soir, lors de ces dîners qui épuisent Juliette, Alice et ses enfants. Il tolère même la présence de cet Édouard Lockroy, pourtant souvent hostile, bougonnant qu'on ne doit pas, au-delà d'un âge raisonnable, jeter un regard sur les femmes, importuner les servantes, la cuisinière, ou s'en aller tous les après-midi voir on ne sait qui !

C'est naturellement l'avis de Juliette, devenue « maîtresse d'école », espionnant le facteur, essayant de connaître l'origine des lettres, s'inquiétant des réponses.

Elle devine qu'il ne lui confie pas la totalité de ses missives à poster...

— … témoin celle que tu as écrite à Mlle Jeanne Essler en catimini, dit-elle. Pourquoi ?… Parce que l'homme est toujours à l'état permanent d'infidélité, soit rétrospectivement, soit au présent, soit en pensée, soit en parole et en action…

Elle l'irrite, mais que souhaite-t-elle de plus que les déclarations qu'il répète : « Je t'adore. Je vis en toi. Aimons-nous. Je baise tes pieds. Je te bénis. À jamais » ?

Et ne peut-on le laisser vivre comme il l'entend ?

Je ne vois pas pourquoi je ferais autre chose
Que de rêver sous l'arbre où le ramier se pose ;
[…]
Quand les filles s'en vont laver à la fontaine,
Elles prêtent l'oreille à ma chanson lointaine[184]…

Mais il ne reproche rien à Juliette. Il ne pourrait pas vivre sans elle, il le lui a dit et redit. Et il veut la protéger. Il lui annonce qu'il lui lègue douze mille francs de rente viagère.

Pourtant, ce qu'elle veut, il ne peut le lui accorder !

S'il l'écoutait, il se retirerait loin du monde — et des femmes — à Guernesey ! Alors qu'il veut continuer à faire entendre sa voix.

Il aime ces soirées, rue de Clichy. Il dit à Jules Simon :

— Oui, je crois, comme vous, que les grosses crises sont passées et que le Sénat républicain fermera à double tour la lourde porte révolutionnaire.

Nous allons revenir à la politique vraie, à la politique heureuse, à votre politique...

Il reste à combattre l'oppression religieuse, le cléricalisme. Et il décide, au printemps, de publier *Le Pape*, livre dans lequel il a regroupé des poèmes écrits sur ce thème depuis plusieurs années. Il juge que le moment est bien choisi, entre la mort de Pie IX auquel a succédé Léon XIII, en février, et le centenaire de Voltaire, qui sera célébré le 30 mai. Il a accepté de présider le comité constitué à cet effet et de prononcer le discours inaugural.

Il veut rendre hommage au courage de Voltaire, dire que « Voltaire seul déclara la guerre à cette coalition de toutes les iniquités sociales, à ce monde énorme et terrible, et il accepta la bataille. Et quelle était son arme ? Celle qui a la légèreté du vent et la puissance de la foudre. Une plume ».

Il imagine sa propre vie, sa propre fin ; comme un écho de celle du défenseur de Calas et de La Barre, adversaire de l'Église.

> *Tu rentreras comme Voltaire*
> *Chargé d'ans, en ton grand Paris ;*
> *Des Jeux, des Grâces et des Ris,*
> *Tu seras l'hôte involontaire ;*
>
> *Tu seras le mourant aimé ;*
> *On murmurera dès l'aurore,*
> *À ton seuil à demi fermé,*
> *Déjà ! mêlé de : Pas encore !*

Tu seras marmot et barbon ;
Tu goûteras la joie honnête
D'être si bon qu'on te croit bête
Et si bête qu'on te croit bon[185].

Il n'est pas étonné qu'on l'attaque après la publication du *Pape* et la célébration de Voltaire. Il retrouve tous ses vieux ennemis, Barbey d'Aurevilly, Mgr Dupanloup, évêque d'Orléans. L'un écrit dans *Le Constitutionnel* : « Son *Pape* n'est que la même goutte d'eau connue et tombée tant de fois, essuyée et tombant toujours à la même place avec une monotonie qui fait peu d'honneur à la fécondité de son cerveau. »

Quant à l'évêque, il est plein de fausse compassion : « Pauvre grand poète, vous êtes une barque sans lest, poussée par le vent du siècle d'un rivage à l'autre ; vous croyez aborder à la gloire et, je le crains, vous échouerez à la pitié... »

Si « ce prêtre dont le nom commence par dupe
Et finit par loup... »

croit le blesser, il se trompe. Hugo se sent conforté par ces attaques. Il vit. Il combat.

Prêtres, vous n'avez pu m'engloutir dans vos
                                        [songes ;
Dieu ne m'a pas laissé noyer par vos mensonges,
J'avance, et je fais signe aux pâles matelots ;
Je rapporte des mers la perle qu'on y trouve,

Je vis ! l'évasion du naufrage se prouve,
Par la tête au-dessus des flots [186].

Sont-ils seulement capables, les Barbey d'Aurevilly, les Dupanloup, de savoir ce qu'il ressent ? Là où ses adversaires ne voient que les errances d'un homme qui cherche le vent majeur du moment, il vit la continuité, l'unité de son destin.

C'est son fils Charles qui avait écrit l'adaptation théâtrale des *Misérables*, à laquelle il assiste en compagnie de Georges et de Jeanne. Son fils revit par lui, et par ses enfants. Et quand il parle de Voltaire, ou qu'il évoque Rousseau — l'un « représente l'homme, l'autre, le peuple » —, il se sent en plein accord avec les deux écrivains. Peut-être a-t-il réussi à les réunir en lui, dans son œuvre ? N'est-il pas l'auteur de l'*Histoire d'un crime* et des *Châtiments*, mais aussi des *Misérables* ?

Il se sent plein de force en ce début de printemps, comme s'il était accordé au renouveau de la nature.

Il veut aller voir Blanche, quai de la Tournelle — qu'il appelle « Turris nova » dans son carnet.

Il note jour après jour, pour se souvenir :

« 22 juin : Turris nova. Cloche.

« 23 juin : Turris nova. Ève.

« 25 juin : Turris nova. Ève.

« 26 juin : Turris nova. Ève.

« 27 juin : Turris nova. Ève. »

Il se sent un peu las mais heureux, presque fier de cette virilité qui ne faiblit pas.

527

Le soir du 27 juin, il accueille Louis Blanc chez lui. Et, après le dîner, alors que l'atmosphère est lourde — peut-être les ébats de l'après-midi avec Blanche pèsent-ils —, il s'emporte dans la discussion à propos de Voltaire et de Rousseau.

Tout à coup, les mots lui manquent, il a l'impression que sa bouche se remplit de terre, que les phrases s'émiettent, qu'il ne réussit plus à parler. Il tente de poursuivre. Il lève la main, mais il ne peut atteindre le col de sa chemise qu'il voudrait desserrer.

Il étouffe. On écrase sa tête entre deux parois. On comprime sa gorge, sa poitrine et son cœur. Il a envie de vomir.

On l'aide à monter dans sa chambre. Il reconnaît, malgré le voile qui obscurcit sa vision, les docteurs Allix et Sée. Il croit comprendre qu'ils parlent de congestion cérébrale, qu'ils lui demandent de ménager ses forces, et donc de renoncer aux jeunes femmes. Il se soulève sur les coudes. Il est étonné.

— Tout de même, la nature devrait avertir !

Le lendemain, il a l'impression de marcher plus lourdement. Il fait une courte promenade en compagnie de Juliette.

— Je crains que tu ne te promènes au-delà du possible, dit-elle, et je voudrais pour tout au monde te voir prendre un peu de repos. Je ne serai tranquille que lorsque tu seras hors de portée de tous ceux qui te harcèlent… Pour ceci, pour cela, et tous ensemble pour le diable et son train, sans souci de ton repos, de ta santé et de ta vie.

528

Il cède parce que, en effet, pour la première fois de sa vie, il a l'impression que son énergie s'est affaiblie. Et le 4 juillet, il quitte Paris pour Guernesey, avec les siens et Juliette.

Il voudrait que Hauteville House se remplisse de voix, d'amis.

« Quand serez-vous ici, avec vos chères filles ? » écrit-il à Paul Meurice. « Venez avec toute votre famille », dit-il à Vacquerie.

Peut-être leur présence permettrait-elle de desserrer ce carcan, cette surveillance dont Juliette l'entoure avec une attention pesante, tatillonne.

Elle surveille toujours son courrier. Pourtant il a demandé à Paul Meurice de lui garder les lettres compromettantes, mais il sait qu'elle fouille dans ses tiroirs, qu'elle a trouvé les carnets des années passées, et il a dû subir encore ses lamentations, ses colères, ses menaces. Elle quittera Hauteville House, elle ira vivre à Iéna, chez ses neveux, prétend-elle. Il craint même qu'elle ne se rende à Paris, pour forcer les meubles, tenter de découvrir les lettres que lui écrivent tant de femmes, ou des indices de ses liaisons.

Cela devient insupportable.

Juliette dit vouloir le protéger contre lui-même, mais elle l'écrase de supplices, de recommandations, d'avertissements ! Elle a découvert qu'il gardait dans une sacoche cinq mille francs en pièces d'or. Et il a dû écouter son réquisitoire, répondre aux questions. Elle l'a accusé d'utiliser ce trésor pour payer des femmes. Ne s'est-il pas rendu, lui, relevant de maladie, rue des Cornets, la rue des filles publiques, où traînent tous les hommes de Guernesey en mal d'amour ! Lui, Hugo !

Et il doit baisser la tête, comme un malappris découvert.

— Les fières protestations de mon âme devant la tienne, dit-elle, s'adressent à l'homme divin que tu es et non à la vulgaire et bestiale idole des amours dépravées et cyniques que tu n'es pas. Ta gloire qui éblouit le monde éclaire aussi ta vie. Ton aube est pure, il faut que ton crépuscule soit vénérable et sacré. Je voudrais, au prix de ce qui me reste à vivre, te préserver de certaines fautes indignes de la majesté de ton génie et de ton âge...

Elle le régente, et il ne se sent pas la force de la combattre, de la repousser franchement. Elle l'aime, il le sait. Elle parle et agit pour lui, dans ce qu'elle imagine être son intérêt.

Et si, au contraire, elle lui ôtait l'énergie de vivre ? Mais il ne peut pas lui dire cela. Alors il écoute...

— Il faut chercher ensemble, dit-elle, le moyen de ne plus succomber à la dangereuse tentation qui a failli te tuer. Je te le demande éperdument, passionnément, tendrement, pieusement. Il faut rompre résolument avec le terrible passé dont tu sors à peine et qui reste si menaçant pour l'avenir. Je te demande pour cela de me permettre d'entrer en toute heure dans ta vie comme tu es entré, dès le premier moment où je t'ai aimé, dans la mienne.

Elle veut donc ne rien lui laisser d'intime, de secret. Cela, il ne peut l'accepter ! Elle parle de

« santé », et de « gloire » à protéger, « d'odieux et de redoutable passé ». Il sent peser sur lui son regard inquisiteur et soupçonneux. Il n'est pas, ne veut pas être, son prisonnier.

— Pourquoi me regardes-tu comme ça ? lance-t-il.

À cette question brutale, il devine qu'elle perd pied, qu'elle s'affole. Elle dit qu'elle veut s'éloigner, qu'elle a perdu la partie. Et il est de nouveau plein de compassion pour elle.

Mais il est oppressé. Il vomit chaque nuit, il a l'impression que la chambre tourne autour de lui. Est-ce une nouvelle attaque ?

Il craint de ne plus être capable de rester debout à sa tablette. Écrire, ne serait-ce que quelques mots, l'épuise.

Si la mort est là, si proche, il faut qu'elle le fauche à Paris.

Il y arrive le 10 novembre. Il découvre le petit hôtel particulier que Paul Meurice a loué pour lui, 130, avenue d'Eylau. Alice et Édouard Lockroy, ainsi que Georges et Jeanne, s'installeront au numéro 132. Juliette vivra avec lui, sa chambre est prévue au premier étage, mais elle veut s'installer au second, dans une pièce voisine de celle où il dort.

Elle ne cessera donc plus de le surveiller !

Il la découvre autoritaire comme une duègne :

— Vous n'avez pas le droit de compromettre votre précieuse santé, et votre glorieuse vie. Nous nous y opposerons de toutes nos forces, au risque de gêner un peu votre liberté d'allure… Quand je te vois te désintéresser de toi-même à ce point-là, je crois que tu ne m'aimes plus…

Et soudain, elle explose : « Quand donc, mon Dieu, ferez-vous cesser la sinistre tourmente déchaînée sur votre vie depuis plus de quatre mois ? » Elle ajoute : « Pardonne-moi de préférer la mort sous toutes ses formes à la torture de te céder pour si peu que ce soit à une autre femme… »

Pour la première fois de sa vie, il se sent entravé. Et il n'a qu'une obsession : trouver les moyens de rester libre. Il veut croire qu'il pourra y parvenir. Il veut penser qu'il va réussir à travailler comme avant cette congestion cérébrale. Il écrit :

« J'achève un livre dans ce moment-ci : *Toute la Lyre*. Je l'ai là sur ma table. J'y travaille sans cesse. Ce livre va paraître cet hiver ; il ne faut pas qu'un retard vienne de moi. »

Mais la plume, comme si elle était devenue trop lourde, lui glisse entre les doigts.

ONZIÈME PARTIE

1879 - 1883

1879

C'était le divin sphinx féminin, la Beauté,
Toute nue, infernale et céleste, insondable...

Il ne s'étonne même plus de cette langueur qui le saisit, qui l'empêche de bondir hors de son lit, en pleine nuit, et de commencer à écrire. Il cale sa tête contre l'oreiller de crin. Il regarde cette chambre mansardée, tendue de soie rose, dont la fenêtre ouvre sur les marronniers et les tilleuls du vaste jardin qui entoure la maison de l'avenue d'Eylau.

Il se laisse lentement glisser dans un demi-sommeil alors que la lumière envahit la chambre, peut-être Georges ou Jeanne viendront-ils s'asseoir sur le bord du lit, et alors seulement il se lèvera, mais il sera parfois près de midi.

Il ne se rebelle pas contre ce nouvel état de son corps. Sans doute est-il au bout de la course. Mais il sait qu'il a encore des ressources d'énergie. Au Sénat, en ces derniers jours de janvier, alors que

Mac-Mahon a enfin démissionné et que Jules Grévy — un républicain, enfin ! — a été élu président de la République, il est intervenu de nouveau pour l'amnistie aux communards. Et il a été heureux de constater que la droite l'interrompait, protestait quand il a dit : « La guerre civile est une faute ; qui l'a commise ? Tout le monde et personne. Sur une vaste faute, il faut un vaste oubli. Ce vaste oubli, c'est l'amnistie. »

Il est descendu de la tribune sous les applaudissements de la gauche, et les rumeurs hostiles des sénateurs de droite ! Il vit donc. Il veut vivre, prendre le monde qui vient à bras-le-corps, encore.

On lui demande de parler au congrès commémoratif de l'abolition de l'esclavage, il accepte et il écarte tous les conseils de prudence. Il s'épuise, dit Juliette. Alice et Lockroy approuvent.

Il est porté par les applaudissements des convives du banquet. Il dit que l'Europe doit « prendre l'Afrique ». « Versez votre trop-plein dans cette Afrique et du coup résolvez vos questions sociales, changez vos prolétaires en propriétaires... Au XIXe siècle, le Blanc a fait du Noir un homme, au XXe siècle, l'Europe fera de l'Afrique un monde. »

Quand il parle ainsi, face à une salle qui l'approuve, il se sent porté, et ce sont les années qui s'effacent.

Alors il veut être entouré. Il donne une réception pour la reprise de *Ruy Blas* au Théâtre-Français, puisque la pièce, interprétée par Sarah Bernhardt et Mounet-Sully, entre au répertoire de la Comédie-

Française. Applaudissements, cris de « Victor Hugo ! ». Là — à Londres —, on joue *Hernani*. Ici, on donne la centième représentation de *Notre-Dame de Paris*, la pièce que Paul Meurice a tirée du roman. Et c'est Meurice encore qui a aidé à la mise en ordre des poèmes qui composent *La Pitié suprême,* ce recueil publié en février.

Il est donc là, encore, présent.

Il sent qu'il ne suscite jamais l'indifférence. La haine ou l'ironie sont toujours là, qui le guettent, mais il a l'impression que les humbles, le peuple l'aiment.

Lorsqu'il s'avance sur l'esplanade des Invalides, pour faire une ascension en ballon — il veut connaître cela, voir Paris d'une altitude de trois cents mètres ! —, on l'entoure, on l'applaudit, on crie : « Vive Victor Hugo ! » et, parmi ceux qui s'approchent de lui, nombreux récitent ses vers !

Il vit.

Pourtant la mort est là, qu'il sent s'insinuer en lui, et qu'il voit frapper ces êtres qu'il a connus, aimés.

Il reste un long moment prostré quand il apprend le décès de Léonie d'Aunet. Et il a peur pour Juliette, que la maladie ronge. Elle se plaint : « Cette nuit a été pire que l'autre, qui semblait cependant ne pouvoir pas être dépassée. Le laudanum n'a apporté aucune atténuation à mes tortures… Impossibilité de rester au lit, impossibilité de me tenir debout et impossibilité de m'asseoir. Telle est ma situation dans le monde à l'heure qu'il est, et quoi que tu en penses, j'en aimerais mieux une autre… »

Car elle est agressive, comme si cette douleur avivait sa jalousie, ses critiques. Elle lui reproche ses « fourberies ». Et il est vrai qu'il veut continuer à voir des femmes, à les toucher s'il le peut, à les aimer, à leur écrire. Juliette ne le supporte plus.

Qui est cette Mlle Adèle Gallois ? questionne-t-elle. Il faut biaiser, ne pas répondre. Subir ses leçons de morale.

— Pense à ce que ton ignorance a d'invraisemblable et fais-toi, et à moi aussi, l'honneur d'une entière et loyale confiance. Cela vaudra mieux que de me donner la tentation douloureuse et humiliante de chercher et de trouver ce que tu ne devrais pas, ce que tu n'as pas le droit de me cacher.

Et pourrait-il dire que parfois il va se promener à pas lents au bois de Boulogne, qu'il se laisse aborder par ces femmes dont le corps est offert à celui qui les paie ? Et que, par deux fois, il a dû subir l'humiliation d'être verbalisé par les agents de police ? Atteinte à la pudeur, ont-ils dit.

Il retrouve, en se souvenant de ces corps approchés, le désir d'écrire quelques vers :

— *Ô femmes ! chastetés augustes ! fiertés saintes !*
Pudeur, crainte sacrée entre toutes les craintes !
Farouche austérité du front pensif et doux !
Ô vous à qui je veux ne parler qu'à genoux,
Dont la forme est si noble en notre chaos sombre…

[...] Ô femmes, parmi nous que venez-vous donc
[faire ? —
Alors questionnant l'inconnu, l'inouï,
Aux voix qui disent non, tâchant d'arracher oui,
J'écoute, et je regarde, et, plein de rêveries,
Je vais au Luxembourg, je vais aux Tuileries [187]...

Mais on veut lui interdire ces flâneries, ces escapades !

Il est harcelé par Lockroy, par Juliette l'obstinée, toujours aux aguets. Elle dit, et elle le ressent ainsi sûrement, qu'elle est « la première blessée par les lâches agressions anonymes des créatures qui revendiquent l'honneur (quel honneur !) d'exciter tes sens au péril de ta santé, et peut-être de ta vie, et aux dépens de ta dignité qui doit rester pour tous, tant que nous sommes, amis ou ennemis, vénérable et sacrée.

« Ces tentatives qui se renouvellent et se multiplient autour de toi m'inquiètent, m'humilient et m'attristent au point d'en être irritée et de perdre patience jusqu'à t'en faire souffrir toi-même.

« Je t'en demande pardon. La maîtresse d'école... comme tu m'appelles ironiquement, doit se taire et se taira dorénavant, dût-elle en mourir, devant le Maître sublime et divin ».

Il sait bien qu'elle n'en fera rien, qu'elle traquera les lettres de Jeanne Essler, d'Adèle Gallois, qu'elle se méfiera de Léonie de Vitrac, « candidate à ma succession, dit-elle, qui ne demande que la table et le lit, aucun émolument... Elle est poète, elle t'adore et le reste à l'avenant… J'espère, mon grand petit homme, que tu cesseras d'attirer imprudemment cette dame chez toi… Quel que soit l'attrait que cette personne ait pour toi, je te supplie de m'épargner l'inquiétude qu'il me cause… ».

Que reste-t-il donc alors, sinon les femmes vénales du bois de Boulogne ?

Quand Judith Gautier vient dîner, Juliette est aigre, morose.

— C'est bien à mon cœur défendant que je me résigne à la recevoir, maugrée-t-elle.

Elle a réussi à écarter Blanche, et il se reproche de la lui avoir abandonnée, d'avoir capitulé. C'est Juliette qui lui remet les sommes d'argent permettant à Blanche de vivre. Sans doute l'ont-ils effrayée en lui disant qu'elle serait responsable de la mort de son vieil amant !

Parfois il l'aperçoit — et son cœur est blessé — qui rôde devant le jardin de la maison de l'avenue d'Eylau. Il voudrait la revoir, lui faire signe, mais comment affronter la fureur de Juliette ? Alors il renonce, et il est véritablement accablé quand il apprend que Blanche s'est mariée avec un certain Émile Rochereuil. Il ne l'a appris qu'en découvrant par hasard un faire-part, envoyé par le futur époux à sa mère !

À entrevoir par la fenêtre Blanche, qui se tient immobile, fixant la façade de la maison de l'avenue d'Eylau, il ne peut pas imaginer qu'elle soit heureuse. Elle a dû se marier par désespoir, cédant à Lockroy, à Juliette.

Est-ce donc cela la vieillesse, subir la loi des autres ?

Il ne peut se débarrasser de cette pensée morose alors qu'il séjourne quelques jours à Veules-les-Roses — à proximité de Saint-Valery-en-Caux — où Paul Meurice l'accueille dans sa villa. La mer borde la propriété. Un matin, il entend une fanfare jouer sur la plage *La Marseillaise* et *Le Chant du départ* en son honneur, malgré l'opposition du maire bonapartiste ! Le passé de haine ne s'efface donc pas !

Il regarde cette campagne normande, la vallée de la Seine : le passé du malheur lui aussi demeure. Le fleuve a englouti les corps de Léopoldine et de Charles Vacquerie, et Adèle repose là, dans le cimetière de Villequier, près de sa fille.

Il veut se rendre seul sur ces tombes, bien qu'il devine qu'il blesse Juliette, quoi qu'elle prétende, affirmant qu'elle ne demande pas à l'accompagner dans son «pieux pèlerinage».

Il s'agenouille. Il prie tout l'après-midi. Il murmure : «Ils m'entendent. Je les entends.»

Il n'y a pas de frontière entre le passé et le présent, entre ce que l'on vit et l'avenir. Par la pensée, tout se rejoint, les morts et les vivants, *et ceux qui renaîtront*.

Il songe à ses petits-enfants. Il a besoin de leur dire :

— Je pense à vous ; vous êtes ma préoccupation ; votre avenir est mon souci et mon espérance. Je compte que l'espérance aura raison.

C'est la nuit. Il entend un bruit dans la chambre, encore des frappements. Il se lève. Il va pesamment jusqu'au haut bureau qui lui sert d'écritoire. Il lui semble que les mots, perdus au fond de lui depuis des mois, au cours desquels il a à peine noté quelques phrases, reviennent en cette fin d'année. Il soupire, soixante-dix-septième année, entièrement parcourue. Il pense à Georges, à ce que deviendra ce jeune garçon, auquel il voudrait léguer ce que lui, au terme de sa vie, croit avoir compris. Il écrit :

Ô Georges, tu seras un homme. — Tu sauras
À qui tu dois ton cœur, à qui tu dois ton bras,
Ce que ta voix doit dire au peuple, à l'homme, au
[monde ;
Et je t'écouterai dans ma tombe profonde.
Songe que je suis là ; songe que je t'entends ;
Demande-toi si nous, les morts, sommes contents ;
Tu le voudras, mon Georges. Oh ! je suis bien
[tranquille !

[...]
Est-ce un rêve ? oh ! je crois t'entendre. À l'âme
[humaine,
Aux nations qu'un vent d'en haut remue et mène,
Aux peuples entraînés vers le but pas à pas,
Tu diras les efforts tentés, les beaux trépas,
Les combats, les travaux, les reprises sans nombre,
L'aube démesurée emplissant la grande ombre ;
Pour maintenir les cœurs à ce puissant niveau,
Tu feras des anciens jaillir l'esprit nouveau ;

Tu diras de nos temps les lutteurs héroïques,
Ces vainqueurs purs, ces fiers soldats, ces fronts
                                [stoïques,
Et tu feras songer, en les peignant si bien,
Le jeune homme à ton père et le vieillard au mien [188].

Il pose la plume. Il retourne à son lit, dont les colonnes torsadées sortent peu à peu de la pénombre comme des troncs noueux.

Il somnole. Écrira-t-il encore, le flux des mots l'envahira-t-il une nouvelle fois ?

Il va rester couché toute cette matinée. Puis il ira flâner, regarder les femmes. Il se souvient des vers qu'il a écrits il y a quelques années :

C'était le divin sphinx féminin, la Beauté,
Toute nue, infernale et céleste, insondable [189]…

Pourquoi Juliette, cerbère, ne comprend-elle pas qu'il ait besoin pour survivre ou savoir simplement qu'il vit encore, « *Que l'océan [ait] pour écume Vénus* » ?

Mais c'est le 31 décembre. Il doit la rassurer, elle, la fidèle.

« Voilà certes une année émue et troublée, écrit-il. Je ressemble à ces gros vieux arbres que le vent secoue avant de les arracher ; mais que la fin soit proche ou loin, je crois en Dieu, je t'aime, j'ai mes petits près de mon cœur, je travaille pour ceux que j'aime, et tout est bien. Que Dieu soit loué et que nos anges soient bénis… »

1880

Ne te consume pas ! Ami, songe au tombeau ! —
Calme, il répond : — Je fais mon devoir de
[flambeau.

Hugo soulève la main, et cette douleur du bras,
cette douleur dans l'épaule le surprennent. Il pose
ses doigts sur la pile de manuscrits entassés sur son
bureau. Il se sent las, comme si ce simple mouvement l'avait fatigué. Il regarde la rame de papier
sur laquelle il doit écrire. Il le faut. Mais il a la tentation de retourner se coucher. C'est allongé, à
rêver, les yeux mi-clos, qu'il se sent le mieux. Et
il a l'impression que chaque jour qui passe, ce
besoin de repos augmente.

— Je suis allé trois fois ce matin chez toi pour
t'embrasser et pour te donner tes œufs, lui a dit hier
Juliette. Mais tu dormais si bien que je n'ai pas eu
le courage de te réveiller, surtout ignorant comment tu avais passé la nuit.

Il n'est pas descendu déjeuner avec les siens.

Cela arrive de plus en plus fréquemment. Et cependant, il faut qu'il écrive cette préface à l'ensemble de son œuvre, que ses éditeurs Hetzel et Quantin ont souhaité publier le jour anniversaire de sa naissance, ce 26 février. Il aura soixante-dix-huit ans.

Il tourne les yeux vers le miroir, il ne se reconnaît pas. Il n'est pas possible que ce vieillard, dont la tête est enfoncée dans les épaules, dont les joues se sont creusées, ce soit lui, alors que le temps de son enfance, de sa jeunesse, lui semble si proche et qu'il suffit qu'il ferme les yeux pour qu'il revoie sa mère, et tous les disparus.

Mais c'est bien lui. Et l'on meurt autour de lui. Il y a quelques jours, Jules Favre a été emporté. Puis Gustave Flaubert, si jeune encore, « un puissant esprit, un grand cœur ». Il a la sensation que Flaubert est toujours là, comme tous les autres morts, « invisible mais présent ». C'était un « noble esprit », l'homme des « hautes passions » et sans « aucune passion inférieure ».

Écrire donc avant de le rejoindre.

Il choisit d'abord d'avertir ses « honorables et chers éditeurs » :

« Voici pour vous aider dans votre utile travail tous mes manuscrits, faites-en l'usage que vous voudrez... C'est ma pensée intime et solitaire qui se révèle à chaque instant, et qui me paraît aujourd'hui s'être mise d'avance, à mon insu, au pas du mouvement actuel. Vous en jugerez. »

Il respire difficilement. Il doit accepter cette fatigue.

«Je prie mon cher Paul Meurice de me remplacer dans l'examen et dans le triage de ces manuscrits… Je lui remets tous mes droits… Pour me satisfaire, il suffira que Paul Meurice ait vu.»

Il soupire. Il courbe la tête.

«Moi, je fais ce que je puis.»

Et il doit écrire cette préface, peut-être les dernières lignes qu'il pourra tracer, car elle est là, la mort, en embuscade.

Il prend une nouvelle feuille.

Il voudrait que les mots jaillissent comme autrefois, torrent tumultueux qui l'emportait. Fleuve puissant sur lequel il voguait, sûr de lui. Il faut commencer.

«Tout homme qui écrit, écrit un livre ; ce livre, c'est lui.

«Qu'il le sache ou non, qu'il le veuille ou non, cela est. De toute œuvre, quelle qu'elle soit, chétive ou illustre, se dégage une figure, celle de l'écrivain. C'est sa punition, s'il est petit ; c'est sa récompense, s'il est grand.»

Il s'arrête. Il a le sentiment d'avoir dit tout ce qu'il était, sans tricher.

— Je suis une conscience, murmure-t-il.

Il veut l'écrire.

Il se souvient des lignes de Jean-Jacques Rousseau dans *Les Confessions*. Il lui semble que son œuvre n'est ainsi qu'une longue confession.

«Aucun lecteur, quel qu'il soit, écrit-il, s'il est lui-même digne d'estime, ne posera le livre sans estimer l'auteur.»

Il voit Paul Meurice et Auguste Vacquerie. Ils composent un premier recueil de poèmes à paraître sous le titre *Religions et Religion*, puis un second, *L'Âne*. Après, viendra *Toute la Lyre*. Il assiste au grand banquet qui célèbre le cinquantième anniversaire de la première représentation d'*Hernani*. Et il a encore, assise près de lui, Sarah Bernhardt.

— Autrefois, il y a cinquante ans, dit-il, l'homme qui vous parle était haï ; il était hué, exécré, maudit. Aujourd'hui… Aujourd'hui, il remercie.

Il se sent ainsi toujours vivant, dans et par son œuvre.

Il voudrait écrire les vers qui ouvriront *L'Âne*.

Il faut finir. Prends garde, il faudra que tu meures.
Tu vas t'user trop vite et brûler nuit et jour [190] *!*

Mais, après seize vers, il s'arrête.

— *Je fais mon devoir de flambeau,*

conclut-il.

Et il découvre, en lisant *Le Figaro*, que la haine, ou tout au moins l'incompréhension, est toujours présente. C'est Émile Zola qui donne les coups violents. Il lit avec une sorte d'étonnement attristé ces phrases dures et méprisantes.

« Cet incroyable galimatias…, écrit Zola. Jamais on n'a accouché d'une œuvre plus baroque, ni plus inutile… Mais cet homme n'est pas des nôtres ! Il n'est même pas du siècle, lui qu'on veut nous présenter comme l'homme unique du siècle, l'incarnation du génie moderne ! Il appartient au Moyen Âge, il n'entend absolument rien à nos croyances et à notre labeur. »

Il ne répondra pas ! Il pourrait dire qu'il vient de sauver une nouvelle vie, en intervenant pour que le gouvernement refuse l'extradition vers la Russie du terroriste Hartmann, qui avait attenté à la vie du tsar. Il pourrait dire qu'en réclamant pour la troisième fois l'amnistie, dans un discours au Sénat, il a enfin contraint le gouvernement à accorder une amnistie pleine et entière aux communards, en ce 14 Juillet, décrété fête nationale.

Il pourrait dire tout cela, expliquer qu'il n'a jamais séparé son œuvre de l'action pour la justice et la liberté. Mais à quoi bon ! Il se sent récompensé par le retour des proscrits, des déportés. Et il est si heureux d'apprendre que Louise Michel va enfin rentrer !

Louise Michel ! Que de souvenirs il partage avec cette femme ardente.

Mais il ne peut évoquer ces moments intenses de sa vie avec personne. Avant, il dialoguait avec ces inconnus innombrables qui lisaient ses œuvres. Maintenant, il n'écrit plus. Et il ne peut parler.

Juliette est là, « gardienne du saint des saints », amaigrie, souffrante, mais ne relâchant jamais sa surveillance, lui reprochant même ce poème, écrit il y a huit ans en hommage à Judith Gautier. Il s'en souvient :

Nous sommes tous les deux voisins du ciel,
[madame,
Puisque vous êtes belle et puisque je suis vieux [191].

Il se croyait déjà vieux en 1872 ! Il lui semble maintenant que c'était encore la jeunesse.

Mais il lui faut entendre Juliette s'emporter, dire d'une voix pleine d'amertume :

— Le sublime misérable qui a écrit cela, et celle à qui il l'a adressé se portent à merveille, car rien n'engraisse et n'entretient le corps et l'âme comme la trahison. Le mal n'est que pour les imbéciles d'amour et de bonne foi. Ce qui explique pourquoi je suis si malade de corps, d'esprit et de cœur, ce matin.

Il accepte ses reproches. Il veut bien qu'elle dise :

— Je passe ma vie à recoller tant bien que mal les morceaux de mon idole, sans pouvoir en dissimuler les cassures.

« Je suis une conscience », voudrait-il répéter.

Il est aussi un homme qui aime la vie, encore le corps des femmes, et c'est cela que Juliette refuse, lorsqu'elle écrit : « Je te fais seulement cette prière, de ménager ta santé et de respecter ta gloire, les seules choses auxquelles je m'intéresse maintenant. »

Parfois, il sent des pulsions de colère contre cette gardienne, et contre Lockroy. L'époux d'Alice vient lui aussi, avec violence, lui interdire de sortir, de jouir des plaisirs qui lui restent, regarder, aimer encore, autant qu'il le peut.

Alors Hugo se rebiffe, et Juliette lui reproche de « petites tyrannies injustes et blessantes ». Elle l'accuse de contrôler ses « besoins personnels », ses dépenses.

— Le peu de temps que j'ai encore à passer sur la terre ne vaut pas la peine d'être marchandé, dit-elle.

Il se repent, et part avec elle passer quelques jours, alors que l'automne s'annonce, à Veules-les-Roses, chez Paul Meurice. Il la voit si faible, si malade. Il écrit :

Que, partout où la vie est en proie à la peine,
La douceur porte la bonté [192].

Il est sûr de pouvoir comprendre, de savoir partager toute la douleur et l'espoir des hommes.

« Je suis une pierre de la route où marche l'humanité, mais c'est la bonne route. L'homme n'est le maître ni de sa vie ni de sa mort. Il ne peut qu'offrir à ses concitoyens ses efforts pour diminuer la souffrance humaine et qu'offrir à Dieu sa foi invincible, dans l'accroissement de la liberté. »

C'est le mois de décembre. Le moment approche. Il y pense sans cesse.

La vie en notre nuit n'est pas inépuisable [193].

1881

Dans l'obscurité sourde, impalpable, inouïe...
Je me retrouvais seul, mais je n'étais plus
[moi [194]...

Hugo ferme les yeux, laisse sa tête retomber sur sa poitrine. Sa main lâche la plume. Il a l'impression qu'il ne pourra pas écrire cette lettre rituelle qu'il adresse chaque début d'année à Juliette. Il sait qu'elle l'attend.

Elle est déjà venue rôder hier soir, s'étonnant qu'il ne lui tende pas sa déclaration annuelle d'amour. Alors aujourd'hui, le 1er janvier, il faut lui écrire, et elle placera, avec des gestes dévots, cette missive dans la chemise où elle a rassemblé toutes ses lettres.

À cette pensée, il est découragé. C'est comme s'il sentait monter en lui une nausée douceâtre. Il a tant de fois tracé ces mots : « Je t'aime ! Cher ange ! » Il lui a si souvent répété que « leurs deux anges, là-haut », leurs filles mortes, Léopoldine et

Claire, les protégeaient, que l'idée d'avoir à l'écrire de nouveau l'accable.

Et cette impression-là, d'avoir usé les mots, les pensées, jusqu'à la trame, d'avoir retourné les phrases en tous sens, d'avoir parcouru tous les sentiers de cette forêt verbale où il a passé sa vie, le submerge. Peut-être est-ce cela le grand âge : être ennuyé par soi ! Et ne trouver le moyen de se fuir qu'en somnolant, pour que le rêve, s'il vient, chasse un peu tout ce que l'on a trop utilisé, les mots, les idées, les images.

Il lui semble souvent qu'il ne rêve même plus, comme si la mémoire et les forces des ténèbres étaient lasses elles aussi de lui avoir tant donné d'émotions, déjà.

Parfois, « vers trois heures du matin, dans le profond sommeil universel, trois grands coups frappés dans la chambre, et comme à son oreille, le réveillent brusquement ».

Mais aucun rideau ne se tire sur cette scène nocturne.

« Silence absolu et solitude dans la chambre. » Le théâtre de sa pensée est vide.

Il reprend la plume. Dans quelques semaines, il franchira le seuil de ses soixante-dix-neuf ans, il entrera donc dans sa quatre-vingtième année. Comment, lui qui écrit depuis près de sept décennies, aurait-il encore des mots neufs dans la bouche ? Alors, autant se taire.

Et il ne répond plus aux lettres qu'on lui adresse que par quelques lignes. Il le reconnaît : il n'a plus

assez de désir. Et comme on le retient presque prisonnier, craignant qu'il ne soit surpris, la nuit, dans
les mauvais lieux — Lockroy l'a morigéné plusieurs fois, l'accusant d'être un « rôdeur de nuit »,
un « vieillard répugnant », impudique —, l'ennui
grandit.

Parfois, quand il peut s'évader, il sent, en s'ap-
prochant d'une femme, et peu importe qu'elle soit
une fille de bordel ou une nourrice dont il aperçoit
le sein, que l'énergie pourrait renaître en lui, s'il
était libre. Mais Juliette veille.

Il soupire. Il faut pourtant lui écrire.

« J'ai cette gloire profonde, j'aime !... Il fait bleu
dans nos cœurs, ô ma bien-aimée, et là, près de
nous, un coin de ciel s'ouvre lentement. »

Et il est plus fatigué d'avoir écrit ces quelques
lignes qu'autrefois après avoir composé plusieurs
centaines de vers.

Toutefois, la lueur de bonheur qui s'éveille dans
les yeux de Juliette l'émeut. Elle est une part de lui,
et il souffre de la voir lentement s'éteindre. Elle se
raidit pourtant, parle de « ses impitoyables bobos…
Mes pauvres pattes me refusent le service ! ».

Elle ne peut presque plus marcher. Elle ne
mange plus. Elle répète qu'elle va mourir avant lui.

— Je souhaite que tu me survives sans m'oublier, dit-elle.

Cette phrase, qu'elle murmure si souvent, le
déchire. Et lorsqu'elle lui explique qu'elle va
rendre à la famille Hugo les trente-cinq actions au
porteur de la Banque nationale de Belgique qu'il
lui a remises, qu'elle va donc restituer la somme

de « deux cent douze mille trois cent quarante-cinq francs », c'est comme si elle lui annonçait sa mort proche.

Il balbutie :

— C'est l'heure où la solennité de la vie apparaît, et où l'on sent plus que jamais la force souveraine de l'amour. Nous avons tout et nous n'avons rien si nous n'avons pas l'amour.

Puis il détourne la tête. Il ose penser : même si elle meurt, je devrai vivre. C'est Dieu qui décide, qui choisit. Si je dois continuer d'avancer, je le ferai.

Il corrige lentement les épreuves de ce recueil de poèmes que sont *Les Quatre Vents de l'Esprit*, qu'on doit publier le 31 mai. Et il veut qu'on annonce sur la couverture que bientôt paraîtront *Toute la Lyre* et *Pages de ma vie*.

Il se rend à l'Académie française, pour voter puisqu'il y a trois fauteuils vacants. Il regarde les visages des académiciens. Il n'a plus d'illusion et peut-être est-ce aussi cela la vieillesse.

— On vote après les petites bêtises d'usage, serment, etc. On est bonhomme et personne ne se douterait que c'est un tas d'ennemis.

Car les siens ne désarment pas. Ce Zola aboie encore, après la publication des *Quatre Vents de l'Esprit*.

« C'est un mensonge universel au sujet de Hugo, écrit-il. Tous le jugent comme nous. Mais Victor Hugo est devenu une religion en littérature, une sorte de police pour le maintien du bon ordre...

Être passé à l'état de religion nécessaire, quelle terrible fin pour le poète révolutionnaire de 1830 ! »

Il pense à cet article alors que, debout, appuyé à la rambarde de la fenêtre du premier étage de la maison de l'avenue d'Eylau, il regarde, ce dimanche 27 janvier, s'avancer ces dizaines de milliers de personnes, certaines venues de Toulouse ou de Nice, ces centaines de délégations avec leurs drapeaux, leurs fanfares, leurs édiles, les calicots.

Les écrivains, les francs-maçons du Grand Orient, le gouvernement, le préfet, le conseil municipal de Paris, ils veulent tous célébrer le début de la quatre-vingtième année du poète !

Soit. Il regarde les mâts dressés à l'entrée de l'avenue d'Eylau, les drapeaux réunis en faisceaux. Les mâts sont reliés par une grande draperie rose où il lit en grands caractères cette inscription :

Victor Hugo
né le 26 février 1802
1881

Les fleurs s'amoncellent devant la porte de la maison, les pièces sont remplies de couronnes. Des délégations d'enfants viennent réciter leurs compliments, les lycéens défilent, et il aperçoit même deux Chinois en robe bleue, leur parapluie à la main !

On crie « Vive Victor Hugo ! », les fanfares jouent *La Marseillaise*.

Tout l'après-midi, durant six heures, la foule

555

s'écoule, peut-être six cent mille personnes. Et il a voulu rester là, à la fenêtre, immobile, parfois entouré par Georges et Jeanne.

— Se laisser récompenser est un devoir. C'est une façon d'obéir à la République. Devant l'honneur que la République me décerne, je m'incline, humble citoyen.

Il doit écrire quelques mots de remerciements, qui paraîtront dans *Le Rappel*. Mais c'est comme s'il avait la tête vide. Il ne sait que dire : « Je salue Paris, je salue la ville immense, je la salue non pas en mon nom car je ne suis rien… »

Les phrases se brouillent.

« Je glorifie avec amour et je salue la ville sacrée. »

Il ne peut écrire plus. Et il ne peut répondre à ces milliers de lettres qui s'entassent dans le salon, plus de deux mille, qui viennent de tous les points du globe. Il ressent même, en voyant ces fleurs, ces télégrammes, ces enveloppes, ces cadeaux, de l'épuisement. Il étouffe, comme si tout cela l'ensevelissait vivant.

Il n'est pas mort, pour qu'on décide déjà, comme le conseil municipal de Paris vient de le voter, de donner « à la partie principale de l'avenue d'Eylau le nom d'*avenue Victor-Hugo* ».

Il est encore vivant. Il peut se rendre au Sénat, écouter Gambetta. Mais les sénateurs se lèvent lorsqu'il rentre et le président Léon Say déclare : « Le génie a pris séance et le Sénat l'a salué de ses applaudissements. »

Il se sent enfermé dans cette statue que l'on dresse et qui l'oppresse. Il lui semble une nouvelle fois apercevoir devant la maison la silhouette de Blanche, pauvre figure hagarde, dont il apprend qu'elle est malheureuse, peut-être battue par son mari, cet Émile Rochereuil, qui lui a dérobé toutes les lettres qu'elle avait reçues de lui et qui menace de les publier en cette quatre-vingtième année du poète, où l'on célèbre la gloire immaculée du vieil amant !

Il faut menacer ce maître chanteur, et le payer. Et naturellement il faut écouter Lockroy, qui parle avec dégoût, la bouche pleine de reproches, de cette liaison et de ses conséquences sordides.

Hugo se sent humilié. « Longue vie honnête, quatre-vingts ans ; dévouement ; bonnes actions avec la femme, pour la femme, par la femme, à genoux devant la femme ; cette créature charmante qui rend la terre acceptable à l'homme ; aboutit à la calomnie, basse, plate, infâme, à l'ordure.

« L'honnête homme n'a rien à faire, rien à dire.

« Il n'a plus qu'à tourner vers Dieu son doux sourire. »

Mais il a l'impression que la vie devient un marécage dans lequel il s'enfonce.

Il n'est plus de ce temps, dans lequel tout change si vite.

Le ministre des Postes, Berthelot, l'invite au ministère à écouter, dans deux *couvre-oreilles* téléphoniques, la représentation de l'Opéra, puis en changeant d'appareil celle du Théâtre-Français, puis de l'Opéra-Comique.

Il est étonné, charmé. Georges, Jeanne, Alice s'enthousiasment. C'est leur avenir. Il a l'impression de le voir de si loin déjà.

Ce qui lui est familier, ainsi cette représentation théâtrale de *Quatrevingt-treize*, pièce adaptée de son roman par Paul Meurice, le satisfait sans le surprendre. C'est le passé. Et ce qui vient lui est étranger.

Il est dans un intervalle où la vie s'amenuise et que la mort remplit rapidement.

Il est temps.

Il faut écrire une dernière page.

Il trace en haut de la feuille un mot, une date :

« Testament — 31 août 1881

« Dieu. L'âme. La responsabilité. Cette triple notion suffit à l'homme. Elle m'a suffi. C'est la religion vraie. J'ai vécu d'elle. Je meurs en elle. Vérité, lumière, justice, conscience, c'est Dieu, *deus*, *dies*.

« Je donne quarante mille francs aux pauvres. Je désire être porté au cimetière dans le corbillard des pauvres.

« Mes exécuteurs testamentaires sont MM. Jules Grévy, Léon Say, Léon Gambetta. Ils s'adjoindront qui ils voudront. Je donne tous mes manuscrits et tout ce qui serait trouvé écrit ou dessiné par moi à la Bibliothèque nationale de Paris, qui sera un jour la Bibliothèque des États-Unis d'Europe.

« Je laisse une fille malade et deux petits-enfants. Que ma bénédiction soit sur tous.

« Excepté les huit mille francs par an nécessaires à ma fille, tout ce qui m'appartient appartient à mes deux petits-enfants. Je note ici comme devant être réservées la rente annuelle et viagère que je donne à leur mère Alice, et que j'élève à douze mille francs ; et la rente annuelle et viagère que je donne à la courageuse femme qui, lors du coup d'État, a sauvé ma vie au péril de la sienne et qui, ensuite, a sauvé la malle contenant mes manuscrits.

« Je vais fermer l'œil terrestre, mais l'œil spirituel restera ouvert, plus grand que jamais. Je repousse l'oraison de toutes les églises. Je demande une prière à toutes les âmes.

« Victor Hugo. »

1882

Vous que l'enfer tenait, liberté ! liberté !
Monter de l'ombre au jour. Changez d'éternité[195] !

Hugo a le sentiment qu'autour de lui tous s'enfoncent dans les ténèbres, et parfois il ne peut réprimer un sanglot. Paul de Saint-Victor, Émile de Girardin, Blanqui, Garibaldi, Louis Blanc, tant d'autres, amis, ennemis, comme Pierre Bonaparte, meurent.

C'est comme si tous ces visages se tournaient vers lui, et d'un regard l'incitaient à le suivre. Qu'attend-il ?

Il va s'asseoir sur le bord du lit de Juliette. Il lui parle. Il voit son visage exsangue. Elle ne peut plus rien avaler. Parfois, il insiste pour qu'elle se joigne au dîner. Il veut qu'elle soit servie. Il entend Lockroy qui marmonne, l'accuse d'être « une brute, un tyran, un égoïste ». Et il doit supporter cela. Il raccompagne Juliette jusqu'à sa chambre. Il tient sa main décharnée. Il voudrait tant lui donner de cette énergie dont il dispose encore.

Il veut rester dans la vie. Il est allé au Sénat en ce début janvier, et il y a été accueilli par des cris d'enthousiasme : « Vive notre premier sénateur ! Vive Victor Hugo ! » Il a en effet été réélu, en tête de liste.

Il s'efforce de continuer à agir, à parler. Même si l'ennui, le sentiment de la répétition tout à coup voilent son regard, étouffent sa voix. Mais il intervient pour tenter d'arracher à la mort des terroristes russes qui ont comploté contre le tsar.

Il retrouve dans l'indignation qu'il éprouve un allant, des mots qu'il croyait perdus.

— Pourquoi ce gibet, pourquoi ce cachot ? s'écrie-t-il. Le nihilisme et le despotisme continuent leur guerre, guerre effrontée du mal contre le mal… Je crie grâce dans l'ombre… Je demande grâce pour le peuple à l'empereur, sinon je demande à Dieu grâce pour l'empereur.

Il croit qu'il est repris par le mouvement de la vie. Il relit les épreuves de *Torquemada*, qui doit être publié au mois de mai. Il est ému quand Juliette lit toute une nuit ce livre écrit il y a si longtemps, qui naît donc avec tant de retard, et qu'elle dit :

— Je sors de cette lecture radieuse et transfigurée, comme si j'avais bu tout l'élixir de ton ardente poésie en un seul coup.

Et cette publication, ce banquet pour la centième représentation de *Quatrevingt-treize* — il ne quitte les convives qu'à trois heures du matin, lui qu'on veut enfermer parce qu'il est entré dans sa quatre-vingt-unième année ! — lui donnent l'impression qu'il retrouve des forces, du désir, la curiosité d'un corps de femme. Et il en cherche, la salive âcre dans la bouche, « rôdeur de nuit », « vieux dégoûtant », comme dit Lockroy.

Il compte ses droits d'auteur, comme autrefois.

« Droits d'auteur de *Quatrevingt-treize*, note-t-il dans son carnet : 3 359,15 francs (décembre) — 9 641,90 francs (janvier) — 9 997,91 francs (avril)… Dividende du *Rappel* : 250 francs par action (25 000 francs)… Je suis allé chez Rothschild. J'y ai déposé 46 073 francs… »

Il a des pièces d'or dans ses poches. Il peut payer le corps d'une femme, le voir nu, le caresser, tenter de le pénétrer.

Il est dans la vie encore. Un corps. Une voix.

Il s'indigne des pogroms qui se déchaînent en Russie.

— Les erreurs s'entre-dévorent, le christianisme martyrise le judaïsme ; trente villes sont en ce moment en proie au pillage et à l'extermination ; ce qui se passe en Russie fait horreur… D'un côté le peuple, de l'autre, la foule. D'un côté, la lumière, de l'autre, les ténèbres.

Il vit ! Il vit !

Il entraîne Juliette à la représentation du *Roi s'amuse* et il la sait heureuse, quels que soient son épuisement, l'état de sa maladie qui creuse ses traits, d'être assise près de lui, dans la loge de l'administrateur du Théâtre-Français, le président de la

République Jules Grévy occupant l'avant-scène. Hugo veut participer au banquet que donnent les comédiens.

Il vit ! Il vit !

Il accepte de se rendre avec Juliette à Saint-Mandé, sur la tombe de Claire, sa fille. Et il ira voir Adèle, autre disparue, vivante même si elle est dans cette maison de santé, engloutie dans sa déraison.

Une vision de trop ! C'est comme si tout à coup le mirage de l'énergie revenue se dissipait.

Il ne peut rien répondre à Juliette, qui murmure de sa voix étranglée par la douleur : « Au train où nous y allons tous les deux, je pressens que nous n'en avons pas pour longtemps, surtout avec ton système de laisser faire dame Nature, qui me paraît en ce qui me concerne du moins s'intéresser très peu à moi… Aussi, je me résigne de la moins mauvaise grâce possible à faire ma dernière étape. Pourvu que je devance la tienne, c'est tout ce que je demande à Dieu et j'espère qu'il m'exaucera. »

Que peut-il lui ajouter d'autre que : « Je t'aime. Je demande à Dieu de joindre le plus étroitement possible nos deux existences, et de nous unir à nos anges dans l'infini. »

Il se couche. Il veut s'endormir. Ne plus voir. Ne plus savoir.

Il sait qu'on le laissera somnoler toute la matinée, qu'on ne le réveillera pas pour le déjeuner.

Il se lève enfin.

Sur le bureau, un mot de Juliette :

« Je ne sais quand, ni comment, cela finira, mais

je souffre tous les jours de plus en plus, et je m'af-
faiblis d'heure en heure.

« En ce moment, c'est à peine si j'ai la force de
tenir ma plume et j'ai grand-peine à garder la
conscience de ce que j'écris.

« Je me cramponne cependant à la vie de toute
la puissance de mon amour pour ne pas te laisser
trop longtemps sans moi sur la terre. Mais hélas, la
nature regimbe et ne veut pas… »

C'est le milieu de la nuit. Demain, ce sera le jour
des morts.

Hugo ne dort pas. Il entend dans l'ombre de la
chambre un bruit singulier. Qui l'appelle ? Et
d'où ?

« Comme il est certain que notre terre n'est pas
le monde et comme il y a nécessairement des com-
munications entre les créations, je me tais et je
m'incline. »

Ainsi doit se comporter le vieillard.

1883

Inclinez-vous, l'âme attendrie ;
Le monde est grand, le maître est doux.

C'est l'aube. Hugo entend la respiration rauque de Juliette dans la chambre voisine. On dirait un râle.

Le 1ᵉʳ janvier de cette année, elle lui a écrit quelques lignes. Il n'a pas reconnu cette écriture tremblée, mais il se souvient de chaque mot.

« Cher adoré, je ne sais pas où je serai l'année prochaine à pareille époque, mais je suis heureuse et fière de te signer mon certificat de vie pour celle-ci par ce seul mot : Je t'aime. »

Il lui a répondu :

« Quand je te dis : sois bénie — c'est le ciel.

« Quand je te dis : dors bien — c'est la terre.

« Quand je te dis : je t'aime — c'est moi. »

Elle se déplace maintenant si difficilement qu'elle ne marche presque plus. Et de la voir le désespère. Ce 16 février, jour anniversaire de leur

565

rencontre, il lui apporte une photographie de lui. Elle tente de sourire. Il écrit sous le portrait : « Cinquante ans d'amour, c'est le plus beau mariage. »

Il lui caresse le visage, il lui embrasse la main, puis il la laisse reposer.

Il sent la mort si proche qu'il regarde autour de lui comme si elle était là, tapie dans un coin de la chambre. Il n'a même pas le désir d'appeler la servante qui, depuis deux ans, accepte de se laisser toucher, aimer quand il le peut.

Il feuillette son carnet. Il voit ces signes « + » qui rappellent ses étreintes, ses rencontres. Ces souvenirs le troublent un peu. Il payait chacune d'elles vingt francs. Et parfois, certains jours, il a noté jusqu'à quatre signes « + » et payé quatre-vingts francs !

Mais, même pour repousser la mort, il sent que son désir d'étreindre ou de contempler un corps de femme s'amenuise.

Alors, il faut regarder la mort approcher.

Gambetta a été emporté le 31 décembre 1882, comme si la mort avait eu besoin de prouver qu'elle ne respecte ni la jeunesse ni le talent.

Et peu de temps après, elle frappe Louis Veuillot. Ami, ennemi, elle fauche. Elle isole le survivant. Et il se sent si seul !

Il assiste à l'hôtel Continental au banquet que l'on a organisé pour son quatre-vingt-unième anniversaire. Brouhaha, discours, jolies femmes. Il a l'impression que tous ces visages, toutes ces voix sont si éloignés de lui, qu'il ne peut en réponse aux allocutions que prononcer quelques mots d'une voix lasse.

Il se retire dans le sommeil qui dévore les heures et les saisons.

Le mercredi 11 avril, il s'approche du lit de Juliette. L'entend-elle ? Elle est maigre, si faible.

— C'est ton anniversaire, dit-il, jour heureux car tu es née ; jour triste car tu es souffrante. Mais je suis tranquille, car je demande à Dieu de me prendre en même temps que toi ; et j'espère en Dieu. Je t'aime.

Il s'efforce de la convaincre qu'elle va se rétablir.

« Aime-moi », lui dit-il, comme s'il pouvait ainsi faire renaître en elle un peu de l'énergie qu'elle a mise dans l'amour et dont elle s'est nourrie.

Mais les jours passent et les yeux de Juliette restent le plus souvent clos, comme si la mort inexorablement s'insinuait en elle.

Le 11 mai, elle meurt.

Il ne peut pas pleurer. Il a le sentiment que la vie s'arrête pour lui aussi et qu'il n'habite plus son corps.

Comment survivre sans elle, sans cette étoile fixe qui depuis cinquante ans ne voulait briller que pour lui ?

Il veut suivre le corbillard jusqu'à Saint-Mandé, où elle rejoindra la dépouille de sa fille. Mais Alice, Lockroy, Meurice, Vacquerie, qui doit prononcer l'éloge funèbre de Juliette « la vaillante », s'y opposent, et il doit se contenter de regarder s'éloigner le cortège.

— Je vais bientôt te rejoindre, ma bien-aimée, murmure-t-il.

Il se sent si indifférent à la parution de la série complémentaire de *La Légende des siècles*, puis de *L'Archipel de la Manche*, qu'il ne réussit même plus à comprendre comment, il y a seulement quelques années, quelques mois même, il attachait de l'importance à la publication de ses livres.

Peut-être n'est-il plus attaché à la vie que par ses petits-enfants ? Leur présence l'apaise. Il se sent serein. Il se rend avec eux en Suisse, au bord du lac Léman, pour quelques jours.

Il avance lentement sur la terrasse de l'hôtel Byron, à Villeneuve, dans le soleil léger de juin. Une foule est là qui l'acclame : « Vive Victor Hugo ! » Il se redresse. Il lève les bras, il répond : « Vive la République ! »

Et il se sent épuisé comme s'il avait été au bout de ses forces.

Il retrouve sa chambre, son lit, son bureau.

Il reprend son testament. Il a du mal à écrire en haut d'une feuille :

« Codicille — 2 août 1883
« Je donne cinquante mille francs aux pauvres. Je désire être porté au cimetière dans leur corbillard. Je refuse l'oraison de toutes les églises ; je

demande une prière à toutes les âmes. Je crois en Dieu.

« Victor Hugo. »

Tout est en ordre, et peut-être grâce à cela, il sent le désir d'écrire quelques vers. Il a la certitude que cette année, celle de la mort de Juliette, sera aussi celle des derniers mots, du dernier livre paru. D'autres seront publiés, mais ils seront posthumes.

Il pose la plume.

Il s'en va lentement faire quelques pas dans les rues. Il regarde les femmes, il s'arrête pour voir jouer les enfants. Souvent, on le reconnaît et parfois il marche au bras d'une jeune amie. Et pour quelques instants, il oublie que la mort est là, devant lui, qui l'attend.

Il rentre.

C'est l'automne. Il aperçoit dans le jardin Georges et Jeanne, presque adolescents déjà. Et de les voir lui donne la force d'aller jusqu'à son bureau, de reprendre la plume.

Enfant, le peuple te regarde,
La foule se tourne vers toi.
César te voudrait dans sa garde,
Jésus te voudrait dans sa loi.

Ne sois ni pour l'un ni pour l'autre ;
Ce sont deux bien grands hommes ; mais
De la vérité sois l'apôtre,
Laisse-les sur leurs deux sommets.

Georges est à genoux, Jeanne prie ;
Enfants, l'œil céleste est sur vous ;
Inclinez-vous, l'âme attendrie ;
Le monde est grand, le maître est doux [196].

Il laisse tomber sa plume. C'est son dernier poème, il le sait.

DOUZIÈME PARTIE

1884 - 1885

1884

Ô Dieu, qu'est-ce que l'homme ? et quel est ici-
[bas
Le sens de nos douleurs, le but de nos combats [197] *?*

Il se regarde longuement. Il frotte ses mains décharnées l'une contre l'autre. Cette peau fripée, c'est la sienne. Plus rien ne l'étonne dans ce visage de vieillard, ni les boursouflures sous les yeux, ni les rides. Il semble à la fois amaigri et enflé. Il est cela. Il l'accepte.

Il prend son carnet, sa main tremble. Il écrit quelques lignes. Sont-ce des vers ?

Il a l'impression que cette source puissante qui jaillissait en lui est tarie, et que seules des gouttelettes parfois tombent de ce qui donna naissance à l'océan.

Triste, sourd, vieux,
Silencieux,
Ferme tes yeux
Ouverts aux cieux [198].

Parfois, il a le désagréable sentiment que les propos qu'on lui adresse ne lui parviennent pas, comme s'il vivait déjà ailleurs, si loin de ces gens encore jeunes et si vivants.

Ils viennent pourtant dîner, avenue d'Eylau. Il leur sourit quand ils lancent d'une voix sonore, pour l'honorer : « Avenue Victor-Hugo. »

Il se tient droit. Il préside la table. Est-ce qu'on lui parle ?

Il regarde avec défiance Édouard Lockroy. Il est sûr que cet homme ne l'aime pas, peut-être le hait. C'est lui qui doit subtiliser les lettres qu'il juge inconvenantes. Qu'est devenue Blanche ? Elle a sans doute écrit après la mort de Juliette, peut-être a-t-elle souhaité revenir. On a dû la chasser, la faire taire. Comme d'autres. Hugo ne s'indigne pas. Il a l'impression de vivre dans un monde gris, entre le jour et les ténèbres, où parfois une lumière plus vive brille. Il a réussi à rencontrer, en dépit de tous les obstacles, une jeune poétesse, la princesse Metchensk, qui signe ses œuvres Tola Dorian. Il s'appuie à son bras et son sang bat plus vite. C'est cela qui lui manque, une femme attentive qu'il peut encore séduire.

Il sort avec elle. Ils se promènent le long de la Seine. Il se redresse. Ses jambes lui paraissent même plus légères. Il montre le soleil couchant. Elle verra cela longtemps, dit-il. Et lui rencontrera Dieu, le spectacle sera plus grandiose encore. Dans combien de temps sera-t-il appelé ? C'est le seul mystère.

Il apprend qu'à la suite du décès de l'historien François Mignet il est devenu le doyen de l'Académie française, une sorte de vestige que l'on applaudit, que l'on célèbre, que l'on invite à prononcer quelques phrases lors des inaugurations de statues !

Mais parler l'épuise. Il écrit quelques mots pour le monument élevé à la mémoire de George Sand, ou bien pour célébrer l'abolition de l'esclavage dans un État du Brésil.

Il s'étonne : est-il possible qu'il ait pu jadis écrire toute une journée, tenir tête à des assemblées hostiles, parler des heures durant, aimer plusieurs fois par jour !

À peine s'il peut noter sur un carnet un signe « + ».

Il accepte d'assister à l'interprétation de *L'Hymne à Hugo*, composé en son honneur par Saint-Saëns. Lorsqu'il arrive dans la salle du concert, au Trocadéro, il a un moment d'affolement : que fait-il là, au milieu de ces gens qui l'applaudissent ?

Sa place est ailleurs, avec ses morts.

Quelquefois, des mots fusent encore en lui, malgré lui, agencés les uns aux autres comme l'un de ces innombrables vers qu'il a écrits. Il tente de se souvenir d'eux. Il les note, tant il est surpris, comme ébloui, par cet éclat inattendu d'une lumière venue d'autrefois.

— J'ai été visiter la statue colossale en bronze de Bartholdi pour l'Amérique. C'est très beau. J'ai dit en voyant la statue : « La mer, cette grande agitée, constate l'union des deux grandes terres apaisées. » On me demande de laisser graver ces paroles sur le piédestal.

Et en même temps, il éprouve une sorte de dégoût, presque de honte, à continuer ainsi à « encombrer l'horizon ».

Ce sera bientôt fini, il le sent.

Il pense à Juliette, morte il y a un an.

« Femme admirable ! Nous nous reverrons dans la vie future », murmure-t-il. Il est persuadé que le voyage qu'il fait à Veules-les-Roses, chez Paul Meurice, est le dernier de sa vie.

Il veut qu'on rassemble les cent enfants les plus pauvres de la commune, qu'on organise pour eux, comme il le faisait à Guernesey — tout est devenu répétition… —, un repas, une tombola où chacun gagnera un lot, vingt sous ou cent francs. Il va parmi ces petits, qui sont la vie. Il pose sa vieille main sur leurs cheveux. Il écoute leurs rires. Il dit : « Quand la conscience est satisfaite et que le cœur est content, on ne peut pas être entièrement malheureux. »

Il ne l'est pas.

Il sent en lui un vide immense où se sont englouties toutes ses années, et où ont disparu presque tous ceux qu'il aimait.

« Il est temps que je désemplisse le monde. »

1885

C'est ici le combat du jour et de la nuit.

Hugo trace sur son carnet cette petite croix : « + »

Il feuillette les pages. Depuis ce 1er janvier, dans sa quatre-vingt-troisième année, il compte huit croix.

Combien de fois encore pourra-t-il voir et toucher le corps d'une femme ?

Ce 5 avril, dernière croix peut-être ? Il s'est demandé s'il éprouvait réellement le besoin d'une nouvelle étreinte.

Peut-être se donne-t-il l'illusion de vouloir, parce que la mort tarde, et que ce moment où il refait les gestes de la jeunesse est un instant d'oubli, même s'il ne s'agit que d'un simulacre.

Mais il le sait, il aspire au repos.

Il se couche. Il murmure : « Elle sera la bienvenue. »

Ce n'est pas d'une femme qu'il parle, mais de la mort.

« La terre m'appelle », ajoute-t-il.

Il faut pourtant, puisqu'elle ne se presse pas, donner le change, essayer de faire croire qu'on vit encore, et peut-être s'en persuader.

Le 14 mai, il reçoit Ferdinand de Lesseps à dîner.

Il se sent bien. Il sourit. Il entend les voix joyeuses de Georges et de Jeanne qui bavardent dans le jardin avec les enfants de Lesseps.

On le félicite pour sa bonne mine, sa santé. Et pourtant, il a froid. Il a envie de s'allonger, de cacher son visage sous les couvertures.

Il monte à pas lourds dans sa chambre. Il s'arrête à chaque marche. Il a de la peine à respirer, comme si son cœur s'était dilaté, et occupait toute la poitrine, comprimant à chaque battement les poumons.

Il dit, arrachant les mots au râle qui l'étouffe :

— C'est la fin.

Alice, Paul Meurice se récrient, l'invitent à dormir.

Il faut passer une nuit, puis des jours qui ressemblent à des nuits.

Il grelotte. La fièvre le brûle mais le froid ne s'enfuit pas. Il tousse. Il respire de plus en plus mal.

Les médecins sont là. Il les entend chuchoter. Disent-ils « congestion pulmonaire » ?

Il répond :

— C'est ici le combat du jour et de la nuit.

Il veut le perdre, il va le perdre.

Il voit entrer Georges et Jeanne.

Il fait un effort pour se redresser un peu, sortir « de sous les draps sa main déjà toute maigre ; son vieil anneau d'or brille à son doigt sur sa peau mate ».

Les deux enfants s'agenouillent près du lit. Il faut qu'ils soient plus près encore, pour qu'il puisse les embrasser, leur dire : « Soyez heureux… Pensez à moi… Aimez-moi… »

Le soleil de ce 18 mai l'éblouit, mais il a toujours froid. Il se blottit sous les couvertures. Il murmure : « Mes chers petits… » Il veut leur sourire, mais il sent qu'il pleure.

Il demande qu'on lui apporte son carnet. C'est le 19 mai. C'est la dernière phrase qu'il écrit. Et la plume lui paraît si lourde, il est si maladroit, les mots s'accrochent en lui, comme s'ils résistaient.

« Aimer, c'est agir », réussit-il enfin à noter.

Il ferme les yeux. Il murmure : « Je vois la lumière noire. »

C'est vers elle qu'il glisse lentement.

Il meurt le vendredi 22 mai, à une heure vingt-sept de l'après-midi.

Épilogue

Tu seras bien chez nous ! — couché sous ta
[colonne,
Dans ce puissant Paris qui fermente et
[bouillonne...

La foule est là, immense, devant la maison de l'avenue Victor-Hugo.

Parfois un cri, comme une protestation : « Vive Victor Hugo ! »

On lit dans *Le Rappel* le récit de l'agonie.

« Les médecins disaient qu'il ne souffrait pas, mais le râle était douloureux pour ceux qui l'entendaient. C'était d'abord un bruit rauque qui ressemblait à celui de la mer sur les galets, puis le bruit s'est affaibli, puis il a cessé. Victor Hugo était mort. »

« Il souffrait d'une lésion du cœur et il a été atteint d'une congestion pulmonaire », a précisé le communiqué médical.

On chuchote. On murmure. Des femmes pleurent. Et on récite des vers du poète.

Et s'il n'en reste qu'un, je serai celui-là...

On répète que la famille, Alice, la veuve de Charles Hugo, et son mari, Édouard Lockroy, ont refusé à l'archevêque de Paris, le cardinal Guibert, qui désirait se rendre au chevet de Hugo, l'entrée de leur maison.

C'était le vœu du poète.

Maintenant, « il est couché, immobile, pâle comme le marbre, la figure profondément sereine ».

Et le samedi 23 mai, son corps est embaumé et repose sur son lit, couvert de fleurs. On attend les obsèques.

— Il faut que ces funérailles aient un caractère national, dit Clemenceau. Elles seront l'occasion unique pour tous les partis de se confondre un instant. En honorant Victor Hugo, la France s'honore elle-même.

Les Assemblées votent. Leurs présidents s'inclinent.

« Son génie domine notre siècle. La France par lui rayonnait sur le monde », dit le président du Conseil Henri Brisson. Et les députés décident qu'après que le corps aura été exposé sous l'Arc de triomphe, il sera placé au Panthéon.

Napoléon III avait refait du monument une église vouée, comme avant la Révolution, à sainte

Geneviève. La IIIᵉ République s'était divisée — députés contre sénateurs — sur la fonction du Panthéon. Et le monument restait sans but, ni église ni temple républicain.

On vote à la Chambre des députés. L'émotion emporte la décision, victoire républicaine posthume de Hugo.

« Le Panthéon sera rendu à sa destination première et légale.

« Le corps de Victor Hugo sera transporté au Panthéon, le lundi 1ᵉʳ juin, décrété férié. »

Quelques voix contestent ce choix, « anticlérical », disent-elles.

— Il a fallu que vous fissiez d'un convoi funèbre l'occasion d'une profanation impie et du triomphe brutal de la libre pensée sur la religion, clame Albert de Mun.

Et le cardinal Guibert ajoute que la « conscience chrétienne se sent outragée ».

Mais qui écoute ces propos, vite recouverts par le piétinement des millions de pas qui montent et descendent les Champs-Élysées le dimanche 31 mai ?

Le peuple veut voir sous la voûte de l'Arc de triomphe le catafalque monumental, le sarcophage, exhaussé sur un piédestal et recouvert de velours noir semé de larmes d'argent. Là est le cercueil du « génie », du poète qui est l'égal de l'empereur Napoléon le Grand.

La nuit tombe. La foule est encore plus dense. On est venu des faubourgs, de la Bastille et de Belleville. On parle haut. On boit. On dîne. On récite des vers. On chante comme Gavroche :

> *On est laid à Nanterre,*
> *C'est la faute à Voltaire,*
> *Et bête à Palaiseau,*
> *C'est la faute à Rousseau.*

> *Je ne suis pas notaire,*
> *C'est la faute à Voltaire,*
> *Je suis petit oiseau,*
> *C'est la faute à Rousseau.*

> *Joie est mon caractère,*
> *C'est la faute à Voltaire,*
> *Misère est mon trousseau,*
> *C'est la faute à Rousseau.*

> *Je suis tombé par terre,*
> *C'est la faute à Voltaire,*
> *Le nez dans le ruisseau,*
> *C'est la faute à* [199]...

On pleure.

On se souvient du titre de ce fameux chapitre des *Misérables*, qui évoque les funérailles du général Lamarque, en 1832 : « *Un enterrement : occasion de renaître.* » On se répète ces phrases du roman, qui racontent la mort de Gavroche.

Il n'acheva point. Une seconde balle du même tireur l'arrêta court. Cette fois il s'abattit la face contre le pavé, et ne remua plus. Cette petite grande âme venait de s'envoler.

On reprend en chœur une autre chanson de Gavroche :

> *Mais il reste encor des bastilles,*
> *Et je vais mettre le holà*
> *Dans l'ordre public que voilà.*

> *Où vont les belles filles,*
> *Lon la.*

> *Quelqu'un veut-il jouer aux quilles ?*
> *Tout l'ancien monde s'écroula*
> *Quand la grosse boule roula*[200].

On crie : « Vive Hugo ! » On s'enlace. On s'embrasse.

« Copulation énorme, priapée de toutes les femmes de bordels en congé, coïtant avec les quelconques, sur les pelouses des Champs-Élysées », dit Edmond de Goncourt.

« Véritable orgie de mauvais goût et d'autoadmiration à la fois », commente Nietzsche, reprenant les récits de Goncourt, de Barrès, de Léon Bloy, de Huysmans, de Romain Rolland.

« Pas question de pleurs et de prosternations ! dit ce dernier. Une houle de cris, de glapissements, de rires énormes et de lazzis. Des filles troussées, juchées au faîte de doubles échelles, se faisaient pincer les fesses. Le peuple entier était en ribote. Une kermesse à la Jordaens. »

Tout s'agglomère autour de Hugo. C'est l'océan. La foule et le peuple. Un tumulte confus.

« Toute cette clameur de la foule, pour ceux qui sont attendris et graves, détonne, parfois choquante et grossière », écrit-on dans *Le Rappel*.

Cent quatre-vingt-cinq délégations venues de toutes les villes, de tous les pays, cent sept sociétés de tir et de gymnastique défilent au son des clairons et des tambours ; fanfares, discours, cris, quand passe le corbillard des pauvres.

Il surprend, presque incongru à la tête de ce cortège de ministres, de présidents, d'ambassadeurs, d'académiciens, de notables, et les corporations, et les jeunes poètes…

Et, regardant passer le cercueil de Victor Hugo, le suivant, des Champs-Élysées au boulevard Saint-Germain, du boulevard Saint-Michel à la rue Soufflot, plus d'un million de personnes.

Dragons sabre au clair, envol de pigeons au pont de la Concorde, fantassins présentant les armes, foule tumultueuse que repousse la garde républicaine à cheval, c'est comme si l'immensité baroque de l'œuvre de Hugo, son énergie, ses multiples visages convergeaient, associant l'ordre et la révolte, la respectabilité et le refus des conventions, le mystique et le charlatanesque, le ridicule et le grandiose, le vénal et le généreux, l'héroïque et le sordide, la pudeur et l'indécence, mêlant intimement la vie et la mort, la force vitale, la joie l'emportant à la fin sur le deuil.

Quel poète avait jamais eu un tel enterrement ?
Et quel mort fut célébré avec tant de gaieté, et pourtant de solennité ?

Ce mort-là, homme libre, appartenait à tous.

Oh ! va, nous te ferons de belles funérailles !
Nous aurons bien aussi peut-être nos batailles ;
Nous en ombragerons ton cercueil respecté !
Nous y convierons tout, Europe, Afrique, Asie !
Et nous t'amènerons la jeune poésie
Chantant la jeune liberté !

Tu seras bien chez nous ! — couché sous ta
[colonne,
Dans ce puissant Paris qui fermente et bouillonne,
Sous ce ciel, tant de fois d'orages obscurci,
Sous ces pavés vivants qui grondent et s'amassent,
Où roulent les canons, où les légions passent : —
Le peuple est une mer aussi [201].

NOTES

1. *Les Contemplations*, Livre quatrième, Pauca meæ, IV, *Oh! je fus comme fou...*, Jersey, Marine Terrace, 4 septembre 1852.
2. *Dernière Gerbe*, LXXII, *Guitare*, 30 septembre 1844.
3. *Dernière Gerbe*, LXX, *C'était la première soirée...*, août 1844.
4. *Toute la Lyre*, VI, L'Amour, XLIX, *Garde à jamais dans ta mémoire...*, 5 juillet 1844.
5. *Toute la Lyre*, VI, L'Amour, XLVIII, *Oh! dis, te souviens-tu de cet heureux dimanche ?...*, 25 juin 1844.
6. *Toute la Lyre*, VI, L'Amour, XXXII, *L'heure sonne...*, 28 juin 1844.
7. *Océan*, Le Tas de pierres, Amour, *Elle défit sa ceinture...*
8. *À Madame Léonie*, dédicace d'un exemplaire du *Rhin*.
9. *Toute la Lyre*, VI, L'Amour, XXI, *Il était une fois un caporal cipaye...*, février 1845.
10. *Les Contemplations*, Livre troisième, Les Luttes et les Rêves, II, *Melancholia*.
11. *Les Contemplations*, Livre sixième, Au bord de l'infini, VIII, *Claire*, décembre 1846.
12. *Toute la Lyre*, III, La Pensée, XLI, *À Olympio*, 27 octobre 1846.
13. *Ibid*.
14. *Les Quatre Vents de l'Esprit*, I, Le Livre satirique, Le

Siècle, XXII, *Elle passa. Je crois qu'elle m'avait souri...*, 1846.

15. *Toute la Lyre*, V, Le «Moi», XIV, *Mon âme était en deuil...*, 11 janvier 1846.

16. *Toute la Lyre*, V, Le «Moi», I, *À Louis Boulanger*, 11 octobre 1846.

17. *In Choses vues*, mai 1847.

18. *Les Châtiments*, Livre V, L'autorité est sacrée, XIII, *L'Expiation*.

19. *Toute la Lyre*, I, L'Humanité, XXXVI, *Les mères ont senti tressaillir leurs entrailles...*, 22 février 1848.

20. *Océan*, Le Tas de pierres, Politique, *Aux Marrast*, fin février 1848.

21. *Les Contemplations*, Livre quatrième, Pauca meæ, XIII, *Veni, vidi, vixi*, avril 1848.

22. *Ibid.*

23. *Les Châtiments*, Livre IV, La religion est glorifiée, II, *Ce que le poète se disait en 1848*, juillet 1848.

24. *Dernière Gerbe*, CXLVII, *À une statue*, 12 novembre 1848.

25. *Les Châtiments*, Livre IV, La religion est glorifiée, IX, *Ceux qui vivent, ce sont ceux qui luttent...*, décembre 1848.

26. *Les Quatre Vents de l'Esprit*, III, Le Livre lyrique, La Destinée, XLIV, *Ô misérable amas de vanités humaines...*, 5 janvier 1849.

27. *Dernière Gerbe*, CXXVII, *Oh! je t'emporterai si haut dans les nuées...*, 23 mai 1850.

28. *In Choses vues*, mai 1850.

29. *Les Châtiments*, Livre IV, La religion est glorifiée, IV, *À des journalistes de robe courte*, septembre 1850.

30. *Les Châtiments*, Livre III, La famille est restaurée, IX, *Joyeuse Vie*, Jersey, janvier 1853.

31. *Les Châtiments*, Livre IV, La religion est glorifiée, VI, *Écrit le 17 juillet 1851, en descendant de la tribune.*

32. *Toute la Lyre*, III, La Pensée, XXVI, *Oh! que l'homme n'est rien et que vous êtes tout...*, 19 août 1851.

73. *L'Âne*, I, *Colère de la bête*.
74. *La Légende des siècles*, Série complémentaire, VII, *Les Quatre Jours d'Elciis*.
75. *Les Quatre Vents de l'Esprit*, III, Le Livre lyrique, La Destinée, XVI, *À ma fille Adèle*.
76. *La Pitié suprême*, I, *Les profondeurs étaient nocturnes et funèbres...*, 1ᵉʳ janvier 1858.
77. *La Pitié suprême*, XV, *J'ai tout pesé, j'ai vu le fond, j'ai fait la somme...*
78. *La Légende des siècles*, Série complémentaire, *Je ne me sentais plus vivant...*
79. *La Pitié suprême*, V, *Hélas! Je me suis pris la tête dans les mains...*
80. *La Légende des siècles*, Première série, Seizième siècle, Renaissance, Paganisme, *Le Satyre*.
81. *La Légende des siècles*, Nouvelle série, *La vision d'où est sorti ce livre*, 26 avril 1859.
82. *In Choses vues*, 26 mai 1859.
83. *Les Chansons des rues et des bois*, Livre premier, Jeunesse, III, Pour Jeanne seule, I, *Je ne mets pas en peine...*
84. *Les Chansons des rues et des bois*, Livre premier, Jeunesse, III, Pour Jeanne seule, VII, *Les Étoiles filantes*.
85. *La Légende des siècles*, Nouvelle série, Le Temps présent, *1851. Choix entre deux passants*, 30 octobre 1859.
86. *In Choses vues*, nuit du 10 au 11 novembre 1860.
87. *In Choses vues*, 16 août 1861.
88. *In Choses vues* (fait à travers le rêve et le sommeil, nuit du 7 au 8 juin 1861).
89. *Toute la Lyre*, VII, La Fantaisie, XXIV, *Chanson de Gavroche*, 18 octobre 1861.
90. *In Choses vues*, septembre 1862.
91. *Toute la Lyre*, III, La Pensée, XLVII, *Qui sait si tout n'est pas un pourrissoir immense ?...*, 1862.
92. *Les Quatre Vents de l'Esprit*, III, Le Livre lyrique, La Destinée, XVI, *À ma fille Adèle*, 4 octobre 1857.
93. *Océan*, Le Tas de pierres, La Mer, Carnet, 1864.

94. *In Choses vues*, 28 janvier 1864.

95. *Les Chansons des rues et des bois*, Livre premier, Jeunesse, VI, L'éternel petit roman, VIII, *Sommation irrespectueuse,* septembre 1865.

96. *Les Chansons des rues et des bois*, Livre premier, Jeunesse, II, Les Complications de l'idéal, I, *Paulo minora canamus.*

97. *Les Chansons des rues et des bois*, projet de préface, 1865.

98. *In Choses vues*, 1865.

99. *Les Chansons des rues et des bois*, Livre premier, Jeunesse, II, Les Complications de l'idéal, I, *Paulo minora canamus.*

100. *Océan*, Le Tas de pierres, Vers faits en dormant, 2 avril 1866.

101. *Mangeront-ils ?*, acte II, scène 4.

102. *Actes et Paroles*, II, Pendant l'exil, 1867, VIII, *Mentana, À Garibaldi*, Hauteville House, novembre 1867.

103. *La Corde d'airain*, XVIII, *Ô sombre femme...*, 24 novembre 1867.

104. *Les Contemplations*, Livre troisième, Les Luttes et les Rêves, XXIII, *Le Revenant*, août 1843.

105. *L'Épée*, scène 5.

106. *Les Années funestes*, L, *Aubin, Le passant, La passante.*

107. *Les Années funestes*, XXI, *Le Mal du pays*, 20 juillet 1869.

108. *Les Années funestes*, XLVII, *En 1869*, 8 août 1869.

109. *Torquemada*, Deuxième partie, acte III, scène 5.

110. *Les Années funestes*, I, *J'ai dit à l'Océan...*, 2 décembre 1869.

111. *Les Années funestes*, III, *Un peuple était debout...*, 2 décembre 1869.

112. *Les Années funestes*, LVIII, *Nous devenons bon prince et nous changeons de sphère...*, 2 janvier 1870.

113. *Les Années funestes*, LIX, *À ****, mars 1870.

114. *Les Années funestes*, LX, *On me dit : Courez donc sur Pierre Bonaparte...*, 2 avril 1870.

115. *Les Années funestes*, XX, *Des remords ? lui ! Pourquoi ? Qu'a-t-il fait ?...*, 31 mars 1870.

116. *Les Quatre Vents de l'Esprit*, III, Le Livre lyrique, La Destinée, XXXVII, *Exil*, juillet 1870.

117. *L'Art d'être grand-père*, Reliquat, *Passereaux et rouges-gorges...*

118. *L'Art d'être grand-père*, I, À Guernesey, III, *Jeanne fait son entrée.*

119. *L'Art d'être grand-père*, I, À Guernesey, VI, *Georges et Jeanne.*

120. *L'Année terrible*, Prologue, *Les 7 500 000 oui* (publié en mai 1870).

121. *Les Quatre Vents de l'Esprit*, I, Le Livre satirique, Le Siècle, XXI, *C'est à coups de canon qu'on rend le peuple heureux...*

122. *Les Châtiments*, Pièces ajoutées dans l'édition de 1870, *Au moment de rentrer en France*, Bruxelles, 31 août 1870.

123. *L'Année terrible*, Août 1870, *Sedan.*

124. *Les Années funestes*, XLII, *Baudin.*

125. *L'Année terrible*, Septembre, IV, *Paris bloqué.*

126. *L'Année terrible*, Septembre, V, *À Petite Jeanne*, 30 septembre 1870.

127. *In Choses vues*, décembre 1870.

128. *L'Année terrible*, Décembre, IX, *À qui la victoire définitive ?*

129. *L'Année terrible*, Décembre, VI, *Les Forts.*

130. *L'Année terrible*, Décembre, IV, *Au canon le V. H.*

131. *L'Année terrible*, Décembre, VIII, *Nos morts.*

132. *Les Années funestes*, XXI, *Le Mal du pays*, 20 juillet 1869.

133. *L'Année terrible*, janvier 1871, I, *1ᵉʳ janvier.*

134. *L'Année terrible*, Janvier 1871, II, *Lettre à une femme.*

135. *L'Année terrible*, Janvier 1871, VIII, *La Sortie.*

136. *L'Année terrible*, Juin, XVII, *Participe passé du verbe Tropchoir...*

137. *L'Année terrible*, Janvier 1871, XIII, *Capitulation*, 27 janvier.

596

161. *Toute la Lyre*, IV, L'Art, XXXVI, *À Théophile Gautier,* 2 novembre 1872.

162. *Océan*, Après l'exil, « Nuda ».

163. *Océan*, LVIII, *Soyez donc demi-dieu…*

164. *L'Année terrible*, Suite, Pièces publiées en 1872-1873, *La Libération du territoire.*

165. *La Corde d'airain*, XXVII, *À vous tous*, Sur l'impériale de l'omnibus, 7 septembre 1873.

166. *L'Année terrible*, Mars, IV, *L'Enterrement.*

167. *In Choses vues*, 1ᵉʳ janvier 1874.

168. *Toute la Lyre*, VI, L'Amour, LI, *À une immortelle.*

169. *Toute la Lyre*, VI, L'Amour, XXXVII, *À Madame J****, 4 avril 1874.

170. *Toute la Lyre*, VI, L'Amour, XXXV, *Nivea non frigida*, 5 avril 1874.

171. *Toute la Lyre*, III, La Pensée, II, *Quand l'enfant nous regarde, on sent Dieu nous sonder…*

172. *Les Quatre Vents de l'Esprit*, I, Le Livre satirique, Le Siècle, XXXVII, *Je suis haï. Pourquoi ?…* 13 décembre 1874.

173. *Toute la Lyre*, V, Le « Moi », XLVI, *L'enfant est très petit et l'aïeul est très vieux…*, 31 mars 1875.

174. *Toute la Lyre*, V, Le « Moi », XLVII, *Je suis enragé. J'aime et je suis un vieux fou…*

175. *Les Quatre Vents de l'Esprit*, III, Le Livre lyrique, La Destinée, XXXIX, *Tant qu'on verra l'amour pleurer…*, 2 décembre 1875.

176. *L'Art d'être grand-père*, IV, Le Poème du jardin des Plantes, VIII, *C'est une émotion étrange pour mon âme…*

177. *L'Art d'être grand-père*, IV, Le Poème du jardin des Plantes, IV, *À Georges.*

178. *L'Art d'être grand-père*, IV, Le Poème du jardin des Plantes, VI, *À Jeanne.*

179. *L'Art d'être grand-père*, IV, Le Poème du jardin des Plantes, IX, *La face de la bête est terrible…*

180. *Dernière Gerbe*, CXXIX, *Quand ce banni, jadis perdu dans les brouillards…*, 23 mai 1876.

181. *Dernière Gerbe*, LXXVI, *À des baigneuses*, 15 juillet 1876.

182. *Toute la Lyre*, VII, La Fantaisie, XXIII, Chansons, 16, *Le Chant du vieux berger*.

183. *L'Art d'être grand-père*, VI, Grand âge et bas âge mêlés, VI, *Jeanne était au pain sec dans le cabinet noir…*

184. *Toute la Lyre*, II, La Nature, II, *Je ne vois pas pourquoi je ferais autre chose…*, 5 mars 1878.

185. *Toute la Lyre*, V, Le «Moi», LII, *Tu rentreras comme Voltaire…*

186. *Toute la Lyre*, V, Le «Moi», XVVIII, *Échappé à l'erreur*, 4 mai 1878.

187. *Toute la Lyre*, III, La Pensée, V, *Ô femmes ! chastetés augustes !…*, 17 novembre 1879.

188. *Toute la Lyre*, I, L'Humanité, XL, *Ô Georges, tu seras un homme…*, novembre 1879.

189. *Toute la Lyre*, III, La Pensée, III, *La Femme*, 8 avril 1874.

190. *L'Âne*, *Colère de la bête*.

191. *Toute la Lyre*, V, Le «Moi», XXXIV, *Ave, Dae ; moriturus te salutat*, 12 juillet 1872.

192. *Toute la Lyre*, III, La Pensée, LV, *Ô douceur, sainte esclave !…*

193. *L'Âne*, *Colère de la bête*.

194. *Dieu*, Fragments.

195. *Torquemada*, Deuxième partie, acte II, scène 5.

196. *Océan*, Après l'exil, *Enfant, le peuple te regarde…*, 30 octobre 1883.

197. *Océan*, Le Tas de pierres, Philosophie.

198. *Carnet*, 1884.

199. *Les Misérables*, Cinquième partie, Jean Valjean, Livre premier, chapitre XV, *Gavroche dehors*.

200. *Les Misérables*, Quatrième partie, L'idylle rue Plumet et l'épopée rue Saint-Denis, Livre quinzième, chapitre IV, *Les Excès de zèle de Gavroche*.

201. *Les Chants du crépuscule*, II, *À la colonne*, 9 octobre 1830.

BIBLIOGRAPHIE

L'œuvre — poésie, romans, discours, articles, choses vues, carnets, etc. — de Victor Hugo est un océan. Il faut y joindre l'œuvre graphique, la correspondance immense, etc.

On se reportera :

— aux *Œuvres complètes, édition chronologique*, le Club Français du Livre, 1967-1970, sous la direction de Jean Massin. Elle compte dix-huit volumes — dont les deux derniers consacrés à l'œuvre graphique — avec notes, préfaces, annexes, chronologie, index.
Elle est la somme incontournable, l'instrument de travail sans lequel cette biographie n'aurait pas été possible.

— aux *Œuvres complètes* de la collection « Bouquins », Robert Laffont, 1985, en quinze volumes, sous la direction de Jacques Seebacher, qui sont la mise au point la plus récente. Les volumes sont thématiques : Poésie I, II, etc., Romans... Elle est indispensable. Le volume d'index n'a jamais été publié.

— à la *Correspondance familiale et écrits intimes*, deux tomes (1802-1839), qui est essentielle, édition établie par Jean Gaudon, Sheila Gaudon et Bernard Leuilliot, collection « Bouquins », Robert Laffont, 1988 et 1991. Avec notes et index. Mais elle s'interrompt en 1839.

599

Il existe de nombreuses biographies de Victor Hugo. On a retenu les plus remarquables et les plus accessibles. Elles comportent une bibliographie à laquelle je renvoie.

— Henri Guillemin, *Victor Hugo*, collection «Écrivains de toujours», Le Seuil, 1951 (nouvelle édition en 1994).

— André Maurois, *Olympio ou la Vie de Victor Hugo*, Hachette, 1954, repris dans la collection «Bouquins», Robert Laffont, 1993.

— Alain Decaux, *Victor Hugo*, Librairie Académique Perrin, 1984.

— Hubert Juin, *Victor Hugo*, trois volumes, Flammarion, 1986.

— Jean-François Kahn, *L'Extraordinaire Métamorphose ou Cinq ans de la vie de Victor Hugo, 1847-1851*, Le Seuil, 1984.

Deux livres, construits autour d'une iconographie hugolienne, permettent de retrouver les proches de Victor Hugo et de reconstituer les décors et les lieux dans lesquels Hugo a vécu :

— Martine Écalle et Violaine Lumbroso, *Album Hugo*, Bibliothèque de la Pléiade, Gallimard, 1964.

— Sophie Grossiord, *Victor Hugo, «Et s'il n'en reste qu'un...»*, collection «Découvertes», Gallimard, 1998.

M. G.

TABLE

Épilogue

Imprimé en France sur Presse Offset par

BRODARD & TAUPIN

GROUPE CPI

14136 – La Flèche (Sarthe), le 21-08-2002
Dépôt légal : août 2002

POCKET – 12, avenue d'Italie - 75627 Paris cedex 13
Tél. : 01.44.16.05.00